CLASSIQUES JAUNES

Littératures francophones

Œuvres en prose

Albert Samain

Œuvres en prose

Édition critique par Marc Béghin et Bertrand Vibert,
sous la direction de Christophe Carrère

PARIS
CLASSIQUES GARNIER
2025

Marc Béghin est spécialiste de la littérature du XIXe siècle. Ses travaux portent plus particulièrement sur les prosateurs symbolistes, tels Joris-Karl Huysmans et Villiers de l'Isle-Adam. Il a notamment coédité le second volume des *Contes symbolistes* consacrés à des recueils de Henri de Régnier et Rémy de Gourmont.

Christophe Carrère est spécialiste de la poésie du XIXe siècle. Dans *Leconte de Lisle ou la Passion du beau*, il a réévalué la figure et l'œuvre du poète parnassien véhiculée par l'histoire littéraire. Outre l'édition critique des *Lettres à Charles Asselineau* d'Auguste Poulet-Malassis, nous lui devons des éditons de référence des textes d'Albert Samain, dont sa *Correspondance* et ses *Œuvres poétiques complètes*.

Bertrand Vibert, spécialiste de la littérature du XIXe siècle, a publié de nombreuses études sur Villiers de l'Isle-Adam. Ses travaux sur le « conte cruel » ont trouvé un prolongement dans le conte symboliste. Au-delà du conte, il s'intéresse aux genres, à la relation entre rire et mélancolie, ainsi qu'aux passerelles entre la fin du XIXe siècle et celle du XXe siècle. Il a consacré plusieurs études à Milan Kundera.

ISBN 978-2-406-17956-6
ISSN 2417-6400

INTRODUCTION

In memoriam patris,
Jean-Louis Carrère (1942-2018).

POÈTE, MÊME EN PROSE[1]

Parce qu'il fut l'aède délicat de *Polyphème* (1901) et de quelques pastorales néo-helléniques, la postérité voulut enclore son œuvre dans le lyrisme pastellisé à la Watteau, délicieusement décadent, de ces seuls vers exclusivement. Pourtant, poète ennemi du vers-librisme, influencé à la fin de sa vie par Francis Jammes[2], Albert Samain (1858-1900)[3] ne se départit jamais de la prose. Le présent volume est là pour le rappeler. L'auteur d'*Au jardin de l'infante* (1893)[4], publié la même année que *Les Trophées* de José-Maria de Heredia[5], composa en prose toute sa vie, mais toujours – si l'on exclut sa correspondance, qui fera l'objet d'un troisième et dernier volume – dans cette même démarche pleine de réserve et de suave retenue qui fut la sienne. Conscient du caractère intimiste, et parfois autobiographique, de son œuvre en prose, auteur

1 Nous empruntons ce titre à Bertrand Vibert, *Poète, même en prose, le recueil de contes symbolistes (1890-1900)*, Paris, PUV, coll. « L'Imaginaire du texte », 2010.

2 Samain rencontra Francis Jammes pour la première fois le 16 octobre 1895, à neuf heures du soir, au Café Napolitain, à l'angle du boulevard des Capucines et de la rue Louis-le-Grand. Voir Guillaume Labussière, *Raymond Bonheur (1861-1939), Parcours intellectuel et relations artistiques d'un musicien proche de la nature*, Paris, L'Harmattan, coll. « Univers musical », 2005, p. 96-97.

3 Pour une chronologie de Samain, voir *Œuvres poétiques complètes*, éd. Christophe Carrère, Paris, Classiques Garnier, coll. « Bibliothèque du XIXe siècle », n° 40, 2015, p. 27-33.

4 Enregistrement à la *Bibliographie de la France* le 4 novembre 1893.

5 Enregistrement à la *Bibliographie de la France* le 15 avril 1893.

d'un journal réunissant pensées, maximes et notes diverses que Jules Mouquet éditera en 1939 sous le titre de *Carnets intimes*, par modestie littéraire – l'ensemble manquant d'unité – mais aussi par pudeur, il ne publia rien de son vivant, à la réserve d'une « impression » dans *L'Illustration* du 3 septembre 1881[6], de comptes rendus de lecture au *Mercure de France*, de 1892 à 1895, et de cinq contes ou nouvelles, deux dans *Le Bonhomme flamand* en 1881 sous le masque esthétisant de « Gry-Pearl », puis trois autres sous son vrai nom, entre 1892 et 1896, dans *La Revue hebdomadaire*.

Malgré cela, un rapide coup d'œil à l'inventaire du fonds Jules Mouquet de la médiathèque Jean Lévy de Lille[7] permet de se convaincre que Samain ne fut pas tout à fait le dandy « paresseux de nature » qu'il aima plaisamment à nous dépeindre dans sa correspondance.

En effet, outre une transcription des *Carnets intimes* de Samain par sa sœur Alicia Soulisse, que nous publions ici pour la première fois[8], des manuscrits autographes de ses « Notes – Sensations », de « Jean Caudry », de « [Stella] », du « Carnaval de Jean » et de « Xanthis ou la Vitrine sentimentale » (trente-six pages d'un ballet en douze tableaux), on y trouvera un manuscrit partiellement autographe d'un roman inachevé, *La Fille des francs-tireurs*[9], avec prologue et plan détaillé, une centaine de pages de [*Zabel*[10]], trois chapitres de [*La Duchesse*[11]], deux récits réalistes inaboutis, l'un se rapportant à l'enfance lilloise de Samain, à peine transposée à Étampes, [« Roger Sonis[12] »], l'autre relatant les déboires financiers de la jeune Mina Noël nouvellement installée à Paris et secourue par un ecclésiastique de Parthenay, [« L'Abbé Boniface[13] »] – personnage éponyme vraisemblablement emprunté au *Monastère* de Walter Scott (1820) –, un synopsis de huit pages d'un roman épistolaire

6 Maxime insérée anonymement : « Dans son enfance, l'homme apprend toutes les fables de la vie ; dans sa jeunesse, il en parcourt le roman ; dans son âge mûr, il en connaît l'histoire. X***. » (« Notes et impressions », *L'Illustration*, 3 septembre 1881, p. 159.)

7 En décembre 1993, l'Association Francis Jammes acquit l'intégralité du fonds Jules Mouquet lors d'une vente publique. Après le prélèvement des pièces relatives au poète orthézien, elle céda en mai 1994 à la Bibliothèque municipale de Lille toutes les autres pièces relatives à Jules Mouquet, Théo Varlet et Albert Samain.

8 Voir *infra*, p. 187-266.

9 BmL, fonds Jules Mouquet, ms. C 194-I-17.

10 BmL, fonds Jules Mouquet, ms. C 194-I-7.

11 BmL, fonds Jules Mouquet, ms. C 194-I-8.

12 BmL, fonds Jules Mouquet, ms. C 194-I-10.

13 BmL, fonds Jules Mouquet, ms. C 194-I-11.

ainsi que le manuscrit incomplet d'un autre récit en trois parties et six chapitres, *Fil de fer*[14], dont le titre, similitude frappante, sera repris par Jehan Rictus [Gabriel Randon], poète des *Soliloques du pauvre* (1897) et diariste ami de Samain, pour son unique roman d'un « enfant martyr » paru en 1906[15]. Le théâtre inédit n'est pas en reste non plus, avec une comédie en un acte et vingt scènes, *Fanny*[16], un vaudeville complet en trois actes, dans la veine d'Antony Mars, [*Lola*[17]], et une troisième pièce inachevée, *Rodolphe*[18]. Samain, c'est encore moins connu, s'est également essayé à la traduction littéraire et littérale, de l'anglais en français et en vers cette fois-ci, de *La Maison de vie*, sonnets de Dante Gabriel Rossetti[19] (1873), dont l'abandon coïncide avec la parution de celle de Clémence Couve, en juillet 1887, chez Lemerre, augmentée d'une introduction du Sâr Joséphin Péladan[20].

Le 30 avril 1887, Samain rend compte de l'avancement de ce travail à son ami Raymond Bonheur :

> Je vous apportais quelques pièces de Rossetti que j'ai traduites. Comme vous me l'aviez dit, c'est délicieux. D'une suavité d'imagination, et d'une poésie de rêve extraordinaires. J'ai beaucoup de mal à traduire. Le texte ne se laisse pas violer commodément, d'autant plus qu'à la concentration hyper-elliptique de la forme s'ajoute la concentration quintessentielle de l'idée. Je ne réussis pas toujours d'ailleurs, et j'ai été obligé de laisser là plus d'un passage, où, malgré toutes mes sommations, le sens se dérobait, irréductible. Je vous montrerai ces passages. Peut-être à deux serons-nous plus heureux ? D'ailleurs, je ne considérerais pas cela comme une défaite absolue, car j'ai lu dans la *Préface* que Rossetti avait lui-même donné des commentaires de certains sonnets, comme Dante l'a fait dans *La Vita Nuova*. [...]
>
> Je ne sais si j'aurai le courage et la force de volonté d'aller jusqu'au bout, car l'œuvre est longue, et mes moyens sont faibles. En tout cas, ce que j'ai trouvé jusqu'ici m'encourage beaucoup. Je vous enverrai peut-être d'ailleurs ce que j'ai traduit la semaine prochaine. Vous tâcherez de vous débrouiller

14 BmL, fonds Jules Mouquet, ms. C 194-I-4.

15 Jehan Rictus, *Les Soliloques du pauvre*, éd. Denis Delaplace, Paris, Classiques Garnier, coll. « Classiques de l'argot et du jargon », 2009 ; *id.*, *Fil de fer*, éd. Christian Tanguy, Rennes, La Part Commune, 2010.

16 BmL, fonds Jules Mouquet, ms. C 194-I-3.

17 BmL, fonds Jules Mouquet, ms. C 395.

18 BmL, fonds Jules Mouquet, ms. C 194-I-13.

19 BnF, ms. NAF 12856. L'édition utilisée par Samain est celle des *Poems, with a Memoir of the Author by Franz Hüffer*, Leipzig, Bernhard Tauchnitz, Paris, Reinwald et Cie, 1873.

20 Enregistrement à la *Bibliographie de la France* le 16 juillet 1887.

> dans mon griffonnage, et vous ne creuserez pas trop là où le terrain vous manquera. C'est que je n'aurai pas compris moi-même[21].

Voilà tous les textes que nous eussions dû publier pour offrir au lecteur les *Œuvres en prose complètes* d'Albert Samain mais dans le présent volume, nous attachant à les compléter, à les préciser, à en étoffer substantiellement l'apparat critique, nous nous sommes limité à ses seuls ouvrages déjà publiés au Mercure de France par Jules Mouquet, dans ses éditions pionnières, à savoir les *Contes* (1902) et les *Carnets intimes* (1939).

AMOUREUX, MÊME EN PROSE[22]

Partagés entre les atmosphères parisiennes et mythologiques, entre les motifs intertextuels d'Andersen et ceux de Rodenbach, de Villiers de l'Isle-Adam, de Jean Lorrain, de Pierre Louÿs, de Marcel Schwob, de Camille Mauclair et de Charles Baudelaire, entre légendes antiques et féeries moyenâgeuses, christianisme de culture et paganisme d'emprunt, les contes de Samain creusent sans cesse la question du bonheur et interrogent la difficulté des relations amoureuses entre les sexes. Le désir y est souvent un sentiment violent, mal contrôlé par un amant hypersensible, pantin ou esclave désarticulé, enclin au nervosisme sentimental d'un univers fin-de-siècle désenchanté, et où la femme – ou plutôt l'idée que l'on s'en forge –, vénale ou immorale le plus souvent, mi-courtisane mi-vestale, objet cruel, impavide, météorique et magnifique, « comme une salamandre dans le feu », reste de glace et se montre insensible aux tourments d'un *éros* difficile à sublimer. La Galatée cynique de *Polyphème*, dont Glaïs, Xanthis, Nyza, Gélide, Raymonde de Persenys et Mme de Serreliz sont autant de premiers crayons, illustre parfaitement cette vision rien moins que féministe, qu'une mutuelle incompréhension, ou qu'une incompatibilité de nature, empêche de céder aux intentions

---

21 BmL, fonds Jules Mouquet, ms. B 259, f. 1. Pierre Breillat, « Albert Samain. Lettres à Raymond Bonheur », *Revue de l'histoire de Versailles et de Seine-et-Oise*, t. 53, 1959-1960, p. 5-6.

22 Sur « Samain amoureux », voir Léon Bocquet, *Autour d'Albert Samain*, Paris, Mercure de France, 1933, p. 79-104.

ouvertement impures d'un monstre grotesque et romantique. Deux options s'offrent alors à l'amoureux éconduit : soit se suicider, le plus souvent face à la mer – urne d'amour des « soifs inassouvies[23] » –, soit trouver une échappatoire dans l'océan de l'écriture. C'est aussi ce que fait le fétichiste petit vicomte, Pierre de Raime, après avoir découvert une jarretière de soie qu'il ramène à sa bouche de façon convulsive :

> Il rentra chez lui enfiévré. Là, sous la lampe, il voulut encore palper, tourmenter dans tous les sens sa trouvaille galante. Une écritoire était près de lui. Il y prit une plume, et barbouilla une manière de dithyrambe où les rimes en feu se baisaient comme des ménades un jour de bacchanale. Cet épanchement lyrique le soulagea. Il se jeta sur son lit et s'endormit en pressant contre ses lèvres le talisman d'amour[24].

On se souvient que le « grand ami » de Lycas (« Lika » fut aussi le prénom d'une comédienne dont Samain se serait épris et qui l'aurait éconduit[25]), Polyphème, tel Œdipe guidé par Antigone au sépulcre, demande à être dirigé « vers la mer ». L'ægypan rustre de la vitrine de « Xanthis », révolté de la légèreté de « la petite danseuse de Tanagra », et après l'avoir fait voler en éclats d'un coup de poing vengeur (« et paff!… »), ce que sera lui aussi tenté de faire Polyphème devant les ébats de Galatée[26], connaît « l'exil poussiéreux dans les coins sans lumière », est mis au rebut et finit sa vie de bibelot, ironie tragique, ultime déchéance, « sur le trottoir ». Le petit faune de Mycalèse, Hyalis, à l'âme trop bleue et qu'un agneau consolateur, symbole christique de son futur martyr, accompagne partout, après avoir entendu la voix cristalline de l'inaccessible Nyza percer « le silence étonné de la nuit », se suicide en buvant le « liquide noirâtre » de la magicienne pythonisse Ydragone. L'honnête chèvre-pied Angôn, quant à lui, victime des jeux sadiques de Glaïs, naïade malicieuse et captive dont il s'est épris, et qui tantôt s'amuse à lui taillader les chairs, faisant jaillir son sang du bout de son

23 « Vous que dans votre enfer mon âme a poursuivies, / Pauvres sœurs, je vous aime autant que je vous plains, / Pour vos mornes douleurs, vos soifs inassouvies, / Et les urnes d'amour dont vos grands cœurs sont pleins. » (Baudelaire, « Femmes damnées », *Les Fleurs du mal*, v. 25-28.)

24 Voir *infra*, p. 43-44.

25 Voir « Li-Ka », *Poèmes parus hors recueils*, *Œuvres poétiques complètes*, éd. citée, p. 499, n. 1.

26 « Tout à l'heure un désir effrayant m'a mordu : / Fou d'amour et d'horreur, un instant, j'ai voulu… / Oui, j'ai voulu bondir sur toi comme un sauvage, / Et t'écraser la tête aux rochers du rivage. » (*Polyphème*, v. 623-626.)

poignard, tantôt l'oblige à maintenir entre ses doigts l'incandescence d'un charbon (« Est-il bête, hein ?... »), pour satisfaire son moindre désir – décrocher une étoile –, meurt fracassé, « en lambeaux », au bas d'une falaise.

« Jean Caudry » et « Le Carnaval de Jean » offrent des fins plus prosaïques. Jean Caudry, déçu par l'asthénie de l'existence, souffrant du « besoin d'être aimé » et du désir de se dévouer, de se donner entièrement à une âme quelconque, bonne ou mauvaise, rédige une brève lettre d'adieu à son ami intime, Louis, lui signifiant son désir d'être inhumé au « soleil levant », puis tente de se suicider, d'un coup de revolver. Le Jean du second conte, énigmatiquement signé « Gorgô », souffre, lui aussi, mais d'une « affection du cœur, dont il [a] hérité de son père » et que la trahison de Mme de Serreliz ne manquera pas de faire éclater, en plein carnaval, foudroyé par la rupture d'anévrisme « qu'il portait depuis longtemps, provoquée par la surexcitation de sa vie nerveuse et de ses sensations paroxystes ».

Ce dernier texte, inédit, nous offre des clés d'interprétation neuves qui nous aident à mieux comprendre ce que, pour paraphraser Charles Mauron, nous pourrions appeler les « métaphores obsédantes » de Samain, son « mythe personnel[27] », et les moyens dont il use pour transcender, dans son œuvre, en les transposant, ce qui fut sans doute – exception faite du décès de sa mère, survenu le samedi 21 janvier 1899, à une heure du matin – le drame et la trame secrète des dix dernières années de sa vie. « Serreliz » est en effet une anagramme presque parfaite de « Cerizier », qui fut le nom de la « Grande Amie » de Samain, Cécile Cerizier (1863-1941), cantatrice et veuve originaire d'Annecy dont il fit la connaissance en décembre 1890 et qui l'éconduisit, cinq années plus tard, préférant un diplomate, non sans lui avoir préalablement laissé quelques raisons d'espérer[28]. Ce jeu de masques et de travestissement éclaire singulièrement l'étrange pseudonyme employé par Samain pour signer ce conte. La reine « Gorgô » fut en effet celle qui, en frottant la tablette de cire sous laquelle il était gravé, sut révéler le message secret envoyé par Démarate, roi de Sparte en exil, pour prévenir les Grecs du péril perse. Samain s'en remet donc ici à la perspicacité du lecteur

27 Charles Mauron, *Des métaphores obsédantes au mythe personnel. Introduction à la psychocritique*, Paris, José Corti, 1963.

28 Voir *Poèmes pour la Grande Amie*, *Œuvres poétiques complètes*, éd. citée, p. 345-387.

pour savoir interpréter les allusions subtiles qu'il a pris soin de distiller dans ses écrits, les noms propres en /-iz/ ou /-is/, très souvent employés chez lui, sonnant comme autant de renvois possibles au patronyme de la muse musicienne : N*yz*a, Xanth*is*, Gla*ïs* (future Galatée) et Serrel*iz*.

Toute différente est l'image de la femme que proposent les figures de Stella[29], personnage éponyme du dernier conte inédit, de Divine et d'Angisèle. Telle Pénélope, soleil levant tenant à la fois de la Félicité de Flaubert et de la Butterfly de Puccini, Divine est le prototype de la femme dévouée, fidèle et secrète, un cœur simple enfermé dans « une petite âme exquise et sauvage » qui se sacrifie ou, pour mieux dire, se crucifie avec exaltation et discrétion, au prix de tous les renoncements, pour Maurice Damien, l'homme de ses premiers émois. Telle Nausicaa, soleil couchant, la chlorotique Angisèle, fille chrétienne du roi de Courlande, recueille le voluptueux Rovère, fils païen du duc de Spolète, unique rescapé d'un périlleux naufrage, lui prodigue les meilleurs soins et, à force de douceur mystique, grâce à son « charme inexprimable d'*étiolée* », accomplit sa destinée, s'en fait aimer et connaît le bonheur. Ils mourront, enlacés, « devant la mer *étoilée*[30] ». Telle Arété, reine des Phéaciens, Stella enfin est l'étoile elle-même[31]. Orpheline réduite à la mendicité, elle scintille dans la neige par l'ardeur de son âme martyrisée – elle aussi a les « yeux bleus », d'un bleu « angélique et limpide » – et meurt, soulagée, dans une « vague extase », en odeur de sainteté.

On voit ce que cette trinité d'astres, ces trois Vénus valétudinaires et diaphanes peuvent avoir de rassérénant et de consolateur[32]. Elles présentent une alternative salutaire, forment un contrepoint heureux aux figures dysphoriques de la femme fatale, corruptrice et glacée, perverse et décadente, comme autant de façons d'exorciser et de sanctifier, transfigurées « dans l'air de feu de l'héroïsme pur », toutes les « Serreliz » du passé.

29 On pense à « L'Étoile sainte, espoir des marins en péril » de « *Maris Stella* », sonnet de Heredia prépublié dans *Le Semeur* du 10 mars 1888 et dans *Le Figaro* du 12 juillet 1891. Voir *Les Trophées*, *Œuvres poétiques complètes*, éd. Simone Delaty, Paris, Les Belles Lettres, coll. « Les Textes français », t. 1, 1984, p. 171.

30 Nos italiques.

31 Voir Jean-Michel Ropars, « Une signification de l'*Odyssée* », Paris, *Bulletin de l'Association Guillaume Budé*, nº 1, 2003, p. 82.

32 Samain souhaitait « Refaire avec d'autres chances *Atala* ». (Dernière phrase des « Notes diverses ».) Voir *infra*, p. 405.

MORALISTE, MÊME EN PROSE

Outre qu'elles nous renseignent sur la nature, la variété et la qualité de ses nombreuses lectures – en partie déjà révélées par son œuvre versifiée –, les « Notes » de Samain, initialement non destinées à la publication et qui constituent ce que Pierre-Jean Dufief appelle « un journal du regard sur soi[33] », nous permettent elles aussi de mieux deviner sa psychologie, son évolution morale et les arcanes de sa vie intérieure.

Intellectuellement, ainsi qu'il l'explique à Paul Morisse dans une lettre du 12 septembre 1897[34], Samain incline au pessimisme et à cette *melancolia splenica* dont souffre toute sa génération et que Baudelaire a popularisée sous le vocable de *spleen*. On retrouve ces accents dans *Vas Tristiae* et dans *L'Allée solitaire* :

> Un mal ronge le monde au cœur comme une teigne,
> Car la lettre charnelle a suborné l'esprit,
> Et nul ne voit le mur où la main chaste écrit :
> « Que le feu de la fête impudique s'éteigne[35] ! »

Profondément antimoderne, réfractaire à la « fatalité scientifique » parce qu'elle lui semble « bien plus terrible encore » que « l'*Anankè* antique » qu'elle a remplacé, en quête d'une aristocratie d'artistes – une « artistocratie » –, Samain vitupère « le vice, l'argent et la misère ». Il condamne les appétits de la société de son temps, qui a rendu « l'amour honteux », le cynisme d'une bourgeoisie « crevant de graisse » ainsi que le « troupeau d'animaux dégénérés, phtisiques et pléthoreux » au pied duquel se déverse « le grand fleuve morne [...] de la médiocrité ».

> Je ne sais si cela tient à quelque disposition maladive de mon esprit, mais jamais je n'ai senti plus profondément la misère du monde et les férocités sociales ; jamais je n'ai éprouvé en moi plus aiguë la pitié humaine. À certaines heures de pensée, l'obsession devient si poignante que j'en éprouve au cœur comme un coup de canif. À l'abstraction philosophique, l'imagination ajoute chez moi son décor savant et frissonnant. Je vois, en même temps que je pense. Ô

33 Pierre-Jean Dufief, *Les Écritures de l'intime de 1800 à 1914. Autobiographies, Mémoires, journaux intimes et correspondances*, Paris, Bréal, coll. « Amphi Lettres », 2001, p. 107.

34 Voir *Des lettres 1887-1900*, éd. Jules Mouquet, Paris, Mercure de France, 1933, p. 129-130.

35 « Le siècle d'or », *Au jardin de l'infante*, *Œuvres poétiques complètes*, éd. citée, p. 138, v. 5-8.

> la femme surtout, et sa chair martyre ! À telles heures, le flot monte, monte, me noie, me submerge. À toutes les brutalités humaines je me sens blessé en même temps, et j'ai comme une soif de m'évader de la vie vers quelque port, je ne sais où… Et la mort me hante[36].

Un apophtegme des *Carnets* tempère cette pensée :

> Quand je me sens devenir pessimiste, je contemple une rose[37].

La rose consolatrice de Samain, c'est la littérature, la femme suprême ou, pour mieux dire, l'âme de la femme – « Il y a des âmes-femmes » écrit-il, et la sienne en était une assurément[38] – qui permet elle aussi d'accéder à la félicité, à condition d'en vénérer la beauté et d'en comprendre la sacralité. Elle n'est pas synonyme d'obscénité ou d'érotisme cru comme chez Ronsard, Pontano ou Rufin[39], et ne symbolise pas seulement la tendresse de la femme comme dans les oaristys de Théocrite, les odes d'Anacréon ou de Jean Second, les élégies de Tibulle ou les idylles d'Ausone, elle renvoie tout autant aux *amoenitates caelestes*, comme dans l'iconographie chrétienne – qu'on songe à la « *rose effeuillée* » de Thérèse de Lisieux[40] –, aux idéaux mystiques de sacrifice et de miséricorde qui ouvrent un chemin au bonheur éternel. On lira dans « Notes – Sensations » :

> Il m'est souvent arrivé, au sortir d'une fête de l'âme ou des sens, baigné de cette volupté que procure la dilatation de la personnalité, de l'évoquer [la mort] par la pensée, de la contempler doucement, et d'avoir la tentation d'aller la cueillir comme une fleur, le sourire aux lèvres […][41].

Qu'on relise encore ce vers célèbre d'*Au jardin de l'infante* :

> Je rêve de vers doux mourant comme des roses[42].

---

36 Voir *infra*, p. 323.

37 Voir *infra*, p. 352.

38 « *Mon âme est une infante* […] » (Premier vers d'*Au jardin de l'infante*.)

39 « Chez Rhodopê, il brillait au milieu de ses cuisses, joyau précieux, comme un rosier qu'entr'ouvre un vif souffle du Zéphyr… » (Rufin, V, 36, *Anthologie grecque*, préface et notes de Pierre Laurens, illustrations de Marin Martinie, traduction collective, Paris, Les Belles Lettres, édition du centenaire, 2019, p. 20.)

40 « *Cette rose effeuillée*, c'est la fidèle image / Divin Enfant / Du cœur qui veut pour toi s'immoler sans partage / À chaque instant. » (Thérèse de Lisieux, « Une rose effeuillée », *Œuvres complètes*, éd. Jacques Lonchampt, Paris, éditions du Cerf et Desclée de Brouwer, 1996, p. 744.)

41 Voir *infra*, p. 346.

42 « Je rêve de vers doux », *Au jardin de l'infante*, v. 17.

À cet égard il n'est pas anodin que Samain se soit intéressé aux deux héroïnes des romans réalistes de Jean Blaize, *La Paix du cœur* (1891) et *Amour de miss* (1893), puisqu'elles sont à leur manière, « pétries dans une pure argile », ravivant la question de la mésalliance, deux archétypes de la compassion et de la « bonté sans limites ». La première, abandonnée par un jeune aristocrate, plongée dans la misère, martyrisée par un cancer, Mrs Biddy Thursnane, incarne la rédemption de son sceptique amant, Octave de Najante, par l'amour chaste qu'elle lui porte pieusement ; la seconde, lady Laura Proctoral, celle de miss Maud Frozell, sa sœur séduite puis délaissée dont elle élèvera les jumeaux orphelins au prix d'une « séparation morale » d'avec son intransigeant époux, en « s'immol[ant] silencieusement dans le fond de son cœur », « cloîtrée pour jamais dans une épouvantable solitude ».

Dans « La Femme chez Jean Blaize et dans l'humanité, la religion, la poésie », il s'interroge :

> [...] je me demandais si, au fond, l'humanité n'était pas destinée à évoluer vers le mode féminin, dont précisément le long exil dans l'infériorité, l'habitude de la longue souffrance et la faiblesse avaient fait un être d'âme plus pure et de sensibilité plus raffinée, de charité plus jaillissante[43].

Et plus bas :

> [...] toujours l'humanité a symbolisé dans une femme son idéal moral. La justice, la charité, la bonté, la piété, toujours ces abstractions morales ont été représentées – presque partout, je crois – par des symboles féminins[44].

Pour Samain, « la douce chose féminine », dont la robe mystérieuse représente tous les pouvoirs, le prêtre, le roi, le magistrat, est aussi à la source des inspirations les plus populaires de la poésie occidentale, de Homère à Virgile, de Racine à Dante et de Goethe à Shakespeare. Si ses déboires sentimentaux l'ont empêché de la connaître intimement et de la posséder, il a pu néanmoins compter sur l'affection réconfortante de deux âmes d'exception : sa mère, Célina-Sophie, qui partagea sa vie et mourut une année avant lui, et sa sœur, Alicia Soulisse, qui lui survécut longtemps avant de reposer

43 Voir *infra*, p. 408.
44 *Ibid.*

à ses côtés. Ainsi, son œuvre en prose, comme son œuvre poétique, qu'elle approfondit et prolonge sur d'autres chemins, lui a permis d'affronter de bien des façons ses démons intérieurs, de les dépasser et d'atteindre parfois, sinon la paix du cœur, du moins certains sommets de son art.

Christophe CARRÈRE

CONTES

Édition critique par Bertrand Vibert
Établissement du texte par Christophe Carrère

NOTE SUR L'ÉTABLISSEMENT DU TEXTE

Cinq contes de Samain ont été prépubliés de son vivant dans des revues, ce qui permet de les classer chronologiquement, et c'est ainsi qu'on les trouvera ici. « Le Bout de l'oreille » et « La Jarretière » ont paru dans *Le Bonhomme flamand* de Lille les 2 octobre et 6 novembre 1881 ; « Xanthis ou la Vitrine sentimentale », « Divine Bontemps » et « Hyalis, le petit faune aux yeux bleus », dans *La Revue hebdomadaire* des 17 décembre 1882, 11 mai 1895 et 20 juin 1896. Ces trois derniers contes furent réunis en volume et publiés par Jules Mouquet (1878-1949) en 1902, au Mercure de France, avec un quatrième conte inédit, complet, mais auquel « l'auteur n'avait pas donné sa forme définitive » : « Rovère et Angisèle ». Ce sont ces quatre récits que le public connaissait jusqu'à présent sous le titre de *Contes*, qui n'est pas de Samain mais que nous reprenons.

Ne possédant pas d'autres sources, « Le Bout de l'oreille » et « La Jarretière » ont été retranscrits à partir des prépublications ; « Xanthis », « Divine Bontemps » et « Hyalis », à partir de l'édition originale de Jules Mouquet, laquelle se fondait sur les pré-originales, que nous avons pris le soin de relire et de comparer avec la version qu'en propose Mouquet. Quand des différences, heureusement fort rares, apparaissaient, nous avons tranché en faveur du bon sens et des usages imposés par la langue, notamment en ce qui concerne la ponctuation, très changeante chez Samain et à laquelle son cousin avait probablement déjà lui-même apporté des modifications, si bien que la vérité absolue en la matière reste impossible à déterminer. Nous avons par ailleurs pris soin de respecter les sauts de lignes, les lignes ou demi-lignes de points ainsi que les tirets qui, chez Samain, sont très fréquents et participent pleinement de son écriture en prose, volontiers surponctuée, flirtant sans cesse avec l'ellipse, l'indicible et le silence chers à Rodenbach et à Mallarmé. Les sauts de page ont en revanche été remplacés par des séparateurs (astérisques).

« Rovère et Angisèle » a lui aussi été repris de l'édition originale et relu sur manuscrit, dans la mesure où la Bibliothèque municipale de

Lille (désormais BmL) en conserve deux états, dont le plus abouti semble très nettement celui coté « B 233 ». Une lettre à Samain du 20 mai 1895 du journaliste artésien René Le Cholleux (1856-1930), conservée sous la cote « B 229 », permet par ailleurs de le dater, puisqu'elle servit de brouillon au poète, en manque de papier, pour la rédaction de son texte. Mais nous ne savons pas précisément à quel moment il y mit la touche finale, ni s'il la mit jamais. Ce texte étant demeuré inédit du vivant de l'auteur, nous sommes en droit de nous demander si Samain en fut vraiment satisfait, et il en va de même pour tous les autres contes de notre édition.

« La Petite Princesse Gélide », dont le titre fut peut-être tiré d'un hexamètre de l'Églogue X des *Bucoliques – Hic gelidi fontes, hic mollia prata, Lycori*[1]… – fut composé en juillet 1892 et est donc contemporain de « Xanthis ». Nous en avons la certitude grâce à une lettre du 19 juillet 1892 de Samain à Raymond Bonheur, qui permet également de situer à la même époque l'écriture du conte « Angôn et Glaïs[2] », dont les noms de personnages semblent cette fois-ci directement extraits de l'*Anthologie grecque* et auquel manquent les dernières lignes :

> Je me décide à vous jeter ces pages à la poste. C'est la mise en prose du conte de *La Petite Princesse Gélide*. J'aurais voulu la recopier à nouveau, mais je n'en ai pas eu le temps, ayant eu une succession de sorties qui me prenaient mes soirées, seuls moments où je puisse travailler. Je ne sais ce que cela vaut ; en tous les cas, je n'ai nullement vu le moyen d'y insérer cette ironie à la Laforgue dont vous me parliez, qui ne peut avoir son prix qu'à la condition d'être absolument naturelle. Peut-être en mettrai-je dans le conte du chèvre-pieds et de la petite naïade que je compte essayer de mettre sur pied ces jours-ci.

Mais Samain n'en fut vraisemblablement jamais totalement satisfait puisqu'il poursuit ainsi :

> Je ne vais moralement ou intellectuellement que d'une aile, ayant toujours ce dégoût qui me rend vraiment honteux de prendre une plume. J'ai beau me mettre en colère contre moi-même, cela ne me fait pas avancer plus vite[3].

---

1 Vers 42 : « Ici, ma Lycoris, sont de fraîches fontaines, de molles prairies… »

2 L'« *angôn* » est une « lance franque ». Ce terme est par ailleurs proche du grec « *agônia* » qui a donné le verbe « agoniser ». « Glaïs » semble quant à lui un prénom issu du latin « *gladius* » signifiant « glaive ». (Voir *infra*, p. 129, n. 1.)

3 BmL, fonds Jules Mouquet, ms. B 259, f. 16. Oblitération postale : Paris, Hôtel de Ville, 20 juillet 1892.

« La Petite Princesse Gélide » fut prépublié dans le numéro spécial Noël de *L'Illustration*, le 6 décembre 1941, et ce conte fut donc opportunément joint à celui d'« Angôn et Glaïs » en 1947 par Jules Mouquet – ce fut là sa dernière contribution à l'œuvre de Samain – aux éditions de l'Ancre d'Or. C'est cette ultime édition, aujourd'hui épuisée, qui nous a servi de référence pour la transcription de ces textes dont nous n'avons pas retrouvé les autographes. L'édition pré-originale, illustrée des compositions de Lucien-Victor Guirand de Scévola, n'offre que très peu de variantes, imputables à des erreurs de typographes.

« Jean Caudry » fut quant à lui prépublié en août 1903 par Léon Bocquet et Alphonse-Marius Gossez dans leur revue lilloise du *Beffroi*. Ce texte est considéré par ces derniers comme « inachevé » et de « premier jet ». Nous nous sommes fondé sur cette édition pré-originale pour établir le texte de la nôtre, et nous en avons comblé quelques lacunes grâce à la consultation d'un brouillon, conservé à la BmL, sous la cote « C 194-I-12 ».

Notre édition, la plus complète à ce jour, s'achève sur deux contes totalement inédits et qui sont tous deux de première facture, le premier (« Le Carnaval de Jean »), vraisemblablement d'octobre 1895, étant nettement plus travaillé et abouti que le second (« [Stella] »), conte de Noël datant de 1881, sans titre et à l'état de brouillon, avec ratures, surcharges, biffures, renvois, rajouts, l'ensemble d'une écriture fine, rapide et souvent pâlie. Nous nous sommes malgré tout efforcé de sauver cette ébauche de l'oubli.

Cette édition critique, partiellement originale, n'aurait pu voir le jour sans les lumières et le concours de Bertrand Vibert, qui, avec l'aide de Marc Béghin, a fourni la présentation générale des contes. On lui doit les notices introductives et les annotations des onze récits en prose de Samain. L'établissement du texte des contes, la note le concernant ainsi que la réalisation de l'Appendice sont de Christophe Carrère.

NOTICE

Albert Samain conteur symboliste[1]

LA PROSE NARRATIVE, PORTION CONGRUE DE L'ŒUVRE ?

Si l'on excepte les modestes prépublications en revue, les *contes* en prose – plutôt que *nouvelles* – ont été publiés à titre posthume, et d'abord au Mercure de France dans un assez mince volume de quatre contes, précisément réunis en 1902 sous le titre de *Contes*. Ceux-ci pouvaient être alors considérés comme une sorte d'hommage pieux (dû aux soins du cousin Jules Mouquet) et certes aussi comme un appendice à la notoriété du poète d'*Au jardin de l'infante*, mais sans aller jusqu'à lui valoir le titre de poète prosateur[2] ou de conteur poète. Et pourtant, l'on aurait tort de passer à côté des contes de Samain, dont on verra qu'ils sont au total une dizaine – onze pour être exact[3], ce qui peut sembler peu, même pour une vie brève –, mais que leur rédaction a accompagné le poète tout au long de sa carrière littéraire. L'ensemble représente donc un recueil assez fourni, qui étoffe singulièrement le recueil initial publié au Mercure de France.

Toutes choses égales par ailleurs, le plus célèbre poète de la génération de Samain, Henri de Régnier, a lui aussi publié des contes que

---

1 Le recueil de contes de Samain constitué par la présente édition entre en résonance avec maint recueil de contes poétiques en prose symbolistes (voir par exemple *Contes symbolistes*, Bertrand Vibert (dir.), Grenoble, ELLUG, vol. 1, 2009 ; vol. 2, 2011 ; vol. 3, 2016.)

2 On lira néanmoins ci-après l'article pionnier d'Alphonse-Marius Gossez, « Albert Samain prosateur », consacré aux contes parus en revue – « Hyalis, le petit faune aux yeux bleus », « Xanthis ou la Vitrine sentimentale », « Divine Bontemps » – et publié dans le numéro spécial du *Beffroi* consacré au poète disparu, Lille, juillet-août 1900, p. 223-227. Voir *infra*, p. 417-420.

3 Les sept contes supplémentaires, dont deux inédits, ont été recueillis et découverts par Christophe Carrère. Voir *supra* la « Note sur l'établissement du texte ».

son activité de poète, puis son activité de romancier ont eu tendance à reléguer au rang des laissés pour compte de la postérité. Ceux-ci méritaient donc d'être remis en honneur[4]. De même, la question est bien de savoir si Samain, à l'instar de Régnier, Remy de Gourmont, Jean Lorrain ou Georges Rodenbach, peut être à la fois considéré comme un conteur et, en tant que tel, comme un poète en prose, ou s'il ne s'agit, dans les partielles éditions successives de ses contes jusqu'à la présente édition, que d'exhumer de pieuses reliques. Car il y a bien chez Samain un véritable effort vers la prose, et même l'idée que la prose serait l'accomplissement de son travail d'écrivain. C'est ainsi qu'il écrit à son ami Raymond Bonheur, pour nous de façon assez surprenante, au moment où il découvre *La Canne de jaspe* de Régnier : « [...] Et puis, ce que je voudrais, c'est faire de la prose ; je n'ai pu encore m'y mettre. Dieu ! que cela a de la peine à sortir, si jamais cela doit sortir ! Et penser que le salut serait là[5] !... » On le voit, pour l'écrivain poète qu'est Samain, la prose ne représente nullement la facilité ou un degré moindre d'élaboration du style. Il faudra s'en souvenir, même si tous les contes ne porteront pas aussi haut une telle ambition et un tel idéal.

À cet égard, il n'est pas indifférent que le roman soit aussi pour Samain une tentation récurrente, tout en restant une vaine tentative. Pour les générations qui viennent après Flaubert, le roman représente, aussi bien que la poésie, l'absolu du style, et Samain n'attribue nulle supériorité à la poésie en vers. Et le poète de se désoler dans une lettre adressée à son ami Paul Morisse : « Je sens comme avec une certitude intérieure que je n'écrirai jamais de roman ; et pourtant c'est là que serait le salut pour moi[6]. »

Encore une fois, le « salut » dans la prose ! comme si celle-ci venait, en termes d'accomplissement d'écrivain, *après* la poésie. N'y eût-il que cela, il conviendrait de lire avec soin la prose narrative de Samain. Pourtant, c'est bien le *conte* – et non le *roman* – qui a été la manière en prose d'un poète qui s'est cru à ses heures un romancier manqué, ce que personne n'aurait imaginé. Il ne faut sans doute pas trop le regretter, et à cet égard mettre à distance le jugement d'un Paul Bourget désireux de complimenter Samain après la lecture de sa « nouvelle » « Divine Bontemps » (parue dans

---

4 Voir *La Canne de jaspe*, Paris, Mercure de France, 1897. Sur l'importance de ce recueil pour Samain, voir les analyses qui suivent.

5 Lettre du 28 octobre 1897, *Des lettres*, éd. citée, p. 138.

6 Lettre de juillet 1896, *ibid.*, p. 105.

La Revue hebdomadaire) et, ce faisant, de l'attirer sur son propre terrain. Bourget développe l'argument de la façon suivante :

> Je [...] veux surtout [vous le dire tout de suite] pour attirer votre attention sur ceci : que vous avez condensé dans ces quelques pages la matière d'un très beau roman ; et ce roman, vous devriez l'écrire. Vous devriez, à cette notation rare, mais trop dense, substituer un développement qui donnât toute sa vie à l'étonnante et mystérieuse figure de femme que vous avez su voir et faire voir[7].

Ce serait là bien plutôt l'écueil que Samain a su éviter, même malgré lui, et l'on voudrait que le lecteur se persuade qu'il n'a rien perdu à lire une nouvelle – ou un conte – de Samain plutôt que ce qui eût fort risqué de ressembler à un roman de Paul Bourget. Chez le premier, le mystère et la poésie tendus jusqu'au tragique par l'économie et la tension du style ; chez le second, les ressources explicatives – vaines ? – de la psychologie. Or c'est bien dans le cercle du conte et de la nouvelle situés à hauteur de poésie qu'il nous faut placer le projet littéraire de Samain.

CONTES, OU NOUVELLES[8] ?

Le premier lien de Samain avec l'univers du conte est à chercher du côté de l'idéalisme symboliste, par opposition à ce qu'il nomme les « facilités d'un réalisme naturaliste[9] » à la Zola. Le jugement vaut

7 Lettre du 12 mai 1895, *ibid.*, p. 81, n. 1.

8 Je n'entre pas ici dans la discussion désormais classique, quoique complexe et fine dans le détail, sur le genre du récit bref dans le dernier quart du XIXe siècle : pour dire vite, le moment Maupassant, mais pas seulement, puisque aussi bien Villiers de l'Isle-Adam publie les *Contes cruels* en 1883, la même année que Maupassant les *Contes de la bécasse.* Bien que pour ce dernier, encore auteur des *Contes du jour et de la nuit* (1885), les termes de « conte » et de « nouvelle » soient à peu près interchangeables, on voit qu'il tend à privilégier le mot « contes » dans ses titres, en mettant l'accent sur *l'acte narratif* en lui-même indépendamment de toute autre caractérisation, alors même que, dans la conscience commune des lecteurs d'aujourd'hui, il s'agit précisément de *nouvelles.* Concernant Villiers, la question serait plus complexe encore ; mais si éloignée que soit l'esthétique du champion de l'idéalisme de l'esthétique réaliste de Maupassant, tous deux n'en affirmeront pas moins pareillement la puissance de la parole conteuse comme première caractéristique du genre.

9 La formule est employée par Samain à propos du romancier Jean Blaize, auquel il sait gré précisément de ne pas tomber dans ce travers (voir *infra*, p. 405). Il ne faut pas pour autant

d'autant plus que Samain, dans ses appréciations littéraires, est généralement bienveillant et fort peu polémiste, ce qui ne l'empêche pas à l'occasion d'affirmer ses goûts… et ses dégoûts :

> Actuellement, en littérature, la forme dite naturaliste, c'est-à-dire d'une extériorité excessive, d'un souci de décor et de geste contenu et obsédant, me produit une irritation pénible. Et les procédés de la phrase à la Zola, avec ses propositions courtes, ses imparfaits perpétuels, sa précision à coups de verbes, me donnent la nausée. Oh ! le procédé ! C'est bien son horreur qui doit nous ramener aux sincérités de l'expression pure, traduite toute nue et sans l'insipide maquillage des épithètes de couleur[10].

Le même Samain parle plus loin « des gros ouvriers comme Zola », anticipant le jugement de Huysmans, l'ancien disciple qui, moins sévère sur le fond, filera une métaphore très proche[11]. On comprend, malgré qu'il en ait, que son tropisme de prosateur porte Samain vers l'esthétique narrative de la forme brève, et d'abord celle du conte. Aux antipodes du roman naturaliste, Samain trouve ainsi une forme d'idéal de la prose et du style dans un conte de Régnier comme « Hertulie[12] », à l'égard duquel il exprime, lui, l'homme de l'« admirativité[13] », ce qu'on pourrait appeler un *enthousiasme d'affinité* :

> […] je me réfugie délicieusement dans Hertulie, qui est, comme vous me l'avez dit, une admirable chose d'une suprême et exquise nostalgie. Et puis,

ignorer la très grande plasticité du mot « réalisme », qui déborde largement le courant esthétique et littéraire qui l'a rendu célèbre, et dans lequel le « chef d'école » Flaubert lui-même ne s'est du reste jamais reconnu. Ainsi, le « réalisme naturaliste » doit par exemple être distingué d'un « réalisme teinté de rêve », célébré par Samain à l'occasion du Salon de la Rose-Croix à propos du peintre Henri Martin (voir *infra*, p. 227) ; ou encore d'un « réalisme immédiat des choses » (Léon Bocquet, *Albert Samain. Sa vie, son œuvre*, Paris, Mercure de France, 1905, p. 141.) considéré comme tentative, grâce à l'influence de Francis Jammes, de dépasser avec *Le Chariot d'or* la relative abstraction poétique d'*Au jardin de l'infante*. On voit que si Samain peut rendre justice à un certain réalisme, et d'abord dans ses lectures, ce ne sera jamais du côté du *naturalisme*, mais soit du côté d'un *réalisme onirique* ou *magique* consacré depuis par la modernité, soit du côté d'un *réalisme d'inspiration*, en prise directe avec les choses et les émotions de la vie.

10 Voir *infra*, *Carnets intimes*, p. 229-230.

11 Voir la préface à la réédition d'*À rebours* de 1903 : « […] Zola, c'est-à-dire un artiste un peu massif, mais doué de puissants poumons et de gros poings. » (Joris-Karl Huysmans, « Préface écrite vingt ans après le roman », *À rebours*, éd. Pierre Waldner, Paris, Garnier-Flammarion, 1992, p. 47.)

12 Conte recueilli dans *Le Trèfle noir*, Mercure de France, 1895, recueil à son tour recueilli dans *La Canne de jaspe*, Mercure de France, 1897. Voir l'édition du conte et du recueil de 1895 par Marc Béghin dans *Contes symbolistes*, éd. citée, vol. 2.

13 Le néologisme est de Samain. Voir *infra*, p. 192 et 288.

> n'avez-vous pas senti comme moi, que c'était fait avec les plus chers coins de notre sensibilité, et qu'il n'y a rien de comparable à sentir ainsi des sensations vous revenir en parfum ?
>
> Et cela se passe si bien dans notre *pays intérieur*[14] !

Ce « pays intérieur » est précisément celui de la poésie, que Mallarmé puis Régnier ont nommé « rêve » ou « songe ». On peut dire ainsi que par ses goûts, ses jugements et sa pratique, Samain, quoique plutôt considéré comme un poète – en vers – post-parnassien[15], appartient davantage, en tant qu'écrivain en prose, à la *mouvance symboliste*. Une des finalités de cette édition serait d'en faire prendre la mesure.

Néanmoins, à lire les contes, on voit aisément qu'ils se partagent entre deux types de récits. Les premiers, d'inspiration parisienne ou urbaine, au cœur d'un univers contemporain caractérisé par un ancrage spatio-temporel précis (parfois garanti, de surcroît, par la voix énonciative d'un narrateur) et donc, en ce sens au moins, « réalistes », s'apparentent à des *nouvelles* ; les seconds, qui puisent leur matière et leur manière dans l'imaginaire pur, éventuellement relayé et réélaboré littérairement par la mythologie antique ou les légendes médiévales, se rapportent à l'univers des *contes* proprement dits, du moins selon l'acception courante du terme. Ainsi, et sans qu'il s'agisse d'établir un relevé exhaustif, « Hyalis le petit faune aux yeux bleus » ou « Rovère et Angisèle », *contes*, s'opposent d'emblée à « Divine Bontemps » ou « Jean Caudry », *nouvelles*, et l'on voit à cet égard que les choix onomastiques des titres remplissent la fonction d'étiquettes génériques. Mais ces oppositions, indépendamment de tout critère purement quantitatif, ne suffisent pas à remettre en cause l'appartenance globale de l'ensemble à l'univers du conte, ici également considéré comme terme englobant et méta-générique. Là n'est pourtant pas l'essentiel. Au-delà de la porosité des frontières ou de l'hésitation générique dont bénéficie le terme de conte, c'est surtout, dans le dernier quart du XIXe siècle, *la tension générique qui est constitutive de la poétique même du récit bref moderne*. En d'autres termes, ne plus savoir si ce que l'on est en train de lire est un conte ou une nouvelle ; mieux, croire lire

---

14 Lettre à Raymond Bonheur du 27 mars 1894, *Des lettres*, éd. citée, p. 51.

15 Passer pour « post », c'est affronter le risque qui menace tous les réputés héritiers, successeurs ou pis, suiveurs, d'être à la traîne de la nouveauté et de la radicalité – faute en soi irrémissible. En termes d'histoire littéraire, c'est le plus sûr moyen d'être catalogué sous l'étiquette quasi infâmante, même en mode mineur, de « suranné ». Il y a là un mythe constitutif de la modernité qui n'a pas épargné Samain.

une nouvelle et s'apercevoir que l'on a peut-être affaire à un conte, voilà qui déconcerte, mais surtout qui déplace les effets et amène à reconsidérer l'interprétation de ce qu'on lit, qu'on ne saurait réduire à une pure qualification générique. La fameuse « cruauté » de Villiers – à l'égard du lecteur – saura jouer à plein de ces incertitudes déstabilisantes[16]. Et s'il est un prosateur moins paradoxal, Samain ne manque pas à sa façon de brouiller les frontières, fût-ce avec un bonheur inégal. Ainsi l'on verra que « Stella », nouvelle réaliste – voire misérabiliste – tourne au conte de Noël et, de fait, ne convainc guère. Mais de façon beaucoup plus intéressante, une petite nouvelle comme « Le bout de l'oreille. Mémoires d'un homme heureux » (laquelle met en scène une autre Stella), dispense la saveur d'un conte ironique, c'est-à-dire qui ne demande pas à être cru : c'est tout le charme des histoires à dormir debout. « Divine Bontemps » surtout, où se marque le refus de développer en roman le récit d'une vie[17], semble mêler les traits de la nouvelle et du conte. À la première, le récit emprunte un cadre discret qui fait de l'héroïne un personnage dont la condition sociale – bourgeoise – et le déroulé de vie sont accordés au vraisemblable contemporain ; au second, il impose la nécessité narrative des événements successifs (amour, morts, naissances) dont la vraisemblance passe au second plan et qui ont pour fonction de creuser ce que le personnage porte d'inexplicable mystère. Car aucune psychologie ni sociologie ne sauraient y suffire : « âme », personnage tout d'intériorité, figure vouée au sacrifice, Divine Bontemps accomplit sa destinée en héroïne plus proche des personnages de Maeterlinck ou de Rodenbach que de ceux de Maupassant. Et pour finir, il semble bien que la possible appellation de nouvelle pour caractériser son histoire soit un trompe-l'œil. Il n'empêche qu'il convient d'être bien attentif, dans le recueil de Samain, à ce qui peut faire résonner ensemble, voire converger des textes qui relèvent *a priori* de postulations génériques contradictoires.

Au reste, le conte poétique en prose de la période symboliste est peut-être avant tout ce que j'ai souhaité nommer naguère un *conte pour grandes personnes*[18] ; et Samain, fort peu soucieux de distinctions génériques,

16 Voir Bertrand Vibert, « Villiers de l'Isle-Adam et la poétique de la nouvelle, ou comment lire les *Contes cruels* ? », *R.H.L.F.*, juillet-août 1998, p. 569-582.

17 Voir *supra* le conseil de Paul Bourget. Mais à la décharge de Samain, Flaubert ne fait pas autrement avec « Un cœur simple », qui deviendra l'un des *Trois contes*.

18 Voir Bertrand Vibert, *Poète, même en prose*, *op. cit.*, p. 172 *sq.*

a beau jeu de remarquer tout simplement que « l'homme, comme l'enfant, raffole des histoires[19] ». Mais encore y faut-il ajouter quelques traits supplémentaires. Tout d'abord, le conte symboliste s'adresse à un lecteur non seulement adulte, mais aussi lettré. Il y a là une ambition esthétique fondée sur la connivence grâce à des jeux d'allusions et de références, avérées ou possibles, dont les notices qui suivent exploreront quelques pistes. Cela ne va pas non plus sans un idéal de style, que celui-ci tende vers une écriture très théâtralisée ou, au contraire, qu'il prenne le parti d'une apparente simplicité, voire de la sobriété. Or dans l'un et l'autre cas, Samain fait preuve d'un art consommé. Comment par exemple ne pas être sensible à la cadence musicale très étudiée qui accompagne la chute de « Xanthis », où le thème et le ton s'accordent pour faire entendre l'air de la nostalgie (qui tranche avec la tonalité générale du conte, légère, rapide et humoristique) :

> Devant la vitrine en deuil, où rayonnait hier encore Xanthis la Jolie, une mystérieuse tendresse me retient, et il me plaît de m'imaginer que ce n'est point sans intention que, mes doigts ayant touché par hasard une vieille boîte à musique, il en sortit, en petites notes grêles et lointaines comme des larmes de figurines, un air du temps passé, si doux et si touchant à la fois, qu'il semblait bien fait pour exprimer dans sa tristesse la vanité des Amours passagères et la mélancolie des fragiles Destinées.

À l'autre bout du spectre stylistique, abandonnant toute tristesse majestueuse ou emphase lyrique surjouée, l'*explicit* d'« Hyalis » n'est pas moins recherché, puisqu'aussi bien, il fait écho à celui de *Salammbô*[20] qu'il varie et désacralise : « Ainsi mourut d'amour Hyalis de Mycalèse, le petit faune aux yeux bleus. » À l'inverse, l'apparente simplicité qui marque l'*incipit* de « Rovère et Angisèle » a quelque chose de proprement *in-ouï* – « Rovère, fils du duc de Spolète, était magnifique et grave » – en raison du lien étrange et incertain, tout à la fois sémantique, mélodique et rythmique, qui unit les deux adjectifs dans une construction attributive : ceux-ci introduisent dès la première phrase un long point d'orgue, au détriment de toute considération plus factuelle attendue à l'ouverture du récit. Ainsi est donné d'emblée le *tempo* lent et mélancolique qui imprimera sa couleur au conte.

19 Voir *infra*, *Carnets intimes*, p. 299.

20 Voir *infra*, la notice p. 75-78.

Mais il est un autre trait du conte pour grandes personnes, bien qu'il convienne de ne pas le dissocier des deux autres grâce auxquels il trouvera sa tonalité particulière. Fruit d'un art raffiné et cruel, il soumet l'intrigue narrative à l'accomplissement d'une destinée tragique, où amour et mort ont le plus souvent partie liée. Les exemples précédents ont déjà pu en donner un aperçu.

Enfin, les contes pour grandes personnes comportent une dimension *érotique*, qu'il s'agisse des évocations du désir sexuel ou des manifestations des émois amoureux, – au point qu'Éros pourrait bien être le premier moteur de la plupart des contes de Samain[21] : « La grande force est le désir », dira Apollinaire[22] : désir tout court ; désir de poésie ; désir de littérature ; désir de récit. Ce sont donc les aventures et les avatars d'Éros qu'il faut suivre dans les contes ici recueillis : ses avatars, ou ses métamorphoses.

ÉROS ET MÉTAMORPHOSES D'ÉROS

Il faut distinguer les arts et les manières de Samain. En particulier concernant les formes que revêt Éros dans les contes, il existe une grande variété qu'expliquent la date de composition – l'âge de l'auteur – et le lieu de publication (quand il ne s'agit pas de textes restés inédits), en somme l'ambition qui détermine le degré d'accomplissement et le devenir-poème du conte. Ainsi, Samain n'écrit pas pour *Le Bonhomme Flamand* à 23 ans – « Le Bout de l'oreille », « La Jarretière » – comme il écrira entre dix et quinze ans plus tard pour *La Revue hebdomadaire* « Xanthis », « Hyalis » et « Divine Bontemps ». Pour autant, nous l'avons déjà suggéré, les deux toutes premières œuvres peuvent être, accordées à leur projet, considérées comme parfaites en leur genre, combinant érotisme et humour, légèreté et brièveté. L'une et l'autre, sans rien qui pèse ou qui pose, mettent en récit un désir fétichiste que le titre affiche et, pour le second texte, qu'il nomme jusqu'à en faire le point de départ

21 L'absence de considération érotique dit aussi quelque chose des contes concernés : en particulier « Stella » qui pour le coup est presque un conte pour enfants.

22 « Les Collines », *Calligrammes*, Paris, Mercure de France, 1918.

annoncé d'une nouvelle : « L'origine de ce fétichisme ? Voici l'histoire en deux mots[23]. »

Certes, Éros n'est pas absent de l'œuvre poétique. Témoin le poème « Luxure[24] » dans *Au jardin de l'infante*, dont Samain, après Baudelaire, revendiquait auprès de Coppée la légitimité comme sujet poétique[25]. De façon moins tapageuse, un poème comme « Les Vierges au crépuscule » évoquera des émois saphiques, ce qui lui vaudra un reproche du poète et ami Francis Jammes. Quoi qu'il en soit, c'est dans la prose que Samain prend résolument le parti d'Éros, de l'expression libre de la sensualité, du désir et même de la sexualité, car il s'y affranchit plus aisément des conventions littéraires. Dans « Xanthis », certes, le récit est mis à distance par le protocole fantastique – les sujets d'une vitrine s'animent et vivent une vie autonome –, mais le motif érotique devient sexuel par un jeu d'allusions comiques – qui comparent notamment les avantages des galants successifs de la petite danseuse –, et même par une ellipse grivoise signalée par des lignes de points. À cet égard, la seconde partie du titre (« la Vitrine sentimentale ») doit être lue comme pleinement ironique, car nulle n'est moins « sentimentale » que l'héroïne[26], et tout le conte s'emploiera, non seulement à vider l'adjectif de son sens, mais encore à le faire apparaître comme particulièrement impropre.

Si « Xanthis » appartient encore à la veine des contes légers, tous ceux qui suivront seront beaucoup plus graves et plus sombres et, le cas échéant, l'érotisme y aura changé de caractère. Il n'y sera plus une fin en lui-même, une fête et une célébration joyeuse sous les auspices du paganisme[27], mais

23 Gilles Deleuze et Félix Guattari distinguaient le conte et la nouvelle sur la base de questionnements différents. Soit pour le conte : « Qu'est-ce qui va se passer ? » ; et pour la nouvelle : « Qu'est-ce qui s'est passé ? qu'est-ce qui a bien pu se passer ? ». Le conte apparaît donc orienté vers le futur alors que la nouvelle serait orientée vers le passé. (« 1874 – Trois nouvelles, ou "qu'est-ce qui s'est passé ?" », *Mille Plateaux*, Paris, Minuit, 1980, p. 235-252.)

24 Encore la luxure, péché capital, nous renvoie-t-elle explicitement à l'univers chrétien : entre temps, Éros est devenu une figure du Démon.

25 « [...] ce poème qui contient sans doute des expressions fortes, mais pas une seule obscénité réelle, n'était qu'une amplification lyrique sur la place occupée par la luxure dans l'humanité ; et, en tant que poète, il me semble bien que j'aie le droit de m'en occuper, la quantité n'étant pas négligeable. » (Lettre de Samain à François Coppée du 30 août 1898, *Des lettres*, éd. citée, p. 162.)

26 Seul le musicien, figure du lyrisme romantique, est sentimental, et il sera supplanté par un faune.

27 À vrai dire, les références sont mêlées dans « Xanthis », puisque le musicien romantique y supplante le vieux marquis XVIIIe siècle, sans parler des autres avatars d'Éros. Mais

une passion absolue potentiellement autodestructrice, ou bien un moment des contes et des personnages qui doit être épuré ou dépassé, bref spiritualisé : Éros aura cédé la place à l'Amour. Ainsi en va-t-il pour Hyalis, le petit faune, après qu'il a connu les « faciles étreintes » ou « le mélange ardent des corps » ; ou encore pour Rovère, lui qui aura d'abord invoqué Dionysos pour célébrer la « divine volupté » de l'amour en l'honneur de sa maîtresse passionnément aimée, Viola Madori, et qui subira le « coup [...] terrible » de sa perte. On peut ainsi rattacher à la veine païenne de Samain tout ou partie des contes qui font honneur à l'amour physique. En revanche, il est très peu de contes ou l'amour sous une forme ou sous une autre soit complètement absent, même « Jean Caudry » où le spleen et la solitude du personnage révèlent pour finir un besoin d'aimer insatisfait, qui ne laisse pas l'amour hors-sujet.

À travers l'amour, la question que creuse Samain est celle du bonheur, de la possibilité ou non d'être heureux, et de la capacité, ou non, d'y contribuer dont jouissent les êtres humains. Il le confesse dans ses *Carnets* : « L'orientation particulière de mon âme est le bonheur[28]. » Conte après conte, il s'agira donc de l'amour[29] et du rapport entre les sexes dans lequel l'homme est bien souvent victime malheureuse, c'est-à-dire dans les faits le sexe faible. C'est ainsi que, la maturité atteinte, le climat naturel des contes de Samain est le tragique : « Il me faudra trouver quelque sujet tragique [...], quelque sujet fort et violent ; c'est pour ceux-là que je suis outillé[30]. » Il y a là à peine un paradoxe : le tragique est le fait d'une aspiration au bonheur non satisfaite, et il s'impose d'autant plus que cette aspiration est absolue. Or, à lire les contes, il apparaît que l'amour y est le plus souvent douloureux et non payé de retour, en butte à l'insensibilité et/ou à la cruauté de la femme aimée. À cet égard, *Polyphème* sera la version dramatique exemplaire d'une fable dont « Xanthis ou la Vitrine sentimentale », « Hyalis, le Petit Faune aux yeux bleus », « La Petite Princesse Gélide », « Angôn et Glaïs », ou encore « Le Carnaval de Jean » déploient les versions narratives : autant de variations sur le thème de l'amour ignoré voire cruellement traité. On comprend que

---

aucun des personnages ne peut y être pris au sérieux ni même n'échappe à un ridicule croissant.

28 Voir *infra*, p. 192 et 288.

29 « L'âme a besoin d'aimer n'importe qui, n'importe quoi, comme le corps a besoin de manger. Il y a des âmes qui meurent de faim. » (Voir *infra*, « Notes – Sensations », p. 347.)

30 Voir *infra*, *Carnets intimes*, p. 243.

les « perversions fin-de-siècle du merveilleux[31] » analysées par Jean de Palacio sont ici pleinement à l'œuvre, puisque les belles n'y sont le plus souvent point bonnes ; et à l'histoire personnelle de Samain, poète ami, mais non aimé de Cécile Cerizier, il convient d'ajouter, au-delà même de l'idéalisation de la femme par le Romantisme, la hantise fin-de-siècle du féminin tout à la fois objet de désir et perçu comme une menace.

Mais une telle affirmation demande à être nuancée à la lumière de certains des contes les plus importants de Samain – et parfois les mêmes : délivrée de son sort par l'enchanteur Roland, la petite princesse Gélide, jusque-là insensible et tout à coup bouleversée par l'amour, connaîtra indissociablement les émotions qui la feront « souffrir » et être « heureuse », et accédera ainsi à ce qui fait le prix de la condition humaine. Dans « Divine Bontemps », l'héroïne manifeste une sensibilité et une pudeur exacerbées, comme aussi une grande bonté. Mais tout aussi jalouse de ses émotions et de ses sentiments, elle grandit sur un terreau propice au secret, à la solitude et au dévouement, voire au sacrifice. Devant Maurice, l'homme de sa vie, elle aura pourtant ressenti dans sa « virginité voluptueuse » les émois de l'amour ; mais sa manière de se refuser aux occasions et aux circonstances le lui fera perdre comme mari et amant. Quand elle le retrouvera, libre et veuf, et qu'elle pourra l'épouser, ce sera désormais oublieuse d'elle-même et comme en dehors de la vie. En d'autres termes, le pli du sacrifice sera pris contre la vie : « sa sensibilité, toujours aussi vive, mais en quelque sorte désincarnée, était devenue toute spirituelle ». Le personnage apparaît dès lors comme victime de lui-même, et Samain ne nous donne pas à lire sa destinée, toute d'abnégation pusillanime, comme une véritable conquête spirituelle : rien qui ressemble à la destinée d'Hyalis, par exemple, ou à celle de Rovère et d'Angisèle. Aux coups du sort répond ici un tragique mineur, moins issu d'un conflit avec la vie que d'une incapacité à l'embrasser tout entière, à la prendre à bras le corps. C'est dire que l'existence de Divine s'est peu à peu installée et enfermée dans un cercle étroit à l'air raréfié. C'est pourquoi elle est l'héroïne d'un conte paradoxal et ambigu au point de fournir au recueil son contrepoint significatif : il n'est pas sûr qu'Agapè y ait pris la place du défunt Éros. Reste que sa vie est profondément *innocente*, sinon à son propre détriment, et qu'elle

31 Jean de Palacio, *Les Perversions du merveilleux. Ma Mère l'Oye au tournant du siècle*, Paris, Nouvelles Éditions Séguier, 1993.

présente dans le recueil une vision singulière du féminin irréductible à tout autre[32]. « Rovère et Angisèle », en revanche, offre au recueil son plus bel accomplissement, non pas tragique, mais hiérogamique et mystique, doublement consacré par l'amour et par la mort, signe d'un accès symbolique à l'immortalité annoncé par « l'aurore » que confirme la présence des roses dans l'évocation finale :

> À l'aurore, dans la haute chambre du palais, on les trouva, couchés côte à côte, sur un lit de parade.
>
> Et ils étaient nus, et dans leurs mains il y avait des roses.

Cette fois, Éros et Agapè s'unissent sous la plume de Samain ; à la faveur de cette double relance par la conjonction « et » qui tout à la fois prolonge et suspend le discours – ce que la rhétorique nomme « hyperbate » –, son imaginaire de poète offre peut-être à l'œuvre en prose une de ses réussites les plus parfaites.

Homme discret, il n'était pas besoin pour Samain d'allures tapageuses pour manifester un tempérament sensible et un talent singulier, bref une incontestable trempe d'écrivain. Il ne lui était point besoin non plus de révolutionner le langage de son temps pour faire œuvre originale, ce qui ne veut pas dire qu'il n'ait pas perçu ni traduit à sa manière les mouvements de son époque, parfois tenté par la Décadence, parfois par le Symbolisme auquel il faut pour finir rattacher l'essentiel de son œuvre narrative en prose. En son temps, Alphonse-Marius Gossez concluait : « Telle est la gloire la plus pure d'un poète, de le rester, lorsqu'il daigne condescendre à la prose[33]. » Poète certes, voudrait-on répondre, mais aussi parce qu'il sut s'élever jusqu'à la prose.

---

32 On trouvera dans *Musée de béguines* de Georges Rodenbach (Paris, Charpentier, 1894), œuvre admirée par Samain qui en fit un compte rendu enthousiaste, d'autres figures de « recluses », candides comme leurs dentelles blanches, et hantées par le devoir et le service de Dieu. Voir *infra*, p. 377-379.

33 « Albert Samain prosateur », art. cité, voir *infra*, p. 417-420.

LE BOUT DE L'OREILLE (MÉMOIRES D'UN HOMME HEUREUX)

*Il n'est pas indifférent que la première œuvre publiée par Albert Samain, à Lille, sous le pseudonyme de « Ciry [*sic[1]*] Pearl », dans* Le Bonhomme flamand *du 2 octobre 1881, soit une sorte de très brève nouvelle en prose développée sur à peine plus d'une page. L'anecdote en est mince – un coup de foudre qui prélude à un mariage – au point que le sous-titre (« Mémoires d'un homme heureux ») ne peut guère se lire sans ironie, ou humour : le terme imposant de « mémoires » est manifestement inapproprié pour un tel récit, et de surcroît le motif énigmatique bientôt dévoilé du titre, « Le Bout de l'oreille », contraste de façon burlesque avec le sous-titre. À quoi donc le bonheur d'un homme tient-il ? Telle est la devinette proposée, dont la réponse est déjà contenue dans les éléments du titre. Comprenons : au bout d'une oreille.*

De tous les contes de Samain, celui-ci est le seul qui soit entièrement conçu à la première personne – dans « Xanthis », le narrateur présent au début et à la fin du récit n'assure qu'une fonction de relais. Ici, en revanche, il en est le point d'ancrage énonciatif et thématique, puisque tout tient à la remémoration de la bouleversante rencontre érotique dont le mariage est la suite heureuse. Car il ne s'agit pas de sentiment, mais bien d'un désir amoureux aiguillonné, voire surexcité par un « point rose », ce « lobe mignon, vermillonné par le froid » de l'hiver, qui est presque la seule partie de chair non couverte, montrée à peine « à la lueur d'un réverbère » et comme la synecdoque de la féminité : objet lumineux et mouvant du désir, à la fois offert et dérobé, le lobe de l'oreille est plus intime et plus charnel que l'œil, dans ce texte où le regard n'intervient que tardivement, et comme un moyen supplémentaire de séduction. La « passante[2] » de Baudelaire, dans sa dimension mystique et tragique, est

1 « Ciry » au lieu de « Gry » Pearl, pseudonyme qui apparaît pour « La Jarretière », conte suivant. Il s'agit sans doute d'une coquille de typographe.

2 Voir Claude Leroy, *Le Mythe de la passante : de Baudelaire à Mandiargues*, Paris, PUF, coll. « Perspectives littéraires », 1999, et Georges Rodenbach, « Une passante », dans *Le Rouet des brumes* [1900], recueilli dans *Contes symbolistes*, éd. citée, vol. 3, p. 277-289.

ici récusée. De même qu'est récusée la vision illusoire de l'idéal féminin avili par la prostitution dans « La Perspective Nevski » *de Gogol. L'hyperesthésie érotique propre à Samain, tant poète que prosateur, et pour tout dire toujours poète, est en revanche bien présente.*

*Mais le texte joue à dérouter son lecteur : l'ellipse temporelle signalée par une ligne de points fait bifurquer la narration et constitue le récit en diptyque. De ce qui pourrait être un début de nouvelle à la Maupassant, nous passons à un conte allégorique où temps et espace fusionnent pour « abord[er] [...] l'île de l'*Hyménée *». Tout cela est un peu trop beau et emphatique, et le lecteur, pas plus que le personnage-narrateur, ne parvient vraiment à croire, sinon à la possibilité, du moins à la consistance d'un tel bonheur. La fin dialoguée, d'une veine beaucoup plus réaliste et conçue pour aboutir à une dernière réplique en forme de pointe, réassigne le texte au genre de la nouvelle. Avec les boucles d'oreille en diamant offertes à la jeune épousée, elle clôt le texte de manière structurale, tout en ajoutant un élément de surenchère. En outre, elle produit d'emblée la définition exacte des rôles masculin et féminin dans l'univers amoureux de Samain. Chez lui, comme chez beaucoup d'auteurs fin-de-siècle, la femme est une fille d'Ève, tout à la fois belle, légère et futile (ou puérile), et prédestinée à faire souffrir celui qui l'aime. La relation entre l'homme et la femme est en effet pour lui une relation du faible au fort, du désirant à l'adorée. Certes, une telle dissymétrie n'est que suggérée dans un texte qui reste euphorique. Il n'en reste pas moins que la possibilité de la souffrance est évoquée (« on marcherait pieds nus sur braises, regardé de cette façon-là »), qu'elle est aussi le fait d'un prosaïque désir masculin de possession exprimé fort bourgeoisement (« pendant que je touchais ma facture en bons baisers sonnants ») et que la jalousie désamorcée par la réplique finale n'en est pas moins exprimée. Et puis le jeu de mots n'est pas loin : « montrer le bout de l'oreille » pourrait bien être un moyen féminin de mener un homme par le bout du nez. Combien d'autres textes exploreront cette possibilité !*

Ce petit texte se présente enfin comme un contrepoint comique de « Jean Caudry », histoire d'un homme heureux qui tente de se suicider parce que, s'il est apparemment comblé par la vie, il est sans amour et finalement en proie à une insupportable solitude. Si peu qu'une telle fable demande à être crue au-delà de l'instant heureux qu'elle met en scène pour finir, tout ce qui suscite le désir, quelles qu'en soient les conséquences, semble pour Samain valoir mieux que l'atonie de la vie.

C'était l'hiver dernier, le 4 janvier. Ce soir-là, il faisait un froid du diable. Personne dans les rues de Lille, ou quelques silhouettes frileuses rasant, demi-courbées, les façades endormies.

J'allais bon train, les mains aux poches du pardessus, la canne collée à l'épaule, le col de loutre relevé jusqu'aux yeux, ne songeant qu'à la volupté prochaine de pénétrer dans l'atmosphère chaude du salon où l'on m'attendait.

Tout à coup, au plus fort de ma course précipitée, je m'arrêtai brusquement.

Dans cette nuit de janvier, morte sous la neige blanche, quelque chose de délicieusement vivant venait de m'effleurer.

Je n'avais vu à la lueur du réverbère qu'un point rose, mais d'un rose à vous rendre fou… ou amoureux, ce qui est tout un. Devant moi, sur le trottoir, un mignon paquet de fourrures trottinait sur l'asphalte. Impossible de rien distinguer sous les ampleurs sombres du vêtement.

Quand je dis rien, il y avait bien quelque chose, ce quelque chose de rose et de vif qui m'avait saisi l'œil au passage. Un bout d'oreille passait timide entre les plis de la voilette tendue et la fourrure montante du col.

Je ne connais rien, pour ma part, d'aussi agaçant que de petits coins de chair fraîche, ainsi enfouis dans l'ombre. Toutes les voluptés irritantes du mystère y sont condensées et l'imagination s'y jette avec d'autant plus d'âpreté féroce que le morceau est plus petit. C'est ce qui m'arriva.

Ce lobe mignon, vermillonné par le froid, m'intriguait, me tourmentait. Et puis, tout autour il y avait un si joli frisotis de cheveux dorés !

Une énigme ne m'a jamais fait peur, – au contraire. – Je laissai là ma soirée, je fis volte-face et partis à la découverte.

. . . .

J'étais parti pour longtemps.

Ce fut un véritable voyage au long cours et le plus délicieux que j'aie fait dans ma vie.

Il dura six mois, au bout desquels j'abordai, presque sans m'en douter, l'île de l'*Hyménée.*

Île bénie, île enchantée, qui n'a frémi d'ivresse en foulant pour la première fois tes petits sentiers perdus, noyés d'ombre charmante et parfumés de fleurettes exquises tout emperlées d'aurore ! – Destinée étrange ! me dis-je souvent : Dire que mon bonheur a tenu à si peu de chose ! Un flocon de neige dans les yeux, et je laissai passer ma *Fortune.*

Aussi ces jours derniers, ai-je voulu consacrer dignement le souvenir de cette nuit si radieusement sombre pour moi. J'ai placé, sous la serviette de Stella[3] (c'est le nom de mon énigme) un écrin où deux jolis brillants dormaient dans le satin blanc.

Quand Stella a ouvert l'écrin, elle m'a regardé… Vous savez comme elles vous regardent quand elles le veulent. On marcherait pieds nus sur braises, regardé de cette façon-là. Puis, en une seconde, de ses doigts de fée elle a enchâssé dans leurs écrins de chair rose les gouttes d'eau aveuglantes, et m'a sauté follement au cou. Et pendant que je touchais ma facture en bons baisers sonnants sur son cou, sur ses cheveux, partout.

– Tu vois, me dit-elle, avec un sourire d'une indéfinissable malice, tu vois qu'il est quelquefois bon de montrer le bout de l'oreille.

– Oui, quand on est jeune fille, madame, répondis-je sévèrement avec une caresse.

– Bah ! quand on est mariée aussi, prodigue ! Ça y fait pousser des diamants.

---

3 Le prénom sera repris dans un conte inédit, mais avec une tout autre signification. Ici le prénom est surdéterminé par ce qui suit. Stella brille comme une étoile, par le lobe de ses oreilles qui aimante le désir et par les brillants destinés à les parer. Étoile toute terrestre, elle s'oppose à l'étoile d'innocence angélique et céleste de l'autre conte : âme prosaïque d'un côté, âme poétique de l'autre.

LA JARRETIÈRE

À peine plus long que le texte précédent, « La Jarretière » a de même été publié à Lille dans Le Bonhomme flamand *du 6 novembre 1881 sous le pseudonyme de « Gry-Pearl ». Samain y poursuit une veine légère – ce sera sa dernière tentative en ce sens – placée sous le signe conjoint de l'érotisme et d'une vision d'ensemble humoristique. Une fois encore, l'argument est mince : un amoureux s'est saisi d'une jarretière perdue lors d'un bal par celle qui lui a « tourné la tête ». Pour le coup, le « fétichisme » est bien nommé et reconnu comme tel, car le petit récit de ce désir amoureux n'est pas même une histoire d'amour. Quoi qu'il en soit, la sensualité érotique de Samain s'y déploie à travers celle de son personnage ; et le poète un peu compassé que l'on croit ne manifeste aucune gêne dans l'expression franche et presque crue du désir. On appréciera à cet égard la fausse naïveté complice du narrateur : « Ou bien, les narines frémissantes, il aspirait longuement dans l'étoffe adorée* je ne sais quelles *odeurs enivrantes de chair féminine*[1]*. » Il y a du Don Juan en herbe dans cette façon de traquer l'*odor di femina.

À vingt-trois ans, l'écrivain est à peine plus âgé que son protagoniste, et il importe d'autant plus qu'il affecte le point de vue distancié d'un narrateur rassis : « on sait que Pierre est fort jeune et qu'à son âge », etc. Ce qui ne l'empêche nullement de saisir de l'intérieur les pensées et les rêveries amoureuses de son personnage, tout en prenant soin de les mettre à distance par des commentaires gentiment ironiques et cocasses, où l'on peut lire peut-être des réminiscences du Théophile Gautier des Jeunes-France *: « Pierre se faisait ces réflexions plastiques de l'aube à la vesprée ». L'habileté de Samain est donc de parvenir à gagner sur les deux tableaux. Le personnage, du reste, n'en a pas moins conscience de son possible ridicule, puisque, lui-même ironiste, il prétend éviter la belle pour ne pas se discréditer à ses yeux « par une gravité de soliveau et l'air ahuri de tous les amoureux timides ».*

L'art de Samain ne s'arrête pas là, et il sait ménager les effets attendus de « tension narrative[2] *». La nouvelle pique d'abord la curiosité du lecteur puisque*

1 Je souligne.

2 Je me fonde sur les catégories définies par Raphaël Baroni dans *La Tension narrative. Suspense, curiosité et surprise*, Paris, Seuil, coll. « Poétique », 2007.

le motif du vol de la jarretière est exposé par un début in medias res, *avant d'être explicité par un récit rétrospectif. Mais celui-ci donne également lieu à un suspense, puisque la suite probable de l'incident est différée à une promenade qui doit réunir la même compagnie le lendemain. Le moment venu, « l'amoureux » organise son plan d'approche pour mettre toutes les chances de son côté. Or la suite, sous forme de chute dialoguée, crée une véritable surprise. Ce n'est pas tant que « la mignonne Raymonde » prenne l'initiative en s'adressant à tous pour faire part de la disparition de sa jarretière ; non plus qu'elle démasque sans peine le coupable avec une franche gaieté où n'entre aucune fausse pudeur virginale ; mais bien plutôt que sa réplique finale, qu'on laisse au lecteur le soin de découvrir, produise un effet de dés-érotisation franchement comique qui annule d'un coup la distribution des rôles telle que l'avaient imaginée Pierre, le protagoniste, et le lecteur à sa suite. Le personnage féminin y gagne une imprévisibilité qui n'a rien à voir avec un stéréotype misogyne, et qui s'appelle tout simplement la « fraîcheur ». Il y a là un retournement original qui n'est pas pour rien dans le charme de cette petite nouvelle.*

Ah ! pour cela, oui ! c'était un amour de jarretière avec son satin noir luisant et moiré et sa belle agrafe d'argent ciselé ; un peu sévère, mais si jolie ! Voilà vraiment l'anneau souple et coquet qu'il fallait à une jambe de vierge. La rendre ? Plutôt souffrir mille morts ! Ainsi pensait Pierre de Raime, le petit vicomte bien connu.

L'origine de ce fétichisme ? Voici l'histoire en deux mots : Hier, il y avait bal au Château, on dansait pour de vrai ! Le petit clan des élégantes et des élégants s'en donnait à cœur joie, avec cet élan qu'on n'a qu'à la campagne, dans le voisinage du grand Pan et des petits Satyres. Pierre restait sombre dans l'animation générale. On le voyait errer dans les salons, à travers les groupes enflammés, comme la salamandre dans le feu, sans apparence de brûlure. Au milieu de ces tentations affriolantes, au milieu de ces éblouissements de chairs nues, il passait froid, le monocle à l'œil, et l'œil ailleurs. On sait que Pierre est fort jeune et qu'à son âge, dans cette terre du cœur, vierge et travaillée de sève, la divine fleur d'amour pousse d'un seul jet, droite et superbe. Et Pierre était amoureux, amoureux, amoureux !

La mignonne Raymonde de Persenys lui avait tourné la tête. Tous ses rêves allaient à elle ; elle l'absorbait : il n'avait qu'une pensée, la voir, maintenant, toujours, encore après. Quelle vue pouvait plaire davantage ? Ni grande, ni petite, blonde, rose, sentant la jeunesse et le frais de ses dix-huit ans, une pointe de malice au bout d'un nez mutin, une teinte de douceur attendrie dans ses grands yeux bleus, délicieusement étonnés ; une taille à prendre entre dix doigts, une gorge déjà décidée dans son corselet de damoiselle : on l'eût aimée à moins ! Pierre se faisait ces réflexions plastiques de l'aube à la vesprée. Superbe de crânerie dans un souper fin, il perdait la tête, il se sentait idiot devant la jolie mignonne ; et bien qu'il lui en coûtât gros, il préférait la regarder de loin, passer dans le tourbillon des valses, que de se ridiculiser près d'elle par une gravité de soliveau et l'air ahuri de tous les amoureux timides.

Il avait gagné un salon désert, et brodait je ne sais quelle rêverie suave sur l'harmonie lointaine du piano. Raymonde vint à passer, rapide et vive comme une biche effarouchée, ses jupes traînantes ramassées en paquet dans sa main et légèrement soulevées au-dessus de ses pieds de Cendrillon… Le météore brilla et disparut[3]. À ce moment, vif comme l'éclair, Pierre se pencha et cueillit, sur le paquet, une jarretière de satin noir, que la rapidité de la course avait détachée.

Comme il le tenait serré et ferme dans ses mains avares, ce chiffon troublant ! Comme il le couvait de longs regards, trempés de voluptés !

Pour être plus à son aise, il avait quitté la salle bruyante, il avait gagné le jardin, et là, dans le mystère des allées noires, il marchait, le ruban divin toujours entre les doigts. Parfois il s'arrêtait ; et, pris d'un coup de passion débordante, il portait la soie à ses lèvres et la mordait de ses dents convulsives. Ou bien, les narines frémissantes, il aspirait longuement dans l'étoffe adorée je ne sais quelles odeurs enivrantes de chair féminine.

Il rentra chez lui enfiévré. Là, sous la lampe, il voulut encore palper, tourmenter dans tous les sens sa trouvaille galante. Une écritoire était près de lui. Il y prit une plume, et barbouilla une manière de dithyrambe extravagant où les rimes en feu se baisaient comme des ménades un jour de bacchanale. Cet épanchement lyrique le soulagea.

---

3 Nouvelle allusion au poème de Baudelaire « À une passante » : « Un éclair… puis la nuit ! » (v. 9.) La fugacité érotique d'inspiration baudelairienne semble bien le thème commun aux deux premiers contes de Samain.

Il se jeta sur son lit et s'endormit en pressant contre ses lèvres le talisman d'amour.

Pour le lendemain, les dames avaient projeté une promenade aux environs. On partit de bonne heure ; et Pierre, qui avait manœuvré avec l'adresse d'un vieux corsaire, se trouva… par hasard, placé tout près de Raymonde dans le grand *four-in-hand*. L'air piquant du matin, les ressouvenances de la nuit, le verre « de raide » du départ, avaient transformé notre amoureux transi. Pierre avait un esprit d'enfer. Et l'on riait franc autour de lui, Raymonde la première. Un grand pas de fait ! L'amoureux savourait à petites gorgées ce commencement de fortune. Toute la compagnie s'était d'ailleurs mise à l'unisson. De folles sorties faisaient épanouir les lèvres en un large rire. Raymonde donnait la riposte avec l'aplomb inouï de la jeune fille qui puise l'audace dans l'ignorance du péril. Tout à coup, se levant, les cheveux blonds flottant à l'envolée dans la brise matinale, avec une solennité souriante et un coup d'œil scrutateur :

– Mesdames et messieurs, dit-elle, à tous ici présents, je fais assavoir que j'ai perdu, hier…

ci, Pierre serra fiévreusement son trésor entre ses doigts, inquiet, rougissant malgré lui.

– Quoi ? quoi ?… demanda l'auditoire masculin.

Mais Raymonde n'écoutait plus. Elle avait saisi au vol le regard troublé du pauvre Pierre, et lui pressant les poignets à pleines mains, les yeux tout allumés de rire :

– Ah ! monsieur le voleur ! c'est vous qui l'avez, je le vois bien !

Puis, approchant son visage jusqu'à l'oreille du coupable, avec une inflexion de voix adorablement suppliante :

« – Oh ! rendez-la-moi… je vous en prie. Je serais grondée… C'est la jarretière de grand'maman !… »

XANTHIS
OU LA VITRINE SENTIMENTALE

… Et in pulverem reverteris[1].
Genèse, III, 19.

La Nourrice – À quoi penses-tu donc, mon enfant[2] ?
EURIPIDE, *Phèdre*, scène 2.

Paru dans La Revue hebdomadaire *du 17 décembre 1892, après que Samain a déjà publié une cinquantaine de poèmes en revue – soit onze années après la publication du « Bout de l'oreille » et de « La Jarretière » –, « Xanthis ou la Vitrine sentimentale » n'est plus une œuvre de jeunesse. C'est aussi le premier des quatre contes recueillis en 1900 dans l'édition posthume du Mercure de France, sans que l'édition ait été préparée par l'auteur. Celle-ci est donc avant tout, à l'initiative de l'éditeur qui avait publié ses précédents recueils, le fruit de la notoriété du poète du* Jardin de l'infante *(1893) et d'*Aux flancs du vase *(1898).*

Il ne s'agit pas moins de textes importants qui entrent en résonance avec d'autres du poète, en vers ou en prose, et sans préjudice de genre. « Xanthis » est du reste le titre d'un poème publié dans le dernier recueil cité, qui reprend « le thème érotique de la jeune fille nue[3] *». Mais on verra que le texte en prose, délibérément plus prosaïque, offre une variation narrative intéressante*

---

1 « Et tu redeviendras poussière. »

2 La nourrice s'adresse à Phèdre, dont le secret fatal est l'amour incestueux qu'elle éprouve pour son beau-fils Hippolyte, le fils de Thésée. L'épigraphe oriente déjà le lecteur vers le thème d'un amour contre-nature. Le tragique y cédera la place à l'ironie.

3 Christophe Carrère, dans *Œuvres poétiques complètes*, éd. citée, p. 204, n. 1.

par rapport à celle qui n'est qu'esquissée dans le poème. Cela ne signifie pas pour autant une moindre ambition littéraire, comme suffisent à le prouver les deux épigraphes tirées respectivement de la Genèse *et d'Euripide, lesquelles brouillent les cartes en redonnant à l'ensemble une tonalité tragique que le titre lui refuse. Car celui-ci, avec sa construction en deux parties – alors que le poème se contente du nom propre –, nous présente de façon oxymorique une sorte de* mythologie de bibelot *qui ne va pas sans ironie burlesque : l'atteste dans le récit la « vieille tabatière d'argent, où l'on voit, ciselé tout au long, le triomphe d'Alexandre le Grand sur Porus, roi des Indes ». Néanmoins, l'importance donnée aux « seuils*[4] *» situe aussi Samain dans la mouvance du conte en prose de la période symboliste, dont les auteurs entreprennent très consciemment d'opposer un modèle narratif poétique au modèle réaliste imposé par le roman*[5]*.*

À l'origine littéraire d'un conte où le merveilleux anime les objets, on pense bien sûr à Casse-noisette et le roi des souris *d'Hoffmann, mais aussi – et peut-être surtout – à des contes d'Andersen tels que « La Bergère et le ramoneur » ou encore « Le Vaillant Soldat de plomb ». On pourrait commenter des rapprochements factuels, mais l'essentiel tient à une histoire d'amour incongrue dans l'univers des objets décoratifs, et plus encore dans l'univers enfantin des jouets. Selon la logique contradictoire du rêve, les objets deviennent des personnages sans cesser d'être* aussi *des objets, statuette, voire « buste » – ce qui, esthétiquement parlant, ajoute l'humour à l'onirisme.*

Le protocole narratif introduit un narrateur poète, sensible au passé et à ce qu'Henri de Régnier appelle en ces mêmes années le « songe ». L'artifice humoristique et poétique du lien vivant qu'il entretient avec le monde des objets – en l'espèce « une vieille tabatière d'argent » – et l'adresse à ceux qui, « complaisants au rêve, veulent bien croire que c'est arrivé », font en revanche penser au Catulle Mendès des Oiseaux bleus[6]*, qui n'a de cesse de nous rappeler que nous vivons dans un monde déserté par la féerie et le merveilleux. Or c'est ici l'antiquité qui est le point de départ d'un merveilleux érotique – Pierre Louÿs,* Les Chansons de Bilitis *(1894) et* Aphrodite *(1896) ne sont pas loin non plus. À quoi il faut ajouter d'emblée que ce merveilleux est miné par ce que Jean de Palacio a décrit sous le nom de « perversions fin-de-siècle*[7] *». Celui-ci s'inscrit en particulier*

4 Voir Gérard Genette, *Seuils*, Paris, Seuil, coll. « Poétique », 1987.

5 Voir Bertrand Vibert, *Poète, même en prose*, *op. cit.*, p. 111 *sq.*

6 Catulle Mendès, *Les Oiseaux bleus*, éd. Jean de Palacio, Paris, Séguier, coll. « Bibliothèque décadente », 2003.

7 Voir Jean de Palacio, *Les Perversions du merveilleux. Ma Mère l'Oye au tournant du siècle*, *op. cit.*

sur un fond de misogynie d'époque[8]. *Rien n'est plus ambivalent, en effet, que la célébration dont est l'objet Xanthis, la belle, charmante, et pour tout dire irrésistible petite danseuse, elle qui est « la lumière de la vitrine », son étoile en somme. Tout comme son art puissamment érotique et de pur instinct lui échappe – « elle exprimait, sans s'en douter, les choses les plus diverses, les plus profondes aussi » –, très vite elle se révèle incapable d'être à la hauteur des sentiments qu'elle inspire, comme dénuée à la fois de sensibilité et d'âme. Le charme ne va donc pas chez elle sans sottise, légèreté (ou caprice), cruauté, voire animalité. Selon une imagerie d'époque – que l'on songe à Félicien Rops ou à Gustav-Adolf Mossa –, elle est « celle qui attel[le] [les hommes] à [son] char ». Or ce trait, éludé dans le poème « Xanthis », domine très largement dans les contes en prose, et il irrigue en profondeur le drame en vers* Polyphème *(commencé au printemps 1899, publié de façon posthume le 1*^er^ *août 1901 dans* La Revue de Paris*), le « mythe personnel*[9] *» surdéterminant ici le caractère d'époque. Dans le poème, la pudique Xanthis est traquée et surprise, « Car elle a vu surgir, dans l'onde trop fidèle, / Les cornes du méchant satyre amoureux d'elle*[10] *». Le poème est suspendu sur ce dernier vers qui semble restituer la vision et le cri d'effroi de la petite danseuse. Rien de tel dans le conte qui, tout au contraire, narre les amours successives auxquelles celle-ci s'adonne complaisamment. L'amour, du moins celui de Xanthis, y est un sentiment dégradé, dans le meilleur des cas par la vanité ou par les « émotions sentimentales, ces douces fleurs de l'âme » auxquelles, en contexte, le lecteur comprend qu'il ne doit pas accorder trop de prix.*

En termes de tension narrative, le conte est habilement composé grâce à des pierres d'attente – prolepses – destinées à piquer la curiosité du lecteur tout en jalonnant le récit. Ainsi des « irréparables malheurs » annoncés, ou encore de la métalepse par laquelle le narrateur pénètre dans le cercle de la fiction pour s'adresser à son personnage :

> [...] ce qui vous perdit, ce fut cet esprit pervers qui souffle au cœur des femmes les caprices les plus inattendus, et propose à leur vertu, en des heures bizarres, les plus inquiétants paradoxes.

La perversité, voilà l'expression même du mal qui, transmis par Poe puis Baudelaire, infuse toute la littérature fin-de-siècle, avec le féminin pour principe

8 Voir Mireille Dottin-Orsini, *Cette femme qu'ils disent fatale. Textes et images de la misogynie fin-de-siècle*, Paris, Grasset, 1993.

9 Voir Charles Mauron, *Des métaphores obsédantes au mythe personnel*, *op. cit.*

10 « Xanthis », *Aux flancs du vase*, *Œuvres poétiques complètes*, éd. citée, p. 204, v. 17-18.

de dérèglement, et donc aussi, par chance ! de péripétie narrative. Or, à ce stade du récit, nous avons déjà affaire à un conte à rebours, conduit selon un processus de dégradation et de régression qui accompagne les amours de Xanthis (quoiqu'elle ne rompe ouvertement avec aucun de ses amants). Courtisée par « un marquis de vieux Saxe d'une élégance exquise » qui exprime « le plus vif esprit de France[11] *», Xanthis reçoit d'abord les hommages de ce que le* XVIII*e* *siècle comporte de plus raffiné par le truchement d'un homme du monde, d'un esthète et même d'un poète dont l'amour s'exprime avant tout par la parole. La connaissance qu'il lui fait faire du musicien amorce une première déchéance. Non que « le buste » soit un personnage méprisable, mais avec lui, ce sont tous les stéréotypes de l'âme et de l'art romantique qui prennent le relais : génie passionné et ombrageux, le musicien remplace le monde de la parole par celui des sons, mais aussi celui de l'esprit par celui des émotions et des sens*[12]*. Il l'initie aux transports du baiser dont la musique devient la métaphore, confondant l'âme et les sens dans une intuition unique et exaltante, encore que trop grande pour Xanthis, tout comme le sont les mots d'« éternel » et d'« absolu » du « musicien », dont elle se berce sans les comprendre.*

Troisième et, croit-on, dernier avatar de l'amant, le faune. Figure dionysiaque du désir amoureux, promis comme on sait à une belle carrière dans la littérature symboliste, en particulier chez Mallarmé et Régnier, celui-ci représente la pure vigueur de l'instinct, sans que rien ici ne le rattache plus à la figure de l'artiste. En cela inférieur tout à la fois au marquis et au musicien, il incarne la deuxième déchéance de Xanthis, qu'il séduit par sa virilité avantageuse mais brute, rehaussée « d'un gros rire bestial » qui détonne dans la vitrine et en fait du reste un « rustre » aux yeux du marquis. C'est aussi pour lui qu'elle saute le pas – qu'elle découche véritablement –, et l'on appréciera comme il convient l'ellipse représentée par trois lignes de points. Mais il faut encore une suprême déchéance. Celle-ci a été très habilement annoncée au moment où, s'échappant un soir pour aller rejoindre le musicien, Xanthis doit croiser sur le chemin du retour « un vilain magot [...] qui, lorsqu'elle pass[e], se me[t] à faire aller la tête de haut en bas en tirant une grande langue écarlate, et à rire avec une sorte de petit gloussement canaille ». Or celui-ci suscite néanmoins chez elle des sentiments ambivalents. Plus basses

---

11 On appréciera au passage le jeu de mots sur l'origine onomastique du personnage et son origine comme bibelot, où France et Allemagne se télescopent.

12 Samain se situerait en cela dans la lignée de Mallarmé, accordant à la poésie la supériorité sur la musique.

qu'avec le faune, les amours avec le magot ont pour le coup quelque chose de transgressif et de monstrueux – presque contre-nature – qui relève d'une poétique du comble[13]*. Dans ce personnage abject qui attend son heure pour perdre l'héroïne, on perçoit comme une réminiscence de Lheureux, le marchand d'étoffes de* Madame Bovary, *lequel serait couplé avec le mendiant de la fin du roman dont la chanson ironique va hanter Emma jusque dans son agonie :* « Souvent la chaleur d'un beau jour / Fait rêver fillette à l'amour. » *Certes, aucun des deux ne sera l'amant d'Emma, pas plus que Xanthis ne connaîtra le remords, mais tous deux surprennent sa liaison adultère, et le premier jouit d'elle par procuration parce qu'il la* tient, *à la fois par les désirs d'effets vestimentaires qu'il suscite chez elle et par les dettes qu'elle a contractées auprès de lui*[14]*. Dans le conte, l'« odieux magot » est à la fois grotesque et répugnant, et c'est sur ses genoux que le faune surprend Xanthis, qu'il brise aussitôt « en mille morceaux » d'un poing vengeur (en bronze) : « et paff !... », s'amuse Samain de façon expéditive (avec un art du raccourci qui n'est pas très éloigné du gag de la bande dessinée)... là où Mendès peut-être eût prolongé une fin « moins morale » et plus désenchantée. Quant au faune, il finit « sur le trottoir, dans l'infâme abjection des faïences de rebut, de la ferraille et des portraits de famille ». On voit tout le spectre de l'ironie qui parcourt le conte, depuis la distance amusée jusqu'à la cruauté, et pour finir la destruction et la relégation pseudo-tragiques.*

Tout du long, le style de Samain prosateur fait merveille, lorsqu'il décrit au début la petite danseuse « tissant avec une grâce accomplie les plus merveilleuses broderies du rythme » ou qu'il évoque les réactions et les sous-entendus des dames à l'arrivée du faune :

> « Oh ! mesdames, si vous saviez !... » Et, se penchant d'un air mystérieux, une malicieuse douairière de biscuit tout à coup pouffa de rire dans son mouchoir de dentelle.
>
> Toutes s'empressèrent vers la friandise d'un scandale.

---

13 Certes, le magot n'est pas ici un singe, mais une figurine assise d'Extrême-Orient (Chine ou Japon), statuette grotesque en porcelaine ou en ivoire représentant le plus souvent un Chinois ou un Japonais ventripotent et chauve. Cet objet d'art était très à la mode au XVIIIe siècle. On peut en observer un posé sur l'étagère de l'intérieur bourgeois du *Déjeuner* de Boucher (1739). Le personnage est du reste qualifié plus bas de « vilain bonhomme ». Il n'empêche : il reste quelque chose du sens premier et des connotations négatives dans l'emploi du terme. Et tout le texte semble favoriser cette contamination de sens.

14 « Ah ! je te tiens ! pensa Lheureux. » (*Madame Bovary*, Deuxième Partie, chap. XII.)

Belle alliance de mots. On voit en effet qu'une sorte de moraliste se dissimule sous le masque de l'ironiste, encore que le narrateur en récuse précisément le rôle pour finir.

> Certes, une telle accumulation de désastres pourrait fournir la plus riche matière à d'ingénieux moralistes. Les nations, depuis les temps les plus reculés, s'étant obstinément complu à distiller leurs faits divers pour en extraire de la sagesse, on n'aurait, sur ce point, que l'embarras du choix. Mais il me répugnerait de me livrer à cette besogne, ayant toujours trouvé que l'usage des aphorismes, surtout quand ils sont d'une solidité écrasante, constituait vis-à-vis du malheur une cruauté véritablement superflue.

On l'a vu, dans son ironie même, le conte a été cruel à souhait. C'est plutôt que le vrai moraliste est celui qui donne à penser sur l'âme humaine, non celui qui prétend édifier en assénant des vérités. La légitimation traditionnelle de la littérature par la morale, même laissée à l'appréciation du lecteur, relève donc d'une posture adoptée par jeu. La dernière phrase en revanche est incontestablement d'un poète, qui rachète par le point d'orgue d'une « mystérieuse tendresse » la perte du monde un moment surgi grâce à la petite danseuse, comme aussi la sensibilité à « la vanité des Amours passagères et [à] la mélancolie des fragiles Destinées ».

Chaque fois que je me suis attardé à regarder des étagères ou des vitrines, ces petits asiles de bois précieux et de cristal, où s'évaporent des parfums surannés, où flotte une attendrissante poussière d'autrefois, où l'âme noble et mélancolique du Luxe vibre dans un silence de pensée, j'ai toujours cru qu'une vie particulière devait s'y vivre à l'abri des grands rideaux profonds, loin des promiscuités et des banalités du réel. Là, en effet, se trouvent réunis en un suggestif ensemble tous les éléments d'une vie essentielle, et il m'a semblé que ce seraient, en vérité, de merveilleux Champs-Élysées pour les âmes délicates, enfin évadées de l'utile, et définitivement réintégrées dans le superflu.

Ce genre de sollicitude m'a valu les relations les plus intéressantes, et, entre autres, celles que j'entretiens avec une vieille tabatière d'argent, où l'on voit, ciselé tout au long, le triomphe d'Alexandre le Grand sur Porus, roi des Indes. Or, un de ces derniers soirs, dans l'intimité d'un pénétrant crépuscule, cette aimable aïeule m'a conté une histoire si touchante, si dramatique et d'une si instructive moralité, que je ne puis résister au désir de la transcrire ici à l'adresse de ceux qui, complaisants au rêve, veulent bien croire encore que c'est arrivé.

Il y avait donc, dans une vitrine du temps de Louis XV, une petite statuette de Tanagra[15], irréprochablement jolie. Ses cheveux blonds étaient couronnés de violettes ; elle avait aux oreilles des anneaux d'orichalque[16] ; des colliers de pierres changeantes lui descendaient sur la poitrine, et elle était enveloppée de la tête aux pieds d'un grand voile aux mille plis, sous lequel son jeune corps, fin et souple, aperçu et dérobé tour à tour, semblait se diluer dans un mystère de nudités fluides.

Les lettres grecques gravées sur le socle la nommaient Xanthis, et elle était née dans Crissa, féconde en vignes, ceinte par la mer retentissante[17].

Xanthis était la lumière de la vitrine.

Souvent il lui arrivait de descendre de son socle, et de répéter, au milieu d'un cercle d'admirateurs, les danses qu'elle exécutait jadis sous les péristyles du temple d'Artémis. Ses petits pieds cerclés d'anneaux d'or, elle tournait, entrelaçant des pas compliqués et tissant avec une grâce accomplie les plus merveilleuses broderies du rythme. Elle exprimait ainsi, sans s'en douter, les choses les plus diverses, les plus profondes aussi, et quand, à la fin, elle se dressait, cambrée et solennelle, ses bras arrondis au-dessus de la tête, les pointes de ses jeunes seins tendant le voile immobile, il se dégageait d'elle une beauté mystérieuse et grave, dont le frisson avait quelque chose de sacré.

---

15 Le terme « tanagra » désigne les statuettes qui avaient été trouvées en 1870, par centaines, dans la nécropole mycénienne de Tanagra, ce qui explique leur vogue et la présence de Xanthis dans la vitrine du conte. L'on sait aujourd'hui que c'est Athènes qui fut, à partir de 340-330 av. J.-C., le véritable foyer de création de ces statuettes. Voir Violaine Jeammet (dir.), *Tanagra : mythe et archéologie*, Paris, Le Louvre, R.M.N., 2003.

16 « Sorte de laiton, alliage de cuivre, d'étain et de zinc imitant l'or. Synon. *chrysocale* ou *chrysochalque, cuivre jaune, laiton*. [...] "L'aurichalque était, comme on disait, l'*or* des pauvres" (A. France.) » (*Trésor de la langue française*.)

17 Crissa ou Crisa, souvent confondue avec le port de Cirrha, est une ancienne ville de Phocide, non loin du mont Parnasse, près de la fontaine Cassotis, à deux pas du temple de la Pythie. Elle est aussi la « divine Crisa » d'Homère dans le *Catalogue des vaisseaux* de l'*Iliade*, chant II, v. 520.

Un jour qu'elle avait dansé d'une façon plus merveilleuse encore que d'habitude, elle reçut la visite d'un grand seigneur du voisinage. C'était un marquis de vieux Saxe d'une élégance exquise, portant encore beau, malgré quelque lassitude dans les traits, et d'une politesse incomparable. La guerre l'avait un peu endommagé. Sa tête et son pied gauche avaient été recollés.

Tel, il plut infiniment à Xanthis ; précisément cet air de fatigue qui se trahissait dans sa voix toujours un peu voilée la séduisit mieux que ne l'eût pu faire un bel éclat de jeunesse triomphante.

Le marquis lui parla longuement et sur mille sujets avec un agrément infini. Chose bizarre, en l'écoutant, des conversations, entendues jadis dans son pays, lui revenaient à l'esprit, et elle revoyait des hommes sages, aux yeux doux et fins, qui devisaient autour d'elle par des crépuscules d'or rose au bord de la mer…

Quand il se retira, le grand seigneur, lui prenant la main, y appuya doucement ses lèvres, et Xanthis, longtemps fort malheureuse chez un vieux Juif qui l'avait jetée parmi d'odieux bonshommes de zinc doré d'une dégoûtante platitude, ne se sentit point d'aise de retrouver, dans son entourage, un homme dont la distinction se manifestait par d'aussi gracieux raffinements[18].

Les rapports ainsi commencés devinrent vite plus fréquents[19].

Le marquis, comme tous ceux de son époque, qui eut pour fonction d'être jolie, s'entendait merveilleusement à organiser le plaisir.

Chaque jour, c'étaient de nouvelles parties, une ingéniosité dans les divertissements qui ne se lassait point.

Souvent il arrivait, dans la matinée, la prendre à son lever, dans son carrosse de porcelaine tout enguirlandé de roses. Vite elle s'habillait, choisissant la toilette qui s'accordait le mieux avec la couleur du ciel ou le rythme de ses pensées, tantôt une claire jupe Pompadour à paniers bouffants, légère et fleurie comme une matinée de printemps ; tantôt

---

18 Cet antisémitisme d'époque qui traverse tout le XIXe siècle, même après qu'a éclaté l'affaire Dreyfus, reste peu marqué idéologiquement. Il ne dit rien *a priori* de particulier sur Samain.

19 Dans un conte aussi ouvertement érotique, il importe qu'il n'y ait pas de malentendu. Il va de soi que les « rapports » avec le marquis restent d'une galanterie purement platonique. « Sa tendresse d'arrière-saison » ne laisse guère de doute à ce sujet, non plus que l'allusion grivoise au moment où le marquis reproche à Xanthis de se commettre avec le faune qu'il qualifie de rustre : elle « toisa le marquis, comme pour établir une malicieuse comparaison ».

quelque longue robe Watteau de satin mélancolique, vert saule ou réséda, à grand pli froncé dans le dos ; tantôt quelque tunique Récamier, décorée de palmettes d'or et drapée haut sous les bras, avec une ceinture aurore, safran ou aventurine[20]...

Toute la journée, ils se promenaient à travers le paysage charmant des Éventails, parmi les grands parcs aux pelouses vert fané, ornées de jets d'eau en aigrette, les jardins décorés de nobles statues, les bosquets où s'élevaient des temples de l'Amour. Parfois l'on déjeunait sur l'herbe, ou dans quelque joli pavillon de chasse, et l'on revenait lentement par le village, où des bergers et des bergères à tourterelles faisaient sur le passage du carrosse d'accortes révérences.

C'était la vie la plus adorable du monde.

D'ailleurs, dans son habit de velours prune, le jabot écumant de dentelles, l'épée en verrouil[21], avec ses cheveux poudrés à frimas, ses lèvres minces où voltigeait le plus vif esprit de France, le marquis avait tout à fait grand air. Il savait exprimer en galanteries exquises sa tendresse d'arrière-saison.

Xanthis ne trouvait rien de comparable à ses mains effilées et blanches, et l'indéfinissable arôme d'ambre qui l'enveloppait tout entier résumait bien pour elle le charme subtil de son inaltérable courtoisie.

*

Ce fut à quelque temps de là qu'il la mena chez un jeune buste de marbre, avec qui il venait d'entrer en connaissance, et qui faisait, lui dit-il, d'adorable musique.

Xanthis, au premier coup d'œil, comprit qu'elle venait de produire sur le musicien une impression profonde. À travers les banalités de la conversation, il avait une façon étrange et un peu folle de la regarder ;

20 Dans un conte qui joue du télescopage des époques, nul anachronisme ici en esprit, puisque précisément la célèbre Juliette Récamier (1777-1849) imposa sous le Premier Empire une mode... à l'antique. Il n'empêche que Samain joue du brouillage des références. Avec la « jupe Pompadour » et la « robe Watteau », il multiplie ce qu'on appelle aujourd'hui des « icônes » érotiques. L'érotisme devient par là transhistorique et polychronique.

21 « Porter l'épée en verrou, la porter horizontalement. » (*Littré.*) Samain utilise encore cet archaïsme lexical dans « Versailles (II) », *Le Chariot d'or*, *Œuvres poétiques complètes*, éd. citée, p. 229, v. 27, et dans « Dans une ville de province », *Poèmes inédits*, *ibid.*, p. 549, v. 34.

exprès elle baissait les paupières, et elle éprouvait sous ces yeux ardents et fixes une inexprimable sensation de chaleur lourde.

Le musicien, sur l'invitation du marquis, s'était mis à jouer, et, violemment, Xanthis eut l'impression qu'une main invisible l'emportait par sa chevelure tordue à travers un monde d'impressions tourbillonnantes.

Le marquis, par instants, soulignait un passage d'éloges discrets, et se penchait vers elle pour lui expliquer sa pensée ; mais elle, silencieuse et fascinée, n'écoutait pas un seul mot ; c'est à travers les yeux du musicien qu'elle comprenait, et ces yeux lui révélaient pour la première fois l'enivrement de la tristesse.

À peine dehors, prétextant une atroce migraine, elle renvoya assez sèchement le marquis. Elle avait hâte de regagner son socle.

Des choses inconnues s'agitaient dans son être.

Pour conserver les émotions sentimentales, ces douces fleurs de l'âme, il n'est que l'eau fraîche et calme de la solitude.

Toute à elle-même, elle sortit de son cœur l'image du musicien et elle évoqua dans l'ombre ce beau visage au grand front pâle, ces yeux enfoncés comme des cavernes de mystère, d'où jaillissaient par moments des flammes, cette bouche large, ardente et tragique, et cette gorge orageuse, toute gonflée de sanglots, demi-nue dans la collerette entr'ouverte…

Le lendemain, elle sauta au cou du marquis pour le remercier de lui avoir fait connaître un jeune homme aussi remarquable, et sa vie, dès lors, lui parut infiniment plus intéressante.

Elle accordait la journée au marquis, aux visites, à la promenade et, dès le soir, courait près du buste de marbre. Après les vanités de la journée, le scintillement fatigant des madrigaux et des épigrammes, ce lui était un contraste délicieux, et comme un bain de douceur, de se retrouver avec son ami.

Il lui renversait doucement la tête de façon à plonger dans ses yeux, et l'embrassait longuement et silencieusement sur la bouche, pendant qu'il pressait tendrement ses seins encore émus de la course, et palpitants comme des oiseaux… Et c'était, ce baiser, suivant les jours, tantôt du feu, tantôt de la neige qui descendait sur son âme.

Autour d'eux, peu à peu, le soir tombait. Les grands rideaux – là-bas – s'emplissaient d'ombre. Les choses glissaient insensiblement aux ténèbres. Le silence se faisait si profond qu'on entendait la chute des feuilles de roses sur le marbre des consoles. Elle s'asseyait tout près de lui, et la féerie des sons commençait…

Ah ! que cette musique exprimait bien le mode passionné de son âme ! C'étaient d'abord de grandes ondes berceuses, puis, peu à peu, des plaintes, des sanglots, des déchirements, des bouillonnements et comme des étreintes, et tout cela se résolvait soudain en d'inouïes douceurs qui venaient mourir en caresse, au long du cœur, et menaient l'âme éperdue jusqu'aux confins d'un ciel qui flotterait sur du silence !

Les heures fuyaient avec la rapidité de l'extase…

« Figure-toi, disait parfois Xanthis (car elle l'avait tutoyé dès la seconde fois), figure-toi qu'en t'écoutant il me semble que j'ai toujours vécu ainsi ; et il m'est impossible de m'imaginer une autre existence.

– C'est que tu entres dans l'éternel, dans l'absolu.

– Oui, c'est cela », disait-elle.

Au fond, elle ne comprenait point, mais l'absolu étant un mystère, elle était aussi avancée que son ami. « Éternel, absolu », elle répétait ces mots, et, en passant par ses lèvres, ils lui donnaient précisément l'impression indéfinissable qu'elle cherchait à exprimer. Il lui arrivait maintenant de s'en servir ailleurs, devant le marquis, par exemple, ce qui amenait sur ses lèvres une imperceptible ironie, tout en lui causant au fond un dépit inavoué.

Des soirs, le buste pâle lui racontait sa vie, une vie de luttes, de déceptions, de cahots lamentables à travers le monde, et d'efforts épuisants pour arriver à la Beauté. Quand il rappelait des passages trop tristes, parfois les sanglots l'arrêtaient ; alors, il attirait à lui la petite danseuse, appuyait la tête sur ses seins nus, en murmurant, d'une voix d'enfant, des choses bizarres : « Chère petite sœur de lumière, petite argile divine, chair infinie, petit sphinx puéril… »

Ces choses la déconcertaient, mais, à l'accent de tendresse de la voix qui les prononçait, elle ne se méprenait point, et sentait que c'étaient là des compliments qui, différents de ceux du marquis, avaient sans doute une portée plus profonde.

Les heures fuyaient, parées de bandelettes d'or…

La lune, glissant entre les rideaux, touchait toutes choses de son doigt d'argent ; la musique se faisait aérienne, éthérée, les notes avaient des scintillements d'étoiles lointaines, et il fallait que la pendule à colonnettes sonnât lentement de sa voix chevrotante de petite vieille les douze coups de minuit pour qu'elle se décidât à partir.

Alors vite, sa grande mante parfumée jetée sur ses épaules, elle s'enfuyait dans la mélancolie exquise d'un dernier baiser.

Elle s'en voulait toujours de rester si tard, car il lui fallait prendre, pour regagner son socle, un sentier de traverse où se trouvait un vilain magot, coiffé d'un chapeau à clochettes, les jambes repliées sous un ventre débordant, qui, lorsqu'elle passait, se mettait à faire aller la tête de haut en bas en tirant une grande langue écarlate, et à rire avec une sorte de petit gloussement canaille.

Ce gloussement lui était insupportable ; pourtant, d'autres fois, la grimace était si drôle qu'elle avait toutes les peines du monde à se tenir de rire.

*

Vers le milieu de l'été, un nouveau venu débarqua dans la vitrine. C'était un petit faune de bronze. Son arrivée y causa une émotion considérable, et les commentaires allèrent leur train.

« Il a l'air bien brutal », s'écrièrent les frêles porcelaines, en se reculant par un geste d'instinctive méfiance.

« Mon Dieu, je ne le trouve pas si mal de sa personne », minauda la voix sucrée d'une petite bonbonnière rose, qui se rapprocha, au contraire, sournoisement.

Très hardiment, une nymphe de Clodion proclama son admiration sans réserve pour cette athlétique carrure[22].

« Fi ! interrompit avec hauteur un face-à-main d'écaille, écussonné de brillants, est-il permis d'afficher des goûts si communs ? Mais regardez donc ces attaches honteuses !… ces mains !… ces pieds !…

« Oh ! mesdames, si vous saviez !… » Et, se penchant d'un air mystérieux, une malicieuse douairière de biscuit tout à coup pouffa de rire dans son mouchoir de dentelle.

---

22 Clodion est le pseudonyme du sculpteur lorrain Claude Michel (1738-1814) qui fut un représentant du style rococo. Il est connu pour ses groupes mythologiques de danseuses, de nymphes ou de baigneuses en terre cuite. Cette référence ne va pas sans ironie à l'égard du personnage.

Toutes s'empressèrent vers la friandise d'un scandale ; alors la douairière, après le jeu savant des réticences congrues, chuchota quelques mots à l'oreille de la plus proche, qui les transmit à sa voisine, et ainsi de suite, dans un long bruissement d'éventails effarés.

Somme toute, il faut bien le reconnaître, l'ensemble des appréciations ne lui était point favorable. Quand le faune, dans un geste d'expansion triviale, frappait à plat ses pectoraux, le beau bruit sonore qui en sortait rendait bien les miniatures rêveuses ; mais, du côté des hommes, plus mesurés en leurs discours, mais infiniment plus convaincus au fond, une sourde hostilité régnait contre celui que l'on considérait comme un intrus.

Au vrai, dans cette atmosphère choisie, le gros rire bestial du faune retentissait comme une dissonance, et le sans-gêne de ses manières constituait une façon d'incommodité.

Mais ils se contentaient d'être tous tacitement d'accord sur ce point, ou, s'il leur arrivait de se plaindre, c'était sous une forme indirecte et nuancée, qui dépassait de beaucoup le tact rudimentaire du bronze.

La discrétion, quand elle est excessive, par l'encouragement implicite qu'elle donne aux gens mal élevés, entraîne parfois avec elle les plus déplorables conséquences. C'est ce qui eut lieu ici, et l'on ne peut se garder de quelque impatience vis-à-vis de ces délicats, moins soucieux de leur dignité vraie que d'une superficielle tenue, en songeant qu'ils eussent pu éviter d'irréparables malheurs par une attitude dès le début franchement comminatoire.

La première fois qu'il vit Xanthis, le faune lui adressa un sourire vainqueur et figé, et se mit à la dévisager, en tortillant les vrilles de sa barbe courte, avec la familiarité d'un pays qui retrouve sa payse. Xanthis, point trop offensée, lui répondit assez aimablement.

Le marquis était justement près d'elle.

« Comment se peut-il, chère belle, que vous marquiez tant d'indulgence à l'insolente attention de ce rustre ?

– Oh ! rustre ! » fit Xanthis, légèrement piquée, et, d'un rapide coup d'œil, elle toisa le marquis, comme pour établir une malicieuse comparaison ; mais reprenant vite sa minauderie ordinaire :

« Bah ! avec ces espèces… »

Et, ramassant sa jupe à fleurettes, elle gravit lestement le marchepied du carrosse.

Pendant les quelques jours qui suivirent, son caractère, généralement facile, subit de sensibles altérations. Elle eut des sautes d'humeur bizarres. Le marquis dédaigna d'y attacher de l'importance, sa longue expérience du féminin l'ayant rendu sur ce point d'une indulgence si parfaite qu'on eût pu y voir, sans trop de peine, la forme d'un secret mépris.

Un soir, elle arriva chez son ami le musicien, tout énervée ; comme il lui demandait la cause de cette impatience, elle lui répondit sèchement que ses secrets étaient à elle. Justement froissé de cette impolitesse, il lui riposta à son tour durement. Une scène devait forcément s'ensuivre. D'ailleurs, l'atmosphère de leur tendresse s'était depuis quelque temps, comme un ciel d'été trop beau, lentement chargée d'électricité.

Le fâcheux phénomène se produisit donc et fut accompagné, suivant la marche ordinaire, de véhémentes apostrophes, de reproches grondants, de cris, de sanglots et d'une abondante pluie de larmes.

« Ah ! mon ami, que tu es peu généreux ! Qu'il est cruel de me méconnaître à ce point ! »

Xanthis, en parlant ainsi, avait la voix mouillée, les yeux brillants, les seins encore doucement agités, et toute sa personne dégageait la volupté moite et languissante des fins d'orage.

Le musicien lui demanda pardon, la consola comme un enfant, la supplia d'oublier ses écarts de langage, et ils s'embrassèrent le plus tendrement.

Puis, comme il attaquait un brûlant *appassionato*, brusquement elle déclara qu'elle se sentait trop souffrante, à la suite sans doute de ces grosses émotions, et, bien avant l'heure accoutumée, malgré les instances réitérées de son ami, elle se retira. . . . .
. . . .
. . . .

C'est le lendemain seulement qu'elle regagna son socle.

*

Dès lors, elle fut parfaitement heureuse.

Rien n'est plus digne d'admiration qu'une existence harmonieusement combinée, et dont le délicat équilibre assure le jeu régulier des complexités de notre nature ; précisément, le sentiment de l'ingéniosité déployée et des difficultés chaque jour résolues donne à la vie un ragoût incomparable, et jamais Xanthis ne s'était sentie plus délicieusement vivante.

Elle aspirait par tous les pores cette douce lumière du jour, dont parlent les poètes de son pays ; jamais son teint n'avait été plus éclatant, ses cheveux plus dorés, ses formes plus pures.

« Elle est exquise, disait le marquis.

– Unique, faisait le musicien.

– Divine !

– Idéale ! »

Et tous deux s'échauffaient d'un mutuel enthousiasme, pendant que l'imperturbable faune, adossé à un chandelier voisin, les regardait tour à tour, en tortillant les vrilles de sa barbe courte.

Et, quand le soir, de retour chez elle, elle récapitulait, tout en dénouant ses tresses pour la nuit, les distractions de la journée, elle ne laissait pas que d'éprouver quelque amour-propre, et, après avoir, suivant une exemplaire habitude, adressé sa prière à la bonne Artémis, patronne des chorèges sacrés, elle s'endormait, sa jolie tête sur son bras replié, dans un léger soupir de reconnaissance envers les dieux. Ah ! chère Xanthis, cette exceptionnelle faveur dont ils vous gratifiaient, vous ne sûtes point encore assez l'apprécier dans toute son étendue. Certes, vous aviez attelé à votre char le marquis, protecteur entre tous distingué, le musicien, âme éperdument exquise, le faune, robuste complémentaire, et votre existence était si bien aménagée que ces divers rapports s'emboîtaient exactement l'un dans l'autre, comme les pièces d'un meuble rare, fait par un irréprochable artisan ; mais tant d'heureuses conditions réunies auraient dû vous avertir que vous touchiez au comble de l'instable, et qu'une seule distraction, qu'une seule parole imprudente, qu'un seul geste faux ferait tout écrouler. Manquiez-vous donc de tact, Xanthis ? Bien au contraire. Quoique simple petite danseuse grecque élevée parmi les cultes faciles de la mer Égée, vous aviez su bien vite vous façonner à de nouvelles exigences. Qu'il s'agît de se plier aux volutes contournées du marivaudage, ou de s'abandonner toute frémissante au souffle emporté de la passion romantique, les pantomimes sentimentales les plus diverses trouvaient en vous une interprète toujours avisée.

Non, dois-je le dire, ce qui vous perdit, ce fut cet esprit pervers qui souffle au cœur des femmes les caprices les plus inattendus, et propose à leur vertu, en des heures bizarres, les plus inquiétants paradoxes.

Parfois l'illogisme même de ces fautes (presque toujours d'insipides manques de goût) parvient à sauver les malheureuses qui s'en rendent coupables. Car leur rapidité à les commettre n'a d'égale que leur facilité à les oublier.

Hélas ! une telle impunité ne vous fut point accordée, et votre inadvertance devait, en causant votre propre ruine, précipiter vos malheureux amis dans les catastrophes, je le proclame, les plus imméritées...

Voici pourtant comment l'affreuse chose arriva.

Une nuit, le faune, qui attendait Xanthis, fut étonné de ne point la voir paraître à l'heure accoutumée. Il patienta un moment, mais la demie de minuit sonna, et Xanthis ne vint pas. Un autre eût cherché à donner à cette absence une explication plausible et rassurante à la fois pour sa tendresse ou pour sa dignité, et fût ainsi facilement venu à bout des fâcheuses minutes. Mais le faune avait peine à faire tenir deux raisonnements debout ; les faits seuls existaient pour lui ; il n'en lâchait un que pour s'accrocher aussitôt à l'autre.

Aussi, à bout de patience, se mit-il délibérément à la recherche de Xanthis.

Il avait à peine fait vingt pas, et tourné le coffret de bois de rose qui formait l'angle de la vitrine, qu'il l'aperçut.

Hélas ! c'était sur les genoux de l'odieux magot qu'elle était assise. Un fou rire la secouait ; et le vilain bonhomme, gloussant plus fort que jamais, chiffonnait de ses gros doigts boudinés le péplum d'azur dont les beaux plis semblaient souffrir. Ah ! ce ne fut pas long. Un rugissement se fit entendre, dont frémirent les vitres, le faune leva son poing de bronze, et paff !... la petite danseuse de Tanagra, sans même jeter un cri, se cassa en mille morceaux.

Ainsi finit Xanthis, aux cheveux couronnés de violettes, la blonde enfant de Crissa, féconde en vignes, ceinte par la mer retentissante.

Ainsi fut punie par l'inexorable Destin l'inconséquence d'un instant.

Ainsi fut brisée d'un seul coup la jolie vie, si galante, si passionnée, si heureuse.

Dès le lendemain, en signe de deuil, tous les petits Amours de la vitrine revêtirent une écharpe noire ; les éventails à demi refermés se voilèrent de crêpe ; la Kermesse de van Ostade fut interrompue[23].

---

23 Il s'agit d'une allusion au tableau, connu sous le nom de *La Kermesse au grand arbre*, du peintre hollandais Adriaen van Ostade (1610-1685) mais plus largement aux scènes de genre de ce peintre, très apprécié au XIXe siècle pour ses évocations pittoresques des salles de cabaret et d'auberge, où l'*on prend du bon temps.*

Toutes les pierres précieuses des bagues, des agrafes, des colliers éteignirent leur éclat.

Les flacons ciselés, receleurs d'essences rares, s'ouvrirent d'eux-mêmes pour offrir à la petite âme antique l'hommage des suprêmes parfums ; et même la châsse de saint Trophime, qui représentait la basilique d'Arles, attendrie par la désolation universelle, fit entendre un petit glas d'or plaintif.

La fatale nouvelle s'était répandue avec la rapidité de l'éclair ; dès qu'il l'apprit :

« Ah ! chère infortunée, s'écria le marquis, toi seule donnais du prix à ma vie. Dans les grâces de ton commerce, j'arrivais à tromper l'ennui des heures si lourdes. Que faire de mes jours à présent ? Irai-je porter dans les glaces de l'hiver des feux désormais sans objet ? Ah ! Xanthis, Xanthis, ton esclave, libéré de ses fers, ne sait que pleurer sur sa liberté. »

Toute la nuit, il roula ainsi les pensées les plus affligeantes ; les larmes qu'il essayait en vain de retenir inondaient son visage ; peu à peu il sentit ses anciennes blessures se rouvrir ; des rhumatismes affreux tiraillaient son pied gauche, et, vers le matin, sa tête, sa fine tête poudrée, brusquement se décolla…

Presque à la même heure, deux bons Hollandais de faïence, pansus et sensibles, ramassaient près de l'écritoire de malachite le buste de marbre, qui, frappé de défaillances successives en apprenant la mort de sa douce amie, s'était laissé tomber de son socle. Dans sa chute, son crâne avait malencontreusement porté sur un angle de l'écritoire et s'était fendu.

« Le pauvre jeune homme ! dirent les charitables faïences, le voilà fêlé pour toujours ! »

Devant Xanthis en miettes le faune était resté béant de stupeur. Quand il comprit, il tomba lourdement sur les genoux et, poussant des hurlements terribles, s'abandonna au plus sauvage désespoir. Cependant l'indignation dans la vitrine était montée à son comble contre lui, et tous réclamaient le châtiment d'un crime aussi abominable. Ce châtiment ne se fit pas attendre.

À quelques jours de là, un grand vieillard qui ressemblait assez au marquis vint jeter un coup d'œil sur ses bibelots, et, s'apercevant de la catastrophe, entra dans une violente fureur. Il n'eut point de peine à deviner le coupable, l'état lamentable du faune le désignait assez. Sans hésiter, il le sortit de la vitrine et, le jour même, il s'en débarrassait à vil prix.

Dès lors commença pour l'infortuné la série des pitoyables déchéances. Il connut le cynique marchandage des ventes publiques, l'exil poussiéreux dans les coins sans lumière, l'affliction des toiles d'araignée. D'ailleurs, il était devenu méconnaissable ; ce n'était plus qu'une chose sans valeur et il s'en alla finir sur le trottoir, dans l'infâme abjection des faïences de rebut, de la ferraille et des portraits de famille !

Certes, une telle accumulation de désastres pourrait fournir la plus riche matière à d'ingénieux moralistes. Les nations, depuis les temps les plus reculés, s'étant obstinément complu à distiller leurs faits divers pour en extraire de la sagesse, on n'aurait, sur ce point, que l'embarras du choix. Mais il me répugnerait de me livrer à cette besogne, ayant toujours trouvé que l'usage des aphorismes, surtout quand ils sont d'une solidité écrasante, constituait vis-à-vis du malheur une cruauté véritablement superflue.

Chacun pourra donc, à son gré et pour son propre compte, vérifier sur ces infortunés la justesse des maximes qui lui sont chères. Pour moi, je préfère me recueillir et murmurer du fond de l'âme une lente prière aux Pitiés tristes et voilées.

Devant la vitrine en deuil, où rayonnait hier encore Xanthis la Jolie, une mystérieuse tendresse me retient, et il me plaît de m'imaginer que ce n'est point sans intention que, mes doigts ayant touché par hasard une vieille boîte à musique, il en sortit, en petites notes grêles et lointaines comme des larmes de figurines, un air du temps passé, si doux et si touchant à la fois, qu'il semblait bien fait pour exprimer dans sa tristesse la vanité des Amours passagères et la mélancolie des fragiles Destinées.

DIVINE BONTEMPS

Paru le 11 mai 1895 dans La Revue hebdomadaire, *quelque trois ans après le texte précédent, « Divine Bontemps » en diffère du tout au tout. On pourrait penser à une nouvelle en forme de portrait, d'abord placée sous les signes de la pudeur et d'un amour spiritualisé, puis sous ceux du sacrifice et de la « délectation morose ». Cette vie banale et discrète, solitaire et presque silencieuse aussi, n'a certes pas, à retracer les élans contenus d'une petite fille poursuivis dans l'unique amour d'une jeune fille, lui-même prolongé dans la maturité de la femme, le noir relief réaliste des nouvelles de Maupassant, pas plus qu'elle n'ouvre sur les vertigineux abîmes où se reconnaît la manière de Barbey d'Aurevilly. Mais là n'est pas son propos, car ce sont les secrets retentissements intérieurs produits par les accidents de surface qui requièrent Samain dans ce portrait d'une âme qui se voue elle-même au renoncement.*

« Petite âme exquise et sauvage », ou encore « nature exaltée et secrète », précise d'emblée le texte à grand renfort d'alliances de mots. C'est qu'il ne s'agit pas d'un personnage faible ou atone, mais bel et bien d'une âme passionnée, dont l'assiette apparente est le fait de puissantes tensions contradictoires qui manifestent à la fois une hypersensibilité et un éréthisme moral. En témoigne un tempérament décrit avec soin, où se manifeste « un goût passionné et presque barbare pour le sacrifice, un étrange appétit de résignation, qui l'attir[e] mystiquement aux tristesses, et n'[est] point sans comporter au reste de cruelles et raffinées voluptés ». Cette « âcre satisfaction » goûtée à plaisir s'inscrit dans un jeu de qui-perd-gagne sentimental qui, de bout en bout, structure le personnage.

À lire la nouvelle, on est frappé par le caractère homogène, voire répétitif du lexique, qui suffit presque à instaurer un climat humoral. Des considérations statistiques rudimentaires en donnent la mesure : on recense 18 occurrences du mot « cœur » ; 15 du mot « âme » ; 7 de la famille lexicale de l'adjectif « tendre » (dont « tendresse » au singulier et au pluriel) ; 3 de la famille de « sacrifice » – à quoi il faut ajouter le verbe « s'immoler » pour compléter l'isotopie ; 3 du mot « tristesse » (deux fois au singulier et une fois au pluriel) ; 4 enfin du mot « chair », d'abord couplé avec « cœur », ensuite caractérisé comme « chair maternelle », à quoi s'oppose enfin « une chair amincie, fondue, spiritualisée », – de même qu'il est question d'une « sensibilité, toujours aussi vive, mais en quelque sorte désincarnée, [...] devenue toute spirituelle ». Tout cela produit une atmosphère morale certes homogène, mais étouffante et raréfiée, et dément tant le choix onomastique du personnage que du titre, promesse fallacieuse d'une vie, sinon supérieure – « Divine » n'est qu'un diminutif de « Ludivine », fort éloigné des figures de Divine et Magnus dans La Dame à la faulx *(1899), le grand drame symboliste de Saint-Pol-Roux –, du moins placée sous les auspices heureux, fussent-ils bourgeois, de « Bontemps ».*

Être d'un seul amour, Divine Bontemps est aimantée durant toute sa vie par l'amour qu'elle a éprouvé pour son ami d'enfance, Maurice, mais sans les circonstances et les péripéties cruelles que, dans Eugénie Grandet, *Balzac prête à l'amour de l'héroïne pour son cousin Charles. Énumérons brièvement les événements qui jalonnnent la destinée de Divine. Adolescente amoureuse de Maurice, elle subit de sa part avec effroi un baiser volé sur le cou. Elle ne cesse pourtant de songer à lui et d'attendre son retour. Quand il revient quelques années plus tard, il a oublié leur flirt et se marie peu après. Dans ce gâchis de l'existence, il y a une infinie mélancolie qui peut faire songer à celle des symbolistes belges, en particulier Rodenbach*[1]*. Divine refuse dès lors tous les partis qui se présentent et s'enferme peu à peu dans un vœu de sacrifice, manière aussi de cultiver un jardin intérieur jalousement gardé. Au bout de cinq ans, Maurice se retrouve veuf et père d'un enfant, il cherche consolation auprès d'elle, et très naturellement, il l'épouse un an et demi plus tard. Heureux dénouement différé ? Non, car rien ne peut plus être rattrapé de ce qui a été détruit : « Le rêve de sa jeunesse aboutissait donc à ce navrant épilogue. »*

Pourtant, Divine s'apprête à devenir mère à son tour. Samain imagine alors que, dans cet accomplissement tardif, sa beauté et sa sensualité renaissent et s'épanouissent. Le personnage n'est donc pas complètement passé à côté de la vie, et il importe que la possibilité psychologique et narrative de ce moment d'ouverture et de plénitude soit au moins envisagée. Mais elle ne l'est que brièvement, car l'épisode tourne court : son beau-fils tombe gravement malade.

---

1 Voir Georges Rodenbach, *Musée de béguines*, Paris, Charpentier et Fasquelle, coll. « Bibliothèque Charpentier », 1894, et *Le Rouet des brumes* [1900], recueilli dans *Contes symbolistes*, éd. citée, vol. 3, p. 17-450.

« Transfigurée, dans l'air de l'héroïsme pur », Divine se sacrifie à lui prodiguer des soins constants. L'enfant est sauvé, mais, minée elle-même par les souffrances et l'épuisement, Divine perd son propre nouveau-né. C'est alors qu'elle se renferme davantage et aspire à se retirer du monde. Il ne reste plus à son mari qu'à mourir, et à elle à parfaire sa vie de renoncement en éloignant son beau-fils devenu adulte. Seule avec elle-même, son monde intérieur et son passé, Divine vit désormais dans l'ardent espoir de la mort et de la délivrance. « Cependant, conclut le récit, toujours pareille à elle-même, Divine n'osait pas demander à Dieu de mourir. » On pourrait croire à la pusillanimité du personnage. Mais si Divine est fidèle à elle-même, il faut comprendre au contraire qu'un tel vœu irait à l'encontre de l'esprit de sacrifice et du volontarisme héroïque sur lequel il repose. Cet ultime renoncement parachève donc la cohérence du personnage.

Tout cela est-il convaincant pour autant ? La ligne de la destinée paraît un peu trop fermement tracée, non sans quelque artifice, même si une telle épure est l'apanage du récit bref. On peut être sensible néanmoins à ce qui déporte la nouvelle vers l'univers du conte. Car en dépit d'un portrait socialement et culturellement situé – comprenons dans la bourgeoisie, moins affectée par les avanies objectives de la vie que par les souffrances que l'âme se donne à elle-même –, le récit est construit sur un floutage référentiel qui déréalise le personnage ou plutôt lui confère un caractère abstrait. Seuls sont fournis les repères chronologiques qui le font passer de l'enfance à l'adolescence et à l'état adulte, puis à la maturité et enfin au seuil de la mort. La voix narrative quant à elle commente, au plus près du personnage, située dans ce que Kundera appelle, pour décrire sa propre poétique du roman, son « champ magnétique[2] ». Car Samain s'interdit ici de s'aventurer trop sur les terres du moraliste, souffle le chaud et le froid sur la vie par procuration de son héroïne, qu'il impute à « une perversion admirable de sa personnalité ». Il en délègue plutôt l'emploi au confesseur de Divine, lequel soupçonne un péché d'orgueil dans la « complaisance excessive » du don de soi. Quoi qu'il en soit, il y a dans ce renfermement délibéré quelque chose de morbide qui va contre la vie et mise sur les valeurs de la décadence.

À défaut de vouloir conclure, on peut se risquer à émettre l'hypothèse selon laquelle, peut-être même consciemment, le récit brosse jusqu'à un certain point un autoportrait symbolique et symboliste de Samain lui-même. On se demande en effet si de telles affinités dans le renoncement ont pu lui échapper

2 Milan Kundera, *L'Art du roman*, Paris, Gallimard, coll. « *NRF* », 1986, p. 103.

et même n'être pas à l'origine d'un projet d'écriture lucide. Une forme de fidélité excessive à soi-même au seul bénéfice de la littérature, fût-ce contre tout le reste et au prix d'une vie sociale résignée, telle pourrait bien être la configuration existentielle de Samain, plus exclusive à cet égard que celle de Villiers ou de Mallarmé. Il n'empêche que ce texte atypique plaide en faveur de la variété de ses manières.

Elle s'appelait Ludivine Bontemps, et par abréviation l'on disait Divine. C'était, à douze ans une petite fille de grâce pensive et fine avec des yeux limpides et pâlis, d'un bleu frigide de source cachée dans les bois. De longs cheveux châtain foncé, comme un flot de soie légèrement ondée, tombaient sur ses grêles épaules. Sa bouche était jolie et grave avec la tache brune d'un grain de beauté au coin de la lèvre supérieure ; et derrière cette bouche presque toujours close, et sous l'épaisseur de ces cheveux flottants, et au fond de ces yeux pâles on sentait qu'il devait se cacher une petite âme exquise et sauvage. Des traits particuliers distinguaient en effet Divine Bontemps, et entre tous celui-ci qui s'accusait déjà avec un étonnant relief.

Douée d'une énergie de tendresse presque excessive, d'une bonté qui se donnait sans réserve aux êtres et aux choses, et jaillissait en chaudes effusions dans les profondeurs de son âme, elle reculait devant la manifestation des sentiments même les plus avouables comme devant un péché. Rien ne lui était plus pénible que de sentir les autres deviner son cœur. Un nuage rose empourprait alors subitement ses joues, ses yeux se baissaient invinciblement, et cette sensation, si l'on insistait maladroitement, pouvait aller jusqu'à la souffrance.

C'était ainsi, en tout et avant tout, une nature exaltée et secrète. Seule, il lui arrivait fréquemment de serrer frénétiquement contre sa poitrine le jouet préféré du moment ; ou bien, elle s'adressait avec des gestes passionnés à des êtres imaginaires dont elle peuplait son coin de retraite ; même parfois elle embrassait les fleurs ; et, certes, ces façons eussent fort étonné ceux qui étaient accoutumés à voir en elle une petite personne réservée de tous points et silencieuse.

Elle était venue au monde en quelque sorte avec la honte de son cœur. La pudeur physique, et tout ce qu'elle comporte d'ombrageuse sensitivité, semblait chez elle transposée au moral ; et la moindre émotion dévoilée, le moindre sentiment surpris lui causait l'intolérable malaise de la nudité.

Aussi tout ce qui est fait de demi-jour, de silence, de mystère, l'attirait-il particulièrement : les profondeurs du jardin, l'église ténébreuse et douce, la fraîcheur des pièces inoccupées. Là, elle se sentait vraiment vivre, là elle pouvait s'épanouir dans la plénitude de son être. Et c'est bien de leur lumière discrète, de leur gravité mélancolique, de leurs colorations atténuées, de leurs parfums déserts que devait s'imprégner pour la vie la substance délicate de son âme.

Ce qu'elle perdait à cette susceptibilité de cœur immodérée, elle s'en rendait bien compte, et, parfois, la constatation des joies faciles dont elle s'était ainsi volontairement privée la poignait jusqu'aux larmes. Alors elle essayait de réagir, elle se promettait de prendre exemple de ses petites compagnes. Pendant une heure, dans l'entraînement du jeu, elle tentait de se donner le change. Animation factice, qui tombait bientôt après, si bien que souvent, le soir même, brûlant d'obtenir quelque faveur de sa mère, au moment de se jeter dans ses bras, elle s'arrêtait, hésitante, et finissait par aller se coucher sans rien dire.

Une telle répugnance à livrer le secret de ses sentiments lui faisait peu à peu contracter l'habitude du renoncement ; et de cette habitude devait naître, par la suite, un goût passionné et presque barbare du sacrifice, un étrange appétit de résignation, qui l'attirait mystiquement aux tristesses, et n'était point sans comporter au reste de cruelles et raffinées voluptés.

*

Divine grandit ; et, à travers les crises d'une puberté douloureuse, sa sauvagerie native se développa encore. Elle se repliait maintenant au moindre contact. Une certaine gaucherie physique en résultait, qui relevait comme d'une pointe acidulée sa beauté essentiellement attendrissante. Ses cheveux sombres, séparés au milieu, et glissant le long des tempes qu'ils couvraient, encadraient d'une ogive grave son front pur, doucement bombé ; ses yeux d'un bleu à peine teinté avaient comme un air de bijoux très anciens ; sa bouche, presque toujours close, se creusait sensiblement aux angles. Telle, on la jugeait froide, dédaigneuse même ;

elle laissait dire, mettant quelque inconsciente coquetterie à justifier cette opinion, d'autant qu'elle y trouvait une barrière morale, derrière laquelle elle était mieux à l'abri des curiosités ; et elle vivait ainsi la vie calme des vierges, quand un épisode sentimental de l'ordre le plus simple vint bouleverser son existence.

Un ami d'enfance, Maurice Damien, revint passer en province ses vacances. Or, à le voir, à lui parler – car il venait fréquemment chez elle à cause des rapports étroits qui liaient les deux familles, – à évoquer dans les allées du grand jardin sablé de rouge les enfantillages d'autrefois, Divine sentit peu à peu son cœur s'inquiéter. Les vagues tendresses, flottant encore en elle comme une vapeur du matin, furent traversées d'un rayonnement très doux. Des détails, insignifiants jusque-là, prirent un intérêt singulier à ses yeux ; les heures monotones se colorèrent ; et il y eut en elle le trouble et le ravissement d'une révélation.

Une après-midi qu'ils étaient seuls dans le grand salon donnant sur le jardin, la conversation, facticement enjouée, se figea tout à coup et ils restèrent l'un devant l'autre, silencieux. Par la fenêtre ouverte, des bruits lointains venaient de la ville industrieuse, roulements de voitures, marteaux de fonderies, rumeurs des rues, et le murmure continu des feuilles était harmonieux comme un bruissement de soie. La présence de quelque chose d'inavoué entre eux les emplissait d'un émoi grandissant. Divine en ressentait le malaise jusqu'à l'angoisse, et son âme palpitait toute sous le voile de ses longues paupières. Pour y échapper, elle alla au piano ouvert et se mit à jouer. Maurice s'approcha. Son cœur battait si fort qu'elle en percevait les larges coups, irréguliers et sourds. Tout à coup elle sentit deux lèvres brûlantes, sèches de fièvre, qui se posaient sur son cou. Déjà elle s'était redressée, pâle d'une pâleur de mort. Comme une eau subitement troublée, ses yeux étaient devenus noirs ; elle fixa sur Maurice un regard de folle, et, avant qu'il pût faire un geste, elle se précipita hors du salon.

Tout son être était dans un inexprimable désarroi, et il lui fallut de longues heures pour retrouver un peu de calme. C'était, à la place la plus sensible de son âme, la cuisson d'une intolérable brûlure. Toute l'ombre douce dont elle s'enveloppait avait été brutalement violentée, et elle sentait qu'il lui serait impossible de se retrouver devant Maurice.

D'ailleurs la fin des vacances approchait, et elle pouvait invoquer des prétextes. Cœur ingénieux à se tourmenter, et virginité aussi voluptueuse, qui ne rêvait plus que de tisser autour d'elle les mille fils d'une trame épaisse pour y dérober au plus secret d'elle-même la douceur du frisson dont elle était encore ébranlée.

Le matin du départ de Maurice, levée dès l'aube, elle épia de sa fenêtre le passage du jeune homme. Elle n'était séparée de lui que par la fragilité du rideau de mousseline qui tremblait dans ses mains. Maurice leva la tête et ralentit son pas ; mais elle demeura immobile, l'âme toute frémissante et crispée ; et longtemps après elle était encore là, avec de grandes larmes au coin de ses yeux, qui ne tombaient point…

*

Maurice ne revint que quelques années plus tard.

Oh ! ce retour, combien Divine en avait escompté les émotions !

En province plus que partout ailleurs, dans l'immuable monotonie de l'engrenage quotidien, la vie intérieure acquiert chez les êtres qui y sont inclinés une extraordinaire intensité. Là s'élaborent ces destinées solitaires, monuments d'une âme grandiose ou mélancolique élevés pierre à pierre et jour par jour à la gloire d'un sentiment unique. Ainsi, pendant ces lentes années, Divine avait concentré toute son activité sentimentale sur le souvenir des deux mois passés avec Maurice. Pas un seul jour elle n'avait cessé d'y penser. Dans le fond de son âme, elle avait édifié une sorte d'oratoire confidentiel, où elle se renfermait de longues heures, livrée aux consumantes jouissances de l'espérance. Nul ne soupçonnait ce mystère de tendresse qu'elle gardait jalousement, et c'était là une délectation dont son cœur, en grandissant, goûtait de plus en plus l'anormal raffinement.

Quand elle se retrouva vis-à-vis du jeune homme, elle se sentit jusqu'au cœur un froid de paralysie, et ce fut une petite main inerte et décolorée de morte qu'elle lui tendit. Hélas ! cette minute, qu'elle avait tant vécue d'avance, n'allait-elle lui apporter qu'une affreuse déception ?

Maurice la prit, cette petite main ; et dans la pression amicalement indifférente de ses doigts, il laissa trop voir qu'il ne se souvenait plus du passé.

Divine, atterrée d'abord, essaya, les jours qui suivirent, de reprendre un peu de sang-froid. Après tout, Maurice était libre encore ; et il ne lui était pas interdit de chercher si vraiment plus rien d'elle ne restait dans son cœur ; mais chaque fois qu'elle creusait cette pensée, à un certain moment tout son sang se glaçait, et elle voyait avec une affreuse netteté qu'elle mourrait plutôt que de desserrer les lèvres.

Elle passa ainsi des semaines, secouée jusqu'aux fibres de crises convulsives, qui la jetaient tour à tour aux résolutions les plus contradictoires. Elle ramassait tout son courage, se fortifiait de certains indices favorables, d'une parole ou d'un sourire où elle retrouvait un peu de l'ancienne douceur ; puis, l'instant d'après, reculait, effarée, devant l'insurmontable répulsion de trahir, fût-ce par un geste, la pensée dont elle était pleine.

Sur ces entrefaites, le père d'une de ses amies, Lydie Morin, qui avait une importante usine à quelques lieues de là, invitait Maurice à venir y étudier quelques améliorations. Le jeune homme accepta, demeura trois mois à la campagne ; et, quand il revint, il était fiancé à Lydie.

Ce fut pour Divine un coup terrible. Comme il arrive souvent, elle avait envisagé toutes les éventualités, sans imaginer précisément la plus douloureuse.

Quelques jours plus tard, un soir, dans sa chambre, comme elle arrangeait ses cheveux pour la nuit, prise soudain d'une lassitude infinie dans tous ses membres, elle alla s'accouder à la fenêtre, et respira à larges traits la fraîcheur nocturne. C'était au printemps. Il avait fait un orage dans la soirée, des flaques d'eau luisaient encore çà et là dans les dépressions du pavé ; d'en bas montait une odeur pénétrante de poussière mouillée et de verdures rafraîchies ; et par moments des brises passaient, douces à fermer les yeux. Divine restait là, immobile, sa lourde chevelure pendant d'un côté, et elle sentait, dans son cœur comme dans sa chair, un découragement sans bornes. Tout à coup, sur le large trottoir de l'avenue, en face d'elle, elle aperçut Lydie et Maurice qui revenaient ensemble de quelque fête de famille. Ils allaient lentement d'un pas attardé d'amoureux, et, dans le silence du quartier désert, le bruit de leur voix était presque perceptible. Divine s'était penchée ; elle les suivait d'un regard éperdu et fixe, et, quand ils furent entrés dans l'ombre plus épaisse des arbres, elle se laissa glisser sur les genoux, le cœur déchiré fibre à fibre d'une atroce souffrance, et, sans une plainte, s'évanouit.

*

Après le mariage de Lydie, qui suivit, elle vécut machinalement sur les ruines de son rêve. Personne autour d'elle ne savait rien du drame qui avait bouleversé son cœur. Son teint se fana ; le flot de sang lumineux et clair que l'espérance avait amené à la surface se retira à l'intérieur ; le regard de ses yeux sembla s'éloigner ; son visage se fit plus muet encore. Des partis se présentèrent, elle les refusa tous, éprouvant une âcre satisfaction à voir sa vie s'enfoncer dans une impasse, comme si, n'étant pas un être de joie, elle trouvait enfin sa voie dans la tristesse.

Les sorties, les banales et monotones distractions de la vie provinciale commencèrent à lui peser. À tout elle préférait *sa solitude* ; et, comme il arrive aux êtres dont la vie résorbée avive l'imagination, elle voyait dans ces mots, tout au fond d'elle-même, une sorte de jardin caché, un jardin planté, sous un ciel dépoli d'automne, de verdures sombres et très odorantes – lierre et buis – où elle se promenait de longues heures avec sa pensée.

Cinq ans s'étaient écoulés, quand, brusquement, en moins de dix jours, Lydie fut emportée par une pneumonie aiguë, et Maurice resta veuf avec un petit garçon de quatre ans. La douleur du pauvre garçon fut immense ; il aimait sa femme avec toute la force d'une jeunesse de laborieux économisée pendant la dure période des débuts. Dans cette catastrophe, guidé par l'égoïste et infaillible instinct, il vint se réfugier là où il sentait qu'il pourrait le mieux être consolé. Il ne se trompait pas. Divine, faisant taire les obscures révoltes qui s'agitaient encore en elle, assuma ce nouveau rôle ; elle étendit la main vers cette couronne d'épines et la posa sur ses cheveux. Puis, peu à peu, graduant ses discours, remêlant la morte à la vie dans un travail d'une trame compliquée, et d'une délicatesse merveilleuse, elle sut atténuer l'horreur de l'irréparable et ramener la paix quotidienne dans le cœur désolé de Maurice.

Ce fut ainsi, et par un enchaînement naturel des choses, que ce dernier, un an et demi plus tard, songea à lui demander de l'épouser.

Le rêve de sa jeunesse aboutissait donc à ce navrant épilogue. Ah ! certes, ce ne fut point sans une douloureuse ironie qu'elle revêtit, à près de trente ans, la robe blanche des épousées ; et quelque chose en elle de sacrifié et d'extatique apparut si visiblement à l'église, que les spectateurs les moins avertis de l'assistance en furent frappés.

Dans cette nouvelle demeure, où elle venait « doubler » la disparue, elle trouva ce qu'elle avait prévu : une affection loyale, un foyer mélancolique et le calme.

Des choses pourtant saignaient encore en elle. Souvent il arrivait à Maurice de prendre le petit René, – c'était le nom de l'enfant, – et de le regarder sans rien dire, avec des yeux où montait un brouillard ; et Divine, allant d'elle-même au-devant de la souffrance, disait : « Comme il ressemble à Lydie, n'est-ce pas, mon ami ? » Que ne pouvait-elle, en ce moment, pleurer, elle aussi, les tièdes larmes que Maurice laissait, sans les essuyer, couler sur sa barbe ! Pourtant, un grand bonheur lui vint, sur lequel elle n'avait plus compté. Elle sentit qu'elle allait être mère, et cette pensée rouvrit en elle les sources taries, et il y eut en elle des jaillissements, des ruissellements... Toute sa chair, traversée de tendresse, se mit à refleurir, sembla-t-il. Un sang rose monta à ses joues, vermillonna l'ourlet de ses oreilles ; une ligne d'une douceur adorable relia son menton à son cou, renfla son corsage, arrondit ses hanches ; sa démarche amollie et comme légèrement appuyée révéla la volupté des formes pleines, et, un soir de causerie heureuse longtemps prolongée, elle vit dans les yeux de Maurice que, elle aussi, elle allait s'appeler l'Amour. Ce fut un enivrement étonné, une joie dont elle n'était pas sûre, dans laquelle elle marchait avec des tâtonnements, comme éblouie. Une activité inquiète la saisit. Elle s'amusa aux enfantillages des aménagements, combina un mobilier nouveau, fit tendre des pièces claires. Projetée en quelque sorte hors d'elle-même, dans une passion d'espérance, pour la première fois de sa vie, elle se sentit heureuse. Même elle rêva d'un voyage dans les pays du Sud, vers les mers tièdes, parmi les villes aux noms mélodieux, où l'air a le parfum du miel...

Tout à coup, René tomba malade de la fièvre typhoïde ; vu sa situation, le docteur défendit formellement à Divine d'approcher l'enfant ; mais il avait compté sans ce cœur étrange. Dès la première heure, l'âme, on eût dit, pénitente, elle s'installa près du petit, et, pendant dix jours, malgré toutes les instances, vécut dans la chambre empoisonnée, dormant à peine quelques heures çà et là, sur un fauteuil, et ne quittant point ses vêtements. Elle subissait la sublime fascination du sacrifice ; son dévouement avait quelque chose d'irrésistible et d'égaré ; et elle marchait, transfigurée, dans l'air de feu de l'héroïsme pur.

René fut sauvé ; mais trop d'émotions l'avaient assaillie ; sa santé était irrémédiablement compromise, et elle mit au monde à travers mille souffrances un enfant qui ne vécut que quelques jours.

Ainsi, la vie s'acharnait sur elle ; et, à voir ses coups redoublés, on pouvait penser que la Destinée voulait parachever son œuvre, développer jusqu'au bout l'harmonieux martyre d'une créature choisie, et faire exprimer à cette âme, macérée dans la douleur, son parfum le plus suave.

Après de passagères et instinctives secousses dans sa chair maternelle, Divine accepta ce deuil suprême avec l'insondable douceur des résignations professionnelles. Ah ! combien souvent son cœur s'élançait vers la paix définitive des couvents ; derrière leurs grandes murailles ouatées de silence, le repos eût été si doux à son âme fatiguée ; et, bien des fois, aspirant la fraîcheur lointaine des blanches cellules et des longs corridors dallés de pierre bleue, elle tendait les bras vers ces calmes retraites, qui sont comme les antichambres de la mort. Mais elle se devait à son mari, bien qu'après l'affreuse épreuve elle ne se sentît plus la force de recommencer la vie ; et puis René était là, l'enfant qu'elle avait sauvé, et qu'un nouveau baptême de douleur avait en quelque sorte fait sien.

Elle resta donc, redescendit au fond de son cœur et s'y enferma, ne gardant à la surface qu'un masque d'indélébile tristesse.

La tendance secrète de ses pensées, le ressort intérieur de sa vie la poussaient maintenant à un don perpétuel d'elle-même ; tout lui était prétexte à s'immoler et elle le faisait de façon à s'enlever même le bénéfice de la plus minime reconnaissance. Au reste, en agissant ainsi, cette âme étrangement repliée ne se trompait point ; de degré en degré, par un déplacement, par une perversion admirable de sa personnalité, elle était arrivée à transposer sa vie dans les autres. Nulle joie directe ne l'affectait plus ; elle ne semblait plus vivre pour son compte, mais s'alimenter exclusivement du bonheur des êtres autour d'elle, et sa sensibilité, toujours aussi vive, mais en quelque sorte désincarnée, était devenue toute spirituelle. Âme discrète et passionnée, dont une évolution constante subtilisait ainsi chaque jour les principes ! Elle était bien, d'ailleurs, toujours la même qu'autrefois, et s'il arrivait à l'abbé Pascal, son directeur, de parler de la complaisance excessive de certaines natures pour les amertumes du renoncement, elle se sentait soudain presque rougir, atteinte dans les secrets replis de son cœur par la véridique parole du prêtre.

Des années et des années passèrent. Maurice mourut accidentellement, et, comme à la mort de Lydie, sa première femme, il avait acheté une concession et fait élever un monument, ce fut près d'elle qu'il fut enterré.

René acheva ses études et, presque aussitôt après, reçut l'offre d'un poste lointain dans les colonies, qui pouvait devenir le point de départ d'une brillante carrière. Comme il hésitait, à cause de Divine, qu'il aimait comme sa mère, ce fut elle qui le pressa d'accepter, brisant ainsi la dernière attache vive de son cœur.

Et, de nouveau, elle fut reprise par la solitude.

Elle loua une petite maison éloignée du centre de la ville, dans une rue déserte, aux pavés verdis de mousse, et que bordaient en partie les murs d'un jardin d'hospice.

Tout le jour, dans les pièces parées d'antiques meubles, baignées d'un jour crépusculaire, où se décoloraient des photographies vieillies, elle circulait sans bruit, ou restait des heures, penchée sur un tiroir, à ranger pieusement d'attendrissantes reliques. Ses yeux, comme usés d'avoir trop attendu, n'avaient plus de couleur, et, sous ses cheveux blancs, son visage aux tons de cierge fin, patiné de chagrin, poli par les larmes, d'une chair amincie, fondue, spiritualisée, apparaissait bien comme un tabernacle émouvant et précieux qui laissait, par ses interstices, filtrer le pur rayonnement d'une âme incomparable.

Elle vivait ainsi, parmi ses souvenirs, des journées monotones et douces, ramenées aux habitudes de son enfance.

Ses seules sorties étaient pour l'église voisine, et là, abîmée dans la prière, et l'âme déjà toute légère et libre, elle avait le frémissement impatient et mélodieux des colombes qui vont s'envoler.

Cependant, toujours pareille à elle-même, Divine *n'osait pas* demander à Dieu de mourir.

HYALIS
LE PETIT FAUNE AUX YEUX BLEUS

« Hyalis, le petit faune aux yeux bleus[1] *», est un texte de la maturité : Samain a 38 ans et il mourra à 42 ans, en août 1900. Le conte paraît dans* La Revue hebdomadaire, *le 20 juin 1896, treize mois après le précédent, et s'il s'inscrit dans l'univers de Samain comme un des plus authentiques et des plus touchants – dans la veine de l'amour impossible et malheureux à laquelle on doit aussi* Polyphème, *créé à titre posthume en 1904*[2] *–, il s'alimente à l'évidence à plusieurs sources. On y retrouve d'abord la fascination d'époque pour les faunes dans la poésie, mais aussi jusque dans les contes, chez Henri de Régnier au premier chef (*La Canne de jaspe, *Mercure de France, 1897), comme exaltation païenne de la vitalité et du désir. Mais le thème est infléchi par un pacte d'abnégation avec une puissance infernale emprunté à « La Petite Sirène » d'Andersen, où l'on peut lire le schème de la quête propre aux contes, mais avec une différence de visée : l'objet de la quête de la « petite Sirène » est d'obtenir l'amour d'un prince (qui appartient au monde supérieur), et avec lui l'acquisition d'une « âme immortelle » ; celui d'Hyalis est la mort comme délivrance. D'un côté, l'espoir sera déçu, mais suivi d'une forme de rédemption et d'apothéose dans un conte expressément destiné aux enfants ; de l'autre, le désir de mourir du petit faune parviendra à son terme, mais pour déboucher sur une forme de dépassement et un devenir pleinement humain. Pour la première, il s'agit de gagner les attributs physiques et spirituels de l'humanité ; pour le second, de perdre l'immortalité propre aux dieux. Et alors que le sacrifice de la Petite Sirène peut au bout du compte sembler inutile, il est néanmoins récompensé – celle-ci, à défaut d'obtenir l'amour espéré, s'élève dans l'échelle des êtres ; quant à Hyalis, son renoncement à la vie fait du sursis qui lui est accordé un accomplissement au-delà de sa nature première. Dans les deux cas, on assiste donc à*

1 « Hyalis » est démarqué de « hyalin », « qui a la transparence du verre ». Le conte développe cet attribut symbolique, tant physique que spirituel.

2 Voir *Œuvres poétiques complètes*, éd. citée, p. [391] *sq.*

un renversement de perspective qui fait de la mort un privilège : conception somme toute romantique qui privilégie la valeur spirituelle conquise dans la mort par rapport à la vie elle-même. Mais le conte d'Andersen, alors même qu'il ne parle que d'amour, mais pour les enfants, est désexualisé, tandis que celui de Samain, destiné à des « grandes personnes », comporte une forte dimension érotique qu'il s'agit de spiritualiser : l'éros du faune s'infléchit et s'affine dans un amour-compassion pour la beauté fragile et sensible de la vie. Dans les deux cas, il s'agit d'une mort d'amour asymétrique, encore que chez Samain, celle-ci reste esthétisée et érotisée.

En termes d'inspiration romantique, l'amour impossible peut trouver ses modèles chez Victor Hugo, qu'il s'agisse de celui de Quasimodo pour Esméralda, ou du valet Ruy Blas, « ver de terre amoureux d'une étoile », pour la reine d'Espagne. Il y a là une différence de nature, dans laquelle le personnage amoureux va puiser à la fois son accomplissement héroïque autant que tragique, et son humanité. À cet égard, « Hyalis » peut être considéré comme le premier crayon de *Polyphème*, ou bien comme une variation malgré tout moins sombre sur le drame poétique qui fut le testament de Samain. Sur le plan biographique, on se rappelle que Samain a projeté en ses personnages et dans leur aventure ce qui fut le grand amour de sa vie – non payé de retour et malheureux – pour la « Grande Amie », Cécile Cerizier[3].

Mais pourquoi le faune ? Parce qu'il s'agit d'un être double, hybride, à la fois homme et animal – lui qu'on nomme aussi « chèvre-pied » –, en quoi il suffit à figurer symboliquement l'humanité telle qu'elle est pensée par le romantisme, et notamment le grotesque hugolien. L'hybridité, c'est-à-dire la double nature ou la « double essence » des êtres pensants, importe ici davantage que chacun des deux termes ainsi désignés : animalité et humanité – comme « la Bête » dans le conte de Mme Leprince de Beaumont, ou Quasimodo déjà cité –, mais aussi humanité et divinité, ou encore féerie – que l'on songe à Dea dans *L'Homme qui rit* de Hugo, ou bien à la Petite Sirène d'Andersen, déjà évoquée plus haut. Le « Petit Faune » de Samain a ceci de particulier qu'il porte l'hybridité symbolique à la seconde puissance, comme les demi-dieux, en étant né « du commerce d'un ægipan et d'une mortelle ». La part faunesque est chez lui apprivoisée, ce qui revient à une sorte de contradiction dans les termes que d'aucuns pourraient

3 L'homophonie entre « Nyza » et « Cerizier » invite au rapprochement. On reconnaîtra donc la cantatrice sous les traits de la fille du prêtre d'Apollon. (Note de Christophe Carrère.)

trouver mièvre. En fait, il s'agit de douer le personnage d'une singularité *qui contient en germe son destin exceptionnel. Tout chez lui relève d'une isotopie de la pureté de l'enfance et de l'innocence qui christianisent sans le dire ce faune échoué dans un monde païen. Aussi Samain insiste-t-il sur la délicatesse de sa complexion, la joliesse de ses traits et de ses gestes, la pureté de ses yeux et de son regard auxquels il doit son nom. Créature élevée à part et privée de ce qu'on appelle ses « semblables », Hyalis est sensible aux beautés et aux mystères de la Nature, et son histoire est celle d'une âme qui naît à elle-même, et se spiritualise en se dégageant peu à peu de la part animale qui la constitue : s'il paye son tribut à la Nature dans des amours faunesques, celles-ci le laissent bientôt inassouvi, à l'instar de la volage Mylitta, dont la nature purement animale se prostitue à tous. L'attestent aussi sa sensibilité bouleversée par le chant des sirènes, son dégoût et sa « honte » lorsqu'il sacrifie encore aux plaisirs de la chair, ou encore sa vénération pour les temples et « l'âme supérieure des Grands Dieux » – expression fort peu païenne.*

Tout donc le prédestine au ravissement amoureux qui le saisit à la vue de la jeune et belle Nyza, fille du prêtre d'Apollon. Mais alors que, dans « La Petite Sirène », le prince éprouve une affection qui ne va pas jusqu'à l'amour envers celle qui, pour se doter d'une apparence humaine dans l'espoir d'être aimée de lui, a sacrifié sa langue, sa parole et son chant aux exigences de la sorcière, Hyalis, surpris un soir par Nyza qu'il contemple en silence, suscite chez elle l'effroi irrémissible que seule peut provoquer la vue d'un monstre. C'est pourquoi il supplie la sorcière Ydragone de lui accorder la mort, fût-ce, comme pour les sortilèges de la sorcière dans « La Petite Sirène », au prix d'horribles souffrances. Mais après que les philtres de la sorcière ont fait leur œuvre, la mort promise, à la fin de la prochaine lune, est aussi une mort rédemptrice, car elle avive la sensibilité d'Hyalis, faite du don des larmes et de la conscience tout humaine qui tient à la fois au prix de la vie et au prix de la mort. Au terme prescrit, sa chaste mort d'amour, dans un baiser volé sur les lèvres de la vierge endormie, est cette apothéose que, selon une acception mystique du terme, on nomme « épectase ». Samain n'élude pas pour autant le saisissement par le froid de mort, mais ce qui précède est irrévocable, car Hyalis a accompli sa vocation et rempli la définition de son nom en le magnifiant, « son cœur s'élargiss[ant], deven[ant] vaste, splendide et bleu comme le firmament des nuits d'été », dans une vision qui semble s'accorder avec la paix de « Booz endormi ». Quant à la clausule de la dernière phrase, à la ligne, elle démarque au moins en partie la dernière phrase de Salammbô : « Ainsi mourut d'amour Hyalis de Mycalèse, le petit faune aux yeux bleus. » L'amour chez Samain tient donc la place de la profanation – « pour avoir touché au voile de Tanit » – dans le roman de Flaubert. Du coup, la mort y est moins voulue châtiment qu'accomplissement.

C'était un petit faune né, dans les bois de Mycalèse[4] battue par les vents, du commerce d'un ægipan et d'une mortelle. Des particularités, légères encore, dénonçaient la double essence qu'il portait en lui. Il n'avait point la force tumultueuse et violente des dieux des forêts, mais ses membres délicats étaient plus dégagés de la gaine animale ; un poil moins rude et moins touffu couvrait ses cuisses ; ses oreilles aiguës, ses narines fines frémissaient continuellement aux choses ; il avait des gestes jolis ; quand il souriait, ses joues se creusaient légèrement, et l'ingénuité de son visage était alors ravissante ; mais ce qui excitait délicieusement la surprise, c'étaient des grands yeux de couleur céruléenne, bleus comme le ciel et la mer, et qui promenaient lentement autour d'eux des regards étonnés, doux et lointains, comme les rayons de la première étoile qui brille à l'orient, quand le soleil n'est pas encore couché.

Élevé par les nymphes des bois sacrés qui lui donnèrent le doux nom d'Hyalis, il ne se mêla point aux jeunes chèvre-pieds de son âge. Leurs ébats turbulents lui déplaisaient, et il préférait être seul ; alors il inventait des plaisirs plus conformes à sa nature, et laissait errer parmi les plantes et les bêtes ses curiosités vagabondes. Déjà d'obscurs pressentiments s'éveillaient en lui, et devant ces visages solennels du monde, – la Nuit, la Solitude ou le Silence, – un émoi vague le saisissait, et une petite âme indécise montait dans l'eau pâle de ses yeux.

Sans cesse, il variait ses jeux : tantôt, couché à plat ventre dans l'herbe des clairières, il s'amusait à voir les petits insectes sortir de terre, courir très vite, monter et descendre au long des brins frêles, s'aventurer dans le calice d'une fleur, se suspendre au bout d'un fil invisible ; tantôt, penché sur une rivière aux claires ondes, il contemplait

4 Mycalèse est une ville ancienne de Béotie, évoquée notamment dans la *Description de la Grèce* du géographe de l'Antiquité Pausanias, dit le Périégète.

le manège indolent ou brusque des poissons vite effarés ; tantôt, ayant capturé quelque beau papillon, il le posait sur le dos de sa main, et regardait avec ravissement les grandes ailes précieuses palpiter lentement au soleil, ou bien, choisissant quelque coquillage profond et contourné, il l'appuyait contre son oreille, et des heures entières, un vague sourire aux lèvres, il écoutait au fond de la nacre enchantée bruire la mer éternelle.

D'autres fois, avide de mouvement, il s'élançait et tout le jour se fatiguait en courses folles à travers les bois et les vallées. Sa plus grande joie était de rencontrer le centaure Capanède[5] ; car celui-ci, séduit par sa gentillesse, lui proposait toujours de l'emmener avec lui. Brusquement il l'enlevait de terre, et d'un seul coup l'installait sur sa large croupe ; alors, nouant ses petits bras au torse puissant du dieu, Hyalis se laissait emporter ; c'étaient de longs galops torrentueux à travers les plaines et la montagne ; un vent rude frappait son visage ; les arbres du paysage semblaient courir avec lui ; le quadruple bruit des sabots retentissait sur la terre sonore ; un léger effroi suspendait son cœur, et quand tout à coup la course s'arrêtait, il battait des mains et riait aux éclats, les yeux brillants, les joues éclatantes, tout le sang ivre d'espace et de rapidité... Mais le plus souvent un attrait mystérieux le ramenait vers les rivages de la mer. En sortant des forêts ténébreuses ou des vallées profondes, l'immense horizon tout à coup découvert l'envahissait d'une inexprimable allégresse ; tant d'espace entrait dans ses yeux que son âme lui en semblait comme élargie ; il buvait avidement l'air chargé de sel ; et, piaffant des sabots comme un jeune étalon, il entrait, en frémissant, dans les vagues !

Un soir qu'il s'était ainsi attardé sur la grève, il vit des sirènes. C'était par une nuit de plein été tiède et crépusculaire. Du large un chant s'éleva, étrange, irrésistible et triste. L'air devint étouffant et lourd comme si, dans l'ombre, il pleuvait des roses ; les vagues s'allongèrent silencieuses sur le sable ; un grand frisson passa, et toute la mer sembla mourir !...

Les sirènes s'approchaient ; elles s'avancèrent jusqu'à la côte, et Hyalis vit de tout près leurs visages. Surnaturellement belles et pâles, elles souriaient, la face renversée dans leurs cheveux. La douceur de les voir

---

5 Ce nom semble surtout choisi pour sa graphie et sa sonorité qui renvoient au monde grec.

passait tout ce qu'il avait ressenti au monde !... Lentement avec la nuit elles se retirèrent ; leur chant s'affaiblit, flotta longtemps encore dans la brise, s'éteignit... Et Hyalis ne devait plus jamais les oublier.

*

Il grandit et les forces secrètes de l'âge le rapprochèrent des nymphes qui peuplaient les bois d'alentour. Sous l'aiguillon de l'antique désir, il s'émut des toisons rousses qui luisaient derrière les arbres, poursuivit les dryades qui riaient dans les feuilles, guetta les grasses naïades vautrées dans la terre molle autour des étangs et qui disparaissaient soudain dans un long cliquetis de roseaux entre-choqués...

Fidèle à son origine, il apporta d'abord à ces jeux une fougue passionnée ; il connut les faciles étreintes, le mélange ardent des corps, les chairs foulées comme le raisin d'automne dans les cuves ; mais, en de tels transports, le sang qu'il tenait de son père était seul satisfait, et il traînait à travers ces rapides plaisirs une âme inquiète et mal rassasiée.

Pourtant les nymphes lui étaient accueillantes, et plus d'une, le soir, rôdait vers lui. Mylitta[6] était celle qu'il recherchait de préférence. Il aimait son rire clair comme le bruit des fontaines, et sa grâce légère de jeune faon. Souvent il lui apportait des coquillages, des plumes d'oiseaux rares, des fleurs cueillies tout en haut des montagnes, des rayons de miel doré, et, dans l'herbe odorante et chaude des après-midi, il goûtait avidement le plaisir de son corps. Mais Mylitta différait trop peu de ses sœurs. Rieuse et brûlante, elle s'abandonnait à tous. Hyalis voulut le lui reprocher, mais il sentit aussitôt qu'elle ne le comprenait point, et il cessa de se plaire avec elle.

En même temps un secret dégoût lui venait de ses jouissances ; leur monotonie pesait à son cœur, et, vaguement anxieux, il implorait une caresse inconnue. Alors, parfois, il lui arrivait en chemin d'attirer brusquement à lui quelque rose lourde, quelque lis violent, et d'y écraser éperdument sa bouche ; ou bien il s'en allait vers la mer, et, de loin, dans le vent nocturne, il respirait les sirènes...

Et il souffrait ainsi mystérieusement ; car ses lèvres étaient solitaires.

---

6 Le nom de Mylitta est emprunté à la mythologie mésopotamienne. Elle est mentionnée par Hérodote qui l'assimile à Aphrodite.

Souvent il allait converser avec le sage Glaucos[7], le vieux porcher du fermier Lycophron[8] ; il préférait ces graves entretiens aux bruyantes gaietés des satyres. Glaucos, qui possédait autrefois de grands biens dans la superbe Sidon[9], avait été pris par des pirates au cours d'un de ses longs voyages, et rien ne lui restait de ses anciennes richesses.

À travers ces fortunes diverses, il s'était mieux connu ; chargé de jours, il amassait la sagesse, et les paroles inspirées coulaient comme une huile onctueuse sur sa barbe vénérable. Souvent il disait à Hyalis :

– Ô mon fils, j'ai beaucoup vécu, et j'ai appris que la première loi du monde est la conformité des êtres à leur destinée. Souvent je pense à toi ; l'âme qui regarde par tes yeux n'est point celle d'un faune, et je crains qu'il ne t'en arrive malheur.

– Et vous, Glaucos, êtes-vous heureux ? demandait Hyalis.

– Je le suis.

– Pourtant étiez-vous né pour être le porcher du grossier Lycophron ?

– Ô Hyalis, tu ne peux comprendre encore. Certes, je fus autrefois riche et puissant, mais, avant tout, j'étais né pour être libre dans ma pensée et dans mon cœur, et jamais je ne le fus davantage que dans cette humble condition, où, de l'aube au couchant, je m'appartiens tout entier.

Glaucos excellait aussi à raconter l'histoire des dieux et des héros, et le petit faune ne se lassait point de l'entendre. Sans cesse il lui redemandait les mêmes récits.

Le vieillard disait la naissance d'Apollon dans Délos la pierreuse ; les larcins plaisants du fils de Maïa[10] ; la descente d'Aristée chez les Océanides dans les grottes merveilleuses de corail et d'émeraude ; les courses d'Io à travers l'Asie ; Cypris couronnée de violettes et portée sur une écume d'or, et les grands Dioscures, à qui l'on sacrifie des agneaux blancs du haut de la poupe, Castor, dompteur de coursiers, et l'irréprochable Pollux, et leur sœur, la divine Hélène.

Il disait aussi la terre généreuse, dispensatrice des douces richesses, l'Océan, père des choses, le retour des saisons, les arbres féconds en fruits, les champs, les moissons, les troupeaux, les travaux du fer et du bois, et les belles cités qu'emplit le murmure des hommes.

7 Le nom est emprunté à une divinité marine de la mythologie grecque. Glaucos est fils de Poséidon.

8 Le nom est repris d'un poète grec du IVe siècle av. J.-C.

9 Sidon, ville de l'actuel Liban, est la capitale de la Phénicie dans l'Antiquité.

10 Il s'agit d'Hermès.

Hyalis ne comprenait qu'imparfaitement les paroles du vieillard. Assis à terre à ses pieds, il l'interrogeait, lui faisait de timides questions ; Glaucos répondait complaisamment ; les récits s'enchaînaient aux récits ; et souvent la lune découpait leurs ombres immobiles sur l'herbe des prairies silencieuses.

Mille pensées confuses s'éveillaient ainsi dans l'esprit du faune, et une pâle conscience se levait dans son âme, comme le premier rayon de l'aube qui court sur la cime argentée des vagues.

À mesure qu'il grandissait, un instinct plus impérieux le poussait vers les habitations humaines. Dès l'aurore, il sortait de l'épaisseur des bois, et s'en allait vers les campagnes, où, de métairie en métairie, se répondaient les coqs sonores. À pas lents il errait à travers les cultures qui paraient la terre de régulières couleurs ; longeant les champs de maïs, de seigle, d'avoine, il assistait de loin aux travaux des hommes.

Parfois, glissant jusqu'aux limites des villages, il s'approchait de la demeure du forgeron toujours retentissante du bruit des marteaux sur l'enclume ; il aimait surtout à voir ferrer les chevaux ; sur le sabot haut levé, qu'il taillait d'abord à coups de ciseau, l'ouvrier aux bras nus appliquait avec des tenailles le fer rougi au feu ; une âcre vapeur de corne brûlée se répandait dans l'air, et le cheval inquiet tournait la tête.

D'autres fois il s'arrêtait de loin devant l'atelier du potier, et ses yeux ne pouvaient se détacher de la roue rapide où l'artisan formait à son gré de l'argile informe et docile des vases harmonieux.

Mais rien n'égalait son émotion quand il pénétrait dans les temples. Ceux qui étaient consacrés aux Olympiens, à Apollon, à Diane, à Neptune, l'impressionnaient surtout. La majesté des proportions, la noblesse des pierres, le silence sacré des lieux, tout l'envahissait d'admiration ; et quand, s'avançant jusqu'au fond du sanctuaire désert, où flottait encore après les sacrifices l'odeur des parfums brûlés, il apercevait, dressée dans la pénombre, la haute image de l'Immortel, avec son visage de marbre et ses yeux de pierres précieuses, la stupeur frappait ses membres ; sa poitrine haletait, et il sentait avec un trouble magnifique descendre dans son âme l'âme supérieure des Grands Dieux.

Ces jours-là, à l'heure où l'ombre des arbres s'allonge, et où le soleil couchant invite les laboureurs à délier les bœufs, il restait longtemps, assis sur une borne, à voir les lumières s'allumer dans la vallée, et c'était avec une indicible mélancolie qu'il regagnait les forêts pleines de ténèbres. La nuit, il évitait les clairières où s'ébattaient les chœurs des chèvre-pieds et des satyres, et il passait vite devant les grottes obscures, d'où s'échappaient des rires lascifs ; parfois quelque dryade, qu'excitait l'étrangeté fameuse de ses yeux d'azur saisissait son bras au passage, l'attirait vers elle. Pendant un instant les souffles de la nuit, l'haleine âcre de la lourde chevelure qui l'inondait, et aussi les conseils obscurs du sang, le faisaient s'arrêter ; puis brusquement il repoussait la dryade, et, comme pris de honte, il courait laver à la fontaine voisine l'empreinte encore brûlante de ses doigts sur son bras. Alors, quittant les marécages impurs et les tièdes bas-fonds, il gagnait la montagne et s'avançait jusqu'à la pointe extrême du promontoire, qui dominait au loin les flots.

Là, s'étendant dans l'herbe froide de rosée, il renversait la tête…

La nuit était auguste sur les hauteurs. Tout autour de lui la voûte sombre du firmament s'arrondissait ; en bas, sur la plage sablonneuse, la mer amenait et ramenait ses vagues avec un murmure puissant et monotone ; au-dessus de sa tête les étoiles innombrables scintillaient, suspendues et comme prêtes à tomber dans ses yeux. L'âme de la terre maternelle et des cieux divins se confondait en lui ; une extase magnanime gonflait son sein, et il vivait ainsi des heures inexprimables, silencieux, immobile et enivré !

*

Vers cette époque, dans la saison heureuse où la terre est lourde de feuilles et de fleurs, errant un soir à travers un bois de sycomores qui entourait le temple de Latone, il aperçut derrière la haie fleurie d'un riant jardin Nyza[11] la blanche, la fille chérie de Xylaos, le vénérable prêtre d'Apollon.

Debout près d'une vasque de marbre écaillée et verdissante, elle jetait du pain à ses colombes ; les oiseaux familiers volaient autour d'elle, cherchaient les miettes jusque sous ses pieds, se posaient sur sa main, sur son épaule, et Nyza s'avançait ainsi, un vague sourire aux lèvres, dans une douce palpitation d'ailes blanches.

11 Nyza, ou Nysa, peut être un prénom d'origine hébraïque ou grecque. S'il peut sembler un prénom grec, c'est plutôt l'étymologie hébraïque qu'il faut retenir : « bourgeon de fleur ». « Nyza chante » est par ailleurs un poème d'Albert Samain recueilli dans *Aux flancs du vase* (1898). Voir *Œuvres poétiques complètes*, éd. citée, p. 212-213.

Hyalis s'était arrêté brusquement, saisi par la merveille d'une beauté qu'il n'avait point soupçonnée encore. Nyza était vêtue d'une longue tunique safran pâle qui, soulevée à peine au double renflement de ses jeunes seins, tombait à plis droits sur ses pieds chaussés de sandales bleues. Ses cheveux blonds comme l'avoine mûrissante, pressés sur son front d'une bandelette d'argent, coulaient en ondes égales au long de ses joues minces et se relevaient par derrière en un chignon haut dressé. Tout en elle était svelte et mélodieux. Sa tête petite se balançait sur un long col flexible. Une grâce légère et subtile comme un parfum était répandue dans tous ses mouvements ; dans sa façon d'abaisser lentement les paupières, il y avait une pudeur sacrée, et son sourire était suave comme une rose.

Après avoir erré quelque temps dans le jardin, et rafraîchi d'une eau pure ses fleurs languissantes, elle rentra lentement dans la maison.

Quand elle eut disparu, Hyalis eut l'impression que le jour perdait subitement tout son éclat, et il demeura longtemps à la même place, le cœur étouffé jusqu'à la tristesse sous une sensation trop douce.

Le lendemain et les jours suivants, il revint vers le jardin de Xylaos, et, caché dans un buisson voisin, il épia la présence de Nyza.

Presque chaque jour il parvint à la voir ; tantôt assise près d'une corbeille pleine de laines de Milet aux éclatantes couleurs[12], elle brodait de riches tissus ; tantôt elle pétrissait les gâteaux sacrés qu'elle parfumait du suc rouge des baies de myrte ; tantôt elle étendait sur l'herbe fine les linges éblouissants lavés à la rivière par les servantes. D'autres jours, – et ce spectacle surtout ravissait Hyalis, – penchée vers la petite Callidice, la fille d'Agathoclès, le riche fermier voisin, elle lui enseignait les hymnes et les danses sacrées. Tenant l'enfant par les mains, elle lui faisait lever et abaisser les bras en cadence, et décomposait l'entrelacement compliqué des pas. Callidice, inhabile encore, l'imitait. Ensemble elles tournaient, d'abord lentement, puis plus vite ; le vent soulevait leurs tuniques légères derrière elles, et découvrait leurs pieds emmêlés. Souvent Callidice, trahissant la mesure, s'arrêtait trop tard ou faisait un faux pas ; alors un double rire emplissait le jardin de son éclat sonore.

---

12 Cité ionienne située sur la côte ouest de l'Anatolie à l'embouchure du Méandre, Milet était renommée pour son industrie de la laine, considérée comme la meilleure du monde antique.

Hyalis ne se rassasiait point de ces gracieux tableaux, et il maudissait souvent les passants dont l'approche soudaine le forçait à fuir.

D'abord il voulut garder en lui-même le secret de ses sentiments ; mais il ne tarda pas à se trahir par d'inconscients aveux ; ses brusques rougeurs, ses yeux légèrement égarés, son excessive sauvagerie, ses allures insolites ne révélaient que trop la confusion de son âme, et il répandait son cœur autour de lui, comme un enfant qui porte un vase trop plein.

D'ailleurs, une force secrète le poussait à parler, et il ne put s'empêcher de confier son trouble au sage Glaucos.

– Ô mon fils, lui dit le vieillard, j'ai connu, moi aussi, la fièvre qui t'agite, et les femmes de Sidon ont reçu de moi de riches présents. Rien n'échappe sur la terre au pouvoir d'Éros, et ses traits les plus cruels sont ceux qu'il plante dans les cœurs magnanimes. Certes, je te vois sur une route pleine de dangers. Ah ! que ne te complais-tu parmi les nymphes ! Jadis tu me parlais de Mylitta, maintenant jamais plus son nom ne revient dans tes discours.

Et comme Hyalis ne répondait point, les yeux fixés au sol :

– Ah ! je le vois, fit Glaucos en secouant la tête, tu les méprises à présent. Ingrat enfant, quelle mortelle te donnera plus de joie, et se montrera aussi complaisante à tes désirs ? Mais il faut que ta destinée s'accomplisse ; tu as vu la fille de Xylaos, et c'est par l'amour que tu monteras à la douleur.

La voix du vieillard avait un tremblement solennel en prononçant ces dernières paroles ; et prenant la tête d'Hyalis entre ses mains il fit descendre en lui un regard long et pénétrant, et gravement posa ses lèvres sur son front.

À présent Hyalis sentait chaque jour des sentiments inexplicables s'éveiller en lui ; une conscience de lui-même lui venait ; au lieu d'appartenir tout entier aux impressions mobiles et changeantes des choses, il tissait entre le monde et lui les fils multiples de sa propre pensée toujours occupée de Nyza, et il vivait au centre de lui-même, comme la chenille fileuse dans sa coque dorée.

Quand il pensait secrètement à elle, une langueur coulait dans ses membres, pénétrait ses os ; son âme était heureuse, et ses lèvres spontanément souriaient, comme une fleur s'ouvre.

L'onde unie des mares l'attirait ; sans cesse il éprouvait le besoin d'y refléter son visage ; mais en même temps sa propre image, fidèlement renvoyée, lui causait un malaise indéfinissable ; brusquement il se reculait, et, d'un rameau violemment agité, il troublait jusqu'au fond l'eau mystérieuse.

Au risque de se faire découvrir, il multipliait les occasions de revoir le jardin de Nyza ; même en son absence, la vue des lieux où elle passait sa vie lui était douce.

Un soir qu'il s'était ainsi aventuré, il fut tout étonné de la trouver encore là. Debout entre les colonnes du portique, elle regardait la lune rose se lever au fond des vergers. Son père vénérable était assis près d'elle sur le banc de marbre héréditaire, et respirait la fraîcheur du crépuscule, la joue appuyée sur sa main.

Tous deux étaient silencieux, et l'on n'entendait d'autre bruit que le filet murmurant de la vasque et le cri intermittent d'un oiseau. Longtemps ils demeurèrent ainsi ; les ténèbres avaient noyé le jardin, et les choses prenaient autour d'eux la solennité de l'ombre.

Quand la lune, arrivée au tiers de sa course, baigna tout l'horizon de sa molle clarté, doucement, sans effort, comme une barque qui s'éloigne de la rive, Nyza se mit à chanter. D'abord sa voix trembla, incertaine et frêle, comme si elle allait se briser, puis peu à peu elle se déroula en ondes plus amples pour s'élancer enfin, vibrante et pure, dans le silence étonné de la nuit.

Hyalis, fasciné, contemplait la vierge. Un rayon bleu descendait sur elle, et suivait son profil d'une ligne lumineuse ; ses bras et son cou semblaient de marbre ; dans son visage immobile ses lèvres seules frémissaient ; et ses yeux, levés au ciel, nageaient comme dans une extase d'argent. Elle descendit le degré du seuil, s'avança, fit quelques pas dans le jardin.

Hyalis entendait le bruit imperceptible des petits graviers que sa tunique entraînait au passage, et chaque tintement des bracelets qui jouaient à ses poignets résonnait dans son propre cœur.

Engourdi de bonheur, il ne songeait plus à rien. Tout à coup, Nyza, qui gagnait le fond de l'enclos, aperçut, nettement découpée sur le sol, l'ombre aiguë de ses cornes ; en même temps elle vit deux yeux briller dans l'ombre, et, saisie d'épouvante, elle poussa un grand cri et s'enfuit vers la maison…

Hyalis s'en revint, désespéré.

Il comprenait maintenant qu'un abîme le séparait de la fille de Xylaos ; toute la nuit, il erra à travers les halliers. Des mains, dans l'ombre, déchiraient son cœur, et les paroles de Glaucos, éclairées d'une étrange lumière, remontaient dans sa mémoire.

Il cherchait à arracher de son âme la pensée qui l'obsédait, mais ses efforts étaient vains, et d'elles-mêmes ses idées retournaient à la souffrance.

Il nourrissait maintenant son chagrin du meilleur de lui-même, s'exilant de préférence dans les lieux les plus sauvages. Là, des heures entières, avec un accent suppliant, il appelait « Nyza ! Nyza ! » Sa voix, plus sonore dans la solitude, semblait multiplier son désespoir, et cette illusion dans sa détresse n'était pas sans charme. Un agneau abandonné, qu'il avait recueilli et qu'il aimait tendrement, l'accompagnait toujours dans ses courses ; sa présence animée et légère – car il s'écartait sans cesse et revenait en courant, – la grâce familière avec laquelle il se dressait vers sa main, ses menus ébats détournaient un instant Hyalis de sa tristesse ; parfois, quand son cœur débordait de peine, il le prenait dans ses bras, le serrait contre sa poitrine, pressait sur sa bouche la petite tête frisée aux yeux doux ; et il se sentait un instant consolé.

*

Un jour qu'étendu dans les bruyères roussies il regardait au loin la mer sombre brûler au soleil, Ydragone, la magicienne, le toucha à l'épaule. Ydragone était fameuse entre les pythonisses. Elle pouvait par ses philtres détourner le cours des astres, faire émigrer l'âme des métaux ; et ses enchantements commandaient aux ombres.

– Que fais-tu là ? lui dit-elle.

– Ne le sais-tu point, toi qui connais toutes choses ?

– Certes, je le sais ; mais Nyza, la fille de Xylaos, ne s'en doute guère.

– Oh ! écoute, s'écria-t-il, et, par pitié, explique-moi ce que j'éprouve ; c'est comme un désir de ne plus sentir, de ne plus voir, de ne plus penser, de ne plus être moi-même enfin. Réponds, ne serait-ce pas là ce que les hommes appellent la mort ? Ô Ydragone, ne pourrais-tu me procurer la mort ?

Et il leva vers elle une face lamentable où ses yeux enfoncés brûlaient comme des charbons.

– En vérité, fit-elle, ce que tu demandes est impossible, car tu n'ignores point que le sang de l'ægipan coule dans tes veines, et que c'est le sang immortel d'un dieu.

– Pourtant tes philtres sont si puissants ! murmura le faune d'une voix suppliante.

– Écoute, ta douleur m'a émue, et je veux bien tenter sur toi l'effet de mes enchantements. Auparavant, il faut t'engager à m'apporter quelque chose à quoi tu sois attaché, tiens, cet agneau, par exemple.

Hyalis tressaillit, la petite bête léchait doucement ses doigts.

– Je te l'apporterai, dit-il.

– En outre, sache que, pour attaquer ton essence divine, je serai obligée d'employer des poisons terribles. Ô Hyalis, tu souffriras horriblement !

– Qu'importe ! Je serai chez toi cette nuit.

*

L'antre de la magicienne était situé au cœur de la montagne.

Tout au fond d'un cirque de roches aux formes monstrueuses, des arbres vénéneux réfléchissaient dans une eau lourde et plate des ombres qu'on eût dit éternelles. Des vipères se tordaient dans l'herbe noire, grouillaient en nœuds, et des bêtes hideuses sortaient lentement de la mare et clapotaient dans la vase avec un bruit sec d'écailles, en agitant des pattes multiples et velues. Une odeur de pourriture traînait dans l'air, et la flamme de la torche haletait.

Au milieu de la nuit, Hyalis s'avança. Son visage était livide, mais ses yeux résolus brillaient d'un éclat insolite.

Comme il allait franchir le seuil de la grotte, un grand oiseau chauve à face humaine, au ventre gras et rose, secoua deux ailes lourdes et poussiéreuses, et l'appela trois fois par son nom.

La pâleur d'Hyalis devint effrayante, et il s'arrêta, frissonnant, mais Ydragone apparut, et il n'osa point reculer.

– Tu vois, lui dit-elle, en lui montrant une cuve d'où sortaient d'épaisses fumées, j'achève de préparer ton philtre. As-tu pensé à ce que je t'ai demandé ?

Hyalis, sans répondre, tendit l'agneau.

La magicienne le prit, l'étendit sur une pierre, la tête pendante au-dessus de la cuve, et saisit un large couteau. L'agneau bêla doucement, et Hyalis ferma les yeux.

Bientôt une étrange vapeur se répandit, et la grotte tout entière devint rouge, du rouge magnifique et terrible du sang.

– Tiens, dit Ydragone, en s'avançant vers le faune, et elle lui présenta une coupe où fumait un liquide noirâtre. Or, ajouta-t-elle, écoute-moi bien et fixe mes paroles en ton esprit. Quand la lune prochaine aura à son tour accompli sa carrière, le même jour, à la même heure qu'aujourd'hui, tu mourras. Bois.

Et Hyalis prit la coupe et la vida.

Mais aussitôt il tomba à la renverse, en poussant un cri effrayant.

Il lui semblait que du feu venait de se répandre en lui, coulait dans ses veines, mordait ses fibres, attaquait ses os. Ses membres se contractaient, se tordaient, comme des brindilles sèches dans la flamme. Il se roulait à terre, s'arrachant avec les ongles des lambeaux de chair et des touffes de poils ; et sa souffrance paraissait si atroce qu'Ydragone elle-même en pâlissait.

Brusquement, il se roidit, demeura immobile ; alors la magicienne lui versa quelques gouttes subtiles.

Il rouvrit les yeux, respira longuement, se leva...

Comme un bois à l'aube où les oiseaux réveillés font entendre tous à la fois mille cris joyeux, son âme frémissait en tous sens, agitée de sentiments confus.

Il fit quelques pas en tâtonnant ; ses mains rencontrèrent la dépouille de l'agneau, et il porta vivement à ses lèvres la laine tiède et bouclée. Alors une sensation étrange monta du fond de son être, comme une lame irrésistible qui vient du large et court se briser sur le rivage. Sa poitrine se gonfla coup sur coup de soupirs saccadés, et soudain, de ses yeux brûlés, une eau mystérieuse jaillit, tomba à larges gouttes sur son chagrin, comme une pluie rafraîchissante sur l'herbe fanée des prairies ; et, plein d'un étonnement délicieux, il murmura :

– Les dieux ne connaissent pas la douceur de pleurer.

À partir de ce jour, son existence se modifia singulièrement. La pensée qu'il ne porterait plus longtemps ses peines en atténua sensiblement l'acuité.

Comme un homme placé sur le bord d'un fleuve en admire mieux le cours majestueux que celui qui nage au milieu du courant, ainsi Hyalis, moins étroitement lié à la vie obscure des eaux et des bois, embrassait avec plus d'ampleur l'ordre et les lois du vaste univers, et tirait de sa contemplation des impressions plus profondes.

À présent, le rythme éternel du monde, le cours silencieux des astres, la mer mobile et infinie, les feux argentés de la nuit succédant à l'éclat du jour, la beauté partout éparse dans les êtres, depuis le hennissement des étalons cabrés jusqu'au vol effilé des hirondelles, tout l'emplissait d'un ravissement confus.

En outre, le poison d'Ydragone, poursuivant sa marche sûre, attaquait sourdement ses forces ; et son âme, moins nourrie des énergies du sang, s'inclinait avec une sympathie secrète vers les formes de la vie où il percevait un déclin. L'agonie d'un lent crépuscule, la fatigue d'une fleur qui se penchait entre ses doigts propageaient sur sa sensibilité plus fine des frémissements exquis, et il approfondissait chaque jour avec un charme plus nuancé le mystère émouvant de vivre.

Comme il regardait de loin, un soir, un cortège de funérailles, la pâleur des femmes sous leurs longs voiles, l'éclat douloureux de leurs yeux, la lenteur morne des chants funèbres le prirent soudain d'une étreinte si doucement poignante qu'elle ressemblait à une volupté ; et il se dit, pensif :

– Les dieux ne connaissent point la beauté de la mort.

Cependant, plus que jamais, il songeait à la fille de Xylaos, mais ses sentiments à cet égard s'étaient aussi transformés. La pensée que c'était à cause d'elle qu'il allait perdre la lumière et qu'il faisait ainsi le don même de son être illuminait en lui des profondeurs ; et, par là, le regret de quitter la terre et la joie de souffrir pour Nyza formaient en son cœur un mélange d'une saveur triste et passionnée, où il goûtait d'inexprimables douceurs.

*

Cependant la lune nouvelle était sur le point d'achever sa carrière, et le terme assigné par la magicienne était arrivé.

Comme un homme qui part pour un long voyage rassemble ce qu'il doit emporter, Hyalis passa la journée à évoquer dans sa mémoire les heures les plus chères ; il se souvenait de ses jeux puérils, des entretiens avec Glaucos, des dryades, des grands bois et de la mer ; et des détails insignifiants, remontant brusquement dans sa mémoire, le touchaient plus que tout le reste. Il regarda le dernier soir tomber sur le jardin de Xylaos, sur le verger que bordait un rideau de peupliers à la cime d'argent, sur la vasque écaillée et verdissante où les colombes se posaient pour s'envoler ensuite sur le toit, sur les allées de sable fin où s'imprimaient légèrement les pas menus de Nyza.

Peu à peu les choses s'effacèrent, les derniers bruits du jour se firent plus espacés… La nuit était venue.

Là-bas la maison dressait sa façade pâle et ses colonnes que reliaient des guirlandes de feuillages. Hyalis franchit la haie et s'avança dans les ténèbres. L'odeur des fleurs, qu'une pluie récente avait ranimées, s'exhalait autour de lui, plus pénétrante, et, par moments, il s'arrêtait pour respirer longuement. Comme il marchait ainsi, suspendant ses pas avec précaution, un objet qu'il heurta du pied dans l'ombre faillit le faire trébucher.

Il se baissa et reconnut la corde aux poignées de buis que la petite Callidice avait oubliée là tout à l'heure, et, soudain, il se rappela les gentillesses de l'enfant, ses courses dans le jardin sous la corde agilement tournée, et sa joie bruyante quand Nyza consentait à jouer aussi, et la faisait danser avec elle, les bras noués à sa taille. Ce souvenir des heures lointaines l'atteignit au plus tendre de son cœur, et il appuya silencieusement sur ses lèvres les poignées de buis polies par les mains charmantes.

Il était parvenu maintenant au portique, où les serviteurs dormaient. Il s'arrêta, un bras appuyé sur une colonne, et tendit le cou dans les ténèbres. Son cœur battait à grands coups dans sa poitrine, et des gouttes de sueur coulaient lentement sur son torse et dans le creux de son dos.

Il écouta : des tourterelles près de lui se mirent à roucouler, puis se turent ; les feuillages du jardin remuèrent avec un long murmure.

Alors, domptant l'hésitation qui faisait plier ses genoux, il franchit le seuil et se dirigea en tâtonnant vers une faible lumière qui filtrait entre des tentures rapprochées.

Il écarta les draperies et pencha la tête.

C'était la chambre de Nyza. Une lampe de cuivre en forme d'oiseau y répandait une pâle clarté. Au fond, sur un lit de cèdre incrusté de lames d'ivoire, la vierge reposait.

Hyalis s'était avancé et la considérait. Devant ce front poli, devant ces yeux scellés par le sommeil, une émotion surnaturelle l'agitait, et la chambre autour de lui s'emplissait de divinité. Alors, frissonnant et pâle, il se pencha sur ce visage et de tout près l'examina. Un sang rose et comme lumineux transparaissait sous l'épiderme ; les veines traçaient un lacis bleuâtre sur la cloison fine des tempes ; une mèche légère et que le moindre souffle faisait trembler caressait la joue ; d'imperceptibles frémissements passaient sur les traits immobiles, comme ces rides qu'une haleine d'été propage sur la surface unie des eaux ; et, par moments, l'ombre furtive d'une sensation tirait les lèvres, rapprochait les sourcils, fronçait les ailes du nez délicat.

Mais ce qui faisait fondre le cœur d'Hyalis, c'était l'ombre frangée des longs cils sur la joue, et, derrière l'oreille bien ciselée, la lisière ambrée de la chevelure, de la chevelure odorante et mystérieuse comme les forêts.

À tenir ainsi sous son regard celle qu'il n'avait jamais approchée jusque-là, il éprouvait comme un vertige, et des espaces immenses de pensée apparaissaient, se succédaient en lui, comme aux yeux de l'aigle les paysages qu'il domine de son vol.

Il s'inclina encore ; un souffle, faible et pur, passa sur son visage, et il frissonna : c'était la respiration de la vierge endormie.

À intervalles réguliers sa blanche poitrine se soulevait, s'abaissait, et il semblait à Hyalis qu'il s'unissait maintenant à elle, qu'il prenait une parcelle de l'âme divine répandue dans son corps, qu'il accordait le rythme de sa propre vie au rythme de la vie adorée.

La bouche exquise s'entr'ouvrait dans l'ombre comme un fruit.

Alors, poussé par l'irrésistible désir, il approcha ses lèvres des lèvres de Nyza, le plus légèrement qu'il put, jusqu'à les toucher, sans qu'elle s'éveillât, d'un contact presque immatériel.

Puis il resta ainsi immobile et ferma les yeux…

Une infinie douceur coula dans ses membres ; en même temps il lui sembla que son cœur s'élargissait, devenait vaste, splendide et bleu comme le firmament des nuits d'été, et mille étoiles, traçant en tous sens des courbes d'or, y défaillaient…

L'heure était venue ; le poison d'Ydragone avait atteint en lui les sources mêmes de l'être. Un froid glacé l'enveloppa. Comme une urne plongée dans l'eau, son âme s'emplit rapidement de croissantes ténèbres, il poussa un long soupir, et sa tête, toujours suspendue au souffle de la vierge, glissa sans bruit sur l'oreiller.

Ainsi mourut d'amour Hyalis de Mycalèse, le petit faune aux yeux bleus.

ROVÈRE ET ANGISÈLE

« Rovère et Angisèle » a été publié à titre posthume dans l'édition du Mercure de France de 1902, précédé d'un avertissement sous forme d'une « NOTE DES ÉDITEURS » : « Nous croyons devoir prévenir que l'auteur n'avait pas donné sa forme définitive à ce quatrième conte[1] qui est cependant complet. »

Complet ou non, le conte, à quelques détails près, est l'un des plus accomplis de Samain, qui suit la destinée de Rovère, fils du duc de Spolète, jusqu'en Courlande – province de l'actuelle Lettonie – où il échoue, seul rescapé d'un naufrage, au terme d'un voyage entrepris pour tromper son chagrin après la mort de sa maîtresse passionnément aimée, Viola Madori. Jusque-là, toute sa vie a été consacrée à l'exercice du pouvoir, de la force – voire de la violence –, à la beauté, au sang et à la volupté. Il n'est pas indifférent que sa vie de plaisirs, de façon très païenne, ait alors exclusivement sacrifié au culte de Dionysos, à sa générosité et à ses excès. Le voyage qu'il entreprend ouvre son âme à la richesse et à la variété des contrées visitées, à celle du monde en général et à celle du cosmos, mais ce voyage sans véritable quête doit mener quelque part – ainsi le veut le conte –, et pour paraphraser un conte de Gourmont, Rovère « arriv[e] où [il] n'allai[t] pas[2] ». Telle Nausicaa recueillant Ulysse, Angisèle prend soin de Rovère. Samain ajoute alors deux notations essentielles :

> [L']éclat [des yeux de la jeune fille] était doux comme les rayons de la lune sur les prairies au printemps[3].
>
> Et l'Esprit de la Solitude mêla leurs destinées.

---

1 Pour rappel, les trois précédents parus en volume sont « Xanthis ou la Vitrine sentimentale », « Divine Bontemps » et « Hyalis, le petit faune aux yeux bleus ».

2 « Les Yeux d'eau », dans *Histoires magiques* [1894] ; recueilli dans *Contes symbolistes*, éd. citée, vol. 2, p. 71.

3 Nous ne sommes pas si loin de *Pelléas et Mélisande* : « On dirait que ta voix a passé sur la mer au printemps. »

Rien en effet ne semble devoir rapprocher Rovère et Angisèle, qui n'est pas belle, et ne ressemble en rien aux femmes qu'il a aimées. D'allure chlorotique et maladive, elle ressemble davantage à une héroïne de conte symboliste, et appartient à un monde dont les êtres sont voués à une mort prématurée. Ses deux sœurs aînées sont mortes, sa mère à son tour est morte de chagrin, et son père, « accablé de chagrin et chargé d'infirmités », reste enfermé dans une tour située à l'extrémité du château. Quant à la dernière sœur, Fleur-de-la-Mer, elle est folle. Tout cela compose une atmosphère exaspérée à la manière d'Edgar Poe puis de Maeterlinck, qui semble appeler une inéluctable tragédie[4]*. Et pourtant, Angisèle « était la Douceur, et il sortait d'elle un charme inexprimable d'étiolée ». Ainsi, elle* spiritualise *Rovère, si l'on peut ainsi dire, et le dote d'une âme sensible et insoupçonnée. À ce stade, le conte, comme nous l'avons observé pour « Hyalis », opère un virage chrétien, sans qu'il soit d'abord besoin d'une référence précise sinon « Que la volonté de Dieu soit faite », ni d'une allusion à la religion autre que le prénom de la deuxième sœur d'Angisèle, Crucifixa.*

Les références au christianisme, assez peu nombreuses mais essentielles, s'imposent ensuite. La présence de crucifix impressionne Rovère, en particulier celui de la mère d'Angisèle, au pied duquel celle-ci avait accroché les colliers en perle de ses filles disparues. Le chant « inouï » de Fleur-de-la-Mer lui rappelle sa sœur Crucifixa et l'emplit de terreur en lui donnant la prescience de sa mort prochaine. Puis c'est aux pieds de son crucifix qu'Angisèle défaillante et accablée de tristesse, littéralement « triste à en mourir », s'avoue à elle-même, en même temps que la certitude de sa mort, la naissance de son amour pour Rovère.

L'épisode suivant adopte le point de vue de Rovère, qui apprend à aimer l'âme mélancolique de ce pays ingrat, où le soleil est remplacé par l'ardeur de la Foi religieuse. Il émane ainsi du royaume de Courlande, dont Angisèle est le plus beau fleuron, une « spiritualité » qui métamorphose Rovère et le conduit à une forme d'ascèse jusque-là ignorée. Ensemble ils secourent des pauvres et des malheureux, tandis que progresse le mal dont souffre Angisèle. Une nuit où ils veillent un mort, Angisèle défaille de faiblesse. Puis elle revient à elle et, après avoir tressailli d'horreur à la vue du défunt, « comme cédant à quelque étrange et irrésistible sommation », elle étreint Rovère

4 L'atmosphère du conte fait aussi penser à bien des égards aux *Clefs d'or* de Camille Mauclair, recueil lui-même inspiré de Poe et publié en 1897 : voir *Contes symbolistes*, éd. citée, vol. 3, p. 451-579.

et lui donne un long baiser. On pense alors à « L'Amour et la Mort », le deuxième conte du Rouet des brumes *de Georges Rodenbach (également paru à titre posthume en 1900[5]), qui développe l'idée des très profondes et secrètes affinités entre les deux mots et les réalités qu'ils désignent. L'esprit est différent, car la sœur de celle qui est morte n'aime pas le narrateur, lequel pleure sa maîtresse ; la sœur n'est pas davantage minée elle-même par la mort. Mais le contexte est similaire : « l'Amour et la Mort s'étaient trouvés de connivence, rejoints par leurs mystérieux corridors… La Mort fut le voisinage excitant… »*

Si Rovère s'éprend alors à son tour d'Angisèle, l'itinéraire spirituel des deux amants suit une trajectoire inverse : du côté de Rovère, l'amour de la souffrance et d'un amour lui-même spiritualisé comme fruit de la douleur, auquel l'a initié Angisèle, fruit elle-même très pur du sombre pays de Courlande ; du côté d'Angisèle, une Sehnsucht *vers l'Italie et les pays du soleil, qui peut rappeler Mignon de* Werther, *c'est-à-dire une fuite de la mélancolie et de la mort vers un « ailleurs [où] tout est joie et clarté ». Le désir de partir d'Angisèle finit par l'emporter, et le voyage vers l'Italie la voit renaître. La beauté paradisiaque du palais de Rovère l'épanouit et la transfigure, « comme si la Beauté, dans l'ordre mystérieux de l'univers, n'était que la fixation matérielle du bonheur ». Angisèle sent pourtant que sa destinée est désormais accomplie, car elle a « connu le bonheur ». La brève fin du conte, détachée en deux alinéas, est très belle et ne laisse pas néanmoins de surprendre, en s'élevant jusqu'à une mort d'amour qui n'est pas dite explicitement mais qui est tout autant spirituelle et mystique qu'humaine. Cette fois, comme à la fin de l'épisode précédent, les deux amants se sont enlacés et ils peuvent goûter en silence la plénitude de la paix avec eux-mêmes et avec le cosmos, que réalise la belle image de « la mer étoilée ». Ce silence de plénitude se prolonge jusqu'à la fin du conte qui en est aussi l'acmé.*

Rovère[6], fils du duc de Spolète, était magnifique et grave. Ses cheveux divisés, tombant au long de ses joues pâles, allongeaient encore

5 Voir *Le Rouet des brumes* [1900], *ibid.*, p. 77-89.

6 « Rovere » dérive du latin « *robur* » qui signifie « rouvre » – variété de chêne –, mais aussi « force ». Apparemment l'étymologie provient de la présence de chênes dans les lieux où s'installèrent certaines familles (Udine, Cuneo et la Ligurie occidentale). Une autre étymologie, moins convaincante, fait dériver ce nom de famille du latin

l'ovale noble de son visage. Il avait de grands yeux noirs superbes et paresseux, et une bouche rouge, avec la lèvre inférieure fendue au milieu comme un fruit. Riche et puissant, il s'était donné ce but d'être comme un miroir passionné du monde, et il vivait sans autre souci que d'extraire autour de lui de la volupté. Une éducation particulière, exclusivement esthétique, avait d'ailleurs développé jusqu'à l'acuité son aptitude originelle à s'émouvoir de la beauté des choses, et à cet effet il rassemblait sans cesse autour de lui les éléments des plus délicates jouissances.

Entouré de jeunes nobles de son âge, il donnait ses jours aux plus fastueux loisirs. Les peintres, les sculpteurs qu'il avait attirés à sa cour peuplaient de chefs-d'œuvre les galeries de son palais, et il passait de longues heures à en épuiser la beauté, car son imagination fervente ne se contentait point d'une admiration facile ; il entendait pénétrer au cœur des choses qu'il contemplait, et il ne se sentait satisfait que lorsque, par une progressive excitation, il arrivait à une sorte d'état plus subtil où son âme, comme détachée et toute frémissante, vibrait avec la couleur, ondulait avec les lignes, devenait elle-même la couleur et la ligne ; et ainsi ses plaisirs d'art ressemblaient à des possessions.

Par une pente naturelle de son esprit, il avait voué aux mythes antiques, sous lesquels les races élues adorèrent les aspects magnifiques de l'univers, un culte ardent où son âme se complaisait sans nul artifice. Sur les murs de son palais, une suite de fresques grandioses ou charmantes racontait [l'histoire des dieux et des héros[7]] ; et devant ces glorifications ingénieuses ou sublimes de la vie, des sympathies frémissaient en lui, et il sentait qu'elles correspondaient aux plus impérieux besoins de sa sensibilité. Dans le palais qu'il possédait près de la mer, et qui était célèbre par la magnificence de ses jardins, des fêtes

« *rubus* », la « ronce ». Rovera/Rovere est aussi bien présent dans la toponymie : dans la province de Cuneo, on compte de nombreuses bourgades du nom de *Rovera*. À noter enfin, en ce qui concerne le conte de Samain, que le pape Giuliano II della Rovere avait annexé Spolète vers 1500. Cette indication notamment m'est fournie par Silvia Rovera.

7 Ici se trouve une brève lacune dans le f. 2 du ms. B 233. Nous la comblons grâce au ms. B 229. Cette lacune – un verbe transitif sans complément – peut fournir la preuve que Samain n'a pas eu le temps de collationner et compléter le manuscrit B 233 qui a servi à l'établissement de l'édition posthume.

se succédaient sans trêve. La nuit, sous l'ardente lumière des grands lustres, Rovère, assis à la table du festin, en respirait l'atmosphère heureuse et fébrile ; les serviteurs affairés se croisaient, portant des plats et des aiguières ; les gorges des femmes étincelaient ; les pyramides de fruits s'écroulaient sur la nappe parmi les orfèvreries, et dans l'intense douceur des musiques mêlées aux parfums, Rovère, tournant entre ses doigts la tulipe de cristal où il buvait un vin doré, croyait vivre, sur la terre, la vie même des dieux.

Ainsi, voluptueux d'essence, il avait concentré sur la femme toutes les énergies de sa nature, et promené par toute l'Italie ses amours tumultueuses et magnifiques. Les plus fameuses beautés dénouèrent pour lui leurs chevelures et offrirent leurs seins à ses lèvres ; avec une désinvolture ingénue d'ailleurs, il menait de front les intrigues les plus dissemblables, ne voyant dans les créatures qui formaient momentanément l'objet de son goût passionné que des formes adorables ou superbes dont la seule raison était de lui procurer, chacune en son caractère, des jouissances parfaites et diverses. Parmi ces maîtresses, la comtesse Viola Madori se signala exceptionnellement. La passion que Rovère éprouva pour elle prit tout de suite quelque chose de sombre et d'effréné. Il semblait pour lui que de cette chair tragique il sortît des éclairs ; sa sensibilité s'affola, et on put croire qu'une même tourmente les emporterait tous les deux.

Le comte Madori, mari de la belle Viola, les surprit un jour. Rovère tua le comte d'un coup de poignard au cœur, et, dans la nuit, des serviteurs descendirent le cadavre et le déposèrent dans une ruelle déserte, encore chaud. Ce crime n'émut point Rovère, il ajouta seulement à son amour. Viola devint plus puissante encore sur ses sens, et il la respira de toute son âme en feu comme une rose trempée dans du sang.

Il avait fait construire, tout en haut de son palais, une salle de marbre où il s'enfermait avec elle des journées entières. Trois marches de porphyre noir descendaient à un bassin où jaillissait une gerbe fine qui retombait en pluie parfumée. Des coussins de soie, des étoffes brillantes traînaient sur le pavé de mosaïque ; et de longs voiles drapés à l'unique fenêtre coloraient étrangement la lumière, et faisaient flotter dans la pièce un demi-jour ardent comme une vapeur de pourpre. Là ses sens régnaient somptueux. Viola, étendue sur des soies, déployait en silence l'harmonie de ses gestes lents ; nul bruit ne montait jusqu'à eux et ils s'enivraient de solitude. Parfois Viola se levait, et sur les marches du bassin laissait l'une après l'autre tomber ses parures ; les lourds brocarts, les souples draperies s'affaissaient en cercle à ses pieds, et du dernier tissu qui glissait lentement sur son corps elle émergeait enfin nue et splendide. Rovère immobile s'agenouillait, et toute son âme n'était plus qu'un lac d'extase. Souvent, comme épuisé de sentir, il se levait, écartait les voiles de la fenêtre et, respirant une bouffée d'air pur, il embrassait d'un large regard le paysage. De cette hauteur il dominait les architectures magnifiques de la ville, le port encombré de vaisseaux, les campagnes riches de verdure et de moissons, les canaux, les vignobles, les métairies, et la molle inflexion des collines à l'horizon ; puis, reportant subitement ses yeux sur Viola, il lui semblait retrouver dans ce corps admirable dressé devant lui toutes les merveilles de la vie étendues à ses pieds, et dans la rondeur éclatante des seins, dans la fuite suave des courbes secrètes, dans les teintes adorables dont le sang colorait diversement l'épiderme, dans la pureté des contours, et la grâce des membres, il voyait l'éclatant triomphe de cette force universelle qui menait la création à la beauté comme à sa fin suprême ; et, l'âme envahie d'une stupeur religieuse, silencieusement, il l'adorait.

Un soir, il réunit dans un banquet ses amis préférés, Domitio, Porphyre et Teremente. Au milieu de la table, sur un socle d'or enguirlandé de roses rouges, se dressait un petit Dionysos de marbre ; le dieu, une grappe à la main, la pardalide à l'épaule, ses cheveux arrangés comme ceux d'une femme, s'appuyait indolemment à un tronc d'arbre ; un sourire ambigu flottait sur sa bouche grasse ; ses yeux allongés, d'une douceur comme cruelle, étaient faits de deux émeraudes ; et la ligne qui descendait de son bras levé et plié au coude jusqu'à ses chevilles étroites était moelleuse au regard comme l'onde qui meurt sur le sable fin d'un rivage.

Des fleurs amoncelées s'exhalait un parfum violent, et l'éclat des lumières prodiguées, exaspérant les reflets, dilatait les yeux des convives. Quand les vins rares versés à flots eurent enflammé les esprits et répandu dans l'air l'âme des vieux soleils qu'ils couvaient, Domitio le premier se leva et, tendant sa coupe, dit : « Je bois à toi, Dionysos, dieu des pampres lourds et des raisins gonflés, toi qui mûris sur les collines heureuses l'ivresse des festins futurs, dieu indulgent et fort, par qui les hommes, libérés des vains soucis, forcent la joie aux yeux d'or à s'asseoir un instant sur leurs genoux ! » Porphyre se leva, le second, et dit : « Je bois à toi,

Dionysos, qui, par les soirs rouges d'automne, au milieu des torches et des cymbales, fais bondir nos désirs en feu ! » Teremente se leva le troisième, et dit : « Je bois à toi, Dionysos, qui, comme un vendangeur infatigable, foules sous tes pieds éclaboussés de sang la vie qui bout et qui fume, toi qui présides aux baisers, aux étreintes, aux spasmes et fais claquer ton fouet d'or au-dessus des sexes mêlés ! » À ce moment un bel enfant aux cheveux longs, au cou rond et fin comme celui d'une fille, avança le bras pour remplir une coupe ; Teremente l'attira vers lui, et brusquement l'embrassa sur la bouche. Rovère s'était levé à son tour ; sa voix était solennelle, son geste magnifique ; il dit : « Je bois à toi, Dionysos, soleil de feu, âme du monde, cascade d'or, dieu très bon, très puissant, très adorable, père de la divine volupté. C'est toi qui, tendant l'éternel désir au cœur de la création, fais surgir des fleurs toujours plus suaves, des fruits toujours plus savoureux, des formes toujours plus belles. De ta poitrine profonde comme le firmament, et constellée comme la nuit, jaillit le flot intarissable et sacré de la vie, et la vie est la beauté, et la beauté est la fleur du monde ! »

Il s'arrêta… Un vent léger et frais circulant dans la salle annonçait l'approche du matin, et les flambeaux pâlissaient. Brusquement des serviteurs tirèrent les lourdes draperies, et la mer apparut…

À l'horizon, une lueur vermeille montait, grandissant de minute en minute, et déployant de gigantesques rayons en éventail. Des nuages s'étageaient, dorés sur leurs bords ; sur les flots sombres une longue traînée d'argent clair scintillait et le haut des palais se teintait de rose. L'agitation du port commençait ; des hommes chargeaient des bateaux, empilaient des fruits, vidaient des paniers de poissons, allumaient des feux sur la grève. Un bruit confus venait de la cité, et, là-bas, la proue haute et cambrée, les voiles frissonnant, un grand vaisseau s'en allait tout doré dans le soleil levant.

Rovère silencieux contemplait ce spectacle ; ses yeux étaient pleins de lumière, et comme ses lèvres remuaient sous de vagues paroles, on eût dit qu'il priait ; lentement il tendit vers la mer sa coupe où le vin étincela ; ses amis l'imitèrent, et d'une voix grave – comme on chante un hymne –, ils répétèrent : « Salut à Dionysos, salut à la Beauté ! »

Ce fut quelque temps après que Rovère perdit brusquement Viola Madori[8]. Le coup qu'il ressentit de cette mort rapide fut terrible ; sa

8 Samain a écrit « Luciola Madori ».

sensualité, comme déchirée toute vive, pleura du sang, et même pendant un moment ses amis craignirent qu'il ne se portât à quelque violence sur lui-même ; mais bientôt, après une courte période d'inerte stupeur, il sembla se réveiller, reprit les unes après les autres ses habitudes, étonné lui-même du goût qu'il se retrouvait à vivre. Son désespoir s'était du premier coup porté à l'extrême, avec l'intensité inconsciente d'une souffrance physique ; la crise passée, il percevait que rien de profond n'avait été atteint chez lui, et sa vitalité, un moment perturbée, repartait en poussée plus vigoureuse avec l'indifférence tenace des choses naturelles. Néanmoins, pour éviter un contact trop sensible avec des milieux et des objets tout pleins encore de souvenir, il décida d'entreprendre un grand voyage.

Il partit, visita les plus beaux pays, et trouva pour son âme avide et souple, dans la magnificence changeante des spectacles, des motifs nouveaux de s'enthousiasmer. Par là aussi son esprit s'agrandit, se fortifia. Averti par la diversité des peuples, des mœurs, des arts, il élargit son horizon de pensée et s'achemina à concevoir des formes moins fixes de sentir.

Souvent, la nuit, accoudé à la proue, pendant que le navire glissait doucement dans les ténèbres, il songeait. La mer autour de lui s'étendait infinie ; sur sa tête les constellations brillaient, dessinant sur le firmament sombre leurs géométries éternelles. Le silence était immense ; il n'entendait rien que le bruissement continu de l'eau le long de la coque du vaisseau. Alors son âme s'exaltait ; le mystère qui s'exhale du monde dans le calme des grandes heures nocturnes l'étreignait violemment.

« Grande mer, ciel profond, s'écriait-il, que vous êtes admirables ! Mais cette âme qui s'émeut en moi à vous contempler n'est-elle pas plus admirable encore ? N'est-ce point vers elle seule que toutes vos splendeurs convergent, puisqu'elle seule peut en témoigner ? Oui, je le sens, précisément en des heures pareilles, elle aussi porte un monde en elle, un monde plus grand et plus magnifique que le vôtre, et qui contient des mers et des étoiles que vous ne connaîtrez jamais… » Ses paroles montaient ainsi dans l'ombre, toujours plus vibrantes de ferveur ; mais le souffle de la nuit atlantique passait sur sa face comme une caresse ; alors, levant les bras, il laissait la brise couler comme une eau tiède entre ses doigts écartés, et, ramené vers son cœur voluptueux, il appelait Viola Madori, et songeait à des chevelures dénouées…

*

Il voguait en plein Océan depuis un long mois, quand son navire fut assailli par une terrible tempête. Emporté par des tourbillons successifs, le navire courut vertigineusement deux jours et deux nuits ; une aube chétive se levait sur les eaux encore bouillonnantes quand il vint s'éventrer sur un écueil en vue de hautes falaises. En quelques minutes il s'enfonça[9] et Rovère, seul survivant, accroché désespérément à une épave, lutta pendant des heures pour arriver enfin jusqu'à la côte, porté par la marée.

La plage où il aborda était déserte et sauvage. Un cirque de roches tourmentées, couvertes d'une sombre végétation, la fermait. Glacé et mourant, Rovère se traîna, gravit les pentes hérissées de chardons où ses pieds s'ensanglantaient et découvrit une route. Un peu de réconfort lui vint et il se remit en marche. À droite et à gauche se déroulaient des plaines arides ; nulle habitation n'apparaissait ; dans le ciel mélancolique, des oiseaux blancs volaient en jetant par moments un petit cri aigu, et, de place en place, se dressaient de grands crucifix de pierre. Rovère sentait le froid gagner son cœur. Brusquement, à un tournant du chemin, il s'arrêta et demeura immobile. Devant lui s'étendaient d'immenses marais, bornés à l'horizon par des sapins tragiques ; au fond, un antique manoir dressait ses tours puissantes et nues, et l'eau métallique d'un étang réfléchissait sa masse sinistre avec la netteté d'un extraordinaire et funèbre miroir. L'Esprit de la Solitude flottait sur ces roseaux, sur ces forêts et sur ces pierres. Dans les herbes, une barque abandonnée pourrissait… Le jour baissait ; derrière les sapins tout le ciel devint rouge, et des réverbérations s'allumèrent çà et là aux rares ouvertures du château ; puis des cloches tintèrent lentement, longuement, comme des larmes tombent, et Rovère, accablé de tristesse, crispa ses doigts sur sa poitrine et s'évanouit.

Alors, comme en rêve, au bout d'un temps indéfini, il vit, à la lueur des torches de résine, de vagues figures rangées autour de lui. Toute vêtue de noir, une jeune fille agenouillée lui soulevait doucement la tête. Lentement, sur son front où la sueur avait collé les cheveux, sur ses yeux éteints, sur ses lèvres, elle passa un linge fin imprégné d'essence, et la charité de ses gestes était suave. Des hommes s'avancèrent portant un brancard, où ils déposèrent Rovère, et se mirent en route vers le château.

9 Samain a écrit : « il enfonça ».

Les ténèbres étaient épaisses ; le vent gémissait au loin sur les marais ; çà et là, au passage, des feuillages s'éclairaient de lueurs rougeâtres pendant que des oiseaux nocturnes s'enfuyaient avec un brusque battement d'ailes lourdes. Rovère avait fermé les yeux ; tout se noyait dans son esprit. À peine conscient, il ne percevait plus que la petite main de la jeune fille, légère et comme impondérable, posée sur la sienne ; et ce simple contact faisait couler dans tous ses membres et jusqu'au centre de son âme une ineffable fraîcheur.

À un moment, pressant un peu les doigts frêles, il demanda :

– Qui es-tu ?

– Je suis Angisèle[10], la fille du roi de Courlande, répondit-elle d'une voix pure comme l'argent. Et toi, quel coup du sort t'a jeté sur ces rivages ?

– Je suis Rovère, fils du duc de Spolète. La tempête a brisé sur un écueil le vaisseau qui me portait. Seul de tous mes compagnons, j'ai échappé au naufrage, et je me suis traîné jusqu'ici, où j'allais mourir si tu n'étais point venue.

Les yeux de la jeune fille s'abaissèrent lentement sur lui. Leur éclat était doux comme les rayons de la lune sur les prairies au printemps. L'écho de leurs paroles se répercutait jusqu'au fond de leurs cœurs silencieux. Ils étaient arrivés. Le château dressait près d'eux ses massives murailles. Un cor sonna sur la haute tour et mourut lentement dans la nuit profonde… Et l'Esprit de la Solitude mêla leurs destinées.

*

Rovère, faible encore, assis près de la fenêtre ouverte dans une chambre haute du château, songeait, la tête renversée sur un oreiller. Angisèle, près de lui, brodait. L'air léger qui venait du dehors déposait sur ses lèvres desséchées de fièvre une humidité saline. Un grand silence régnait ; des nuages couraient au ciel, ne laissant passer qu'une lumière atténuée et grise ; au loin, on apercevait des voiles sur la mer, et, sans trêve, dans les forêts voisines, on entendait sonner des cors.

Rovère regardait Angisèle. Elle n'était point belle et ne ressemblait en rien aux femmes qu'il avait aimées. Tout en elle était neutre et effacé.

---

10 Le prénom est un néologisme et un nom-valise, formé à partir d'« Ange » ou « Angèle » et « Gisèle », ce dernier prénom d'origine allemande signifiant « otage », et suggérant l'abnégation ou le sacrifice. Il y a deux saintes catholiques qui répondent à ce nom. Surtout, le nom sonne symboliste, et ne détonnerait pas dans le personnel dramatique de Maeterlinck.

Elle avait le front trop haut et bombé, les joues creuses, les pommettes arides, et son visage était sablé de taches de rousseur ; mais elle était la Douceur, et il sortait d'elle un charme inexprimable d'étiolée. Dans sa robe noire, qui tombait à plis droits jusqu'à ses pieds, elle semblait comme incorporelle ; le bruit de ses pas était si léger qu'il paraissait encore augmenter le silence, et ses mains communiquaient à tout ce qu'elle touchait de secrètes vertus.

Ils se taisaient, n'échangeant par instants que de rares paroles. Parfois, Angisèle levait lentement ses paupières, et ses yeux apparaissaient bleus et pâles, et comme tout pleins de la mer qu'ils contemplaient, et Rovère sentait ce regard descendre et mourir en lui à des profondeurs inconnues…

Tout à coup un étrange rire se fit entendre, et, soulevant brusquement la tapisserie, une enfant entra dans la chambre. Elle était vêtue d'une grande blouse de soie rose, avec un collier de perles au cou. Sur sa tête, elle avait posé une bizarre et massive couronne de roses et elle portait dans ses bras un petit chien. La beauté de son visage était saisissante ; des boucles tombaient au long de ses joues, mais ses yeux exagérés étaient pleins d'égarement, et son rire faisait tressaillir.

Comme Rovère regardait l'enfant avec étonnement.

– C'est ma plus jeune sœur, dit Angisèle, et elle ajouta à mi-voix, elle est folle.

Mais l'enfant vint se jeter à son cou, et lui fit mille caresses dans un flot d'incohérentes paroles ; puis soudain elle s'assit sur le tapis et se mit à bercer son chien dans ses bras, doucement.

– Je croyais que tu habitais seule ce château, fit Rovère au bout d'un moment.

– Non, mon père vit encore, mais, accablé de chagrin et chargé d'infirmités, il ne sort point de la tour que tu vois d'ici à l'autre extrémité du château. Il s'y est retiré le jour où ma seconde sœur est morte, et depuis n'en a jamais plus franchi le seuil.

– Tu avais donc une autre sœur ?

– J'avais deux autres sœurs, et toutes les deux sont mortes, et ma mère, de chagrin, est morte à son tour. Ne t'étonne point, la mort, dans notre pays, règne en souveraine. À toute heure, elle pousse la porte des maisons et s'installe au foyer ; c'est la visiteuse familière et les gens ici sont si accoutumés à la voir qu'ils ne retournent même point la tête quand elle entre. Nous savons que la vie s'appelle aussi la douleur, et que notre vie est comme un anneau vulgaire où doit s'enchâsser le diamant de l'épreuve. Aussi, dans notre cœur, tu ne trouverais que ces mots : « Que la volonté de Dieu soit faite. »

Angisèle, debout, leva les yeux au ciel et sourit d'un sourire ardemment triste, toute son âme de vierge en oblation dans ses mains ouvertes.

Rovère la regardait : l'extraordinaire magnétisme de ce visage le soulevait irrésistiblement.

– Comment s'appelaient tes sœurs ? demanda-t-il au bout d'un moment.

– La première avait nom Véronique ; la deuxième, Crucifixa ; et la troisième, cette enfant qui joue là près de nous, s'appelle Fleur-de-la-Mer. Véronique mourut d'abord. Un dimanche de Fête-Dieu, comme elle s'était éloignée des serviteurs pour cueillir des fleurs qu'elle voulait jeter sur le passage de la procession, elle s'aventura trop près de l'étang, glissa dans les herbes et se noya ; le lendemain, elle fut retrouvée par des pêcheurs, flottant dans sa robe blanche, très loin, près de la mer où l'avait entraînée le courant. Ma mère, depuis ce jour, fit murer toutes les fenêtres du château d'où l'on pouvait apercevoir l'étang ; car la vue seule de l'eau la faisait trembler de tous ses membres, comme quand on est saisi par un grand froid.

– Et ta sœur Crucifixa, comment mourut-elle ?

– Ma sœur Crucifixa venait d'atteindre sa quinzième année quand elle contracta la fièvre des marais. Son agonie se prolongea pendant de longs mois. Mon père avait pour elle une secrète préférence. Je ne puis t'exprimer à quel point elle était belle, oui, tellement belle en vérité que, rien qu'à la regarder, on avait envie de pleurer. Tiens, ma petite sœur, Fleur-de-la-Mer, lui ressemble.

En disant ces mots, Angisèle attira l'enfant et, la serrant un instant contre sa poitrine, l'embrassa passionnément ; puis elle reprit :

– Quand mon père la vit s'étioler, il tomba dans les plus noires pensées. De toutes parts on fit venir les médecins les plus fameux, mais en vain : le mal suivait son cours… Un soir, comme elle se sentait moins faible que de coutume, elle voulut se faire porter au jardin. Elle était presque gaie, les joues un peu roses, les yeux très brillants, et elle s'assit sur les genoux de mon père, en lui passant ses bras autour du cou ; puis elle se mit à parler, avec une sorte de volubilité, de ses souvenirs d'enfance, de ses promenades à cheval dans les bois, des grandes fêtes données jadis au château, et, peu à peu, lasse de ces récits, elle s'endormit, et mon père lui souriait. Au bout d'un moment, cependant, il lui sembla que les bras à son cou pesaient bien lourd ; il voulut les dénouer ; ils étaient froids et déjà rigides. Crucifixa venait de mourir là, sur sa poitrine, et je vois encore sa tête, avec ses longs cheveux, qui pendait en arrière comme celle d'un oiseau mort.

La voix d'Angisèle trembla sur ces derniers mots. Toujours droite, elle regardait la mer, et des larmes qu'elle n'essuyait pas descendaient lentement sur ses joues, l'une après l'autre.

Rovère avait baissé la tête.

Alors, doucement, dans le grand silence, Fleur-de-la-Mer se mit à chanter…

*

Cependant, un travail s'opérait dans l'âme de Rovère. Cette lumière monotone, ces sombres verdures, cette atmosphère silencieuse et morte, ces cloches dans la brume, ces servantes vêtues de noir qu'il voyait errer à travers les corridors, toute cette tristesse flottante s'imprégnait en lui, s'incorporait à la substance de ses pensées. L'émotion qu'il avait éprouvée aux récits d'Angisèle s'était propagée jusqu'aux confins de son être. Il lui semblait avoir franchi l'équateur de ses sensations ; un ciel nouveau apparaissait : des mots inconnus flottaient dans l'air qui le laissaient frissonnant et pensif ; et sur les eaux vierges de son âme se projetait l'ombre immense d'une croix.

Un jour, Angisèle lui montra les chambres de ses sœurs mortes. Rien n'y avait été changé. Les fenêtres seulement étaient closes et ne laissaient passer qu'un faible jour. Dans la chambre de Crucifixa, une robe de mousseline rose à fleurs d'argent était jetée en travers du lit ; un métier penchait son canevas près de la fenêtre, l'aiguille piquée sur une fleur inachevée. Dans celle de Véronique, des poupées traînaient à terre près d'un livre d'images aux bas de page écornés ; puis Angisèle poussa une porte et s'agenouilla. C'était la chambre de sa mère. Ici, l'ombre était plus profonde. Rien n'attendrissait les murailles nues, où se dressait seul un grand crucifix d'argent. Deux colliers de perles, semblables à ceux que portait Fleur-de-la-Mer, étaient accrochés aux pieds du Christ. Et comme Rovère les regardait, étonné :

– Ce sont les colliers de mes sœurs, dit Angisèle. Ils furent placés là par ma mère, pour qu'aux pieds de Celui à qui elle offrait son désespoir, son cœur de mère pût retrouver encore un peu de ses enfants.

Angisèle disait ces choses doucement, d'une voix pâle et lointaine comme son visage, et, fluide dans sa robe éternellement noire, elle semblait bien l'âme même de ces pierres où la mort seule était présente. Une nuit, Rovère se réveilla en sursaut. Un chant bizarre s'élevait dans l'ombre près de lui. Il écouta, et reconnut la voix de Fleur-de-la-Mer. De certaines nuits, l'enfant chantait ainsi.

Cette voix était inouïe : elle semblait faite d'eau, de cristal et d'argent. Lente et monotone, elle montait, inexprimablement poignante, et elle faisait penser à des mortes très jeunes et très belles.

Rovère se leva, sortit de sa chambre pour mieux entendre, et fit quelques pas ; à ce moment, une lampe brilla au fond du corridor, et il vit Angisèle s'avancer vers lui. Son visage était contracté par une émotion extraordinaire. Arrivée devant Rovère, elle s'arrêta et, sans prononcer un seul mot, lui prit la main.

Dehors, la nuit était froide ; de larges étoiles brillaient dans le ciel très noir. Tous deux, immobiles et suspendus, écoutaient la petite voix surnaturelle. Tout à coup, Angisèle grelotta, un frisson secoua ses minces épaules et, tournant vers Rovère des yeux qu'agrandissait une subite terreur :

– Écoute, dit-elle, écoute, ne reconnais-tu pas cette voix… C'est celle de ma sœur Crucifixa… Elle m'appelle, je l'entends… Rovère, moi aussi, je vais mourir… mourir…

Elle prononça ces paroles en frémissant, le sein haletant ; puis le mot mourir resta comme attaché à ses lèvres et y palpita, malgré elle, à demi étouffé, comme une bête qui se débat. En même temps une angoisse indicible se peignait sur ses traits. Elle enveloppa Rovère d'un regard étrange où son âme semblait jaillir, comme une flamme d'un soupirail, puis, la démarche vacillante, elle rentra dans sa chambre.

Là, elle demeura un moment, frissonnante, sentant au fond d'elle-même se déchaîner mille sentiments tumultueux. Elle voulut s'agenouiller devant son crucifix ; appuya son front brûlant sur l'ivoire des pieds divins ; mais la marée d'une atroce tristesse montait en elle et submergeait tout ; alors, brisée et n'en pouvant plus, elle se jeta sur son lit, et, la face écrasée dans les oreillers, sanglota jusqu'au jour sur le mystère inavouable de son cœur ; car dans une même minute la mort venait en elle de rencontrer l'amour.

*

Rovère s'était mis à parcourir le pays. C'était une terre nue et désolée ; sur la côte s'espaçaient quelques villages de pêcheurs. Des champs rares, où, par places, le roc affleurait, portaient des moissons chétives et clairsemées. À l'intérieur s'étendaient de vastes marais féconds en épidémies. Sous un ciel toujours chargé de nuages, un peuple aride et triste végétait là, disputant sa vie à la mer impitoyable et à la terre pierreuse, et Rovère éprouva d'abord une grande tristesse ; puis, peu à peu, il s'aperçut qu'une intime harmonie reliait entre eux ces aspects divers, et que leur puissance d'émouvoir était extraordinaire. Ces landes immenses, cette mer sauvage, ce ciel pensif et tourmenté, ces routes solitaires, ce peuple maigre et taciturne ne formaient qu'une seule âme forte et mélancolique ; et Rovère se prit à aimer cette âme.

C'était ici une vie âpre, nue et grande. Comme les plantes tenaces qui s'accrochaient au granit, les sentiments de ces hommes plongeaient profondément en eux ; de plus, l'éternelle soif du soleil qui mène toute créature dans le monde, avait chez eux, dans le dénûment d'une nature déshéritée, pris une énergie tout intérieure et concentrée, pour rejaillir sous les formes passionnées du rêve religieux, et c'était un soleil plus beau encore que l'autre qu'ils voyaient se lever au fond de leurs cœurs, sur les eaux éblouissantes de la Sainte-Eucharistie. La Foi avait grandi sur leur sol ingrat comme un chêne géant, qui couvrait des siècles de son ombre et baignait son âme toujours verdoyante dans les brises du paradis. En outre, le voisinage constant du malheur avait surtendu leur sensibilité ; leur vie, assise à côté de la mort, en avait pris la grandeur et le mystère, et le sel sacré des larmes gardait leur chair de la pourriture des sens. Leurs âmes étaient hautes et sombres comme des églises. Ils priaient comme on respire, et comme la lande, comme la mer et comme le ciel, leurs cœurs étaient simples et infinis.

Rovère respirait de toutes parts cette spiritualité qui flottait dans l'air avec l'embrun du large, et peu à peu l'essence même de la nature s'en trouvait modifiée. Son âme, jusque-là facile et comme répandue sur ses rives, se résorbait, se condensait comme pour emplir au fond de lui-même de mystérieux et profonds réservoirs. À cette ivresse du monde extérieur, dans laquelle il avait vécu jusque-là, succédait maintenant un souci plus âpre et plus poignant. Au lieu de jouir passivement de la vie, l'âme allongée dans sa paresse dorée, il éprouvait maintenant le besoin de la traiter en maître, et de la contrarier pour en triompher. En traversant ces hameaux déserts, ces campagnes dolentes, ces villes à demi mortes, il trouvait à présent une beauté à ces misères et un sens à ces pauvretés. Une énergie singulière croissait en lui ; déjà il entrevoyait l'exercice de sa volonté, la dépense de sa force morale comme la source de joies plus vastes et plus rayonnantes ; et comme l'athlète qui dans l'air vide étire ses muscles en vue du combat prochain, il nourrissait en lui l'obscur désir de s'essayer contre la destinée. Angisèle était d'ailleurs l'agent le plus puissant de cette évolution. Tout ce qui flottait épars sur cette terre de souffrance se résumait en elle et sortait comme un conseil intime de ses gestes graves et de ses yeux pâles et profonds. Rovère la sentait au centre de sa vie, et quand à certaines heures il prononçait son nom, il lui semblait ouvrir tout à coup au fond de lui-même la porte d'un sanctuaire où, dès le premier pas, il marchait enveloppé d'une atmosphère surhumaine de pureté.

Souvent il visitait avec elle les pauvres et les malades. Tout enfant, Angisèle avait commencé à répandre autour d'elle ses charités. Son âme semblait douée à cet égard d'une orientation mystérieuse. De secrets pressentiments l'avertissaient des lieux où l'on souffrait ; elle s'y rendait aussitôt et son apparition soudaine dans les misérables cabanes y apportait la merveille d'un miracle. Cependant le mal singulier qui depuis quelque temps la minait faisait chaque jour des progrès. Elle sentait une grande faiblesse dans tous ses membres et souvent, dans ses promenades avec Rovère, elle était obligée de s'appuyer à son bras pour ne point tomber. Dans ces moments, un léger flot de sang envahissait ses joues ; une flamme étrange passait dans ses yeux, rapide et vive comme un fil de laine qui s'enflamme, puis sa pâleur, par degrés devenait effrayante ; et Rovère, à la considérer ainsi fragile et défaite dans ses bras, sentait des sources vives jaillir dans son cœur. Une nuit, ils veillèrent ensemble un mort. C'était un pauvre pêcheur qu'Angisèle secourait depuis de longs mois et qui venait de succomber à la maladie. Dans la pauvre chambre, la flamme des chandeliers projetait sur la muraille l'ombre agrandie du profil rigide. Au pied d'un crucifix, un rameau de buis trempait dans un verre.

Au dehors la nuit était douce et profonde ; dans le cadre de la fenêtre ouverte des étoiles brillaient ; une grande paix flottait sur la plaine et, dans les ténèbres, on entendait venir la mer.

Rovère n'avait pas encore contemplé la mort. De l'humble visage solennisé par l'éternel repos une révélation sortait. Immobile, les yeux fixes, Rovère s'abîmait dans ses pensées et peu à peu il lui semblait descendre dans les cryptes mêmes de sa conscience. Là, à ces profondeurs où n'arrivait plus aucun bruit de la terre, il songeait, les sens soudain investis d'une acuité extraordinaire ; et, dans une sorte de dédoublement halluciné, il lui semblait que c'était lui-même qu'il regardait étendu sur le lit mortuaire. Toute sa vie passée lui apparaissait ramassée sous ses yeux dans un tragique panorama, et des souffles mystérieux, venus comme de lointains corridors, passaient sur la face de son âme.

Tout à coup un léger bruit se fit entendre et il se retourna. Angisèle venait de s'évanouir. Il se précipita sur elle et s'agenouilla pour la soutenir. Elle ouvrit lentement les yeux, mais en apercevant la silhouette funèbre qui se détachait sur la muraille, elle fut prise d'un grand frisson, et détourna la tête avec horreur ; puis, brusquement et comme cédant à quelque étrange et irrésistible sommation, elle étreignit Rovère et, plongeant ses yeux dans ses yeux, demeura immobile ; une pensée passa sur ses traits comme une flamme ; son regard étincela, ses cheveux en désordre se répandirent sur ses épaules, et, ensevelie dans leur ombre, elle chercha la bouche de Rovère pour y écraser la sienne, infiniment…

*

Angisèle fut ramenée mourante au château.

Une grande crise suivit pendant laquelle, nuit et jour, elle délira, et on la crut perdue. Rovère veillait près d'elle, et dans la chambre imprégnée d'éther où les servantes parlaient à voix basse et marchaient à pas étouffés, devant cette forme misérable et dévorée de fièvre allongée sous les couvertures, il sentait toute son âme se dissoudre en amour.

Jamais nul être, à nul moment, n'avait ainsi creusé en lui des abîmes de tendresse et, songeant à son cœur d'autrefois uniquement sensible à la gloire des sens, il admirait sans la comprendre cette extraordinaire et divine poésie de la Pitié.

Angisèle fut sauvée et revint à la vie, mais en demeurant si faible qu'il semblait que le mal ne lui eût accordé qu'un simple répit. Or, à mesure que la vie revenait dans son corps dévasté, un surprenant changement moral s'accusait en elle. Tous les instincts, murés jusque-là dans le plus sombre *in-pace* de son âme religieuse, se faisaient jour à la fois et jaillissaient, heureux et libres, à travers son être. C'était comme un retour miraculeux au paradis enfantin ; ses gestes, ses propos, ses pensées avaient l'expansion naïve de l'innocence ; et dans le jardin tiède de sa convalescence son âme souriait, candide, originale et nue !

Quand elle regardait Rovère, ses yeux se remplissaient d'un calme ravissement, et elle se donnait tout entière à l'amour, comme une fleur à la lumière.

Comme on était au commencement de la belle saison, le ciel clément accordait çà et là un azur sans nuages.

Ces jours-là Angisèle faisait porter son fauteuil au soleil. Ses mains diaphanes aux veinules bleues allongées sur les couvertures, elle buvait avec délice l'air chaud aromatisé par les bois ; les rayons qui l'inondaient lui semblaient traverser sa chair ; parfois, d'un geste puéril, elle promenait ses mains dans la lumière, ouvrant et refermant les doigts comme pour retenir la poussière féerique ; et, engourdie de bien-être physique, elle fermait les yeux, voyant tout en or à travers la cloison transparente de ses paupières baissées.

Mais, dès que le soleil déclinant atteignait la cime des bois derrière lesquels il allait disparaître, et que le jour pâlissait, elle devenait triste ; une mélancolie progressive envahissait ses traits. Souvent alors il lui arrivait de dire à Rovère, assis près d'elle :

– Parle-moi des beaux pays où je n'irai jamais. Si tu savais, à travers tes paroles, je vois des choses si belles que je ne songe plus à rien.

Et Rovère disait les villes éclatantes, l'animation des quais, les nobles architectures, les rues fraîches comme des caves, les dalles brûlantes des grandes places désertes, la magnificence des églises, les cortèges, les fêtes, les femmes parées à la promenade, les jardins décorés de blanches statues, les palais de marbre au bord des mers de soie bleue, et surtout l'idéale douceur des nuits transparentes sous un firmament de pierreries.

Angisèle l'écoutait passionnément, murmurant après lui les noms des cités heureuses, comme si elle caressait son âme à leurs sonorités.

Un soir, comme Rovère achevait son récit, il vit son visage se couvrir de larmes qui coulaient silencieusement.

– Qu'as-tu, lui demanda-t-il doucement, et par quels mots inconsidérés ai-je pu t'attrister ainsi, sans le vouloir ?

Angisèle d'abord ne répondit pas ; puis, comme si son cœur cédait à l'irrésistible poussée de sentiments longtemps contenus :

– Ah ! Rovère, s'écria-t-elle, pourquoi ai-je vécu dans ce sombre pays, alors qu'ailleurs tout est joie et clarté ! Ici, je n'ai appris que la mort.

– Ne dis point de mal de ton pays, répondit Rovère ; c'est à lui, c'est à sa tristesse que ton âme doit son incomparable beauté.

– Il n'y a de beauté que dans la vie et dans la lumière, et mon âme, à moi, a vécu dans un sépulcre.

– N'est-ce point ainsi justement que, repliée toute sur elle-même, elle a connu cette exaltation intérieure, ces ivresses de sacrifice, ces ferveurs, ces extases, ces anéantissements qui dépassent mille fois toutes les voluptés de la terre ?

Angisèle secoua la tête et répondit lentement :

– Je le croyais avant de t'avoir connu, mais je me trompais : rien ne dépasse l'amour.

Ils restèrent un moment silencieux.

– Écoute, Angisèle, reprit Rovère, j'ai épuisé, moi, ce que le monde contient de beauté, et j'ai vu que là n'est point le vrai aliment de notre cœur. Il y a dans les choses extérieures une limite qui comble, qu'atteignent vite nos sens, une sécheresse qui brûle vite notre âme. Les simples plis de ta robe noire m'ont fait sentir et comprendre plus de choses que les plus beaux spectacles de l'univers. As-tu jamais songé d'ailleurs que cette beauté dont tu parles n'est partout et ne peut être que le résultat et le prix d'une douleur[11]. Oui, tout tend vers la beauté, tout lutte, tout s'efforce, tout s'épuise pour la réaliser, mais comme elle est infinie, ceux-là seuls s'en approchent le plus qui doivent le plus à la douleur. C'est dans la douleur que tout se crée dans le monde. Crois-moi, l'amour le plus profond n'est pas celui qui jouit, mais celui qui souffre.

– Oh ! Rovère, s'écria Angisèle d'une voix sombre et révoltée, ma mère est morte... ma sœur Véronique est morte... ma sœur Crucifixa est morte... Les larmes aussi brûlent à la fin !... Ne me parle plus jamais, jamais, entends-tu, de la souffrance !

Elle se tut, frémissante.

Pendant qu'ils parlaient ainsi, la nuit était venue. Fleur-de-la-Mer s'était endormie, la tête posée sur les genoux de sa sœur. Comme une fraîcheur montait, Angisèle se pencha doucement pour nouer au cou

11 On attend ici un point d'interrogation dont l'absence peut s'expliquer par le caractère inachevé du texte.

de l'enfant une écharpe de laine. Tout se confondait dans la chambre autour d'eux ; seuls leurs visages et leurs mains apparaissaient encore vaguement lumineux ; alors, dans l'intimité des ténèbres, Angisèle laissa tomber sa tête sur l'épaule de Rovère.

Au loin, les cors mélancoliques sonnaient toujours dans les bois.

Et ils ne dirent plus rien…

*

Le temps, un moment lumineux et doux, s'assombrit ; tout l'horizon se chargea de lourds nuages et la pluie se mit à tomber, lente, monotone, implacable, tissant entre le ciel et la terre un rideau d'indicible tristesse. Alors, toute l'allégresse d'Angisèle tomba et, de nouveau, elle s'abandonna aux plus sombres pensées. Des jours entiers elle demeurait immobile et morne à regarder l'eau couler sur les vitres, et dans ses yeux creusés de fièvre une haine s'amassait.

Un jour qu'elle paraissait plus triste encore que de coutume, Rovère voulut lui parler.

– Oh ! ne cherche point à me consoler, lui répondit-elle presque durement, tu n'y parviendrais point. Ce ciel affreux me tue, et je n'en puis plus. Je veux partir, je veux que tu m'emmènes dans ces pays – là-bas – dont le rêve me hante, dont le désir me ronge.

Et comme Rovère apitoyé se penchait sur elle :

– Oh ! oui ! continua-t-elle en l'enlaçant de ses maigres bras, nerveusement, emmène-moi avec toi… là-bas… Ici, tu ne le vois donc pas… que je vais mourir !…

Et ils partirent.

*

D'abord couchée et sans force, elle ne quitta point la chambre qui lui avait été préparée sur le vaisseau ; puis au bout de quelques jours son état s'améliora, et elle voulut qu'on la transportât sur le pont.

À mesure que l'on descendait vers le sud, elle éprouvait dans tout son être une instinctive et douce ivresse. Tout le jour, assise à l'avant, dans des couvertures, elle buvait à longs traits l'air attiédi des mers bleues ; ses yeux nageaient dans la belle lumière, et elle entrait avec extase dans la divine révélation de l'azur !

Parfois il lui arrivait de dire à Rovère : « La volupté que je ressens à vivre est telle, vois-tu, que ce qui reste en moi de mon âme d'autrefois se demande si vivre ainsi n'est pas un péché. »

Au bout du quinzième jour, on signala l'Italie. En entendant prononcer ce nom qui contenait tout son rêve, Angisèle tressaillit, et, penchée à l'avant du vaisseau, elle fixa éperdument l'horizon.

Lentement les côtes apparurent, à peine visibles encore et comme flottantes dans une brume ; puis les lignes se précisèrent ; et Angisèle aperçut successivement des taches sombres de verdure, des groupes de maisons éparses çà et là, et enfin, dans un lointain violet, au bord d'un golfe doucement arrondi qu'emplissait un peuple de navires et de barques, la ville magnifique et blanche, répandue sur les pentes comme un collier de perles à demi sorti d'un coffret. Alors elle se serra contre Rovère, et se mit à trembler légèrement dans ses bras, pendant qu'une grande pâleur couvrait ses joues.

Au seuil de son rêve, elle éprouvait le vertige mélancolique du bonheur.

Rovère la conduisit dans son palais. Là, parmi des galeries éclatantes, les salles de marbre, les vestibules ornés de colonnes polies comme des miroirs, les plafonds décorés de nobles peintures, les terrasses aux superbes perspectives, les jardins profonds et délicieux, tout pleins d'eaux jaillissantes, elle promena des journées d'inexprimable ravissement.

La force des sensations qu'elle éprouvait précipitait en elle les flots du sang. Elle vivait dans un paroxysme de joie et il lui semblait que toutes les fibres de son être résonnaient mélodieusement. Baignée de soleil et d'amour, elle s'épanouissait merveilleuse et charmante, et ses traits, neutres jusque-là, s'exaltaient jusqu'à la rendre belle, comme si la beauté, dans l'ordre mystérieux de l'univers, n'était que la fixation matérielle du bonheur. Parfois elle s'arrêtait en chemin pour dire à Rovère qui lui parlait :

– Tais-toi… Laisse-moi m'écouter vivre !… Et dans la façon dont elle appuyait son pied sur le sol, il y avait une volupté.

Un soir, comme ils étaient assis sur la terrasse qui descendait vers la mer :

– Rovère, dit Angisèle après un long silence, pourrais-tu m'expliquer, toi qui lis si bien mon cœur, pourquoi ces idées funèbres qui me rendaient autrefois si malheureuse, me laissent ainsi calme à présent ?… Oui, calme, ajouta-t-elle, étrangement calme, comme tu le peux juger, et, prenant la main de Rovère, elle l'appuya légèrement sur la place où battait presque insensiblement son cœur.

– Pourtant, reprit-elle au bout d'un instant, et sa voix monta avec une grande douceur dans la nuit solennelle et pure, pourtant… jamais je ne me sentis plus près de la mort que ce soir…

Rovère se dressa en frissonnant et la regarda.

Elle souriait, pâle, aux étoiles ; mais ses yeux, agrandis de fièvre, brûlaient. L'ombre immense était bleue autour d'eux. Des astres brillaient comme des diamants. Des jardins de la côte venaient des senteurs violentes d'orangers, de jasmins et d'acacias. La mer était noire et silencieuse ; au loin, le falot d'une barque de pêcheurs propageait de vague en vague son reflet rouge…

– Écoute, ami, dit Angisèle, en forçant doucement Rovère à se rasseoir près d'elle, ne t'ai-je point confié autrefois ce que je souhaitais le plus au monde ; ici, j'ai réalisé mon rêve, ne me plains donc pas ; j'ai connu le bonheur, et quelque chose de supérieur et d'irrésistible proclame en moi que c'est là le but de toute vie ; mais cette même voix m'affirme aussi que c'en est le terme. Toute chose l'ayant atteint s'en détache doucement, sa destinée accomplie, et c'est ainsi que je ferai à mon tour, car mon âme a compris la loi, plus claire ici que dans notre triste pays de deuil et de misère, où la pensée de la mort est si cruelle, parce qu'on attend toujours la vie… Oui, ce soir, dans la caresse de ces ténèbres infinies, je m'en irai sans lutte, sans révolte, comme le fruit tombe, comme le parfum s'enfuit, comme l'eau s'écoule. Va, la terre ici est si douce que je m'endormirai sans crainte sur elle, comme naguère Fleur-de-la-Mer s'endormait sur mes genoux…

Rovère l'avait enlacée ; leurs lèvres se joignirent, leurs yeux se fermèrent. Et ils restèrent silencieux devant la mer étoilée.

*

À l'aurore, dans la haute chambre du palais, on les trouva, couchés côte à côte, sur un lit de parade.

Et ils étaient nus, et dans leurs mains il y avait des roses[12].

---

12 Êtres pleinement unis et accomplis aussi bien dans l'amour humain que mystique, Rovère et Angisèle sont en quelque sorte consacrés par les roses qui en sont le double symbole. En eux la force masculine a épousé l'idéal féminin, accédant au sublime.

LA PETITE PRINCESSE GÉLIDE

Resté inédit du vivant de Samain, « La Petite Princesse Gélide » a été publié dans le numéro spécial de Noël de L'Illustration *en décembre 1941, puis recueilli aux éditions de l'Ancre d'Or en 1947 avec « Angôn et Glaïs » et la suscription « contes inédits ». S'il semble tout d'abord relever des perversions fin-de-siècle du merveilleux à la façon des* Princesses d'ivoire et d'ivresse *(1902) de Jean Lorrain*[1]*, le conte bifurque à la fin pour proposer une métamorphose à tous égards du personnage éponyme qui transfigure le conte lui-même : celui-ci peut donc bien être considéré comme un cadeau de Noël approprié.*

« La Petite Princesse Gélide » au nom de glace[2] *est ainsi nommée par son parrain l'enchanteur Roland. C'est une enfant pour laquelle sa mère, la reine Christiane, en raison des malheurs qui lui ont été infligés par la perte de ses trois fils à la guerre, demande qu'il lui soit donné d'être « la plus belle d'entre les femmes » et que soit « éloign[é] à jamais le malheur de sa route ». Le vœu est exaucé, et la Princesse semble une enfant puis une jeune personne accomplie en tout point – beauté, arts, caractère, instruction, sagesse – à ceci près que des signes de plus en plus insistants et récurrents montrent qu'elle n'éprouve aucune compassion envers les autres et n'est douée d'aucune forme de sensibilité. Si elle est réputée « parfaitement sage et sans défauts », le conte montre dans des épisodes successifs à quel point l'absence de travers caractérisés ne suffit pas à compenser un défaut de sensibilité, une incapacité à s'émouvoir et une froideur en toute circonstance : ainsi de la mort de sa biche favorite transpercée d'une flèche ; ainsi*

1 On pense en particulier à « La Princesse au Sabbat », dont voici l'*incipit* : « La Princesse Ilsée n'aimait que les miroirs et les fleurs. » (*Princesses d'ivoire et d'ivresse*, présentation par Jean de Palacio, Paris, Séguier, coll. « Bibliothèque décadente », 1993, p. 51.) La princesse, insensible, orgueilleuse et narcissique, est punie par les fées qui l'emmènent au Sabbat et lui font perdre son image.

2 Du latin *gelidus*, « gelé », « glacé ». Comme on le verra, le conte démarque en plus d'un point « La Reine des neiges » d'Andersen, où tout ce qui est trop parfait, trop intelligent, trop rationnel ou trop raisonnable est stigmatisé par le conteur danois comme glacé par opposition aux chaudes vertus du cœur et à l'innocence attribuée aux enfants dans *L'Évangile.*

des représentations données à la cour dans le but de l'émouvoir et qui, touchant tout le monde sauf elle, ne parviennent pas à distraire son ennui ; ainsi d'un musicien merveilleux dont seule la virtuosité spectaculaire parvient à retenir quelques instants son attention ; ainsi du spectacle poignant de malheureux en détresse, prisonniers d'une barque ballottée par la tempête ; ainsi, pour finir, du prince Florimond, amoureux éperdu de la princesse, éconduit par elle au point de dépérir et de demander « la suprême faveur de voir la princesse Gélide encore une fois avant de rendre l'âme ». La princesse Gélide, quant à elle, ne daigne s'intéresser qu'aux scintillements d'une « large émeraude entourée de topazes » que le prince lui a passée au doigt en signe d'adieu.

On comprend qu'il est temps, pour la reine Christiane toujours davantage saisie d'effroi, de retourner vers l'enchanteur et de lui demander de rompre le sortilège qui a changé à sa naissance le cours de la vie de la princesse. La conséquence immédiate en est double : la nouvelle princesse est remplie pour sa mère d'un amour filial dont elle n'avait jamais fait preuve jusque-là ; elle est à présent une jeune fille d'apparence entièrement changée, à la complexion et aux traits ingrats, au point de sembler un « insignifiant laideron ». Elle peut désormais croiser à nouveau le prince Florimond. Certes, celui-ci ne peut ni la reconnaître, ni encore moins l'aimer au premier regard, mais elle peut quant à elle être désormais saisie et bouleversée par l'amour, et s'y transfigurer. La princesse pleure alors pour la première fois comme le petit Kay dans « La Reine des neiges » d'Andersen, lorsque la petite Gerda vient le délivrer de son sortilège qui lui faisait tout voir avec l'ironie et la froideur de la raison. Il faut citer la conclusion du conte de Samain :

> – […] comme elle va souffrir ! [dit la reine Christiane.]
> Et l'enchanteur répondit :
> – Oui, mais comme elle sera heureuse !

Comment lever la contradiction qu'introduit le paradoxe final dans ce qui, pour le coup, est bien un conte pour grandes personnes ? Au-delà de toute leçon édifiante, quelle est la sagesse du conte qui s'exprime par la voix de l'enchanteur ? Certes, il ne peut s'agir strictement pour la princesse d'être heureuse de souffrir. Il ne s'agit pas non plus de répondre comme Mélisande à Pelléas qui l'interroge (à la scène 4 de l'acte IV du drame de Maeterlinck et Debussy) :

> – Tu es distraite. Qu'as-tu donc ? Tu ne me sembles pas heureuse…
> – Si, si : je suis heureuse. Mais je suis triste…

Dans Pelléas et Mélisande, *l'héroïne, au nom même de son bonheur présent, qu'elle sait précaire, anticipe la menace mortelle qui barre tout espoir à venir de complétude amoureuse. Ici en revanche, la possibilité même pour la princesse Gélide d'être émue par la souffrance ouvre la porte à toutes les émotions heureuses possibles, au nombre desquelles les sentiments de l'amour et du bonheur. Ce qu'il s'agit de découvrir enfin, pour la petite princesse, c'est le prix de ce que signifie être humain, de pouvoir aimer et de pouvoir être aimée, y compris en dehors de toute complétude (qui n'est pas le lot de l'être humain). Mais précisément, dans le royaume des hommes qui est aussi quelquefois celui des contes, c'est ce qui est fragile qui est sans prix. Ce prix des émotions que les contes, la littérature et les arts connaissent depuis toujours, la science nous le confirme aujourd'hui, même pour les émotions* a priori *négatives. Un conte peu connu de Bernard Lazare nous le redit, qui narre la malédiction d'un peuple tout entier adonné aux jouissances matérielles, blasphémateur et contempteur de toute élévation spirituelle*[3]*. Un ermite qu'il chasse le condamne tout entier à une « vie sans effroi ». Avec l'effroi, tout « émoi banal » même disparaît, et avec eux, les moteurs et les résonateurs profonds de la vie humaine. Déshumanisés, les personnages n'offrent que des bouches muettes et ne montrent que des yeux vides et sans regard qui suscitent l'épouvante du voyageur qui les croise. Par là on rejoint l'émotion qui fait revenir la reine Christiane sur son vœu inconsidéré, au-delà de ce que peut raisonnablement exiger un être humain. Celui qui, en naissant, serait épargné par toutes les faiblesses et les imperfections, qui sont aussi la promesse et la richesse du devenir humain, ne saurait être qu'un monstre propre à susciter la terreur.*

Ce fut une grande joie par tout le royaume quand on apprit que la reine Christiane avait mis au monde une fille, et des réjouissances s'organisèrent dans toutes les villes.

La reine Christiane avait été très malheureuse, ayant perdu successivement ses trois fils à la guerre, et le populaire, dont l'âme simple se donne vite aux maîtres que la souffrance semble rapprocher de lui, lui avait voué une affection profonde.

D'ailleurs, le cœur de la reine était inépuisable de charité et ses seules bontés eussent suffi pour la faire adorer.

---

3 « La Vie sans effroi », *Le Miroir des légendes* [1892] ; recueilli dans *Contes symbolistes*, éd. citée, vol. 1, p. 203-212.

Environ un mois après la naissance de la petite princesse, la reine s'en fut trouver l'enchanteur Roland qui habitait, dans une forêt voisine, une tour très haute, d'une architecture bizarre et compliquée, et dont les portes de bronze étaient décorées de signes et de chiffres mystérieux. Une vieille femme, servante dévouée, l'accompagnait, portant l'enfant. L'enchanteur, qui depuis longtemps était l'ami de la reine et qui, en ses épreuves, l'avait plusieurs fois consolée avec des mots profonds de son antique sagesse, la reçut avec empressement et s'enquit, non sans étonnement, du motif de sa visite.

Alors la reine lui dit qu'elle venait lui demander une insigne faveur :

– Je voudrais, lui dit-elle en attachant ses beaux yeux brûlés de tant de larmes sur le vieillard, que, par la puissance de ton art, tu fasses ma fille la plus belle entre les femmes et que tu éloignes à jamais le malheur de sa route. J'ai tant souffert moi-même que je suis bien avide de goûter un peu de bonheur à travers mon enfant. Cette enfant, d'ailleurs, sera un peu la tienne, car je te demanderai la faveur de lui servir de parrain.

L'enchanteur écouta la reine d'un air pensif et demeura un instant les paupières à demi fermées, comme absorbé dans un monde de méditations intérieures, pendant que sa main, dont les doigts étaient chargés de pierres symboliques, promenait dans la neige de sa barbe des lueurs mystérieuses.

– Soit, fit-il au bout d'un moment. Ton vœu sera exaucé, dans la mesure du moins où ma science me le permet. Dans quatre jours, au premier quartier de la lune, reviens chercher ta fille.

La reine s'en revint au palais, légère, pleine d'espérance, et passa le temps fixé dans l'impatience la plus vive. Enfin, le soir du quatrième jour, comme la pointe d'un croissant à peine visible perçait à l'orient, elle s'en retourna chez l'enchanteur.

– Tiens, dit-il en soulevant la mousseline neigeuse qui voilait comme un nuage une barcelonnette dorée où sur des oreillers de dentelle souriait une enfant endormie, tiens, voici ta fille… Je lui ai donné le nom de Gélide.

Et la reine, le cœur défaillant, se laissa tomber sur les genoux tant la petite Gélide lui sembla belle !

*

Trois années s'étaient à peine passées que la petite princesse Gélide avait déjà sa légende. On en parlait dans tout le royaume comme d'une merveille de beauté et de gentillesse. On allait jusqu'à prétendre que, pendant ces années si laborieuses de la première enfance, elle n'avait pas montré un seul instant de colère et d'entêtement, et même qu'elle n'avait pas versé une seule larme.

À sept ans, c'était déjà une petite personne parfaitement sage et sans défauts ; et la foule s'amassait aux grilles du jardin pour la voir passer sur la terrasse des quinconces, si adorablement jolie dans sa robe de brocart rose, une collerette tuyautée au cou, avec ses longs cheveux blonds d'or pâle épandus sur ses épaules et ses grands yeux un peu dédaigneux. Déjà les vieux chambellans commençaient à lui faire leur cour et l'on colportait dans les antichambres les mots espiègles qui lui échappaient.

À quelque temps de là se produisit un incident, sans grande importance par lui-même, qui ne laissa pas que d'impressionner péniblement la reine.

La petite princesse Gélide avait une biche favorite qui l'accompagnait dans toutes ses promenades à travers les jardins immenses du château. Or, un jour, la biche s'étant éloignée un peu, un archer maladroit la traversa par mégarde d'une flèche. La pauvre bête, blême et à demi morte, se tourna d'instinct vers sa maîtresse et, rassemblant toutes ses forces, se traîna jusqu'à elle et vint tomber à ses pieds en la regardant de ses yeux bleus très doux. La petite princesse, elle, se recula et, d'un geste prudent relevant sa robe, s'en revint au palais sans manifester la moindre émotion. La reine se promit de surveiller ce côté du caractère de sa fille ; mais les courtisans, qui n'avaient rien vu, affirmèrent que la chose s'était passée tout autrement et citèrent avec surabondance mille exemples des bons sentiments de Gélide ; et la mère se laissa convaincre.

Pourtant, avec les années, il fallut bien se rendre à l'évidence, et les preuves de l'insensibilité de la petite princesse se multiplièrent d'une façon inquiétante. La reine Christiane prit alors l'avis des plus vieux conseillers. Ils lui persuadèrent que l'éducation était toute-puissante pour réformer ces défauts d'une nature autrement trop délicate et qu'un système de pédagogie transcendante comblerait toutes les lacunes. À cet effet on fit mander à la cour les poètes et les auteurs les plus fameux, et on les pria de composer des pièces dont l'intrigue fût susceptible d'éveiller les sentiments les plus touchants. On fit jouer ces pièces sur un admirable théâtre par les acteurs les plus célèbres et toute la cour fondit en larmes. Seule, la petite princesse Gélide demeura insensible ; aux passages les plus émouvants elle tapotait ses lèvres de ses ongles pâles pour réprimer un bâillement ; elle se tournait en tous sens sur sa chaise, d'un air ennuyé ; elle ne parut s'intéresser qu'aux changements de décors, aux costumes des personnages et aux toilettes des actrices.

*

La reine, découragée, chercha autre chose. Il n'était bruit en ce moment par le royaume que d'un musicien extraordinaire dont l'archet merveilleux jetait les foules en l'extase. On le fit venir à son tour. Il arriva un soir et, dans un magnifique pavillon qu'on avait construit au milieu d'une île, il joua devant la reine et la cour assemblée. Ce fut du délire. Au milieu d'un silence presque effrayant d'intensité, on entendait frémir les âmes sur lesquelles passait l'archet céleste… Les vibrations de l'air étaient si douces que les fleurs déposées à l'entour de l'estrade s'ouvraient comme à la caresse d'un rayon de soleil ; et il y avait au rebord des fenêtres des rossignols engourdis de plaisir et qui se laissaient prendre sans songer à s'envoler.

La reine Christiane fut emportée à demi évanouie. Quant à la petite princesse Gélide, toute droite dans son fauteuil gaufré de vieil or, elle écoutait, visiblement lassée, et paraissait n'accorder d'attention qu'aux bizarres contorsions du musicien, à ses longs cheveux envolés et à l'affolante agilité de ses doigts.

Dès lors, la reine conçut les plus vives inquiétudes et souffrit d'autant plus cruellement qu'elle n'osait confier son chagrin à personne ; car les courtisans continuaient à s'extasier d'admiration devant la petite princesse, vantant à tout propos son esprit et ses grâces et trouvant mille façons ingénieuses de faire ressortir ce qu'ils appelaient sa prudence et sa sagesse précoces et le merveilleux équilibre de ses facultés. Cela, surtout, faisait mal à la reine Christiane, car elle connaissait l'horrible vérité, cachée sous les compliments, et jamais elle n'avait vu monter dans les yeux de son enfant l'éclair de l'émotion.

*

Cette année-là, à l'équinoxe d'automne, les tempêtes furent fréquentes et amenèrent en mer de nombreux naufrages.

Un jour que la reine et sa fille revenaient d'un pèlerinage à la chapelle de sainte Claire, elles furent témoins d'une scène déchirante. Toute la population du village, accourue sur la jetée, regardait à cinq cents mètres de la côte un bateau de pêche qui sombrait. La mer, démontée, roulait de grandes vagues terribles et hautes comme des maisons, qui s'écroulaient en gouffres d'écume avec des chocs si rudes que la vieille estacade en frissonnait de toutes ses pierres. Là-bas, la pauvre barque, ballottée comme un bouchon, apparaissait parfois à la cime d'une vague, avec son mât brisé, ses voiles déchirées et palpitantes et des silhouettes qui tordaient les bras, puis, brusquement, retombait dans la nuit.

Les femmes et les enfants poussaient des cris affreux. Quand la reine parut, tous, d'instinct, se tournèrent vers elle, comme si par sa présence elle eût pu conjurer la tempête. Et, de fait, les pêcheurs qui étaient là et que la crainte paralysait se sentirent soudain électrisés et résolurent de tenter l'impossible. Un canot fut jeté à la mer, des hommes s'y embarquèrent et, après deux heures de lutte désespérée, ils purent ramener l'équipage, sauvé. Au milieu de l'affolement général, la reine n'avait plus pensé à sa fille.

– Où est Gélide ? demanda-t-elle tout à coup.

Les dames d'honneur lui répondirent que la princesse, dans la crainte de l'averse – qui était tombée à flots quelques instants après – s'en était retournée au palais.

Et la reine fut, ce soir-là, plus triste que jamais et connut une douleur qu'elle n'avait pas encore éprouvée. Seule dans son oratoire, elle s'abîma en prières et, le cœur sanglotant, demanda au Seigneur de pardonner à son enfant.

*

La princesse Gélide avait à présent seize ans. Elle connaissait tous les arts, avait l'esprit le mieux orné du monde, savait causer avec grâce et dansait à ravir. Le vieux poète Langevin lui avait dédié un poème dans lequel il célébrait avec enthousiasme sa merveilleuse beauté ; et ce poème avait fait le tour de l'Europe.

Alors, des jeunes princes des environs commencèrent à la rechercher, des fêtes splendides furent données en son honneur et le grand-duc de Lituanie lui-même, à qui était parvenue sa renommée, lui envoya une ambassade chargée de lui présenter ses compliments et de lui offrir, en même temps que des joyaux magnifiques, une robe tissée dans des pays inconnus avec des soies extraordinaires et dans laquelle on paraissait vêtu des rayons de l'aurore.

La princesse Gélide accueillait tous ces hommages avec une visible satisfaction et ne paraissait nullement pressée de prendre une décision.

Parmi les prétendants qui assiégeaient sa main, le prince Florimond de Tenremonde[4] avait conçu pour Gélide un violent amour. En vain il avait tenté de faire partager ses sentiments à la princesse ; elle ne repoussait point ses hommages, et même elle lui adressait ses sourires les plus engageants, mais elle en faisait autant à tous ses rivaux et Florimond se désespérait.

Une fois qu'il était entré sans être annoncé dans le boudoir où la princesse achevait les préparatifs d'une toilette de bal, il la surprit essayant devant son miroir tout un jeu de regards et de sourires, comme on essaie des paires de gants. Et il s'en alla l'âme bouleversée.

La froide coquetterie de Gélide l'avait frappé au cœur et il tomba dangereusement malade.

Un soir, un coursier couvert de poussière apporta à la reine Christiane un large pli scellé aux armes du prince. C'était un message dans lequel il sollicitait dans les termes les plus touchants la suprême faveur de voir la princesse Gélide encore une fois avant de rendre l'âme. Sur-le-champ la reine fit prévenir sa fille et toutes deux se mirent en route. Dès qu'elles arrivèrent, la vieille princesse Agde les reçut en sanglotant et tint longtemps Gélide serrée contre sa poitrine sans pouvoir dire un mot. Puis elle les conduisit au chevet de son fils.

4 La rue de Tenremonde est une rue du Vieux-Lille. Il y existe aussi un Hôtel particulier de Tenremonde. Le nom renvoie donc à l'univers de la ville natale de Samain. Le nom lui-même est issu d'une contraction de Tendre-monde. (Renseignements fournis par Christophe Carrère.)

En l'entendant entrer, avant même que de la voir, le prince Florimond, dont la tête gisait renversée sur les oreillers, eut un frisson par tout le corps ; puis, se tournant vers elle aussi vite que le lui permettait sa faiblesse, il prit ses petites mains dans ses doigts desséchés, crispés de fièvre et, sans dire un mot, la regarda avec l'avidité immobile d'un homme qui, après une longue marche sous un soleil de plomb, boit un verre d'eau glacée.

Prenant à son doigt une bague magnifique formée d'une large émeraude entourée de topazes, le prince la passa au doigt de Gélide avec un long regard triste et passionné comme un adieu. Ses yeux alors se fermèrent et il sembla qu'il allait trépasser. Sa mère et la reine Christiane, agenouillées au pied du lit, pleuraient à sanglots. Gélide, un mouchoir à la main par contenance, faisait miroiter sa bague à la lumière du flambeau. La reine Christiane, levant par hasard les yeux, saisit ce manège et se sentit devenir froide jusqu'à l'âme. Dès cet instant sa résolution fut prise.

*

Quelques semaines plus tard, toute vêtue de noir, elle se rendait, accompagnée de Gélide, chez l'enchanteur Roland et, dans un long entretien, lui confiait ses nouvelles douleurs.

– Je t'attendais, fit le vieillard simplement quand elle eut fini. Je suis même surpris que tu aies tant tardé.

– Que faire ? gémit la reine.

– Tenter de remettre les choses où elles en étaient avant que j'aie accompli ton dangereux souhait.

– Que la volonté de Dieu s'accomplisse ! fit la reine, qui tremblait un peu ; et elle s'accouda à un prie-Dieu bizarrement sculpté, pendant que l'enchanteur faisait transporter dans une chambre voisine Gélide, endormie par quelques gouttes d'un élixir vermeil.

Deux heures se passèrent. La reine, mordue d'une anxiété croissante, allait et venait dans la petite salle décorée de figures bizarres et de nobles peintures, et ne pouvait tenir en place.

Le soir tomba.

Tout à coup, un cri étrange traversa le silence. La reine bondit vers la porte par où était disparu l'enchanteur, mais le vieillard l'arrêta d'un geste sur le seuil ; ses yeux profonds semblaient répandre de la lumière, il paraissait grandi, presque surhumain. Il lui semblait avoir vu à la main du vieillard comme une légère tache rouge, et elle frissonnait de tous ses membres. Elle sortit de la pièce, descendit quelques marches et s'avança au-dehors.

L'enchanteur possédait un vaste jardin rempli d'arbres aux essences les plus rares, avec des terrasses chargées de fleurs étranges qui versaient dans la brise des senteurs inconnues. C'était de la douceur que l'on respirait, et la reine se laissait gagner à la caresse enveloppante des choses, quand, au tournant d'une allée, elle vit venir à elle une jeune fille qu'elle ne reconnut pas d'abord.

– Ma mère ! s'écria la jeune fille en se précipitant vers elle et l'entourant de ses bras dans un geste d'ardente tendresse.

La reine fut presque tentée de la repousser, tant cette petite créature, aux traits ingrats, à la peau saupoudrée de taches de son, et avec sa taille manquée, ressemblait peu à l'adorable Gélide qui l'accompagnait tout à l'heure.

– Ma mère ! répéta l'enfant, mais d'une voix si tendrement suppliante que la reine en fut remuée jusqu'aux entrailles.

À ce moment, l'enchanteur Roland parut.

– Voici ta fille, dit-il. L'art de mes enchantements ne saurait faire plus que de te la rendre telle que Dieu te l'a donnée.

Et la reine, jetant un coup d'œil sur son enfant ainsi transformée, ressentit malgré elle une inexprimable souffrance au cœur et, s'asseyant sur un banc, se prit à sangloter tout bas.

– Attends, fit l'enchanteur en lui posant doucement la main sur l'épaule, attends un instant avant de te désespérer.

Pendant ce temps, Gélide, laissée à elle-même, errait au hasard à travers le beau jardin, où descendaient les lentes ténèbres. Les fleurs éclatantes pâlissaient dans les chemins noyés d'ombre. Les bruits du jour s'éteignaient l'un après l'autre et un grand silence tombait des arbres mélancoliques.

Gélide était revenue près de sa mère. Celle-ci, à ce moment, levant la tête, fut frappée de la suave tristesse de ses grands yeux.

– Qu'as-tu, mon enfant ? dit-elle.

– Rien, ma mère ! répondit doucement Gélide en baissant la tête. Je songe à ces pauvres fleurs qui vont mourir ce soir.

Et la reine, émue, la serra longuement sur son cœur.

Quelque temps après, la reine prit congé de l'enchanteur. Comme il la reconduisait jusqu'au seuil de la forêt, tout à coup un jeune seigneur, suivi de son écuyer, vint à passer.

– Le prince Florimond ! s'écria Gélide en saisissant d'une étreinte fébrile le bras de sa mère, et elle se mit à trembler toute.

À l'exclamation involontaire dont elle accompagna ces mots, le prince l'entendit et se tourna sur sa selle ; mais quand il vit l'insignifiant laideron qui avait prononcé son nom, il eut un sourire de dédain et s'apprêta à continuer son chemin.

Mais Gélide avait fait un pas vers lui : une souffrance aiguë et brutale comme un coup de poignard, en même temps qu'une sensation affolante, lui avaient traversé le cœur, bouleversant son être dans ses dernières profondeurs.

Le prince, comme fasciné par son regard, s'était rapproché. Alors elle devint pâle, pâle comme un lys. Ce fut comme si son âme se fendait, se déchirait de souffrance et d'amour, et, brusquement, de ses yeux, beaux d'une surhumaine beauté, deux larmes jaillirent qui glissèrent sur ses joues, belles et pures comme deux étoiles.

C'était la première fois qu'elle pleurait.

– Roland, Roland, dit la reine qui avait compris, comme elle va souffrir !

Et l'enchanteur répondit :

– Oui, mais comme elle sera heureuse !

ANGÔN ET GLAÏS

Non prépublié en revue et resté inédit du vivant de Samain, « Angôn et Glaïs » a été recueilli, dans le même volume que « La Petite Princesse Gélide », aux éditions de l'Ancre d'Or en 1947, avec la suscription « contes inédits ». Comme surtout le drame Polyphème, *comme aussi « Hyalis, le petit faune aux yeux bleus » ou encore « Xanthis ou la Vitrine sentimentale », et malgré les clartés méditerranéennes de la mythologie grecque, le conte appartient à la veine la plus sombre de Samain, celle des amours déçues ou trahies, le plus souvent par inconscience et légèreté, quand ce n'est pas par cruauté ou cynisme. Le drame – si l'on peut se permettre cette audace générique, justifiée par le fait que l'action s'y noue, s'y développe et parfois même s'y dénoue par le dialogue – est dans la majorité des cas varié sur une même trame : celui qui mériterait d'être aimé par son dévouement, ses aspirations, la pureté de son amour, est rejeté comme hideux et grotesque – Samain a bien lu Hugo –, tels Hyalis, Polyphème, ou ici Angôn. Le faune, ou chèvre-pied, n'a que le tort d'être amoureux de la naïade Glaïs, qu'il comble de prévenances et de cadeaux, sans voir qu'elle ne s'attache à lui qu'à proportion des divertissements qu'il lui offre, et qui sont voués à une continuelle surenchère. Le centaure Chilias, à la fois le sage et le confident de l'histoire, recommande à Angôn de ne jamais laisser sortir Glaïs de la grotte où il veille sur elle. Car la grotte est à elle seule un monde, qui semble d'abord suffire à la nymphe, puisque le faune y comble tous ses désirs. Mais le risque est grand qu'elle conçoive l'idée d'un ailleurs ou d'un infini en dehors de la grotte. On voit que Samain fait une lecture toute personnelle du mythe de la caverne exposé dans le livre X de* La République *de Platon. Pour Samain, comme pour Chilias, à la différence de Platon, et selon une lecture du mythe qui n'est rien moins que féministe, il n'y a rien à gagner pour Angôn à ce que Glaïs se défasse des illusions dorées ou des chaînes métaphoriques de la caverne : elle n'en sera pas plus heureuse, et lui aura à en souffrir au point que cette découverte sera fatale à l'amour d'Angôn et à lui-même. Le conte en fera la démonstration.*

Celui-ci narre les divertissements successifs imaginés par Angôn et offerts à Glaïs : animaux divers, parures, instruments de beauté et de maquillage. Pour finir, il lui offre la compagnie d'un jeune pâtre, Axis, qui pourra la distraire de sa solitude et de son ennui toujours renaissant, véritable leitmotiv du conte. Le remède fait effet sans susciter tout d'abord la jalousie qui dévastera Polyphème, étant dû à Angôn lui-même ; mais il ne dure qu'un temps. On pressent que l'écueil sera aussi ailleurs. Glaïs s'était montrée capable de cruauté gratuite, avec les animaux ramenés dans la grotte pour lui plaire, mais aussi avec Angôn dont elle s'amuse à taillader le bras avec un poignard, et qu'elle défie de tenir dans sa main un charbon ardent roulé hors du feu. Il supporte presque tout avec abnégation. À noter que ce sont les mots complices et moqueurs alors échangés entre Glaïs et Axis – « Est-il bête, hein ? » –, qui le font défaillir, « le cœur noyé de douleur », et non, comme on aurait pu le croire, le corps en proie à une souffrance insupportable.

Même si elle a à cœur de bien le soigner ensuite, Glaïs finit par lui demander de sortir de la caverne, dans une stratégie de séduction qui peut rappeler celle de Dalila demandant son secret à Samson dans l'opéra de Saint-Saëns (1877). Celui-ci commence par refuser, mais se heurte à des reproches manifestement injustes et de mauvaise foi : « Tu ne veux jamais me donner ce que je demande. » (On voit assez quelle est la conception propre à Samain de l'Éternel féminin.) Il finit bien sûr par céder, et mal lui en prend car cette fois, par une ironie inconsciente et tragiquement cruelle, c'est l'étoile Vesper, en d'autres termes Vénus, qu'elle lui demande. On laisse le lecteur découvrir la fin du conte.

Quelle est la singularité de ce conte où Samain pourrait sembler se pasticher lui-même ? Tout d'abord, l'imaginaire de la grotte qui est un monde en soi placé sous le signe de la merveille, tant par elle-même que par les aménagements prodigieux dont l'a ornée et rehaussée Angôn. Si le conte, comme Polyphème, *tourne au drame de l'« invincible jalousie », ce n'est pas celle-ci qui précipite le drame. Bien plus, il y a une fatalité dans les relations, nécessairement vouées au malheur, qui se nouent entre les deux personnages. À cet égard, le titre du conte dit vrai. Seuls Angôn et Glaïs sont les véritables protagonistes du drame, provoqué par une demande à hauteur d'idéal, qui dépasse infiniment ce que Glaïs est capable de concevoir, et de l'ordre de l'injonction tragique, car impossible à satisfaire. D'où l'issue fatale car, comme pour Polyphème, le sort et la vie d'Angôn sont liés à son amour pour la nymphe et à lui seul. Ne pourrait-on à cet égard considérer « Angôn et Glaïs » comme un premier crayon de* Polyphème *? Deux* *autres éléments pourraient valoir preuve, ou tout au moins celle d'une inspiration et d'une matrice communes, si essentielles à l'univers imaginaire de Samain qu'il lui a fallu le développer en deux « histoires », l'une narrative, l'autre dramatique. À l'instar de Polyphème, le satyre ou faune est un « géant », ce qu'on n'attend pas d'un chèvre-pied. Et puis il témoigne à la naïade une « subtile tendresse » en « honnête chèvre-pieds » qu'il est, au point de « déconcerter » l'« antique sagesse » du centaure. Car il est « bon » – seulement « brutal » selon le point de vue d'Axis au moment où il enlève le pâtre pour l'offrir comme compagnon de jeux à Glaïs –, mais ainsi que le reconnaît Glaïs elle-même – « mon bon Angôn », dit-elle, certes au moment où, enjôleuse, elle veut obtenir de lui qu'il lui permette de sortir de la caverne et lui témoigne de l'affection. Une fois encore, on assiste chez Samain à la christianisation du mythe, puisque ce qui est ici en jeu, c'est* Agapè *et non* Éros. *L'histoire des amours malheureuses de Samain avec « la grande amie », Cécile Cerizier, filtrée par une sensibilité personnelle et en grande partie façonnée par un imaginaire culturel et littéraire, rejoue, en le sublimant par la création d'un mythe tragique, ce qui fut sans doute le drame crucial de la vie de l'auteur.*

C'était le matin.

Angôn[1], les jambes ballantes, était assis au bord d'un rocher donnant sur la mer. Le ciel, à l'orient, était couleur de perle rose, et les premiers rayons, glissant obliquement à la cime des vagues, allumaient çà et là des éclairs de vif argent. Une brise fraîche soufflait ; aux parois des roches, les longues herbes fines, les bruyères frémissaient, continuellement. Au loin, les abeilles matinales voltigeaient vers le thym odorant, et les petites cigales chanteuses se grisaient de rosée.

Angôn, immobile, demeurait là, tout à la joie de respirer, gonflant profondément son torse à chaque respiration pour faire descendre le bon air imprégné de sel aux dernières cavités de sa robuste poitrine.

1 L'*angon* est une lance ou javelot franc dont le fer a la forme d'un harpon. Il était utilisé comme arme de guerre ou de chasse. Mais il est clair que Samain utilise le mot pour en faire *poétiquement* un nom à consonance de mythologie grecque, où il est très proche d'« agôn », terme de la tragédie qui désigne le débat et/ou le combat, et particulièrement bienvenu ici pour ce qui noue le drame entre Angôn et Glaïs. Pour Glaïs, on peut penser à la proximité du prénom « Aglaé », qui signifie « rayonnante de beauté ». « Chilias », de « *chilioi* » signifie « mille », « milliers » dans la Bible et suggère la puissance du centaure. Quant à « Axis », il semble démarqué d'« Acis », ce qui nous renvoie encore à Galatée et à Polyphème.

Les yeux grands ouverts, noyés dans les lueurs montantes de l'aurore, il ne pensait à rien, et le sentiment de sa béatitude s'élevait du profond de son être à la surface de son placide visage, où il s'étalait en un large sourire inconscient.

Un grand papillon blanc passa tout à coup. Il le suivit du regard, pensant que Glaïs serait heureuse s'il le lui rapportait ; mais une paresse le retint ; cette pensée de Glaïs, douce comme un parfum, venait d'ajouter quelque chose encore à sa félicité tout à l'heure diffuse, maintenant condensée, et, avec une indulgence et une patience qui l'étonnaient lui-même, il prit une coccinelle qui s'était embarrassée dans les poils de sa barbe hirsute, et la posa délicatement sur une grande herbe près de lui.

À ce moment, un bruit de brindilles froissées lui fit tourner la tête. Le vieux centaure Chilias, son arc à l'épaule, passait sur le sentier.

– Bonjour, Chilias, cria-t-il avec une effusion tempérée de déférence, car la science du vieillard qui connaissait jusqu'au fond les secrets de la terre et du ciel et les inventions des hommes, lui en imposait beaucoup, en même temps qu'elle l'attirait comme un mystère.

– Bonjour, Angôn, répondit le centaure ; et frappé du bonheur qui éclatait sur les traits du chèvre-pieds, il ajouta (car il connaissait toute son histoire) :

– Eh bien ! ta petite Glaïs, que devient-elle ?

– Elle dort encore en ce moment, fit le chèvre-pieds en lançant au vieillard un regard reconnaissant pour lui avoir ainsi parlé du sujet qui était le plus cher à son cœur. Je l'ai laissée tout à l'heure, après avoir préparé les gâteaux au miel et les raisins de son déjeuner, et je suis venu lui chercher toute une moisson de glaïeuls, car c'est sa fête aujourd'hui. Pauvre petite ! il y a dix ans que je l'ai trouvée dans ce marécage que tu vois d'ici, derrière le temple de Proserpine. Oh ! Chilias, tu ne peux savoir à quel point je l'aime. Comment se fait-il qu'une petite créature absorbe ainsi votre vie ? Je ne songe qu'à elle, je ne suis heureux que par elle. Ainsi, tout à l'heure, au moment où tu es arrivé, je me disais, devant ce ciel et cette mer, là, en face de nous, que j'aurais voulu prendre tout cela pour le lui porter ! Ce sont là propos d'insensé, n'est-ce pas ? et je te prie de me pardonner.

Pendant qu'il parlait, le centaure l'observait de ses yeux que la sagesse avait emplis d'ombre.

– Prends garde, Angôn, dit-il, en lui mettant la main sur l'épaule, prends garde ! Un jour viendra où elle s'échappera, où tu souffriras, où tu ne pourras plus satisfaire ses désirs.

– Serait-il vrai ? s'écria Angôn avec un désespoir subit, en levant des sourcils effarés. Oh ! non, si tu savais, elle ne peut rien, rien désirer que je ne sache lui donner à l'instant. Bien mieux, je suis arrivé, à force de l'observer et de la regarder, pendant qu'elle dort, des heures entières, – je crois que je pourrais te dire le nombre de ses cils, – je suis arrivé, te dis-je, à deviner ce qui se passe derrière son front blanc où courent de petites veines, délicates comme des fils de soie bleus, et à préparer ainsi pour son réveil ce qu'elle avait précisément désiré en rêve.

Chilias regarda Angôn fixement, et laissa tomber sa tête sur sa poitrine. Dans la subtile tendresse de l'honnête chèvre-pieds, il entrevoyait un abîme à déconcerter son antique sagesse.

– Angôn, reprit-il au bout d'un moment, Glaïs a-t-elle déjà vu le soleil ?

– Non. C'est dans notre grotte qu'elle vit, entourée de toutes les choses qu'elle préfère, et ne souhaitant rien d'autre.

– Eh bien ! suis mon conseil. Garde-la ainsi le plus longtemps que tu pourras. Et si tu veux continuer d'être heureux, comme tu le mérites, ne la laisse jamais sortir… Tu m'entends ?… jamais sortir.

Et le vieux centaure, ayant prononcé ces mots un doigt levé en l'air, avec un de ces regards qui incrustent les paroles dans les âmes, se retira lentement sous les branches frémissantes d'un bois de chênes prochain.

*

Angôn conservait dans sa mémoire les sages paroles du vieillard, mais il n'en voyait point d'ici longtemps l'application possible, car jamais il n'avait senti son bonheur si assuré.

Toute la journée, sa grosse cervelle ruminait les plaisirs qu'il pourrait inventer pour sa petite amie ; même la vivacité de ses sentiments allégeait son imagination opaque. Il s'affinait, faisait des trouvailles charmantes.

Sitôt qu'il rentrait, Glaïs courait vers lui, l'enveloppait tout entier d'un regard curieux et avide. Lui se reculait contre la muraille, cachait ses mains derrière son dos, affirmait qu'il n'avait rien. Glaïs s'en allait à petits pas, faisant la moue. Alors, il la rappelait et lui montrait, en roué novice qui s'essaie à la comédie, tantôt de petits oiseaux qu'il avait pris au filet, tantôt des papillons incrustés de pierres précieuses, des coquillages irisés où l'on entendait toute la mer, des insectes rares, gros comme le petit doigt, des lézards à peau changeante, ou des poissons d'or et d'azur qui tournoyaient, ouvraient le bec, affolés, dans un vase d'argile. Un bon sourire élargissait sa barbe, et il s'amusait chaque fois comme le premier jour, et avec la capacité des cœurs simples pour le bonheur.

Cela dura longtemps ainsi ; puis, comme elle grandissait, il fallut de nouveaux divertissements.

Un jour, il rentra dans la caverne, tout sanglant, les bras déchirés. Il tenait par des chaînes deux superbes panthères au poil lustré, aux longs yeux d'or, qu'il avait prises au piège dans la forêt voisine ; et le lendemain, il apporta un petit char incrusté d'ivoire, aux roues cerclées de cuivre étincelant qu'il s'était fait donner par un cyclope auquel il apportait de temps en temps du bois.

Ce fut une grande joie pour Glaïs ; elle en rêvait la nuit ; elle se levait, à peine le matin venu, pour aller admirer sa petite voiture qu'Angôn polissait quotidiennement avec un soin méticuleux. Puis, elle courait à la cage où étaient enfermées les panthères ; et là, accroupie aussi près que possible des barreaux, elle les regardait aller et venir et tourner sur elles-mêmes, furieuses et sournoises. Parfois, avec une longue paille, elle s'amusait à les chatouiller ; et cela rendait les bêtes terribles. Toutes droites, elles se dressaient, la gueule froncée et sifflante, passaient de brusques pattes à travers les barreaux, puis retombaient, folles d'impuissance, avec des yeux de rage.

– Laisse-les donc, faisait de loin le bon chèvre-pieds que ce jeu troublait.

– Oh ! viens voir, elles sont si drôles, criait Glaïs, et son rire, mêlé aux fauves miaulements, éclatait en perles sous les hautes voûtes sonores.

Après les avoir ainsi excitées, elle priait Angôn de les atteler. Alors commençaient de longues courses à travers la caverne. Elle passait, les cheveux envolés, ses yeux verts étincelants, une flamme aux joues, à demi penchée hors du char.

– Haô ! haô ! haô !

Elle poussait de petits cris rauques, entre les dents, enfiévrée de plaisir et d'orgueil, et piquait d'une pointe de javelot les bêtes bondissantes.

– Haô ! haô ! haô !

Et le chèvre-pieds, étendu sur le sol, les mains aux joues, la suivait des yeux, silencieux et fasciné.

*

Au bout de trois mois, brusquement, les panthères cessèrent de l'amuser. Angôn l'avait deviné avant qu'elle s'en aperçût elle-même, et déjà s'était mis à chercher autre chose.

Ayant trouvé sur la côte une caisse de bois de cèdre déposée là sans doute à la suite d'un naufrage, il l'ouvrit et y trouva des robes phéniciennes, des bandelettes de pourpre, avec une foule d'objets dont la forme bizarre inquiéta son ignorance. Il rapporta le tout, le soir même, à Glaïs qui poussa des cris d'admiration et de plaisir, et incontinent se para des tissus magnifiques, et courut s'admirer au miroir d'un bassin voisin. Le lendemain, les objets bizarres trouvés dans la boîte l'occupèrent ; et huit jours n'étaient pas passés qu'elle montrait au chèvre-pieds écrasé de son infériorité la manière de les employer. Il fallut même qu'il se prêtât de bonne grâce à ses exigences et qu'il se laissât tailler tout un côté de la barbe, ce qui lui donna un air des plus ridicules et lui valut les plus vilains propos de la part des faunesses insolentes. Devant lui, avec un peigne d'acier doux, elle peigna ses longs cheveux qu'elle enduisit d'essence odorante prise dans les petits flacons ciselés ; puis elle polit ses ongles jusqu'à ce qu'ils devinssent brillants comme des incrustations de jade rose ; puis elle passa sur ses lèvres et sur ses sourcils et sur ses joues, avec mille petites grâces hésitantes, des bâtons de pâte singulière, et se fit ainsi un nouveau visage dont la beauté fit au chèvre-pieds une indéfinissable impression, voisine du malaise. Il se rappela seulement avoir éprouvé cette sensation de jouissance délicieuse un jour qu'il avait bu surabondamment, chez un satyre du voisinage, du vin doré, épais, conservé dans une outre très parfumée.

Et depuis il lui demanda de répéter ce manège tous les jours, ce qui amusa Glaïs infiniment.

Mais ses jours étaient troublés ; il ne jouissait plus maintenant de ces longues périodes de tranquillité qu'il avait connues pendant l'enfance de Glaïs. Son bonheur n'était plus le même non plus : il prenait chaque jour un caractère plus inquiet, et devenait inégal ; avec des heures d'une douceur plus aiguë, comme par la perspective obscure qu'elles ne dureraient pas toujours.

Et puis, il le sentait, Glaïs commençait à s'ennuyer. Dans ces heures qu'il continuait à passer près de sa couche, la nuit, et qui maintenant étaient les plus reposantes de sa journée, il s'essayait à suivre les pensées qui emplissaient son sommeil ; mais ces pensées à présent se faisaient moins simples, se compliquaient, lui échappaient. Un moment arriva où il ne comprenait plus, et le petit front poli comme l'ivoire lui semblait plus terrible par son mystère qu'un mur de granit gigantesque. Une seule chose apparaissait transparente dans le sommeil de Glaïs, c'est qu'elle s'ennuyait.

Le chèvre-pieds était navré. Une pensée lui vint, qu'il repoussa loin de lui d'abord ; mais l'ennui de Glaïs grandissant, il y revint, consentit à l'examiner de sang-froid, bien qu'il en éprouvât chaque fois comme une souffrance.

Glaïs s'ennuyait peut-être d'être seule. Un petit ami l'amuserait peut-être… Lui, il était si épais, si lourd, il ne pouvait se prêter à tous ses jeux.

Alors il se mit à rôder par la campagne, très triste au fond, car il s'était longtemps bercé de l'espoir qu'il suffirait à donner à Glaïs tout le bonheur qu'elle pouvait désirer. Il se disait que le plaisir qu'elle aurait ainsi avec un petit ami lui viendrait de lui, et cela lui était une vague consolation. D'ailleurs, comme tous les gens qui ont une peine, il arrivait à trouver de délicats sophismes où bercer sa résignation toujours avivée.

*

Comme un matin il se promenait dans la campagne aux environs de Gortyne[2], il entendit derrière un buisson d'amandiers un pâtre qui jouait des airs délicieux sur une flûte de roseau. Deux vaches paissaient

---

2 Gortyne est une cité grecque de Crète, située sur les bords du fleuve Léthée et au pied du mont Ida, lui-même tiré du nom de la nymphe qui avait recueilli et nourri Zeus nouveau-né.

auprès. Le chèvre-pieds ravi, l'écouta ; puis une idée lui vint : brusquement, il bondit, enleva l'enfant, effrayé, et d'un bond le porta à la grotte.

Cette fois, Glaïs faillit devenir folle de joie, et, se jetant au cou du bon chèvre-pieds, elle l'embrassa si longuement, si singulièrement, qu'il eut comme froid au fond du cœur, et que ses yeux devinrent humides.

Alors, ce furent des parties interminables. Le jeune pâtre, d'abord terrifié par le brutal géant qui l'avait emporté, en voyant une petite fille si jolie se sentit rassuré, et bientôt, après quelques friandises, fut complètement apprivoisé. Glaïs le mena par la grotte et lui en fit voir toutes les merveilles : les jardins pleins de fleurs qui se renouvelaient tous les deux jours, les bassins où nageaient des poissons de toutes formes et de toutes couleurs, la cascade qui tombait du haut de la montagne et se brisait avec un fracas épouvantable et des éblouissements d'écume ; et elle lui enseigna de monter par un chemin qui permettait de passer derrière la nappe d'eau. Là, Angôn avait dressé, dans les grands lys d'eau, un autel doré, où pendaient des coupes d'ébène incrusté d'argent, à Proserpine, déesse des lieux souterrains ; et dans cet endroit où le bruit de la cascade arrivait assourdi, derrière la nappe d'eau tendue comme un rideau de cristal tout irisé des reflets de torches plantées partout, elle demanda au pâtre, qui la suivait tout enchanté, de jouer ses plus beaux airs.

Une autre fois, elle le mena près du grand lac qui s'étendait au loin sous la montagne, et, se dévêtant de sa tunique de lin étoilée d'argent, comme elle était naïade, elle se glissa dans l'eau, et fit mille tours charmants, se plaisant à aller chercher des petites fleurs violettes qui poussaient dans le sable au fond de l'eau transparente, aidant l'enfant à nager, et riant de ses peurs et de ses reculs, en folle naïade qu'elle était.

Glaïs était bien heureuse maintenant, ou du moins paraissait l'être ; et pourtant le chèvre-pieds ne retrouvait pas la tranquillité de son cœur. Des doutes lui venaient, des choses insoupçonnées auparavant, et il éprouvait un malaise sourd dans le fond de lui-même ; et quand il pensait à Glaïs, il ressentait une sensation vaguement douloureuse, comme lorsqu'on pose le doigt sur une place du corps qui recouvre un mal caché.

Maintenant les yeux mêmes de la petite naïade lui échappaient. Quand il lui disait quelquefois, comme jadis, en l'attrapant au passage dans ses grands bras noueux :

– Es-tu heureuse, Glaïs ?… M'aimes-tu bien, Glaïs ?… elle répondait : « oui ! oui ! » avec son plus joli sourire, s'amusant même à promener ses petits doigts dans sa barbe ; mais il sentait que son regard n'allait plus jusqu'au fond de ses yeux, et il la reposait à terre, découragé, une ombre de tristesse au front.

Un jour, comme elle avait à la main un petit poignard, elle s'amusa à faire une piqûre au bras du bon chèvre-pieds, et le sang jaillit. Cela parut l'amuser énormément.

– Encore, veux-tu ? dit-elle.

Et le chèvre-pieds tendit son bras. Alors elle s'amusa à le taillader lentement, lui faisant partout de légères entailles où perlait une goutte de sang, et elle paraissait très heureuse. Angôn, dans ses yeux brillants, crut retrouver un moment l'ancienne féerie et s'endormit satisfait.

*

Glaïs s'était amusée à diviser en deux la chevelure du pâtre, à l'oindre d'essences et à peigner lentement ses boucles luisantes, et de temps en temps s'interrompait pour l'embrasser. Angôn qui regardait la sienne, silencieux, se sentait malgré lui mordu au cœur d'une invincible jalousie.

Tout à coup, un charbon roula du feu. Le chèvre-pieds le ramassa avec ses doigts et s'apprêtait à le rejeter au foyer.

– Tu peux ainsi tenir cela dans tes doigts ? fit Glaïs d'un air d'admiration étonnée.

– Tu vois, répondit Angôn avec assurance, non sans une secrète douleur.

– Tu pourrais le tenir longtemps ?…

– Oh ! longtemps…

– Si je te le demandais ?

Et elle lui passa câlinement ses bras au cou, en faisant ses plus beaux yeux.

– Ah ! si tu me le demandais…

– Oh ! crois-tu, Axis, fit-elle, en s'adressant au pâtre, faut-il qu'il soit courageux !

Et avec un petit frisson qu'on eût dit de plaisir, et qui retroussait ses lèvres et laissait voir ses canines aiguisées et blanches comme des crocs, elle se pencha sur la main du chèvre-pieds qui commençait à grésiller sous la braise rouge.

Le chèvre-pieds, sous l'atroce morsure de la douleur, raidissait le bras, avec de grandes secousses brusques arrachées par la souffrance, les veines gonflées à crever, la face congestionnée, les yeux hors des orbites ; et l'on entendait par moments des cris rauques étouffés dans son arrière-gorge ; ses mâchoires entraient l'une dans l'autre.

– Assez ! fit tout à coup Glaïs.

Il rejeta le charbon, devint tout pâle, et retomba en arrière sans force ; mais comme il tournait les yeux vers elle, il la vit qui échangeait un regard malicieux avec Axis ; tous deux semblaient rire.

Il entendit ces mots : Est-il bête, hein ?...

Et le cœur noyé de douleur, il défaillit.

– Es-tu mieux ? faisait Glaïs en se penchant doucement auprès du chèvre-pieds, quelque temps après la scène de la brûlure. Elle avait eu pour lui des soins vraiment touchants, s'occupant à panser sa plaie avec des feuilles aromatiques, préparant des repas délicats, choisissant les fruits les plus savoureux, de belles prunes, de lourdes poires, et lui présentant tous les jours des coupes d'eau glacée parfumées d'écorces aromatiques. Et le chèvre-pieds, silencieux, la remerciait d'un regard plein de reconnaissance, suivant des yeux chacun de ses mouvements. Jamais elle ne s'était montrée meilleure ; jamais il ne s'était senti plus heureux ; jamais il ne l'avait plus aimée. Parfois, quand elle passait très vite auprès de lui, occupée comme une petite femme sérieuse aux soins du ménage, il lui saisissait la main au passage.

– Laisse-moi, disait-elle. Je n'ai pas le temps.

Mais il ne l'écoutait pas, l'attirait à lui, et pendant un long moment, sans une parole, la dévorait des yeux comme s'il eût voulu la faire entrer par ses yeux dans son cœur.

*

Ce soir-là, elle avait été particulièrement complaisante et elle venait de s'asseoir aux pieds de son ami, posant sa tête sur les genoux aux longs poils. Lui, la regardait, s'amusant à passer et à repasser la main sur ses longs cheveux lisses comme de la soie.

– Mon bon Angôn, dit-elle d'une voix très douce.

– Que veux-tu ?

– Je voudrais bien sortir...

– Cela n'est pas possible.

– Pourquoi ?

– Je te répète que cela n'est pas possible. N'insiste pas. Tu me ferais de la peine, fit Angôn, qui avait toujours présente à l'esprit la recommandation du centaure Chilias.

– C'est bien. Tu ne veux jamais me donner ce que je demande.

– Oses-tu dire cela ?

– Tu vois bien, tu me refuses.

– Mais tu demandes une chose insensée.

– Pourquoi insensée ?

– Parce que… parce que… fit Angôn tout à fait à court de raisons et sans fertilité d'imagination assez grande pour en trouver une tout de suite.

– Là, je savais bien que tu n'aimais pas ta petite Glaïs !

Et mettant son visage dans ses mains, elle se mit à pleurer, en répétant d'une voix entre-heurtée de sanglots :

– … Ta petite Glaïs !… ta petite Glaïs !…

– Voyons, je t'en supplie !… fit Angôn d'une voix dont l'autorité était singulièrement entamée ; et il voulut lui enlever ses mains de dessus son visage.

– Non, non, répéta-t-elle en hochant la tête. Tu ne sais que faire pour me contrarier.

Et elle se remit à sangloter, si bien que le chèvre-pieds, vaincu, se leva. Il venait d'ailleurs de réfléchir que, comme il faisait nuit, le spectacle du dehors ne présenterait pour Glaïs qu'un intérêt fort médiocre ; qu'elle serait peut-être même épouvantée de tout cet immense noir, et qu'une pareille déconvenue ne l'inciterait point à de nouvelles sorties.

– Allons, viens, fit-il.

Et la conduisant par un corridor aux bizarres révolutions, il lui fit monter une suite de larges marches de granit jusqu'à une roche qu'il fit tourner sur elle-même. C'était l'entrée de la caverne. Ils se trouvèrent sur un large plateau qui donnait à pic sur la mer. Un vent vif soufflait, et l'on entendait tout en bas dans l'ombre un grondement continu.

Glaïs, très émue, et légèrement effrayée, se penchait à demi. Habituée aux irisations lumineuses et à l'égale atmosphère de la grotte, le froid la surprenait désagréablement. Elle se rejeta au bout d'un moment entre les bras du chèvre-pieds et lui dit :

– Ah ! viens, allons-nous-en.

Tout joyeux, il se disposait déjà à redescendre, quand tout à coup elle s'arrêta :

– Oh ! regarde… regarde, ami !

– Quoi ?

– Là-bas !… oh ! que c'est beau !

– Quoi donc ?

– Mais ne vois-tu pas cette chose qui brille… Qu'est-ce que c'est ?

Et tendant son bras, elle indiqua dans le ciel Vesper qui, un instant caché derrière un nuage, réapparaissait éclatant sur les ténèbres.

– C'est une étoile, fit le chèvre-pieds.

– Ah !… fit Glaïs doucement, en répétant le mot qui semblait chanter à son oreille ; et quittant les bras du chèvre-pieds, elle s'avança jusqu'à l'extrême bord de la falaise et tendit ses bras à l'astre, immobile et fascinée, un petit battement aux cils.

– Viens, fit au bout d'un moment Angôn, et il l'emmena.

Ils redescendirent, silencieux.

Comme elle s'étendait pour dormir sur la grande peau d'ours près du foyer :

– Ami ! fit-elle, d'une voix qui semblait déjà partie dans le rêve…

Angôn s'approcha, agenouilla son grand corps auprès d'elle, et il l'entendit murmurer d'une voix très lente :

– Je voudrais bien… avoir… l'étoile !

Le lendemain, parmi les rochers au bas de la falaise, les pêcheurs de Gortyne trouvèrent un grand cadavre en lambeaux, lamentablement fracassé.

. . . .

– Construisez à cet endroit un temple à Éros[3], leur cria le centaure Chilias qui, du haut d'une cime, contemplait, mélancolique. . . . .

3 En fait de sagesse du conte, selon notre lecture, il s'agit d'*Agapè* et non d'*Éros*, mais évidemment le premier terme, au sens chrétien, ne peut faire partie de l'horizon mental d'un centaure, si « humain » soit-il. Quant au verbe transitif sans autre complément qu'une série de points de suspension, il suggère l'infini ou l'abîme de la pensée dans laquelle se plonge le personnage, prolongeant le suspens qui suit la découverte de la mort par suicide du faune. L'imparfait du verbe final, verbe sémantiquement imperfectif, va aussi dans ce sens.

JEAN CAUDRY

Publié par les soins de Léon Bocquet et d'Alphonse-Marius Gossez dans Le Beffroi *d'août 1903, soit trois ans après la mort de Samain, « Jean Caudry » est une nouvelle pleinement achevée. Elle confronte un homme qui, selon ses propres dires, jouit de tout ce qu'il faut pour être heureux, à ce que Camille Mauclair, dans un conte sur le même thème, a opportunément nommé « la mauvaise heure*[1] *». Qu'est-ce qui fait qu'un être humain ressent tout à coup ce* tædium vitæ *des Anciens, le dégoût et le vide de la vie, son absence de sens « sans raison explicable », c'est-à-dire sans que cette crise intérieure puisse être expliquée par aucune cause précise ni déterminante ? Cette atteinte de* spleen *qui projette son ombre sur la vie est ressassée* ad nauseam *dans le texte avec le mot « ennui », ses dérivés et ses symptômes – « angoisse » (deux fois), « horreur », « nausée », « amertume », « dégoût » –, et ce depuis l'affirmation détachée du début – « Jean Caudry s'ennuyait ce soir-là » – jusqu'aux termes de la lettre adressée à un ami : « Mon cher Louis [...] j'ai ce soir tout ce qu'il faut pour être heureux... Je m'ennuie, par conséquent... ». Paradoxalement en effet, tout semble sourire au personnage, son âge et sa situation dans l'existence, ses dispositions même « à arranger l'édifice confortable de sa vie d'une façon très habile », et jusqu'au « soir de juin tiède, embaumé, fleuri, où tout Paris sembl[e] baigner dans des effluves de douceur ». C'est donc au cœur de cet instant trop parfait et de cette vie trop lisse que s'insinue la lézarde qui va la ruiner de fond en comble, tout le texte s'employant à aiguiser le contraste entre les conditions objectives du bonheur et le travail de sape d'une conscience autodestructrice. Sans doute importe-t-il même qu'aucune circonstance ni aucun événement nouveaux ne suscitent une contrariété qui pourrait être combattue. À l'inverse, le* spleen

1 Voir Camille Mauclair, *Les Clefs d'or* [1897] ; recueilli dans *Contes symbolistes*, éd. citée, vol. 3, p. 623-631. À l'inverse du conte de Samain, celui de Mauclair connaît un dénouement heureux à la faveur d'une circonstance imprévue, même si celle-ci n'annule en rien la prise de conscience qui l'a précédée. Elle permet néanmoins de la faire taire en réintégrant le personnage dans le cours de la vie sociale.

dont souffre Jean est irrémédiable parce qu'il laisse apparaître un manque que rien ne saurait combler.

Le texte donne malgré tout un nom à ce manque : c'est la « solitude » affective et morale causée par l'absence de sentiment amoureux : « Au fond il souffrait du besoin d'aimer… ». Mais on peut aussi bien ajouter le fait, pour le personnage, de jouir d'une vie étale et sans surprise. Ainsi, il y a quelque chose de philosophique dans la prise de conscience qui conduit Jean Caudry au suicide. La vie, pour valoir d'être vécue, exige un moteur, un désir, un principe de légitimation qui fait justement défaut au personnage. Car qu'en est-il d'un homme sans attaches et jugeant avoir fait le tour de ce que, dans le milieu social qui est le sien, la vie peut lui offrir ? Certes, la sienne est comblée au regard de la société, mais cela suffit-il pour vouloir continuer ? Bien qu'il ne se trouve aucune raison d'être mécontent de lui-même – à l'examen, il se délivre plutôt des satisfecits *–, le sentiment qu'a Jean Caudry de la monotonie de l'existence se greffe sur une hypersensibilité morbide, voire dépressive dans le moment qu'analyse la nouvelle, c'est-à-dire interdisant toute possibilité de pas de côté qui permettrait d'envisager un changement : situation de blocage, donc.*

Rien de tel d'abord que des conditions matérielles bourgeoises privilégiées pour favoriser l'apparition de « ces malaises d'âme » exactement nommés. À quoi s'ajoutent une hypersensibilité frustrée et des trésors d'amour ou de dévouement inemployés, ni ne pouvant l'être ; des goûts raffinés d'esthète, voire de dandy ; un tempérament et une sensibilité d'artiste enfin, mais sans la ressource d'un talent créateur. Avec beaucoup de justesse et de lucidité, mais peut-être un peu trop de volonté explicative, Samain nous livre ainsi la double clé de son personnage :

> Comme tous les sensitifs qu'une secousse peut briser, et qui gardent en conséquence leur existence des heurts les plus légers, il avait raréfié autour de lui la vie, et la vie s'en vengeait.

Cette existence réglée de vieux garçon, sans risques ni engagement, produit donc l'effet inverse de ce qu'elle vise. Y contribuent des mœurs et des goûts décadents, qui ne sont pas sans faire penser à des Esseintes :

> L'absorption continuelle d'une substance intellectuelle délicate et recherchée surchauffait son esprit, lui causait comme une fièvre, lui donnait le dégoût. La production, avec ses labeurs pénibles, son coup de pioche à donner, son travail au soleil, sa sueur, l'eût peut-être sauvé. Mais il ne

pouvait produire, sa faculté critique trop exclusivement développée ne lui permettait que des enthousiasmes très restreints, bientôt mangés par une vue trop nette des défauts.

Cette maladie de la conscience s'analysant elle-même dont a parlé Jankélévitch à propos de la décadence, voilà bien ce qui mine Jean Caudry.

À la façon dont Gide inventera le meurtre comme « acte gratuit » dans Les Caves du Vatican *(1914), Samain propose ici par anticipation ce que pourrait être le suicide comme acte gratuit. On soupçonne l'écrivain, par les précautions circonstanciées qu'il prend pour se distinguer de son personnage, d'y incarner une tentation qu'il souhaite mettre à distance : autoportrait oblique, et donc cruel et franchement (auto)ironique ? On ne peut écarter cette hypothèse. Sans que le narrateur juge expressément le personnage, sans qu'il se départisse non plus d'une forme d'empathie à son égard, la chute du récit fait néanmoins preuve d'une ironie tragique portée à son comble. « Devenu aveugle » – ce sont les deux derniers mots du texte – après avoir raté son suicide, le personnage serait-il frappé par une sorte de justice immanente ? Faut-il comprendre que celui qui n'a pas su* regarder la vie, *qui s'est condamné lui-même à l'aveuglement, est condamné à la cécité ? Après le suspens provoqué par la ligne de points et la surprise qui s'ensuit – « Jean Caudry n'est pas mort » –, le passé composé replace l'énonciation sur le plan du discours et installe le personnage dans un présent voué désormais à se prolonger de façon interminable – substitut de l'Enfer ?*

Mais le plus remarquable se situe peut-être en amont du suicide, dans le malaise suscité par le dédoublement qu'éprouve le personnage à s'observer lui-même : « dans cet acte décisif, il n'était pas lui-même. Il se voyait agir. Ce cabotinage acharné, qu'il portait en lui, le fit souffrir. » La théâtralité d'un acte *dégradé en* geste *anticipe ce que Sartre appellera « mauvaise foi », rôle dans lequel Jean Caudry se glisse malgré lui et qui l'empêche de coïncider avec lui-même, en somme de choisir librement le néant et la mort par suicide : ultime résistance de l'être devant l'aspiration à en finir. Il n'empêche que le personnage passe outre. Plutôt qu'à Sartre, la fin fait en revanche penser au Kundera de* La Plaisanterie *(1965) : comme s'il y avait une grimace du destin, qui déciderait que tel de nos actes soit suivi d'un effet et d'une signification tout autres que ceux que nous leur avions d'abord assignés, et auxquels sera refusée la grandeur tragique. En témoigne le prosaïsme des dégâts causés par la blessure à quelqu'un qui n'était prêt à affronter que la majesté abstraite de la mort. Chez le symboliste Samain, il y a là un sentiment très moderne et, pour le coup, pas décadent du tout.*

Jean Caudry, le cigare aux lèvres, les mains derrière le dos, taquinant sa canne, rentrait lentement chez lui, à la petite garçonnière qu'il occupait rue Richepanse[2].

Jean Caudry s'ennuyait ce soir-là.

Sans raison explicable, d'ailleurs. Il s'ennuyait d'un ennui sourd, vague, indéfinissable, qui semblait monter de son cœur à son cerveau dans une poussée lente et continue.

Très nerveux de tempérament, il lui arrivait souvent de ressentir de ces malaises d'âme, contre lesquels tous les raisonnements du monde restent impuissants.

Mais ce soir-là, la sensation obscure était plus poignante, beaucoup plus qu'à l'ordinaire, et, tout en se balançant, dans ce rythme d'indolence qui lui était familier, il accumulait, pour résister à l'envahissement de ce qu'il appelait ses nuages de plomb[3], tous les éléments de résistance que lui offrait la constatation pure et simple de sa situation.

Jean Caudry, sans être trop riche, avait une aisance relative qui lui permettait de vivre à sa guise, en lui laissant une marge très suffisante pour les fantaisies. L'art, qu'il aimait et qu'il comprenait, lui procurait des jouissances raffinées qui multiplient en quelque sorte la vie.

Il était arrivé à la quarantaine sans que la vie l'eût trop secoué, et si quelques cheveux blancs argentaient ses tempes, l'ensemble de sa performance[4] était encore très satisfaisant.

Grand, droit, mince, l'œil intéressant, la moustache fine, un air de distinction répandu sur toute sa personne, il n'était pas de ceux dont l'abdication s'impose[5].

---

2 Le général Antoine Richepanse (1770-1802) – ou Richepance – rétablit l'esclavage à la Guadeloupe en mai 1802. La rue Richepance, située à la limite des 1er et 8e arrondissements de Paris, dans le prolongement de la rue Saint-Florentin, a été rebaptisée en 2002 « rue du Chevalier-de-Saint-George ». Le patronyme, surtout grotesque avec la graphie retenue par Samain, a en soi quelque chose de programmatiquement bourgeois.

3 Avec une dénomination originale, on aura reconnu la *melancolia splenica* que Baudelaire a popularisée sous le nom de *spleen*, dont toute la génération de Samain est tributaire. La formule est de Hugo : « Ces nuages de plomb, d'or, de cuivre, de fer, / Où l'ouragan, la trombe, et la foudre, et l'enfer, / Dorment avec de sourds mumures, / C'est Dieu qui les suspend. » (« Soleils couchants (I) », *Les Feuilles d'automnes*, 1831, v. 31-34.)

4 Le terme surprend. Rapporté aux considérations que le personnage fait sur son aspect physique, il laisse entendre que, non sans auto-ironie, voire humour, le personnage se compare à une sorte d'athlète.

5 « Distinction » contre « abdication », terme négatif *a priori* récusé dans une formule qui tient de la litote. Or la suite du texte consiste précisément à renverser à nouveau les coefficients.

Quoique répugnant à la méthode par tempérament, il avait su arranger l'édifice confortable de sa vie d'une façon très habile, équilibrant autant qu'il était en lui, par d'ingénieuses combinaisons, ce qu'il appelait la dépense et les recettes de ses sensations. Doué d'un sens de la mesure exquis, il savait juste à temps, par une petite coupe jetée dans le plateau de droite ou de gauche, amener la stabilité du fléau.

Comme on le voit, Jean Caudry était loin d'être à plaindre ; bien au contraire, par l'ensemble de sa vie calme, pleine et douce, était-il de ceux qu'on classe dans les heureux.

Et cependant Jean Caudry s'ennuyait, s'ennuyait épouvantablement ce soir de juin tiède, embaumé, fleuri, où tout Paris, répandu sur les trottoirs, s'accumulant aux tables des cafés, semblait baigner dans des effluves de douceur.

Il descendit de la rue Royale jusqu'à la place de la Concorde, puis rentra chez lui, Champs-Élysées, en suivant les allées solitaires où les arbres laissaient tomber une fraîcheur odorante.

Il ne pouvait se décider à rentrer…

Et toujours son monologue intérieur continuait[6], avec des alternatives de repos et de défaites. Mais quand, rejetant la tête en arrière, dans une large bouffée d'air pur qu'il aspirait, il reprenait possession de lui-même, il sentait des profondeurs de son être, un instant apaisé, remonter sourdement l'angoisse, comme un serpent obscur qui dépliait ses nœuds et se dressait vers son cœur, l'enlaçait lentement, doucement, et jusqu'à l'étouffer.

Il rentra chez lui.

Quand il eut allumé la lampe, ce *home* confortable, élégant, qu'il avait pris tant de soin à parer, à embellir, lui sembla banal, non qu'il le fût réellement, mais, ce soir-là, cette impression qui se dégage des choses que l'on connaît et qu'on retrouve à la même place, cette sensation attendue qui fait la douceur de l'habitude, lui causa au contraire une sorte d'agacement.

Au lieu de jouir comme à l'ordinaire de ce petit coin où il avait entassé un peu de tout ce qu'il aimait le mieux, livres rares, tableaux, dessins, bibelots, il le prit subitement en horreur. Et certains objets

6 Il ne s'agit pas ici de ce « monologue intérieur » dont Édouard Dujardin a trouvé la formule en 1887 dans *Les lauriers sont coupés* et qui répond à une définition linguistique précise, mais, comme la suite du texte le montre, d'un monologue narrativisé au discours indirect libre.

qu'il tolérait à cause des souvenirs de lui-même qu'il y retrouvait, – car à tous points de vue nos anciennes faiblesses nous sont chères, – au lieu d'attirer sur ses lèvres un sourire d'indulgence, lui donnèrent la nausée. Brusquement il prit un de ces bibelots gentils dont la mode inonde Paris tout à coup, une petite statuette… anecdotique… La platitude aimable qui s'en dégageait le fit souffrir. Ses nerfs s'exaspéraient. Il la brisa d'un coup[7]. Et ce fut un soulagement.

Alors, il prit un livre, un de ceux qu'il aimait le mieux… C'étaient des vers d'un poète sensibiliste[8], délicats, et fuyants, et trempés de tristesse. Il lut une pièce, puis une autre… puis laissa tomber le livre sur ses genoux, le cœur noyé d'amertume. Ces poésies intimes et souffrantes avaient éveillé en lui un écho douloureux qui se prolongeait le long de ses fibres tendues, accroissant encore son angoisse.

Il resta immobile, enfoncé dans le fauteuil bas et trapu, la tête penchée sur sa poitrine.

Qu'avait-il, mais qu'avait-il donc ce soir ?

À l'horloge, une exquise fragilité Louis XV avec des guirlandes tout en volutes[9], une heure sonna.

Dans le silence profond qui régnait, la voix métallique semblait parler à son âme lasse… Et ce grand mot lui monta aux lèvres, désolé : solitude…

Âme aimante et tendre, il souffrait de sa solitude. Il haletait sans s'en rendre compte, sous un trop plein d'affection à placer. Il était garçon, vieux garçon maintenant… Avec une prudence merveilleuse, il s'était attaché depuis longtemps à supprimer adroitement autour de lui tout ce qui aurait pu devenir une chaîne, chaîne légitime ou autre. Était-ce vraiment par égoïsme ? Peut-être… Il y avait aussi ce sentiment que, se sachant peu apte aux rudes besognes de la vie, il avait jugé que son rôle de chef de famille l'accablerait, serait au-dessus de ses forces.

---

7 Par un effet de lecture amusant, l'univers du texte croise ici celui de « Xanthis », mais dans une tout autre perspective.

8 Ce néologisme, qui sonne volontairement décadent, peut se lire comme un qualificatif ironique du poète Samain sur son personnage, mais aussi humoristique sur lui-même, puisqu'il parvient à dire à la fois ce qui le rapproche et l'éloigne de son personnage.

9 Par cette étrange hypallage – « fragilité » – complaisamment développée, Samain donne un équivalent de l'objet et du goût sur lesquels il ironise avec esprit.

Oui, il avait décidé cela, de sorte qu'à cette heure il se trouvait seul, effroyablement seul, n'ayant plus les illusions et la curiosité de la jeunesse, alors qu'il conservait toute sa chaleur de cœur.

Au fond, il souffrait du besoin d'aimer.

Comme tous les sensitifs qu'une secousse peut briser, et qui gardent en conséquence leur existence des heurts les plus légers, il avait raréfié autour de lui la vie, et la vie s'en vengeait. Une sorte d'hypertrophie du cœur le minait lentement. Oui, seul, ce mot résonnait profondément en lui, illuminant son être jusque dans ses dernières profondeurs.

Il se dit : « Quel remède ? »

Nul but n'existait dans sa vie… Pas assez artiste pour produire, il ne pouvait que sentir. Or le cerveau, comme l'estomac, a ses heures de plénitude. L'absorption continuelle d'une substance intellectuelle délicate et recherchée surchauffait son esprit, lui causait comme une fièvre, lui donnait le dégoût. La production, avec ses labeurs pénibles, son coup de pioche à donner, son travail au soleil, sa sueur, l'eût peut-être sauvé. Mais il ne pouvait produire, sa faculté critique trop exclusivement développée ne lui permettait que des enthousiasmes très restreints, bientôt mangés par une vue trop nette des défauts.

Et puis quelle raison de vivre ?

Recommencer, tous les jours, et moins bien, ce qu'il avait fait jusqu'ici. Assister peu à peu à sa dégénérescence. Constater les progrès incessants de la baisse de ses facultés, les unes après les autres.

Recommencer l'amour ?

Oui, cela, peut-être, l'eût sauvé… Aimer !

Et il sentait au cœur un besoin d'effusion plus grand, plus impétueux ce soir que s'il avait eu vingt ans encore… Car ce n'était pas la femme qu'il désirait ainsi. Dieu merci ses curiosités s'en étaient allées depuis longtemps de ce côté. Non, c'était l'autre à qui on se dévoue, à qui on donne de soi, fût-il bon ou mauvais d'ailleurs, pour qui souffrir, c'est-à-dire vivre, vaille la peine. Mais non, rien.

Cette appétition[10] était plus folle que les autres… Car si Diogène ne trouvait pas un homme, Jean Caudry n'avait chance de trouver la femme.

Voyager. Il y avait dix ans, il avait donné satisfaction à ce goût intense de son cœur. Il avait couru l'Europe, de capitale en capitale, à pied, à

10 Le terme, d'emploi plutôt rare et philosophique, semble ici exprimer à la fois le désir dans sa forme abstraite et l'appétit dans sa forme la plus concrète.

cheval, à mulet. Il était allé partout, il en était revenu et maintenant rien ne le sollicitait plus de ce côté.

Donc tout était bien vide, et vain.

Et la constatation dernière de l'âme humaine au bout de toutes ses expériences, c'était l'éternel : « Que ça ».

Il se leva, alla s'accouder à son balcon.

La nuit était magnifique. Au loin la lune éclairait le jardin des grands hôtels voisins… Une petite statue toute vêtue de lune était adorable. Il la regarda. Il pensa à la mort… Elle lui apparut, à travers cette nuit, douce et secourable et consolatrice…

Il resta longtemps.

Il rentra, prit une feuille de papier, écrivit ces simples mots à l'adresse de son plus intime ami, expliquant sa détermination.

En approchant de sa table de nuit, son œil machinalement tomba sur le revolver qui s'y trouvait.

Il prit l'arme dans la main, la fit jouer, s'enquit de l'état de propreté, visita les gargousses[11], puis il resta immobile, pensif.

Ainsi il suffirait d'une de ces petites boules de plomb pour lui supprimer d'un seul coup ce fardeau de la vie qui lui semblait de plomb ce soir, pour supprimer d'avance d'autres soirées qui reviendraient toujours plus fréquentes avec l'âge, il en avait acquis la triste expérience.

Il n'avait qu'à poser, comme ça, le canon sur sa tempe, presser la détente, et c'était fini de cette comédie de la vie, où comme le figurant il repassait toujours sous d'antiques défroques d'emprunt pour chanter de temps en temps dans des ensembles ridicules et pleins de cacophonies.

Tout à coup sa main saisit plus violemment la crosse du revolver.

Ses yeux brillèrent.

Il s'arrêta.

Quelque chose l'embêtait[12].

---

11 Gargousse : « Enveloppe contenant la charge de poudre destinée à un canon. » (*Trésor de la langue française.*)

12 Le choix d'un verbe familier, voire trivial et qui détonne par rapport au caractère tragique de la circonstance, est une trouvaille qui produit une heureuse dissonance. Jean Caudry n'entend pas prendre au sérieux son propre tragique. Nous sommes confontés à un tragique de la vie ordinaire – voire ici médiocre –, celui que Maeterlinck a analysé sous le nom de « tragique quotidien » dans *Le Trésor des humbles* (Paris, Mercure de France, 1896, p. 159-173).

Mais dans cet acte décisif, il n'était pas lui-même. Il se voyait agir. Ce cabotinage acharné, qu'il portait en lui, le fit souffrir.

Il alla à une table, prit une feuille de papier à lettre et écrivit :

« Mon cher Louis (c'était son ami intime, marié d'ailleurs depuis quelques mois), j'ai ce soir tout ce qu'il faut pour être heureux… Je m'ennuie, par conséquent… Je ne laisse personne dans la peine. Tu trouveras toutes mes pièces en règle… Je te demande pardon de cette dernière corvée que je t'inflige, mais il n'y a pas moyen de faire autrement. Dans mon petit cimetière de…, fais-moi enterrer au soleil levant… »

*

Ayant fixé cette lettre avec une épingle sur son buvard de cuir, il se plaça devant la glace et, calme, appuyant le revolver sur sa tempe, pressa la détente. Une détonation retentit. Par un mouvement fébrile, il tomba, roide.

. . . .

Jean Caudry n'est pas mort.

La balle a dévié et, filant par-devant la boîte[13], a tranché les nerfs optiques. Jean est devenu aveugle.

13 Il faut comprendre « boîte crânienne ».

LE CARNAVAL DE JEAN

Conte inédit signé « Gorgô », « Le Carnaval de Jean » forme un étrange diptyque avec celui qui précède. La reprise du prénom pourrait induire une parenté, et de fait, l'hypersensibilité est le lot des deux Jean, à l'instar de tous les héros de Samain « d'une nature nerveuse à l'excès » qui désigne clairement la névrose décadente : « Comme tous les malades, il s'était inconsciemment appliqué à développer chez lui ces tendances funestes et peu à peu il s'était rendu sensible jusqu'à la maladie. » Mais alors que le précédent souffre de ne pas aimer et que se révèle soudain à lui, selon ses propres dires, le vide affectif d'un homme qui « [s']ennuie » précisément parce qu'il a « tout pour être heureux », le malheur du second vient d'un amour trompé. À l'ironie d'un suicide manqué[1] *répond ainsi la mort symbolique et tragique d'un homme victime d'une « rupture d'anévrisme », comprenons ici littéralement d'un* cœur brisé. *On retrouve là le thème très fin-de-siècle de l'homme esthète et sensible trompé par une femme infidèle, qui forme le pendant tant réaliste que symboliste du thème naturaliste de la fille séduite : on peut penser par exemple à « La Femme de Paul » de Maupassant (*La Maison Tellier, *1881). Et pourtant, on lira ici une dialectique propre à la nouvelle (à la manière de Maupassant) entre ce qui est absolument commun et notoire – « C'était l'éternel piano des cabinets de nuits tapoté et meurtri par des doigts de noceurs, galopant à travers les quadrilles à la mode » : en somme le thème de la fête triste, du carnaval et du jeu de rôles qu'il favorise – et ce qui fait la singularité de* cette *nouvelle, en dépit d'une intertextualité très forte.*

On pense d'abord au célèbre roman de Rodenbach, Bruges-la-Morte, *paru en 1892, que Samain a très certainement lu et dont cette nouvelle propose une évidente variation, voire une réécriture. S'imposent la troublante ressemblance physique et le fait que la femme rencontrée* prenne la place *de la femme perdue : dans les deux cas, il s'agit d'une prostituée (ou d'une danseuse, pour la Jane Scott de Rodenbach) ; puis d'un amour fétichiste et morbide, ce que*

1 Voir *supra*, notre analyse p. 143. Voir aussi Camille Mauclair, « La Mauvaise Heure », *Les Clefs d'or* [1897], recueilli dans *Contes symbolistes*, éd. citée, vol. 3, p. 623-631.

Samain nomme « cette folie malsaine de son imagination » ; enfin, de ce qu'on peut nommer une même histoire de revenant et de fantôme[2]. *Plusieurs traits distinguent pourtant les deux récits. Tout d'abord, l'épouse aimée d'Hugues Viane est morte, alors que Jean vient d'apprendre que sa maîtresse lui est infidèle. Celle-ci, en particulier, était une maîtresse ardente, et leur relation amoureuse était clairement située sur le plan des attentes érotiques et charnelles, plutôt que sur celui de la sensibilité et du sentiment. De plus, la fantasmagorie de la ville – qui, chez Rodenbach, identifie jusque dans le titre la ville à l'épouse morte – est remplacée par celle du carnaval, qui coïncide avec la crise amoureuse de Jean. Aussi l'atmosphère qui se dégage du roman tout entier se réduit-elle chez Samain à l'épisode que peut traiter une nouvelle ou un poème en prose, qui creuse le malheur et la solitude au milieu de la foule et de la liesse populaire – on pense aux « Foules » ou au « Vieux Saltimbanque » de Baudelaire dans* Le Spleen de Paris. *Enfin, à l'*innocence, *voire à la* vertu *compassionnelle de la jeune prostituée de Samain répond pour finir la perversité profanatrice de Jane. Les issues des deux contes s'opposent du reste en tout : au meurtre de l'Autre chez Rodenbach s'oppose la mort de Jean, qu'on peut assimiler à une mort d'amour ou* épectase[3]. *Paradoxalement, la fin chez Samain est donc d'une certaine façon moins malheureuse, et elle est de surcroît préparée en amont selon la stratégie que Gérard Genette et la narratologie ont nommée « prolepse » – on la regrettera peut-être ici, tant il est vrai que le parti pris d'une fin plus réaliste amoindrit sa portée symbolique : « Une affection au cœur, dont il avait hérité de son père, compliquait encore cette prédisposition au nervosisme, et, dans ces conditions, le moindre choc moral devait le terrasser… »*

*Mais il faut mentionner beaucoup d'autres éléments d'intertextualité qui situent ce texte, dans sa singularité même, au croisement des influences de la fin de siècle. À commencer par Baudelaire déjà cité, dont on reconnaîtra l'érotisme dans les « yeux verts, si doux, si féroces » de la maîtresse de Jean et du sosie qui la réplique, tout comme dans la sensualité du parfum et du toucher qui baignent le récit. De manière peut-être moins évidente, celui de Samain rencontre « Sentimentalisme » de Villiers de l'Isle-Adam (*Contes cruels, *1883), dont le protagoniste est un poète à qui sa maîtresse apprend qu'elle va le quitter. En commun avec Villiers, outre la douleur sans nom de*

2 Voir Daniel Sangsue, *Fantômes, esprits et autres morts-vivants. Essai de pneumatologie littéraire*, Paris, José Corti, coll. « Les Essais », 2011.

3 Voir également plus haut « Hyalis, le petit faune aux yeux bleus ».

n'être plus aimé (ou d'être brutalement quitté), quelque chose qui, dans sa forme absolue, ressemble au deuil de l'idéal. *Si aucune des deux maîtresses n'est physiquement morte, ce qui se joue dans chacun des deux textes est peut-être encore plus irrémédiable*[4]. *À quoi il faut ajouter que la misogynie n'est qu'une facette de la nouvelle, à l'instar de l'univers de Villiers dont* L'Ève future *(1886), par exemple, en opposant résolument plusieurs personnages féminins (Alicia Clary et Evelyn Habal d'une part, Hadaly et Mistress Anderson de l'autre), nous présente une image on ne peut plus radicalement ambivalente de la femme.*

On pourrait aussi mentionner l'univers inquiétant de Jean Lorrain, dont les Histoires de masques *(1900) sont exactement contemporaines du recueil de Samain. Les masques y revêtent une allure spectrale inquiétante, et l'on soupçonne qu'ils donnent à voir, plutôt qu'ils ne cachent, de* réels fantômes. *Mais c'est peut-être Marcel Schwob que rencontre Samain de la façon la plus significative. On songe à Monelle – « celle qui est seule » – et aux « petites prostituées » : il y a dans la Milly de Samain une Monelle pleine de compassion qui « prend Jean par la main ». Ainsi « cette pitié, cette étrange et profonde pitié qui sommeille au cœur des filles de la joie, s'était éveillée en elle, subite, et l'avait ennoblie ». C'est bien chez elle que se trouvent l'humanité et même la grandeur, non chez Mme de Serreliz, la maîtresse qui a trompé Jean. Milly est son « nom de guerre », nous apprend le narrateur, ce qui revient à dire que, telles Monelle et ses sœurs, « elle est celle qui n'a pas de nom ». Du reste, elle est elle-même objet de la pitié et du respect du narrateur. Car on trouve chez elle un mélange d'acceptation du rôle lié à sa condition, laquelle lui fait prononcer les mêmes mots vulgaires qu'à une autre – « Que tu es drôle, vrai ?… » – et de très grande délicatesse et finesse, par quoi elle échappe au stéréotype qui consiste à « naturaliser » la prostitution comme essence féminine. De surcroît, Milly, comme Monelle, tient d'un idéal féminin – la seconde est une initiatrice qui porte « la lampe de Psyché » –, mais qui serait doué de l'esprit et du génie de l'enfance. En somme, la prostituée a ici quelque chose d'évangélique et rejoint Marie-Madeleine : « Milly avait compris et, sans plus insister, avait continué, dans un langage drôle et pittoresquement mâtiné d'argot boulevardier, le récit quelconque de ses aventures, à travers sa misère*

4 Bien que le personnage de Villiers ait à cœur de ne rien manifester devant sa maîtresse à qui, lors d'une dernière soirée passée ensemble, il explique à sa demande insistante en quoi consiste la nature mystérieuse des poètes, une fois seul, il finit par se suicider. On comprend la haute ironie qui commande le titre.

de pauvre fille d'amour... », mais c'est surtout le malheur de l'autre qui suscite son « attendrissement ».

*On ne saurait terminer ce passage en revue intertextuel sans remarquer le motif pré-proustien dans le rendu de la crise amoureuse, qui fait songer à « Un amour de Swann » (*Du côté de chez Swann, *1913). Celle-ci tient d'abord à la puissance tragique d'un sentiment qui n'est plus payé de retour, voire se trouve trahi. Mais surtout l'audition par Jean d'un refrain devenu tout à coup déchirant annonce chez Swann l'expérience de la mémoire involontaire lorsque, pendant la soirée chez la marquise de Saint-Euverte, « la petite phrase » de la sonate de Vinteuil fait ressurgir en lui toutes les images et les émotions de l'ancien amour, mais sous la forme torturante d'une perte irrévocable. On pourrait presque parler à ce sujet de « plagiat par anticipation », selon la formule désormais consacrée de Pierre Bayard. Or il s'agit ici d'un « air » d'Offenbach que des indices permettent d'identifier et dont le caractère sentimental fait mouche par contraste[5]. Cet air mélodramatique, célèbre et connu sous le nom d'« air de la lettre », est celui dans lequel la Périchole, chanteuse des rues dont la beauté a été remarquée par le vice-roi du Pérou, écrit à son amant, nécessiteux et affamé comme elle, une lettre de séparation, sinon de rupture, tout simplement pour ne pas mourir de faim. Telle est bien la « mélodie » ou la « phrase », dont le narrateur précise que Jean l'avait « entendu chanter – souvent » à sa maîtresse, à laquelle renvoie la « fantaisie » de Jean lorsqu'il demande à Milly de prononcer les paroles : « Ô mon Jean... Je t'adore ! » –, demande formulée deux fois. Or que dit le début de l'air d'Offenbach ? « Ô mon cher amant, je te jure / Que je t'aime de tout mon cœur, / Mais vrai, la misère est trop dure, / Et nous avons trop de malheur. » C'est donc leur situation*

5 Du même coup, la représentation de l'opérette d'Offenbach, dont témoigne une lettre inédite de Samain à sa sœur Alicia datée du 19 octobre 1895 permet très probablement de dater le conte : « Nous allons tous les trois très bien. Je n'en veux pour preuve que la sortie que nous avons faite l'autre soir quand nous sommes allés voir *La Périchole* aux Variétés. » (Bibliothèque de l'Arsenal, ms. 15471. Papiers Robert Fleury. Sans enveloppe. BmL, fonds Jules Mouquet, ms. C 200, f. 21. Tapuscrit.) *La Périchole*, opéra-bouffe en deux actes de Jacques Offenbach, sur un livret de Ludovic Halévy et Henri Meilhac, d'après la pièce *Le Carrosse du Saint-Sacrement* de Prosper Mérimée, fut créé au Théâtre des Variétés le 6 octobre 1868 et de nouveau à l'affiche, dans ce même théâtre et dans une seconde version en trois actes, en 1874 et 1895. Comme le souligne Samain, grand amateur d'opéra, si Offenbach est avant tout un compositeur comique, il est aussi un grand mélodiste à l'occasion lyrique. (Renseignements fournis par Christophe Carrère.)

qui contraint les amants à se séparer, bien que la Périchole chante en effet plus loin dans l'air : « Je t'adore ! » On mesure à quel point le personnage de Samain aiguise ainsi son propre malheur puisque, souffrant désespérément de la perte d'un amour véritable et sincère, il conçoit l'étrange idée de jouer le rôle d'un amant payé de retour en faisant jouer à Milly celui de sa maîtresse elle-même lorsque celle-ci l'aimait. La séparation forcée est ainsi rédimée par une déclaration d'amour.

On laisse le lecteur découvrir la force de l'ironie qui se manifeste dans la pointe de la nouvelle. Celle-ci parachève l'art de la prose narrative de Samain et en fait un virtuose du genre[6].

Il était effroyablement triste. Il l'emmena. C'était un délicieux petit Watteau[7], tout chiffonné de satin mauve à fleurettes d'argent, blonde et frêle comme une porcelaine de Saxe, les seins renflant à peine sous la gorgerette du corsage lacé, la taille longue, mince et souple, s'affinant sur le bouffant coquet des hanches… Un large domino de soie mauve, qu'elle venait d'entrouvrir et qu'elle allait quitter, la couvrait de la tête aux pieds, et au fond des trous du masque noir ses yeux verts brillaient…

Il était effroyablement triste, Jean, ce soir de Mardi-gras. Mme de Serreliz, celle qu'il aimait, celle qui, la veille encore, lui jetait ses bras onduleux autour du cou, en lui disant tout bas, près de l'oreille, si près que ses cheveux noirs à lui sentaient le chatouillement de ses cheveux blonds à Elle : « Ô mon amant, je t'adore ! » Celle-là même – un de ces hasards tragiques comme en a quelquefois la vie, le lui avait brutalement appris – celle-là le trompait avec un imbécile à tête de

6 Qu'il suffise de dire que Samain trouve une solution narrative différente de celle qui était proposée par Villiers dans « Sentimentalisme ». « Depuis ce temps, lorsqu'on demande à Lucienne le motif de ses toilettes sombres, elle répond à ses amoureux, d'un ton enjoué : "Bah ! que voulez-vous ! Le noir me va si bien !" / Mais son éventail de deuil palpite, alors, sur son sein, comme l'aile d'un phalène sur une pierre tombale. » (*Contes cruels* [1883], *Œuvres complètes*, éd. Alan Raitt et Pierre-Georges Castex, avec la collaboration de Jean-Marie Bellefroid, Paris, Gallimard, coll. « Bibliothèque de la Pléiade », 1986, t. 1, p. 649.)

7 Le peintre a fait l'objet d'un poème d'hommage, « À Watteau », publié à Paris dans *La Revue septentrionale* du 1er décembre 1896, repris sous le titre « Watteau » dans le recueil posthume *Le Chariot d'or* (1901). Voir *Œuvres poétiques complètes*, éd. citée, p. 296-297.

ténor ou de garçon coiffeur qui l'avait ébloui de ses jeux de torse aux embrasures. Il en avait la preuve, horrible, irréfutable, irrémédiable, et toutes les longues heures de cet affreux jour il les avait passées la tête dans son oreiller, à pleurer comme un enfant. Vers le soir, rassasié de sa douleur et n'en pouvant plus, il était sorti de chez lui… C'était la nuit du Mardi-gras. Tout Paris grouillait sur le boulevard boueux où se croisaient des rires, des huées canailles, et des vies idiotes de café-concert.

En arrivant par la place de l'Opéra, l'éblouissante lumière électrique qui inondait la façade lui fit lever les yeux. Jean machinalement regarda, et sans savoir comment, obéissant à la poussée instinctive de l'animal vers la lumière et vers le bruit, entra, et d'un pas mal assuré, comme un oiseau de nuit brusquement jeté à la lumière, s'avança à travers les couloirs ruisselants de clartés et de musique, étincelants de fleurs et comme secoués du trépignement d'une foule humaine en folie…

Il l'avait aperçue, seule, au coin d'un pilier où elle s'était adossée… À travers les trous de son masque noir ses yeux verts brillaient étrangement… ses yeux verts qui rappelaient d'autres yeux verts si doux, si féroces… Et puis quelque chose d'indéfinissablement poignant l'avait soudain saisi en s'approchant du domino mauve… ce parfum qui flottait alentour, fait de violette et de corylopsis et de fleur de chair aussi, c'était le sien – presque ! Et une seconde il s'était arrêté, fermant les yeux, l'âme mordue, respirant de près, si près que sa bouche y touchait presque, l'odeur des courts frisons dorés tordus au bas de la nuque sur la peau du cou fine et grasse… Elle s'était retournée brusquement et, sans colère, lui avait souri de ses lèvres rouges de marchande de plaisir. Alors, Jean, par une illusion perverse d'amour, avait éprouvé soudain le désir douloureux de prendre cette femme, qui avait le parfum de l'autre et de respirer ces cheveux et de regarder ces yeux… Nature nerveuse à l'excès, Jean était tout entier à la merci de ses sensations. Malgré les révoltes de sa volonté, et de sa raison, il se sentait dominé par son péché, et contre l'ensorcellement subtil des sens il restait sans défense. Comme tous les malades, il s'était inconsciemment appliqué à développer chez lui ces tendances funestes et peu à peu il s'était rendu sensible jusqu'à la maladie. Une affection au cœur, dont il avait hérité de son père, compliquait encore cette prédisposition au nervosisme, et, dans ces conditions, le moindre choc moral devait le terrasser…

Quand ils furent installés, l'un vis-à-vis de l'autre, à la table du restaurant de nuit, très doucement il lui dit : « Ôte ton masque, petite. » Et elle l'enleva prestement, avec un éclat de rire, le tenant suspendu d'une main par l'élastique pendant que de l'autre elle tamponnait ses petits cheveux sur son front… À travers son sourire banal, ses dents brillaient et – chose étrange – cette vague ressemblance qu'il avait déjà constatée dans les yeux, dans l'habitude du corps, dans le je ne sais quoi d'indéfinissable qui flotte autour d'une femme, cette ressemblance existait aussi pour le visage ; et cet ovale délicat, piqué au menton d'une fossette imperceptible, et le dessin sinueux de cette bouche aux profondes commissures, et l'arête fine et nerveuse de ce nez, tout lui rappelait l'histoire lamentable de son cœur et les souvenirs montaient en lui, pressés et tumultueux, et bruissaient toujours plus haut dans son cerveau malade de tristesse.

Il s'était accoudé sur la table et, sans rien dire, touchant à peine du bout des lèvres aux gourmandises qu'il avait fait servir, il la regardait, sollicitant ses bavardages insignifiants et prolixes par quelques mots jetés de temps en temps. À intervalles réguliers, presque automatiquement, il remplissait bord à bord sa coupe de champagne, la vidait d'un trait, et silencieusement la reposait sur la table ; et, presque sans entendre, l'esprit loin, l'oreille bercée à ce murmure continu d'une voix où il percevait par instants avec un léger frisson des similitudes douces et navrantes, il rêvait…

La petite Milly – c'était son nom de guerre – s'était bien vite aperçue de sa bizarrerie d'humeur et une fois ou deux elle l'avait questionné.

– Mais qu'as-tu donc ?… Tu ne parles pas… Tu sembles tout triste…

– Oh rien… un peu de mal à la tête…

Et il passait légèrement la main sur son front. Milly avait compris et, sans plus insister, avait continué, dans un langage drôle et pittoresquement mâtiné d'argot boulevardier, le récit quelconque de ses aventures, à travers sa misère de pauvre fille d'amour…

Jean l'écoutait toujours, et ses yeux, dilatés par la surexcitation cérébrale provoquée par les fumées du champagne absorbé coup sur coup, prenaient une fixité brillante d'hallucination et couvraient Milly de larges effluves.

Elle le torturait, cette ressemblance et en même temps il éprouvait une affreuse volupté à s'en repaître. Cette folie malsaine de son imagination, il s'y complaisait avidement ; et toute sa volonté se ramassait pour exaspérer jusqu'au délire cette évocation de l'Idole fatale, qui lui avait brisé le cœur…

Les fleurs placées dans les vases exhalaient des arômes plus capiteux dans l'air surchauffé de la fin du repas. Le parfum spécial, qui avait pris Jean à la peau, s'épandait aussi plus intense des bras nus, des épaules nues, des seins nus !…

…Jean quitta sa place, prit un coussin qui traînait sur le divan, le posa près de Milly, tout près, et s'agenouilla.

Elle le regardait faire, déconcertée à la fois et émue de cette aventure, et se sentant aller à un attendrissement devant ce grand garçon pâle et silencieux. D'un geste caressant elle lui prit la main et la serra lentement. Lui restait immobile ; alors, levant les yeux vers la jeune femme avec une douceur qui suppliait un peu :

« Ne parle plus, petite, veux-tu… »

Elle pencha vers lui sa jolie tête devenue subitement sérieuse, passa l'extrémité de ses doigts sur les cheveux de Jean, et d'une voix où sonnait une tristesse plus accentuée par le contraste des paroles prononcées :

« Que tu es drôle, vrai ?… »

. . . .

Un silence tomba dans la pièce.

Le boulevard s'était apaisé et était redevenu presque désert. Seul un bruit de fiacres trépidait, continuellement, assourdi sur le tapis du pavé en bois.

Des cabinets voisins, par une porte soudain ouverte, un éclat de voix et de rires sortait, brusquement coupé ; puis ce silence retombait.

Tout à coup, là-bas, comme très loin, et perdu à travers les tentures, un piano s'entendit… C'était l'éternel piano des cabinets de nuits tapoté et meurtri par des doigts de noceurs, galopant à travers les quadrilles à la mode.

Jean eut un frisson… Cet air qui lui arrivait ainsi, maintenant c'était une de ces mélodies comme cet étrange Offenbach en a semé dans ses œuvres les plus folles – un rien, à peine une goutte, mais une goutte qui serait une larme ; cette phrase, il la lui avait entendu chanter – souvent

– et, le long de ses nerfs avivés de souffrance, il la sentait couler comme une caresse corrosive, où son âme se fondait.

Ses yeux ne quittaient pas Milly, il avait serré ses bras autour de sa taille et il y avait sur ses lèvres le frémissement des lèvres qui veulent le baiser.

Le piano continuait son nocturne de carnaval, plein pour lui d'une ironie déchirante, et où le passé d'amour, le passé doré semblait sangloter sa plus désolée nostalgie.

Milly, avec son instinct de femme, avait lu dans ce cœur qui souffrait ainsi devant elle ; elle avait compris qu'un drame – elle ne savait lequel – s'y jouait, tragique et saignant, et cette pitié, cette étrange et profonde pitié qui sommeille au cœur des filles de la joie, s'était éveillée en elle, subite, et l'avait ennoblie.

– Tu as du chagrin, n'est-ce pas ?... Et beaucoup... Va, je le vois bien... C'est une femme... Oh ! Je ne te demande rien... Je devine...

Et lentement, lentement, elle lui caressait les cheveux, les joues, les yeux, avec des mains douces comme celles qui pansent une blessure.

Lui, les yeux agrandis et fous, ne la quittait pas. C'était l'autre qu'il revoyait maintenant, c'était l'autre qu'il avait là, qu'il tenait ainsi dans ses bras, l'autre qu'il adorait toujours, malgré tout, et vers qui son cœur et sa chair criaient !...

Deux larmes lourdes s'amassaient au coin de ses yeux dont les paupières battaient.

Lentement, elles coulèrent...

Alors, comme honteux, d'une voix étranglée, en se haussant jusqu'à l'oreille de Milly :

« Dis-moi... Veux-tu... C'est une fantaisie... Dis-moi... Comme je vais te dire... "Ô mon Jean, je t'adore !"... Tu veux bien, dis ? »...

Et sa voix s'était faite câline et suppliante. Milly comprit, et, après un moment de silence où quelque chose d'indéfinissable sembla flotter entre eux, de son accent le plus langoureux, le plus enlaçant, avec même je ne sais quoi d'ardent et de perdu qu'elle prit, cette seconde-là, dans son cœur, elle murmura comme un souffle :

« Ô mon Jean... Je t'adore !... »

Et doucement, doucement, elle rapprocha ses lèvres et suspendit son baiser sur la bouche où frissonnait toute une âme.

Jean, la tête renversée, regardait ce visage descendre vers lui, et souriait, les yeux noyés d'extase. Un instant, il resta immobile, sans respirer, comme s'il s'arrêtait au seuil mystérieux d'un rêve, puis brusquement, il étreignit à la broyer la taille qu'il tenait dans ses bras, et furieusement se jeta sur la bouche tendue vers lui. Mais, à ce moment, il tressaillit ; d'un geste violent il repoussa au loin la jeune femme, et saisissant sa poitrine à deux mains, crispa ses doigts sur le plastron de sa chemise… Effrayant de pâleur subite, les yeux sortis, il voulut crier… un grand soupir, un râle siffla seulement entre ses dents… puis il détendit ses bras qui retombèrent de chaque côté de son corps, lourdement, et ferma les yeux. Il était mort.

La rupture de l'anévrisme, qu'il portait depuis longtemps, provoquée par la surexcitation de sa vie nerveuse et de ses sensations paroxystes, venait de le foudroyer.

Au loin le piano continuait, et toujours ce même air, dont les notes tombaient comme des larmes…

. . . .

À cette heure même, dans les salons de l'ambassade d'Illyrie, Mme de Serreliz[8], assise dans un nuage de crêpe de chine rose, relevé de ramilles de jasmins, du bout d'une fine cuiller en vermeil Louis XV, égratignait un sorbet aux framboises…

– Que disiez-vous donc, Roger, fit-elle avec un sourire d'ironie cruelle, en se tournant vers un grand garçon à la fine barbe noire, et aux grands yeux humides et candides de jeune fille.

– Ah ! je ne sais plus… Vous me martyrisez, voyez-vous… Cela vous amuse donc bien de faire souffrir… Moi qui vous aime tant, tant, vous le savez… moi qui vous aime à mourir !

– À mourir… vraiment ?… dit Mme de Serreliz avec un léger haussement d'épaules en passant l'extrémité rose de sa langue gourmande sur ses lèvres fines. Tous les mêmes !…

8 « Serreliz » est une anagramme transparente de « Cerizier ». La cantatrice Cécile Cerizier (1863-1941) épousa en effet un diplomate en avril 1895 et s'embarqua, six mois plus tard, pour Karachi. (Voir *Œuvres poétiques complètes*, éd. citée, p. 349-351.) (Note de Christophe Carrère.)

[STELLA]

Récit inédit de 1881, [« Stella »] est un conte de Noël qui ne saurait ajouter à la gloire de Samain, fût-elle aujourd'hui modeste. Le texte n'a pas été publié, peut-être pour cette raison même, et il faut alors au moins créditer Samain de lucidité et de sûreté dans le jugement esthétique. S'il va de soi que tout auteur, même parmi les meilleurs, a droit à des baisses d'intensité, il importe néanmoins de comprendre pourquoi ce conte, dans sa conception et son achèvement mêmes, déçoit par rapport à la plupart de ceux laissés par Samain, qui appartiennent à la meilleure veine de leur auteur.

Ce récit mélodramatique de la mort angélique d'une fillette pauvre est manifestement démarqué de La Petite Fille aux allumettes *d'Andersen. Le récit original est bref, sobre, d'une force dramatique et poétique nonpareille, et nullement* mélo-*dramatique. On se souvient que, orpheline de mère, la petite fille d'Andersen n'ose pas rentrer chez elle la nuit de la Saint-Sylvestre, parce que « son père la battrait » pour n'avoir pas vendu d'allumettes ni récolté « le moindre sou*[1] *», et que son logis est froid et sans feu ; qu'elle frotte successivement quatre allumettes qui suscitent les visions heureuses d'un grand feu, d'une oie rôtie avec son fumet à l'intérieur d'une salle à manger resplendissante, d'un arbre de Noël illuminé, enfin de sa grand-mère aimée et morte qu'elle prie de la rappeler auprès d'elle. Tous ces éléments déclinent un merveilleux en situation, selon un mouvement ascendant qui suit les aspirations de la fillette transie, affamée, privée de la féerie et de la beauté de Noël, et plus encore d'amour. Aussi est-elle accueillie par sa grand-mère, et l'apothéose – nullement morale – prend la forme d'un joyeux envol. Bien sûr, le récit peut s'interpréter aussi, en régime réaliste, comme celui des hallucinations qui précèdent la mort causée par le froid. Mais le génie d'Andersen est d'avoir su, en se situant au plus près de la représentation enfantine, éviter tant les écueils de la mièvrerie que ceux d'une pure*

1 Hans Christian Andersen, « Nouveaux Contes, 1844-1848 », dans *Contes et histoires*, éd. et trad. Marc Auchet, Paris, Le Livre de poche, coll. « La Pochothèque », 2005, p. 463.

dénonciation de l'ordre social (ou, à l'inverse, ceux de la caution idéologique que proposera Samain). Certes, la société des hommes n'est pas évangélique, la petite fille étant retrouvée au matin par les passants, « un sourire sur les lèvres, morte… morte de froid, le dernier soir de l'année[2] *», mais sans susciter d'autre commentaire explicite qu'un factuel : « Elle a voulu se réchauffer ! » Et le conte est suspendu sur l'ignorance où sont ces gens*[3] *des enchantements auxquels elle a assisté, et de la « splendeur » au milieu de laquelle « elle [est] entrée avec sa vieille grand-mère dans la joie de la nouvelle année*[4] *». Tour à tour dysphorique et euphorique, le conte ne tranche donc pas, même s'il s'achève sur une vision consolante.*

Celui de Samain souffre fort de la comparaison, tant il est vrai que les deux récits, bien qu'ils paraissent former deux variations sur la même histoire d'une petite mendiante (qui, en mourant de froid[5]*, accède au salut), divergent complètement quant à leur portée. Tout d'abord, le conte de Samain est plus long, mais il est surtout bavard, tant dans sa construction d'ensemble que dans son style (descriptions en forme de visions, dialogues). Alors qu'Andersen se contentait d'un seul épisode, Samain intercale un épisode de bienfaisance en deux temps : un monsieur riche qui se rend à son cercle donne un sou à la petite mendiante, puis, ému de pitié à son retour, il ajoute un louis d'or. Cette surenchère dans la bonne action en entraîne une autre : le comte de Rochemaure – on apprend après coup son nom et son état – décide de recueillir la fillette et de la soigner « avec le dévouement d'un père », voire de l'adopter. Pierre, un domestique « portant l'élégante livrée du Cercle », sera préposé tout exprès à cette belle et bonne action qui fait jouer au comte – mieux vaut tard que jamais – le rôle du bon Samaritain et même, de façon explicitement récurrente et jusque dans son discours, celui d'un envoyé de Dieu. Dernier épisode en forme d'épilogue (trop long) : six semaines plus tard, la fillette meurt en odeur de sainteté dans l'hôtel particulier du comte. Par son retour au ciel, elle accomplit la promesse symbolique de son prénom, et le récit peut s'achever sur cette supposée poétique assomption.*

2 *Ibid.*, p. 465.

3 Comprenons les grandes personnes raisonnables, exclues du privilège que partagent la petite fille, le conteur et le lecteur.

4 Hans Christian Andersen, « Nouveaux Contes, 1844-1848 », dans *Contes et histoires*, éd. citée, p. 465.

5 Je simplifie : l'héroïne de Samain meurt d'une « fièvre cérébrale », due moins aux suites du froid qu'au « brusque passage », tout autant moral que physique, « au monde de la tendresse et du bien-être ». S'il ne faut pas « assommer les pauvres », contrairement à ce que préconise Baudelaire, il ne faut pas non plus les brusquer !

Pourquoi tout cela est-il aussi accablant ? C'est que, tout d'abord, Samain ancre le prétendu réalisme de son histoire au cœur d'un Paris contemporain dont les quelques repères toponymiques – « rue [de] Castiglione », « place Vendôme » – ne semblent pas servir à grand-chose… sinon à tenter de produire l'illusion du réel et du terme de l'errance. On peut aussi juger complaisant le tableau de genre de la petite mendiante, qui suscite moins la pitié par sa misère que par la beauté de ses « yeux bleus, d'un bleu angélique et limpide ». C'est dire que la pauvreté y est déréalisée et dé-singularisée[6]*, de même que tout le conte s'emploie à désincarner et à enjoliver le personnage, tant dans son aspect que dans ses sentiments. Quant à son corps (souffrant), il semble une pure concession faite au départ : « Depuis le jour, elle avait marché devant elle, sans s'arrêter, sans savoir, l'estomac criant la faim, ne sachant pas d'endroit où reposer ce corps épuisé de fatigue et désespéré. » Or celui-ci sera bientôt oublié, ou pis, spiritualisé. À quoi s'ajoute la représentation, lourde de présupposés, d'une société qui oppose ses marges – suspectes – aux classes dominantes qui la fondent et la justifient. Et de même que Stella est abandonnée par une « troupe de saltimbanques nomades » – nommés plus loin « Bohémiens » – qui la considèrent comme une « bouche inutile », de même elle sera recueillie par un « monsieur » riche pour qui la pauvresse est la chance d'un bienfaisant et fécond réveil moral, voire d'une rédemption*[7]*. Le lecteur est censé se réjouir de savoir à quel point Dieu y contribue, encore que son intervention ne soit pas immédiate ni explicite. Le comte en effet manque ne pas s'arrêter lorsqu'il passe devant la petite fille pour la première fois. C'est qu'il est pressé, sans doute pour de bonnes raisons, mais, ajoute le récit, « ce léger remords que laisse toujours derrière lui la plainte d'un pauvre repoussé l'arrêta ». Cette proposition, de haute valeur exophorique et gnomique, montre au personnage et au lecteur le début d'un chemin moral. Formulée de façon ironique, elle aurait pu ménager une bifurcation du récit. De l'utilité des pauvres…*

Mais s'il est désolant d'être pauvre, encore faut-il être un bon pauvre, c'est-à-dire humble, et comprendre d'emblée qu'on n'a pas de place légitime dans la société. Aussi Stella mendie-t-elle poliment « un p'tit sou, Monsieur, s'il vous plaît », tout comme elle sait qu'elle doit entrer « timidement, sur la pointe du pied, dans les églises », afin que la Vierge lui sourie et que Jésus lui

6 On est loin du *Roi au masque d'or* (1892) et du *Livre de Monelle* (1894) de Marcel Schwob.

7 On lira la manière dont Villiers de l'Isle-Adam retourne ironiquement le sujet dans « Les Délices d'une bonne œuvre », *Histoires insolites* [1888], *Œuvres complètes*, éd. citée, t. 2, 1987, p. 318-322.

tende « ses petites mains » – on baigne dans l'hypocoristique et l'euphémisme. Il importe aussi que, dans la suite, se réalise pour elle un rêve qu'elle n'eût jamais osé concevoir.

Car le malheur ne saurait être imputé à un désordre social, politique ou métaphysique, et il n'empêche nullement, bien au contraire, de révérer la bonté de Dieu, ou de ses émissaires. C'est pourquoi l'aumône d'un sou fait déborder de gratitude le cœur de Stella, et celui d'un louis d'or, d'émerveillement. Comme dans l'idéologie la plus conventionnelle du mélodrame, ou encore dans l'univers de la comtesse de Ségur, de Georges Ohnet ou d'Henry Bordeaux, la bienfaisance ou le Ciel viennent opportunément réparer les désordres accidentels de la vie. Du reste, une fois « blotti[e] dans l'angle d'une porte », Stella cesse de souffrir de la fatigue, du froid et de la faim. Il y a là un parti pris qui sonne faux, à l'encontre de ce qu'avait réussi Andersen, et qui convertit de manière forcée la dysphorie de la situation en une euphorie physique et morale :

> [...] elle était maintenant si bien, [...] elle éprouvait tant de bien-être à se reposer, [...] une douce somnolence la gagnait [...] Et Stella, sous ses paupières baissées, voyait maintenant des choses, des choses si belles que ses lèvres s'entrouvrirent comme dans une vague extase.
>
> Stella souriait aux anges.

On le voit, le corps n'est plus qu'un épiphénomène de l'âme. Et lorsque Stella reçoit l'aumône d'un sou, il n'est pas jusqu'à la représentation de l'enfant et de ses paroles qui ne soit entachée de mièvrerie : « – Enfin ! dit l'enfant avec un mélancolique sourire sur ses lèvres violacées, Stella pourra manger ce soir. » Samain semble ainsi accumuler à plaisir les traits de pathos *et de sentimentalisme* kitsch, *dirait-on aujourd'hui, jusqu'au point où les bons sentiments en deviennent écœurants. L'esthétisation morale de la neige – sa candeur en quelque sorte –, qui impose une tonalité en blanc majeur*[8] *; les visions paradisiaques et séraphiques qu'elle éveille en Stella, où ne manque pas même « le bon Dieu [...] avec une grande barbe blanche » ; ses puériles méprises – voulues amusantes – qui la font s'adresser au comte comme à « Monsieur l'Ange » et au domestique, sur la foi de son nom, comme à « saint Pierre », tout cela est assez lourd. Le final en rajoute, puisque Stella réclame de la neige pour « en porter au bon Dieu », puis son « sou en or » pour le*

---

8 Par exemple : « Des flocons étaient tombés sur Stella et maintenant elle semblait vêtue sur la terre d'une robe blanche comme celle qu'elle avait au ciel. »

rapporter à « saint Pierre » : un bon pauvre est à la fois honnête et ménager de ce qui ne lui appartient pas. Dans les années 1892-1895, le Journal *de Bloy s'intitule quant à lui* Le Mendiant ingrat.

Le récit laisse donc une impression assez désagréable de quelque chose de faux, en raison d'une bonne conscience affichée à l'égard d'un monde par essence non problématique[9]*. Le réalisme social n'est pas le fort de Samain, et lorsqu'il se convertit, comme ici, dans l'univers esthétisant d'un conte édifiant, il manque son objet. Heureusement, le cas reste isolé. Son mérite néanmoins est de nous permettre de mieux lire « La Petite Fille aux allumettes » d'Andersen, par exemple, et de mieux apprécier ce qui fait l'originalité de Samain partout ailleurs*[10]*.*

Le vent cinglant des nuits de janvier balayait au loin les trottoirs déserts et secouait sur les boulevards les squelettes désolés des platanes. De rares passants filaient le long des maisons ; minces silhouettes courbées en deux par le froid glacial. Les flammes des becs de gaz, tordues par le vent, jetaient de funèbres clartés, et Paris si vivant, si bruyant, si turbulent à l'ordinaire, ville abandonnée, exhalait ce soir-là une morne tristesse. Le froid se fit plus vif encore et, peu à peu, à petits flocons, rares d'abord, drus et plus épais ensuite, la neige se mit à tomber, couvrant les rues et les toits d'un tapis blanc immaculé. Une petite fille, vêtue de haillons, les pieds à demi-nus dans des vieilles bottines trouées et trop grandes, marchait, toute seule, dans la largeur de la rue Castiglione, encore élargie par l'absence absolue de passants. D'un bout à l'autre de la grande voie toute blanche, il n'y avait que la petite fille suivie de son ombre maigre et grelottante. Un mauvais châle de laine rouge, donné par la pitié de quelque mère attendrie, enveloppait toute sa tête et se croisait sur sa poitrine. On ne voyait ainsi dans l'ombre formée par cet enveloppement du châle que deux yeux bleus, d'un bleu angélique et limpide, qui s'ouvraient tout grands ; dans la pâleur de sa figure souffreteuse. Où allait-elle ? Que faisait-elle à cette heure et dans cet endroit, cette petite fille aux yeux bleus ? Elle ne le savait point.

---

9 Ce n'est pas le cas du Hugo des *Misérables* (1862), même lorsqu'il fait vibrer la corde sensible.

10 La comparaison est une grande clé de lecture, et c'est aussi un précieux outil didactique.

Depuis le jour, elle avait marché devant elle, sans s'arrêter, sans savoir, l'estomac criant la faim, ne sachant pas d'endroit où reposer ce corps épuisé de fatigue et désespéré. Elle faisait partie d'une troupe de saltimbanques nomades qui l'avait, le matin, abandonnée à l'entrée de Paris, la considérant comme une bouche inutile, voyant que son état maladif ne lui permettait pas de continuer ses exercices. Quand elle se vit sur la place Vendôme, tout cet espace immense et solitaire la glaça. Elle courut vers les maisons, et, incapable d'aller plus loin, se blottit dans l'angle d'une porte. Une grande lassitude tombait sur elle et lui dénouait les membres. Alors elle s'accroupit, ramenant ses jupes en lambeaux autour d'elle, se pelotonnant contre le vent qui mordait ses petites jambes nues.

À ce moment, vêtu d'un long pardessus fourré qui l'enveloppait jusqu'aux chevilles, le cigare aux dents, un homme passa, rapide. Elle commençait à avoir un peu chaud ; ses mains roulées dans son châle se réchauffaient contre sa poitrine. Elle n'eut pas le courage de bouger ; et c'est à peine si d'une voix légère comme un souffle elle murmura :

– Un p'tit sou, Monsieur, s'il vous plaît.

Le passant entendit l'appel de cette voix d'enfant et, détournant la tête, aperçut la petite mendiante. Pressé par l'heure et les mains empêtrées dans son pardessus, il continua sa route. Au bout de quelques pas néanmoins, ce léger remords que laisse toujours derrière lui la plainte d'un pauvre repoussé l'arrêta ; il fouilla ses poches, revint sur ses pas et, se penchant, disposa un gros sou dans la petite main bleue qui se tendait vers lui. Quelques minutes après, il rentrait au Cercle dont les grandes vitres éclairées illuminaient tout un côté de la place.

– Enfin ! dit l'enfant avec un mélancolique sourire sur ses lèvres violacées, Stella pourra manger ce soir.

Stella, c'était son nom à elle, du moins celui que lui avaient donné les Bohémiens avec qui elle avait si longtemps vécu. Mais elle était maintenant si bien, dans le coin de la porte ; avec ses pieds ramenés sous elle et son menton dans son châle ; elle éprouvait tant de bien-être à se reposer après l'interminable course de la journée dans la ville gigantesque, qu'elle voulut prolonger sa halte encore un moment. D'ailleurs, son estomac, si exigeant encore, ne la faisait plus souffrir. Et maintenant une douce somnolence la gagnait, montait en elle, coulait dans ses membres, endormait son pauvre corps surmené. Alors, doucement, elle ferma les yeux. Autour d'elle, sur le trottoir, la neige tombait, toujours plus épaisse. Et Stella, sous ses paupières baissées, voyait maintenant des choses, des choses si belles que ses lèvres s'entrouvrirent comme dans une vague extase.

Stella souriait aux anges. Et il lui semblait être sur quelque sommet d'où les chérubins radieux montaient et descendaient avec de grandes ailes, blanches comme de la neige qui tombait, et leurs longs cheveux flottaient, soyeux. Ils la regardaient avec de beaux yeux bleus qui faisaient de la lumière et tous lui disaient en passant, dans un sourire : « Bonjour Stella », puis ils lui donnaient des fleurs qu'ils portaient dans leurs robes, en grandes gerbes épanouies… Elle se rappelait bien les avoir déjà vus. Dans les églises où il lui arrivait quelquefois d'entrer timidement, sur la pointe du pied, retenant son haleine, et glissant le long des lourds piliers de peur que le Suisse, qui n'aime pas les petites mendiantes, ne la mît à la porte. Elle aimait tant à les voir de loin, au fond du chœur, à genoux sur l'autel tout doré, aux deux côtés de la Vierge éblouissante dans sa grande robe bleue semée d'étoiles, la couronne d'or sur la tête et un Jésus rose qui souriait en ses bras. Et maintenant elle voyait aussi le Jésus qui tendait vers elle ses petites mains, et la Vierge qui lui souriait et dont les yeux si doux semblaient lui dire de ne plus avoir peur, tout en lui faisant signe de venir à elle.

Oh ! le magnifique jardin, plein d'oiseaux, où elle se promenait extasiée, dans une belle robe blanche comme la neige. Et partout des fleurs, des oiseaux tout petits et de toutes les couleurs, puis des petites filles comme elles qui l'invitaient à jouer et qui chantaient en dansant une ronde… Et là-bas, plus haut encore, il y avait un grand palais qui était la maison du bon Dieu !… Et, tout à coup, le bon Dieu passait avec une grande barbe blanche, et aussitôt toutes les petites filles s'arrêtaient de jouer, se mettaient à genoux et récitaient : « Notre Père, qui êtes aux cieux. » Stella faisait comme elles, et dans son rêve, sa bouche laissait échapper des lambeaux de la vieille prière que disent le soir tous les enfants de la terre…

Elle n'avait plus froid. Une légère rougeur colorait ses pommettes pâlies, et son corps ramassé avait de courts sursauts, tant, là-haut, elle s'amusait avec ses petites compagnes du Paradis…

Cependant les heures passaient. La neige formait maintenant un tapis immaculé qui couvrait toute la place et s'étendait sur les toits, aux saillies des maisons. Des flocons étaient tombés sur Stella et maintenant elle semblait vêtue sur la terre d'une robe blanche comme celle qu'elle avait au ciel.

Une heure sonna quelque part dans la nuit, trouant lugubrement le silence. L'homme au long pardessus fourré, sortant de son Cercle, repassa. En voyant encore à la même place la petite mendiante, il s'arrêta, se pencha.

Elle dormait, toujours souriante, sa bouche était redevenue róse et une mèche adorable de cheveux blonds, échappée de son capuchon, tombait sur ses yeux. Comme la mèche la chatouillait, d'une main machinale, elle la rejetait. Il écouta. Elle chantait – doucement – d'une voix vague et comme perdue très loin, très haut !

> Bonjour mon prince,
> Mon capitaine, mon colonel,
> Je tombe à vos genoux[11]…

Il y eut un silence, puis elle reprit, incohérente… puisque vous êtes Monsieur l'Ange… je vous donnerai des gâteaux, des tartes, des pommes… J'ai deux sous… J'ai deux sous !…

Cette adorable enfance qui chantait dans cette nuit presque sinistre sous cette neige glacée, et qui s'envolait en chant d'oiseau de cette bouche rose, avait quelque chose d'indiciblement poignant. L'inconnu se sentit remué jusqu'au fond du cœur.

La main de l'enfant s'était ouverte pendant son sommeil et la pièce de dix centimes avait roulé à terre. Une pensée soudaine vint à l'inconnu.

Il puisa dans la poche de son gilet, en retira un louis, et doucement, avec des précautions intimes, de peur de l'éveiller, il le posa dans la main de Stella. Puis, l'enveloppant d'un long regard de pitié :

– Pauvre petite perdue, murmura-t-il. Toi qui, dans une nuit pareille, dors toute seule sur ces pierres de ton beau sommeil d'ange transi, sois

---

11 On aura reconnu « La Tour, prends garde », célèbre « voix de ville » datant du début du XVIe siècle et qui donne lieu à une sorte de ronde enfantine où sont distribués les rôles. Les officiers et les gardes chantent : « Mon duc, mon prince, (*bis*) / Je viens à vos genoux. » On ne comprend pas bien pourquoi c'est cette chanson qui vient à Stella, si ce n'est qu'elle permet d'exemplifier parfaitement sa posture de soumission.

bénie, toi qui donnes au vieux sceptique que je suis ce frisson profond et un sentiment délicieux qui lui montre qu'il a encore un cœur sauvage, qu'il a tout son cœur. Petite fleur que Dieu m'envoie sourire dans ma vie déserte, pourquoi ne refleurirais-tu pas… Mais tu es au ciel en ce moment, tu joues avec tes sœurs… Eh bien, quand tu descendras, je veux que ton rêve continue.

En disant ces mots, l'inconnu rebroussa chemin, remonta vers le Cercle, et, quelques minutes après, il parut accompagné d'un domestique portant l'élégante livrée du Cercle.

– Vous m'entendez bien, Pierre, vous allez rester ici, et dès que la petite ouvrira les yeux, vous la prendrez, sans l'effrayer naturellement, et vous la porterez dans ma voiture que je vais faire venir de suite. Vous me l'amènerez *à l'Hôtel*. Est-ce compris ?

– Oui, Monsieur le comte.

– Bien, surtout ne lui faites aucune question. Dites-lui seulement, si elle paraît s'étonner, que c'est le bon Dieu qui vous a envoyé vers elle pour qu'elle soit bien heureuse et qu'elle n'ait plus de peine.

Sur ces mots, l'inconnu que le domestique avait appelé Monsieur le comte, et qui était en effet le comte Yvan de Rochemaure, dernier descendant de l'illustre famille de ce nom, s'éloigna d'un pas rapide et comme allégé par la joie intérieure qu'il ressentait.

Quelques instants s'étaient à peine écoulés que Stella, avec un éclat de rire qui sonna clair et comme lumineux dans les ténèbres, s'éveilla… Elle ouvrit ses yeux encore éblouis de son beau rêve et regarda machinalement en haut vers ce ciel qu'elle venait de quitter brusquement. La nuit était opaque. Elle ne vit qu'un grand trou noir. Au même moment une rafale, traversant la place, souleva une poussière de neige qui s'abattit glaciale sur son visage. Elle comprit, trembla d'un grand frisson, et cria d'une voix déchirante cet appel, ironique dans sa bouche :

– Maman ! Maman !…

En même temps, deux larmes jaillissaient de ses grands yeux désespérés.

Mais tout à coup ; elle tressaillit, et d'un bond se dressa. Dans sa main quelque chose brillait, qui n'était pas là tout à l'heure. Et maintenant, avec la brusquerie passionnée d'émotions de l'enfance, elle souriait, un tremblement aux lèvres, un ravissement dans les yeux.

– Un sou en or ! Un sou en or !…

Elle claqua ses petites mains l'une contre l'autre. Puis, aussitôt, jeta autour d'elle un regard soupçonneux, et un second cri lui échappa, pendant qu'avec un reproche, fiévreuse, elle enfouissait la pièce dans les replis de son châle, contre sa poitrine.

Un homme était devant elle qu'elle n'avait pas encore aperçu. Un homme en habit bleu à boutons d'or, culotte rouge et bas blanc. C'était le domestique placé là par le comte de Rochemaure. Ce bel uniforme la rassura. Mais elle restait toujours blottie dans l'angle de la porte, ses bras ramenés sur sa poitrine, un reste de défiance dans les yeux.

– Pourquoi as-tu peur, ma petite fille, fit Pierre avec douceur ainsi que le lui avait recommandé son maître. Tu crois donc que je te veux du mal ?… Regarde-moi bien, je n'ai pas l'air méchant… Allons, ne t'enfuis pas ainsi, tu ferais de la peine au bon Dieu…

– Au bon Dieu, fit Stella avec de grands yeux étonnés.

– Oui, au bon Dieu qui t'aime bien et qui m'a envoyé vers toi, en me disant de te conduire dans une belle maison où tu seras bien heureuse.

– C'est vrai ?… fit avec élan la pauvre petite, et son joli sourire reparut… Alors vous ne voulez pas me prendre mon sou en or ?

– Mais non, puisque c'est moi qui te l'ai mis… tout à l'heure… pendant que tu dormais… à la place de l'autre, te rappelles-tu ?

– Ah ! oui, celui que m'avait donné un bon Monsieur qui passait… avant que je m'endorme et qui êtes-vous, vous ?

– Moi, je suis… Pierre.

– Saint Pierre ?

– Oui… saint Pierre, si tu veux, fit le bon domestique en souriant à son tour.

– Oh ! alors si vous êtes saint Pierre… je veux bien aller avec vous.

– À la bonne heure.

Et en disant ces mots, le domestique la prit par la main et, lui montrant la voiture du comte qui stationnait en face contre le trottoir :

– Tu vois, on vient te chercher.

– Oh ! la belle voiture… vite, vite, fit Stella en battant des mains, et elle courut comme une folle vers le coupé dont un groom tenait la portière ouverte. Arrivée auprès, elle jeta un coup d'œil humide à l'intérieur, n'osant plus.

Pierre alors l'enleva, et la posa, tremblante encore, sur les coussins. La portière claqua. Le cocher fouetta les chevaux et Stella, toute petite sur les grands coussins, se sentit emportée dans la nuit, regardait sans penser, par la vitre, la neige qui tombait, regardait toujours son sou d'or qui brillait dans sa main, sourit doucement et crut que son rêve continuait.

. . . .

Six semaines ont passé. Stella est toujours dans la belle maison du comte de Rochemaure… mais elle ne court pas, et elle ne chante plus. Stella est dans un petit lit blanc où il semble que la pâleur fine de son doux visage se fait encore plus diaphane, et c'est une petite figure presque immatérielle, jolie à faire pleurer comme ses longs cheveux dorés qui ruissellent autour d'elle sur l'oreiller, et ses grands yeux violets dont les longues paupières se soulèvent avec effort et qui regardent quelque part l'inconnu d'un songe. – Les secousses qui ont traversé sa vie ont été trop fortes pour sa frêle enveloppe. La petite fille errante des grandes routes de Bohême, la petite mendiante mordue de froid, glacée de neige, éperdue de solitude, n'a pas pu supporter ce brusque passage au monde de la tendresse et du bien-être. Elle a eu les premiers jours une intensité de vie folle ; elle a voulu tout voir, toucher à tout, emportée comme dans une ivresse à travers les merveilles de sa nouvelle existence… Puis un soir, en se couchant, les pommettes enflammées, les lèvres sèches, les yeux hagards, elle s'est mise à grelotter dans sa couchette.

Dès le lendemain, le docteur annonçait au comte de Rochemaure que sa petite protégée était atteinte d'une fièvre cérébrale. Alors le comte s'installa à son chevet et, avec le dévouement d'un père, passa les nuits et les jours, penché sur elle, épiant ses moindres gestes, comme suspendu à son souffle. Il s'était senti pris soudain d'une immense tendresse pour cet être chétif, qui lui semblait incarner tant de misère humaine, et son cœur, si desséché qu'il le croyait mort, s'était délicieusement rouvert au contact de cette souffrance. Son âme se sentait envahie par un sentiment d'une douceur infinie, en contemplant parfois, pendant les longues heures des veillées, le visage émacié de vierge-enfant à qui il avait rêvé de donner tout le bonheur, toute la joie. Malheureusement, le mal avait chaque jour empiré. La veille, le docteur consulté lui avait répondu :

– La pauvrette s'en va, Monsieur le comte… C'est un oiseau que vous avez ramassé.

Et il était parti en hochant la tête d'un air qui ne laissait guère d'espoir.

Cette nuit-là avait été très calme. Une somnolence régnait dans la chambre où mourait un feu de bois dont les rares crépitements troublaient seuls le douloureux silence. Au chevet du lit, suivant son habitude, le comte songeait. Il avait pris dans sa main la main brûlante qui pendait hors du lit. Il savait qu'elle aimait à se sentir ainsi près de lui. Avec cette exigence des malades, surtout des malades enfants, elle ne pouvait se résoudre à le laisser partir et quand, profitant d'un répit accordé par le sommeil, il s'absentait un peu, Stella, à peine réveillée, réclamait d'une voix impérative et s'impatientait bientôt, avec des mots étranges… et des phrases qui détonaient dans sa bouche et qui lui restaient de son passé anormal et misérable.

Tout à coup, comme deux heures sonnaient à la pendule, elle se tourna[12] vers le comte et le regarda anxieusement.

– Qu'as-tu, fit-il, inquiet de l'expression bizarre de ses yeux. Veux-tu quelque chose ?

– Non, fit-elle en secouant tristement la tête. Je pense !…

– À quoi penses-tu ?

– À la neige !

C'était la constante obsession, cette longue soirée toute blanche où elle avait battu Paris.

– C'est beau la neige, dis, Grand Ami[13]. Elle lui avait donné ce nom tout de suite, le premier soir. Il neige cette nuit. Va, je sens cela.

Le comte regarda vers la fenêtre… Effectivement, les toits de l'Hôtel, en face, brillaient, tout blancs sous la lune.

– Veux-tu me donner de la neige ?

Et comme le comte faisait un geste.

– Oh, si, un peu, un « tout petit peu » pour regarder, dans ma main… ça fait des fleurs qui fondent… Oh, te rappelles-tu, dis, comme il en tombait, partout, ce soir-là… Moi, j'étais toute blanche, toute blanche, c'était beau !… Donne-moi de la neige, veux-tu ?

– Non, cela te ferait mal ; le docteur l'a défendu, fit le comte d'une voix un peu sévère pour donner un autre cours à ses exigences.

– Ah ! fit-elle simplement.

---

12 La fin du conte, pour l'envol de la petite âme, renoue avec les temps du récit, entremêlé de dialogues.

13 La « Grande Amie » de Samain fut la cantatrice Cécile Cerizier. Voir *Œuvres poétiques complètes*, éd. citée, p. 345-387.

AUssitôt elle tourna la tête vers la muraille, l'enfouit sous la couverture et se mit à sangloter. Le comte eut un frisson. Cette douleur bizarre de l'enfant lui faisait trop de mal. Il sonna et dit quelques mots à voix basse au domestique qui parut. Alors il se pencha vers Stella.

– Sois sage, Stella, ma chérie, on va t'apporter de la neige.

– Ah ! Je t'aime bien, fit-elle, les yeux illuminés de joie, et elle tourna vers lui ses lèvres pour l'embrasser.

– Tu ne sais pas pourquoi je te demande cela ? C'est parce que je veux en porter au bon Dieu.

– Mais tu ne vas pas le voir maintenant le bon Dieu ?

– Oh ! Si, va… Je le sais bien… et je me sens tout à fait comme l'autrefois dans le grand jardin… où il y avait les fleurs… et la vierge… et le petit Jésus…

Et sa voix mourait, sifflait, s'échappait par mots entrecoupés. On eût dit que déjà son âme – ce souffle léger – passait entre ses lèvres…

Le comte, angoissé, s'essuya les yeux.

À présent Stella, immobile sur son petit lit blanc, la tête renversée en arrière, les yeux agrandis par la vision de l'au-delà, continuait son rêve.

Tout à coup, elle fit un mouvement brusque, abaissa ses longues paupières et, regardant le comte avec une douceur infinie, laissa tomber ces mots :

– Ah ! Tu es encore là ?… Eh bien… donne-moi… mon sou… mon sou en or… tu sais…

Et comme il lui posait fébrilement un louis d'or dans la main, ses regards anxieux ne la quittant pas, elle reprit sa position première, sans même regarder la pièce d'or.

Puis elle posa sa petite main brûlante sur celle du comte, la pressa faiblement et murmura d'une voix éteinte :

– Merci… Merci !… Je vais… le rapporter… saint Pierre… Adieu… grand… Ami !…

Et doucement, sans cri, sans plainte, sa petite âme de vierge s'exhala, retournant au ciel où l'appelait son nom doux et lumineux d'étoile.

CARNETS INTIMES

Édition critique par Marc Béghin
et Christophe Carrère

NOTE SUR L'ÉTABLISSEMENT DU TEXTE

On trouvera dans cette section les *Carnets intimes* de Samain, « Notes – Sensations », « Portraits littéraires » et « Notes diverses ». Ces sous-sections sont groupées sous le titre général *Carnets intimes*, d'abord par référence à l'édition pionnière de Jules Mouquet[1], dont notre édition suit la distribution d'ensemble, et parce que ce regroupement obéit à une évidente nécessité interne : les *Carnets intimes* comportent de nombreuses notations qui ressortissent à la critique littéraire, ou qui, du moins, permettent de cerner d'un peu près les lectures de Samain. À l'inverse, les « Notes diverses » complètent, en particulier avec « La Nuit », l'éclairage qu'offrent sur la psychologie du poète les *Carnets* proprement dits.

La présente édition des *Carnets* trouve sa justification principale dans le fait que l'édition de Jules Mouquet, outre son ancienneté et la faiblesse de son appareil critique – réduit à une brève note liminaire sur les sources et à un index, au demeurant très utile –, n'est pas complète. Or, il existe de ces carnets, pour la période 1887-1888, une transcription par la sœur de Samain consultable à la Bibliothèque municipale de Lille[2] et rassemblée dans trois cahiers que Christophe Carrère a découverts et photographiés. Le texte que nous présentons ici a été revu d'après ces documents nouveaux, qui constituent un ensemble assez aisément lisible de 400 pages[3].

L'établissement du texte et son annotation sont le fruit d'une collaboration entre Christophe Carrère et Marc Béghin. La note sur l'établissement du texte, la présentation générale des *Carnets* et les notices introductives aux recensions de Samain contenues dans les sections « Portraits littéraires » et « Notes diverses » sont du seul Marc Béghin.

1 Albert Samain, *Carnets intimes*, éd. Jules Mouquet, Paris, Mercure de France, 1939.

2 BmL, fonds Jules Mouquet, ms. C 194-I-19.

3 Copie manuscrite d'Alicia Soulisse. Trois cahiers de notes : Cahier I. 280 pages (17 x 22 cm), dont 150 blanches. Cahier II. 350 pages (17 x 22 cm), dont 175 blanches. Cahier III. 220 pages (17 x 22 cm), dont 177 blanches.

Malgré le caractère incomplet de l'édition Mouquet, nous avons pris le parti – et c'est là, après le choix du titre général *Carnets intimes*, un autre choix éditorial majeur – de l'annexer dans son intégralité – sans correction aucune, coquilles exceptées[4] – à notre propre saisie des retranscriptions d'Alicia Soulisse, et ce, pour deux raisons. La première, évidente, tient au fait que l'édition Mouquet vient elle-même en complément de celles-ci, et qu'il n'aurait pas été satisfaisant, d'un point de vue philologique, d'isoler cette partie du reste. La deuxième est connexe à la première : on pourrait s'étonner de ne pas retrouver dans une édition appelée à faire référence l'édition matricielle des *Carnets intimes* telle qu'elle a été donnée par Jules Mouquet puisque celle-ci, même parfois identique à notre saisie, présente des éléments qui ne se trouvent nulle part ailleurs.

L'édition Mouquet comporte au surplus des richesses et des difficultés dont il est difficile de faire la part. Elle a sa logique et ses libertés propres, qui sont de tous ordres, y compris typographique[5]. Ces libertés, permises en un temps moins exact que le nôtre, confinent même parfois à la *réécriture*[6] et justifient qu'on suive ici plus scrupuleusement Alicia Soulisse. Au nombre de ces libertés, il faut compter aussi, sans préjudice de l'authenticité des ajouts qui viennent suppléer de-ci de-là un texte – celui d'Alicia Soulisse – marginalement lacunaire, l'épineuse question de la ponctuation. Celle-ci, d'Alicia Soulisse à Jules Mouquet, varie dans des proportions importantes, et la faute en incombe d'abord à Samain lui-même, qui lui témoigne en prose une indifférence inversement proportionnelle au soin maniaque qu'il y apporte dans ses vers et dont gardent trace les multiples variantes détaillées dans les *Œuvres poétiques complètes*. Il a été nécessaire, par conséquent, de trancher de nombreux points de ponctuation.

---

4 Ce respect de l'édition Mouquet dans sa lettre même explique que soit réduite au seul nécessaire, aux pages 267-341 du présent volume, l'annotation des parties des *Carnets* non comprises dans le manuscrit *Soulisse*. (Font partie de ce nécessaire, à notre avis, les renvois à la riche étude de Léon Bocquet parue dans la même décennie que l'édition Mouquet : *Autour d'Albert Samain*, *op. cit.*) C'est au bas de notre propre saisie du manuscrit *Soulisse* que l'on trouvera toutes les remarques qui concernent les écarts significatifs entre celui-ci et Mouquet, de quelque nature qu'ils soient.

5 Ainsi de l'ajout d'astérisques entre les apophtegmes de « Notes – Sensations », Jules Mouquet s'étant senti obligé de les ajouter, ainsi qu'il était d'usage, à l'époque, dans les recueils de maximes.

6 Il semble, en particulier, que le passage du quai Solférino ait été réécrit, en raison, peut-être, de la poésie du lieu.

De l'édition Mouquet, l'on doit savoir enfin qu'elle suit un ordre – y compris chronologique – qu'il aurait été hasardeux de chercher à faire coïncider avec le manuscrit d'Alicia Soulisse, probablement antérieur et plus fidèle en dépit de son absence de logique apparente. Probablement seulement, car il se peut que Jules Mouquet ait eu sous les yeux les originaux et qu'il ait pu revoir à leur lumière les retranscriptions d'Alicia Soulisse. En font foi, dans celles-ci, les nombreuses corrections et surcharges à l'encre noire, dont tout laisse à penser qu'elles sont de la main de Jules Mouquet[7]. Dans la mesure, cependant, où les originaux ont disparu, rien ne permet d'être sûr que sa leçon est la bonne. Du moins dispose-t-on d'une table de concordance, établie par ses soins, entre lui et Alicia Soulisse. Elle se présente comme suit :

Mouquet	**Cahiers**	
II	Carn. 1	31 oct. Quai de Solférino
[*absent*]	2	Bouddha
IV	3	F. me disait
VI	4	Petites questions et hypothèses
VII	5	C'est la seule succursale…
[*absent*]	6	Léon Bloy
V	7	Est-ce une crise que je traverse
I	9	Dîné hier soir avec Stéphane
III	10	Plus j'avance, plus je suis effrayé

Tous les textes ont été revus sur manuscrit, quand cela était possible, ou sur les éditions pré-originales. « Notes – Sensations », par exemple, – le « léger cahier de *Pensées et Réflexions* » dont parle Léon Bocquet dans sa biographie intellectuelle de Samain, et qu'il évoque à nouveau en 1933, pour former le vœu qu'il paraisse un jour[8], – a été revu sur le

7 De cela, nous avons pu nous convaincre en comparant ces rajouts en marge à l'encre noire avec un envoi autographe de Jules Mouquet à Yves-Georges Le Dantec sur un exemplaire des *Carnets intimes* en notre possession.

8 « C'est d'un périodique où l'apprenti écrivain n'avait aucun genre d'appui ni la moindre intervention qu'il obtient sa première grande satisfaction littéraire. En ouvrant *L'Illustration* un samedi, M. Salomonsohn découvre qu'on y a retenu et publié, sous la rubrique de bas de page : "Pensées et réflexions", quelques lignes de la prose de son ami [27 août et 3 septembre 1881]. Ce n'était pas beaucoup, mais Samain est tout de même, au secret de lui, très flatté. Et qui sait ? Peut-être faut-il voir là l'origine de ce Cahier resté inédit,

manuscrit. Il apparaît ainsi que Mouquet a retiré quelques aphorismes et en a tronqué d'autres. Compte tenu de ces difficultés, le texte des *Carnets* a été restitué aussi fidèlement que possible par nos soins.

EXPLICATION DES ABRÉVIATIONS ET DES SIGLES

L'abréviation « qq. » a été systématiquement remplacée par « quelque(s) », dans le but de ménager un agrément de lecture auquel elle aurait été préjudiciable. Il en va de même pour « tj », que nous rétablissons en toutes lettres, selon l'usage : « toujours ».

L'édition des *Carnets intimes* au Mercure de France est désignée par « Mouquet » quand il s'agit pour nous, à des fins de comparaison, de renvoyer directement à cette édition. Sa transcription, par les soins de Marc Béghin et Christophe Carrère, apparaît ici, dans les renvois internes, sous le sigle « JM » (pour : « Jules Mouquet », revu et corrigé par les mêmes). Quant à la transcription d'Alicia Soulisse, elle figure ici sous « Soulisse » ou « ms. Soulisse » (pour « manuscrit Soulisse »).

---

bien qu'il paraisse avoir été préparé pour l'impression, dans lequel le poète a consigné et condensé en formules paradoxales et frappantes des observations sur la vie, la morale, l'art et la littérature. Le livre n'eût point valu, assurément, celui de Pascal ; il n'eût point fait oublier les maximes de La Rochefoucauld, ni même fait pâlir la gloire de Vauvenargues ou concurrencé Joubert, car les réminiscences de tous ceux-là sont apparentes. Mais il aurait aidé à la compréhension psychologique d'un poète qui aimait les sentences présentées sous un angle original et les aphorismes d'un tour piquant. Ce recueil verra-t-il le jour ? Avec les réserves que j'indique, le renom d'Albert Samain ne risque pas d'en être diminué. » (Léon Bocquet, *Autour d'Albert Samain*, *op. cit.*, p. 22-23.) Voir aussi *Albert Samain. Sa vie, son œuvre*, *op. cit.*, p. 113 et 235-249.

NOTICE

C'est un ensemble à première vue assez hétéroclite que les *Carnets intimes* de Samain, tels que nous les présentons ici. Il importe donc, au seuil de cette notice, de redire tout de suite que l'apparente disparate de l'ouvrage – à supposer que celle-ci constitue un défaut – n'est pas le fait de son auteur, puisque celui-ci n'avait pas envisagé de réunir sous cette forme, ni, *a fortiori*, sous ce titre, les textes qui le composent. Elle est le fait de ses seuls éditeurs, à commencer par Jules Mouquet, qui fit là œuvre pionnière. Du neveu du poète, il a été dit plus haut que la dette que nous lui devons obligeait à ne rien chambouler d'une distribution consacrée par le temps. Or, s'il y a au maintien du titre général et de l'architecture de *Carnets intimes* des raisons de piété littéraire, il faut redire – et tenter, à présent, de démontrer – qu'il trouve en lui-même des justifications fortes.

La plus évidente tient à la place prépondérante qu'occupe, en quantité, ce qui relève, précisément, du journal intime : près des deux tiers de l'ensemble, le reste étant occupé, à parts sensiblement égales, par la critique littéraire au sens strict du terme (« Portraits littéraires »), les maximes (« Notes – Sensations ») et « Notes diverses ». Ce dernier massif englobe, de fait, quatre textes fort dissemblables quant à leur objet : un compte rendu d'un ouvrage de sociologie, un hymne à la nuit, une étude sur la vision de la femme du romancier Jean Blaize et un exposé de l'évolution de la poésie au XIXe siècle.

À ces considérations comptables s'ajoute le fait, déjà mentionné, qu'écriture diariste, critique littéraire, maximes et exposés synthétiques (« La Nuit », par exemple), loin de former des compartiments étanches les uns aux autres, offrent une grande porosité. À titre d'exemple, citons cette maxime qu'on verra dans les *Carnets*, et non dans « Notes – Sensations » : « Le talent, le génie même, sans le caractère, c'est un carrosse sans chevaux. »

La dernière justification au maintien du titre *Carnets intimes* pour l'ensemble des textes édités dans cette section est connexe à la seconde et tient au caractère *intime*, précisément, qu'ils présentent tous à des degrés divers. Cela est vrai des *Carnets* eux-mêmes, par définition, où l'on voit Samain, gagné par le besoin de s'analyser après deux années de découragement, à savoir les années 1885-1886[1], s'exprimer sur sa santé et nommer avec un sens aigu de l'introspection les faiblesses de sa nature psychologique (pusillanimité, aboulie[2], dégoût existentiel, etc.), mais ce l'est aussi des maximes, des recensions et autres « notes ». Certaines des maximes transposent sur un plan général l'épanchement du journal (« Il y a des âmes-femmes »), et nombre d'entre elles sont porteuses, pour qui sait lire, d'indications éminemment personnelles. Les recensions, quoique arrachées à une paresse naturelle expressément confessée[3] et à une inhibition critique[4] qui est l'envers de sa capacité d'admirer, ou « admirativité[5] », obéissent pour partie à une nécessité intérieure qui apparaît incontestable. Ainsi en va-t-il de la recension consacrée à l'ami intime, Francis Jammes, mais la même observation peut être faite au sujet de celles qui traitent de Georges Rodenbach, de Maurice Beaubourg, pour sa pièce *L'Image*, du délicat Jean Blaize, que Samain s'attache à sortir de l'ombre, d'Ajalbert, même, dont le séduit la palette subtile et multiple. Les autres, comme pour faire ressentir par contraste ce qu'ont de personnel et de spontané les premières citées, se présentent explicitement comme des articles de commande : ainsi de celle sur le – trop – talentueux Catulle Mendès, rédigée pour complaire à Vallette, directeur du Mercure de France, dont on rappellera que Samain était membre fondateur ; ou de celle sur Dumas fils, extorquée à Samain qui n'y aura consenti, peut-être, que pour produire des gammes critiques – *se faire la main*, si l'on veut – dans un registre auquel sa nature ne le prédisposait en aucune façon : celui de la méchanceté… Quant aux « notes », enfin, il n'est que d'en lire les têtes de chapitre pour voir ce qu'elles ont aussi d'intime et de personnel : « La Nuit », si puissamment révélatrice d'un caractère de poète ayant fui le jour et la publicité, « La Femme chez Jean Blaize », dont on ne trahirait

1 Voir Léon Bocquet, *Autour d'Albert Samain*, *op. cit.*, p. 44 *sq.*
2 Voir *infra*, p. 209 et 309 : « Impression de fin d'après-midi découragée et nauséeuse … »
3 Voir *infra*, p. 209.
4 De cette inhibition critique, Samain fait l'aveu dans une de ses lettres à Francis Jammes. Voir *Une amitié lyrique. Albert Samain et Francis Jammes*, éd. Jules Mouquet, Paris, Émile-Paul frères, 1946, p. 34.
5 Voir *infra*, p. 192 et 288.

rien à l'intituler « La Femme selon Albert Samain », « L'Évolution de la poésie au XIXe siècle », où Samain donne libre cours à l'expression de préférences personnelles – en particulier pour Vigny –, la note sur Demolins, même, où se révèle, entre les lignes, le regret de n'avoir pas reçu une éducation qui l'eût rendu plus apte à affronter la vie.

Disparate, l'ensemble *Carnets intimes* l'est en un autre sens, cependant. En effet, en aucune des rubriques qui le constituent, Samain ne donne l'impression de poursuivre un projet littéraire comparable, par la détermination, l'énergie, ni le soin – jaloux – qu'il y met, à l'œuvre poétique. Samain n'est pas diariste au sens où le sera Gide : le souci du style, sans être absent des *Carnets*, n'y paraît pas, en toute rigueur, déterminant, ni – du tout – obsédant le soin de « réarranger » sa vie dans un sens plus flatteur que ce qu'on en dit pour soi, *au fil de la plume*[6]. Samain n'est pas davantage un « faiseur de maximes[7] », et s'il en forge quelques-unes, au demeurant très réussies et percutantes, selon la loi du genre, c'est peut-être, sans s'illusionner jamais sur leur contenu de vérité[8], pour sacrifier à une mode qu'ont suivie à l'époque nombre de ses confrères, étant entendu que chez certains d'entre eux (Gourmont, notamment), le recueil de maximes revendique au contraire une dignité propre et fait partie intégrante de l'œuvre. Samain n'est pas non plus homme, enfin, à pouvoir embrasser l'histoire littéraire à la façon d'un Mendès dans son *Mouvement poétique français* : son étude sur l'évolution de la poésie au XIXe siècle est plus un plaidoyer *pro domo* – pour le dodécasyllabe, ou, à tout le moins, pour le rythme, en tant qu'il est nécessaire à la poésie[9] – qu'une étude tant soit peu scientifique.

Tout cela n'enlève rien, insistons-y, à l'intérêt que présentent ces *Carnets*, non pas seulement pour une meilleure compréhension de l'homme et du poète, mais pour ce qu'ils contiennent d'échappées sur sa philosophie. Sa philosophie de vie, faut-il préciser, car Samain, s'il a

6 Voir *infra*, p. 299 : « Toute sa vie, l'homme, comme l'enfant, raffole des histoires. La sienne, qu'il déforme d'ailleurs, et qu'il *réarrange* naïvement, comme un romancier de métier, est celle qui l'amuse le plus, toujours. » (Nos italiques.)

7 Henri de Régnier, *Les Cahiers inédits, 1887-1936*, éd. David J. Niederauer et François Broche, Paris, Pygmalion-Gérard Watelet, coll. « Littérature », 2002, p. 539.

8 Cette défiance envers le genre aphoristique s'exprime dans plusieurs des lettres à tante Jules. Voir *Lettres à tante Jules*, éd. Jules Mouquet, Paris, Émile-Paul frères, 1943, p. 94, 83, 102, 116, 134 et, sur l'usage des proverbes, 148.

9 Voir à cet égard les remarques de Léon Bocquet dans *Albert Samain. Sa vie, son œuvre*, *op. cit.*, p. 172 *sq.*

lu les philosophes, ou du moins *des* philosophes[10], n'en est pas un lui-même, ou, s'il en est un, c'est dans la seule mesure où la philosophie, entendue au sens de Pierre Hadot, est une façon de se conduire dans la vie. Qu'on ne puisse en attendre aucune consolation théorique, est une évidence, selon Samain : la philosophie ne console pas, écrit-il dans une de ses lettres à sa tante[11], et il en va de même de la ou des théologies, de l'examen desquelles Samain ne retire aucune certitude[12]. Mieux, il revendique humblement une devise du « au petit bonheur », content, suffisamment, si de « petits plaisirs argent comptant[13] » viennent adoucir l'existence, dût-on, pour cela, concéder à l'illusion une vertu que la froide raison jugerait indigne de lui reconnaître[14]. À ses meilleurs moments, il se hausse à telle affirmation plus hardie, plus résolument hédoniste : « L'orientation particulière de mon âme est le bonheur[15]. » Moins égoïstement – mais « l'égoïsme est partout[16] » –, c'est, sur un plan plus large, une philosophie de la pitié, ou de l'universelle compassion, qui innerve les *Carnets*. En cela proche du bouddhisme – grand thème d'époque, chez le Schwob de *Monelle* et d'autres –, plus encore, peut-être, que du christianisme, en lequel il aperçoit précisément l'incarnation du précepte de charité[17], la philosophie de Samain est d'un sage, doublé d'un humaniste – d'un humaniste qui s'effraie même de son indulgence et spécialement de son indulgence pour le crime, au point de se demander si le sens moral, « au sens conventionnel et social[18] », n'est pas en train, chez lui, de s'effacer…

Que trouvera-t-on dans les *Carnets*, outre ces professions d'humanisme sur fond de confiance ontologique en « la victoire progressive du Bien

10 Voir Léon Bocquet, *Autour d'Albert Samain*, *op. cit.*, p. 19, et ce passage d'une lettre de Samain à Raymond Bonheur, datée du 28 juillet 1897 : « Moi, je rêverais d'une grande bibliothèque, […] où je lirais des “Mémoires”, des “Chroniques”, de la science, de la science *avec des vues philosophiques*, surtout. » (*Des lettres 1887-1900*, éd. citée, p. 125 ; nos italiques.)

11 Voir *Lettres à tante Jules*, éd. citée, p. 94.

12 « Aux théologies, aux histoires des religions, aux travaux dogmatiques, il demandait une certitude qu'il ne parvenait pas à acquérir. Tous les systèmes le tentèrent : il demeura incapable de l'acte de foi qui adhère. » (Léon Bocquet, *Albert Samain. Sa vie, son œuvre*, *op. cit.*, p. 62.)

13 *Lettres à tante Jules*, éd. citée, p. 81.

14 Voir *ibid.*, p. 94.

15 Voir *infra*, p. 192 et 288.

16 *Lettres à tante Jules*, éd. citée, p. 119.

17 Voir *infra*, p. 221.

18 Voir *infra*, p. 292.

sur le Mal[19] » ? On n'y trouvera rien « dont se puisse alimenter le côté anecdotes d'une biographie[20] ». On y trouvera, en revanche, et pêle-mêle, des tableaux parisiens, une description de sa chambre, qui avait retenu l'attention d'Alfred Jarry[21], le récit de son voyage en Flandre et en Allemagne[22], des notes de lecture (*Candide*, *À rebours*, *La Curée*, notamment), des réflexions non dénuées d'une certaine technicité, malgré tout, sur tel point précis de philosophie (la sensation, la notion de perfection, le libre arbitre, l'ironie), des considérations sur l'art et les perspectives qu'offre sa prévisible démocratisation, des observations sur la peinture (en particulier les peintres exposés aux Salons Rose-Croix), la musique (Beethoven, Wagner, Offenbach), l'histoire de la philosophie (Socrate, Nietzsche[23] et *Zarathoustra*), la lexicologie, des jugements sur certains écrivains (Hugo, Poe, Gautier, Baudelaire, Flaubert, Zola, Mendès, Verlaine, Huysmans, Bourges, Poictevin, Lorrain, Le Cardonnel, etc.), des indications sur ses projets d'œuvres et les principes poétologiques qui y président, des développements sur la médecine et les découvertes scientifiques (spécialement dans le domaine des neurosciences), la science-fiction (on s'amusera, en particulier, de la notule sur le psychomètre) et, l'affaire Caffarel exceptée, très peu de choses sur la politique, à laquelle Samain confesse ailleurs ne pas entendre grand-chose[24], et moins encore sur l'économie, mise à part une note sur la toute-puissance de l'argent dans les sociétés occidentales[25]. Cette énumération – à peu près complète – fait apparaître, en dehors des questions politiques et sociales, un autre grand angle mort : celui de l'amour. Non que le sujet soit entièrement absent, – on découvrira, au contraire, d'audacieuses hypothèses sur la sensualité féminine, – mais il n'est pas traité sur un mode intime, à l'exception d'une note où le diariste exprime son désir de « multiplier avec C… [ses] promenades[26] ».

Cette discrétion doit être portée au crédit des *Carnets*. Elle contribue à leur exceptionnelle *tenue*, et l'on ne saurait conclure sans souligner

---

19 Voir *infra*, p. 259 et 340.

20 *Des lettres 1887-1900*, éd. citée, p. 193.

21 Voir Alfred Jarry, *Albert Samain (souvenirs)*, Paris, Victor Lemasle, 1907, p. 21-22.

22 Voir, à ce sujet, Léon Bocquet, *Autour d'Albert Samain*, *op. cit.*, p. 89 et 107.

23 Voir *infra*, p. 242, n. 176, ainsi que la lettre d'août 1894 à Paul Morisse, au sujet de sa traduction de *Zarathoustra* (*Des lettres 1887-1900*, éd. citée, p. 64).

24 Il dit ainsi ne rien comprendre à « l'équilibre européen » (*Lettres à tante Jules*, éd. citée, p. 118).

25 Voir *infra*, p. 210.

26 Voir *infra*, p. 229 et 317.

avec force, et sans nulle concession aux clichés habituels, tout l'intérêt qu'offre leur lecture, et ce, non pas seulement pour l'usage que pourront en faire les lecteurs et exégètes de la poésie de Samain, mais tout lecteur qu'attirerait plus spécialement le genre du journal. Ce n'est, on le sait, pas toujours le cas de journaux d'écrivains qu'encombre la préoccupation bientôt lassante des « intérêts quotidiens de la vie[27] », entendons : le récit de futilités ou menus faits peu dignes de remarque. Samain confie à son journal le meilleur de sa pensée (sur maint sujet de haute intellectualité) et le meilleur de *ses* pensées : là même où perce la critique (à propos de Mendès, par exemple), il demeure tout entier l'âme noble qui s'exprime – et se voile – dans l'œuvre poétique.

De cet intérêt des *Carnets*, disons enfin – l'annotation de la présente notice l'a suffisamment montré – que nous ne sommes pas les premiers à nous être avisés, pas plus que ne sont restés inaperçus les « Portraits littéraires ». De ceux-ci, Léon Bocquet, déjà, avait signalé l'intérêt, quoique assez brièvement[28]. Il avait parlé en termes très élogieux du « léger cahier de *Pensées et Réflexions*[29] » – « le meilleur peut-être et le plus curieux du Samain inédit[30] » –, et dit le bien qu'il pensait du journal dans son ensemble. Il appartient désormais au lecteur de se convaincre à son tour que les *Carnets intimes* de Samain, loin d'être un dispensable appendice à l'œuvre publiée de son vivant, peuvent prétendre, à côté des poèmes, du théâtre et des contes, à une autonomie pleine et entière.

---

27 Pierre Drieu La Rochelle, *Plainte contre inconnu*, Paris, Gallimard, coll. « Blanche », 1924, p. 188.

28 « Qui se souvient, même parmi les plus attentifs de ses admirateurs, que le poète, de 1892 à 1895, a parfois signalé au *Mercure* renaissant les ouvrages de ses contemporains ? Ces notices-là ne sont signées que de modestes initiales, pour mieux nous avertir sans doute que l'auteur préférait qu'on n'y insistât point. À défaut d'autre mérite, ces analyses peuvent montrer toutefois comment un homme de tact, soucieux de son indépendance de pensée, sait, sans s'aliéner aucun, sauvegarder et son amabilité coutumière et les droits de la sincérité. Et puis encore, elles attestent également, par quelques formules concises ou magnifiques, l'originalité de voir et d'écrire d'un poète. » (Léon Bocquet, *Albert Samain. Sa vie, son œuvre*, *op. cit.*, p. 235.)

29 *Ibid.*, p. 113.

30 *Ibid.*, p. 236.

TRANSCRIPTION ALICIA SOULISSE

CARNET I

31 octobre. Dix heures du soir. Quai de Solférino. Dans les branches, des étoiles. Cette ramure voûtée forme ainsi un cadre de tableau, au fond duquel on aperçoit là-bas le pavillon angulaire des Tuileries, enlevant sa masse délicate et ses toits ornementés sur le velours bleu lacté du ciel ; tout en haut dans les combles, une fenêtre de mansarde brille. En bas, le Pont-Royal jette son arche et un coin de la Seine apparaît scintillant, frétillant, étincelant, enchevêtrant les reflets jaunes du gaz aux reflets blancs de la lune. Tout le paysage baigne dans une bleuité vaporeuse, glacée d'argent, et c'est d'une harmonie infinie. Sur les trottoirs inondés de lune, les feuillages font trembler des ombres noires légèrement frissonnantes au vent. Cette nuit d'une luminosité intense dans son incohérence jolie dégage une exquise et une immatérielle féerie et comme l'impression d'un pays de songe bleu dont le soleil serait d'argent, où tous les reliefs et toutes les nuances des choses s'accusent comme en plein jour, dans une coloration transposée et diaphane. – Café de la Légion d'honneur. –

Arrêté au long du quai Solférino pour m'accouder à l'angle de la descente de l'abreuvoir, les yeux vers les Tuileries ; à gauche, un grand tilleul presque entièrement dénudé par l'automne projette en berceau au-dessus de moi sa ramure piquetée de feuilles clairsemées.

Mayence, 8 h du soir. 24 août[1]. – Dîné au Café de Paris. – Un Français qui s'en va nous dit : « Bon appétit » avec une joie dans la voix. Nous

1 En juillet 1896, Samain écrit à Paul Morisse : « Et je songe qu'il y aura l'an prochain dix ans de notre voyage… Bingen… Asmanshausen… Worms… Mayence… » En août 1887, Samain voyage en Allemagne et en Hollande avec son ami. Ils ont pris le bateau à

sommes arrivés par un temps magnifique. Le Rhin, s'élargissant devant nous, découvrait un horizon superbe, formé d'un cirque de collines bleuâtres, comme vues à travers une transparence de gaze. En arrivant près de la ville, tout ce que j'avais reçu d'inspirations du voyage m'est remonté à l'esprit en une bouffée, et les deux tours du dôme émergeant lentement du lointain du fleuve m'ont versé une poésie de légende délicieuse.

*

Bruxelles. – Promenade de onze heures, charmante, à travers le boulevard à peine encore réveillé, dans un ciel pâlot qui par minutes essayait de sourire. Le soleil voilé faisait des ombres légères, légères. Bouquiné le long d'une vitrine. Un Désaugiers m'a évoqué avec une douceur cette époque de flonflons, de tonnelles, de caveau où circulent des gens à toupet engoncés dans des collets de redingote extravagants, pour laquelle j'ai, sans me l'expliquer, un je ne sais quoi de tendresse. Vu le musée. – Un faune, d'un profil fin, m'a retenu un temps. Les cheveux très abondants, roulés en bandes épaisses au-devant du front étroit, une mèche tordue comme un cep de vigne le long de la joue, sous l'œil, le nez légèrement busqué, comme pincé en haut par l'arc commençant des sourcils, les lèvres rêches, retroussées voluptueusement et comme insinuant un sourire indéfini. Quelque chose du profil oriental de l'Antinoüs, aquilin et d'ovale allongé. Des feuilles, des pampres, des grappes… les cheveux dans un gracieux hasard symétrique.

Un petit Napolitain[2], de torse grêle, de jambes lestes, un caleçon aux hanches, porte, posée à plat sur sa main relevée contre son épaule, une sorte d'alcarazas[3]. La tête est jolie, fine sous les cheveux frisés tout autour; les yeux s'ouvrent avec une sauvagerie au fond. On y sent couver un regard qui deviendrait vite impérieux, cruel. J'adore ce caractère de certaines

---

Bingen, « à l'endroit où commence l'encaissement du Rhin ». Le Café de Paris de Mayence se situait place du Théâtre.

2 Il s'agit de *Acquaiolo napolitain* d'Adolphe Fossin. Cette œuvre de 1863-1865 a été acquise par les Musées royaux des Beaux-Arts de Belgique à l'occasion de l'Exposition générale des Beaux-Arts de Bruxelles de 1866.

3 Substantif masculin. Vase de terre poreuse utilisé depuis des temps immémoriaux (notamment en Espagne et dans les pays chauds) pour rafraîchir les boissons, grâce à la transsudation et au refroidissement d'une partie du liquide évaporé à l'extérieur. (*Trésor de la langue française.*)

beautés. Elles mêlent je ne sais quoi de poignant à la tendresse qu'elles inspirent. On va à elles avec une sorte de désir voluptueux d'en souffrir.

Vu d'admirables primitifs allemands et flamands. Quelques noms çà et là reviennent, le reste est inconnu : van der Weyden[4], Steinbout[5], Gossard[6]. Une intensité incroyable d'expression dans toutes ces figures et dans tous une originalité naïve, comme spontanée, dans le groupement des scènes, des attitudes, des personnages, dans le geste surtout. Dès que l'art semble en progrès, dès que les candeurs premières des écoles du Moyen Âge disparaissent pour faire place à l'élégance assurée des siècles académiques, l'expression morale s'atténue, s'affaiblit, s'émousse dans la monotone eurythmie du dessin. On parle mieux, on dit moins, on ne sent plus le beau jet d'une sève riche, profonde et inconsciente. L'art se tranquillise, se fait la main, devient médiocre. Plus rien n'intéresse, en dehors des puissants, qui attachent par leurs tempéraments. Rembrandt, Jordaens, Rubens. Jordaens surtout étonne. La vie, chez lui, plus encore que chez Rubens, est paroxyste, et les types sont accentués dans une vision effrayante de verve[7]. Des visages truculents, aux barbes tumultueuses, aux faces crevant de congestion, des joues qui éclatent, des cous gonflés et roulants comme des fanons, et une orgie de chairs cramoisies, palpitantes, croulantes, où des yeux acérés, brillants, aigus, pointent des regards qui exultent ; et tout cela hurlant la vie.

L'architecture de certains tableaux allemands primitifs m'a frappé par un caractère excessif et barbare. Ce sont des enfilades de salles de marbre incrustées de pierres précieuses, soutenues par des foules de colonnes torses, trapues, massives, toutes étincelantes de gemmes ; des guirlandes de fleurs éclatantes pendent partout, lourdes ; des grilles aux ferrures exorbitantes se succèdent, et l'on aperçoit tout au fond une avenue de jardin sombre d'un vert profond et orageux, pendant qu'au premier plan le lustre énorme et compliqué hérisse l'enchevêtrement luxuriant de ses ramures d'or.

---

4 Rogier van der Weyden (1399 ou 1400-1464). Les tableaux conservés sont : *Pietà*, *Portrait d'Antoine de Bourgogne*, *Portrait de Charles le téméraire*, etc.

5 Il s'agit plutôt de Dirk Bouts ou Dieric Bouts (v. 1415-1475) : *La Crucifixion* ; *La Justice de l'empereur Otton : L'Épreuve du feu* ; *La Justice de l'empereur Otton : Le Supplice du conte innocent.*

6 Il s'agit plutôt de Jan [Jennin] Gossaert (v. 1478-v. 1532) dit Mabuse. Ses œuvres sont conservées au Musée Oldmasters, 3, rue de la Régence, à Bruxelles : *Adam et Ève*, *La Sainte Famille*, *Vénus et l'Amour*, etc.

7 « verve » corrige un mot effacé par Alicia Soulisse.

Passé à 5 heures sur la place. Il pleut. Vue de la porte du parc, la scène a de l'allure. Au premier plan, au centre de la place, Godefroy de Bouillon découpe en noir vigoureux sur le fond son profil équestre robuste et mouvementé. Et au fond, dans l'atmosphère remplie de pluie, comme Gaza, au sommet de la colline, le Palais de Justice érige ses masses pyramidales, allégées d'entrecolonnements.

*

Causé avec Valentin[8] de la femme[9]. Il me dit qu'un docteur à qui il en causait lui a affirmé que sur cent femmes il s'en trouvait à peine dix qui fussent vraiment sensuelles, qui jouissent. Cette assertion purement physiologique corrobore bien ce que nous disions souvent avec Valentin. La femme, dans la plupart des cas, ne se livre à l'homme que pour deux motifs, dont l'un ou l'autre prédomine suivant la femme ou surtout suivant le cas : soit pour donner du plaisir à l'homme, soit pour se l'attacher. Au fond, ces deux raisons souvent s'identifient, n'en font qu'une. Celles qui se donnent par plaisir personnel sont la très petite exception. Cette absence de sensualité chez la femme lui communique, pour dominer l'homme, une force immense, elle le sait et en profite autant qu'elle peut. Là est le secret de ses plus extraordinaires tyrannies et de ses triomphes fabuleux. Toutes les créatures symboliques, légendaires ou historiques dont les noms évoquent un empire d'amour, ont été passives ou froides. Hélène, Cléopâtre par exemple. La coquetterie, qui fait le fond de la femme, provient tout naturellement de son insensualité. Il faudrait ici se servir d'un mot cependant moins vague, car la femme, dont l'appareil nerveux est délicat au suprême, doit posséder et possède réellement une propension plus vive que l'homme à la jouissance. Mais cette jouissance ne se localise pas en un point spécial comme chez

---

8 Amitié de jeunesse de Samain.

9 Cette note a d'abord été rédigée en caractères cryptés (faux égyptien) dans le manuscrit des *Carnets*, avec, pour introduction, ceci : « Causé avec V. de la Femme. Il me dit qu'un ». La suite est codée, et le texte repasse en clair à partir de « La femme, telle que nous l'avons faite ». On notera aussi la majuscule au mot « femme ». *Cf.* Marcel Aymé : « Lorsqu'ils sont entre eux, les hommes se racontent volontiers de grasses cochonneries et je crois que c'est de leur part une réaction inconsciente contre cette vieille habitude que se repassent les familles, les curés et les pédagogues de tout poil de faire surgir entre les femmes et nous la Femme majuscule fourrée de brouillard et de mystère. » (*Le Confort intellectuel*, Paris, Flammarion, 1949, p. 169.)

l'homme, où le rut en est la plus aiguë expression ; elle est répandue à travers son être entier ; elle sort partout de son corps et coule comme un fluide au long de toute sa chair. Pour elle, la caresse lente, pénétrante, intime, ou large et enveloppante, suffit et apporte la plénitude.

La femme, telle que nous l'avons faite, tient à la fois de l'esclave et de l'ange, sans terme moyen. Elle est souvent les deux en même temps.

Valentin disait très justement : « Il doit y avoir une souffrance atroce pour une femme, à voir un jour qu'elle ne trouble plus l'homme autour d'elle. »

*

Je crois sûrement que la Passion va à la Passion, et que les hommes ne sont jamais vraiment troublés que par des femmes troublées elles-mêmes.

*

L'esprit de sacrifice et l'esprit d'égoïsme ne sont pas si opposés qu'ils le paraissent. On les trouverait souvent réunis et faisant bon ménage chez la femme, chez la mère surtout, chez le dévôt aussi.

*

27 septembre. Je crois qu'un homme qui prendrait l'œuvre de Hugo et la lirait consciencieusement d'un bout à l'autre serait étonné de tout ce qu'il y trouverait. Le lyrisme de Hugo, inconscient comme la nature, possède en effet une divination ou une force naturelle étrange, qui lui fait entrevoir et formuler ce dont lui-même ignore la profondeur. Sa grande lyre tendue au milieu de la création vibre à tous les souffles et résonne, sonore et profonde, sans autre but que de résonner et vibrer. Toute la prescience singulière de certains êtres ou organismes nerveux qu'affectent des influences encore distantes, m'expliquerait par analogie la double vue littéraire de cette énorme organisation poétique. Dans tous les ordres de l'Idée, on trouve chez Hugo des vers presque inexplicables, reflétant comme une lumière étrange, mystérieuse, s'imposant à l'esprit par je ne sais quelle force supra-logique et révélant par la magie surnaturelle des mots un coin du Verbe absolu.

Au point de vue art spécialement, le seul dont nous nous occupions, il est certain que Hugo a eu, et fréquemment, au long de son œuvre immense, des trouvailles exquises, intimes, raffinées, précieuses, maladives même, absolument incompatibles avec sa nature tout extérieure, robuste et décorative. On ne peut l'expliquer que par ce don d'ultralyrisme qui l'emporte, vertigineux, au-delà de lui-même. Le vieux mot démodé d'Inspiré, ramené à son sens plus moderne et significatif d'un cerveau abandonné à son impulsion en toute plénitude, me semble, en une belle concision, résumer la magnificence de ces phénomènes. Son génie, d'essence exorbitant et sublime, dépasse dans ses élans le niveau des idées reliées par l'enchaînement rationnel et logique, et vole ravir d'un seul coup d'aile, aux sources mêmes du concept, les trésors que lui-même souvent ignore [et] dont il n'a pas une conception intellectuelle réfléchie.

*

30 septembre. L'orientation particulière de mon âme est le bonheur. Je vais naturellement, par une pente irrésistible et instinctive aux gens heureux, aux choses heureuses. Je ne me développe complètement que dans une atmosphère tiède, dilatée de contentement, où tout est bien, quand tout va bien autour de moi. La source de ma sociabilité facile, égale et généralement affectueuse, réside peut-être dans ce besoin égoïste que j'éprouve d'avoir toujours autour de moi des yeux souriants. Un visage renfrogné me donne la sensation presque physique du froid. Dans la conduite des êtres qui m'approchent, je suis toujours enclin à ne considérer que les meilleurs côtés ; et j'ai pour leurs travers, pour leurs fautes, leurs oppositions de sentiments une indulgence continue. Je les excuse sans effort. J'ai du plaisir à les excuser. Dans les œuvres d'art, je suis obligé de me forcer pour aller aux défauts. Là où les autres trouvent un agrément d'esprit à exercer leur faculté critique, j'éprouve le désir primordial de satisfaire mon appétit d'admiration. Car le penchant de ma nature générale, que je signalais plus haut, se manifeste, en ce qui concerne l'art, sous forme d'une admirativité toujours en éveil, toujours désireuse de s'employer. Je me rends très bien compte moi-même que cette disposition me fait souvent exagérer le mérite des choses, mais une fois dans le courant, je me laisse entraîner, joyeux de dépenser mon enthousiasme et de le jeter comme un prodigue par les fenêtres. Il s'ensuit que je fais très peu d'exclusions en art, sans tomber cependant dans l'éclectisme froid, sceptique et circonspect. Au contraire, mon éclectisme est vite passionné, mais au lieu de m'échauffer contre, je m'échauffe pour ; surtout si je me trouve dans un voisinage de sympathie.

*

Le mastroquet est un type. La tête ronde, énorme, à cheveux ras plantés bas sur le front, la face noyée dans une hypertrophie de graisse, les bajoues croulantes, le cou pendant, et dans cette boule de chair flasque et molle, des yeux impérieux, droits et durs, un nez d'arête mince et sévère, un menton d'autorité, et des lèvres de diplomate, fines comme une coupure. Le masque, admirablement mobile, prenait des intensités d'expressions[10] saisissantes. Et le jeu des muscles, des sourcils et de la bouche l'éclairait ou l'assombrissait d'une seconde à l'autre, avec une incroyable rapidité. À certaines minutes, cette tête puissante aux larges méplats, ce profil de taureau, faisaient songer à quelque médaille d'empereur gras : ou Galba ou Vitellius.

7 octobre. Dîné avec d'Artagnan, Aramis et Porthos[11].

10 octobre. 6 h soir. Sorti par le guichet du Louvre et descendu les quais jusqu'au Châtelet. Il avait plu. L'air froid séchait les pavés et les pierres des monuments encore trempés d'une fraîcheur. Dans l'atmosphère nette et sèche, les perspectives se détachaient plus fines. La rive gauche fermait l'horizon avec la ligne de ses toits déchiquetés d'un gris noir où vibrait du bleu. À la hauteur des toits, une grande bande de ciel rose saumon s'allongeait tiède et lumineuse et brusquement se juxtaposait une immense nuée gris d'acier. Sur la raie de clarté rouge, là-bas, les arbres du quai devant moi se ciselaient en noir avec des délicatesses d'enluminure vers le dôme de l'Institut, un lac de ciel tendre et pur comme un pétale de rose fait de jaune pâli s'exhalant vers le vert. Et les masses du Palais de Justice, donjons et poivrières, se dressaient à

10 *Mouquet*, p. 48 : « d'expression ».

11 Il s'agit apparemment d'amis ou de connaissances qui évoluent dans le milieu administratif. Léon Bocquet note qu'au troisième bureau de la Direction de l'Enseignement, à l'Hôtel de Ville de Paris, Samain était « en contact journalier avec des collègues qui, peu ou prou, riment ou cisèlent des proses ». (*Autour d'Albert Samain*, *op. cit.*, p. 28 et, pour plus de détails, p. 57-58 et 62-78.)

l'occident, gothiques et féodales, sous un déroulement emphatique de grands nuages gris de fer.

12 octobre. Midi. Un soleil imprévu, tendre et sortant de la matinée pluvieuse, me caresse à l'âme frileuse. À travers les découpures du feuillage encore inespérément vert, des groupes lumineux d'une vapeur bleuâtre. Paris, tendre et blanc et matinal comme un jeune matin d'avril. L'air se voile. L'air dans les lointains bleuit. Dans le feuillage, des branches touchées d'un rayon sont toutes vertes. L'air imprégné de vapeur à distance forme brume, se fond comme un trou bleuâtre.

30 septembre. Descendu le boulevard vers 6 heures. Le ciel était encore clair. Un nuage gris foncé enténébrait l'horizon vers l'Opéra. À la hauteur du boulevard des Italiens, près de la rue Drouot, décor délicieux. En haut, le ciel jaune pâle. En bas, les magasins s'allumant en traînée d'un bout à l'autre, les vitrines des bijoutiers ruisselantes de feux sous le flot de gaz versé par leurs rampes. Une foule grouillant sur le trottoir sombre, diffuse, confuse, effarée dans le crépuscule. Sur la chaussée, un roulement de voitures vertigineux, de grands chars à banc à quatre chevaux revenant des courses, des victorias de femmes à la mode, luisantes et fines, avec un cocher correct, fleur à la boutonnière. Des équipages filent crinières au vent, les mors blancs d'écume. Vers le fond, les arbres noyés d'ombre forment massif ; au travers des branches, on aperçoit des lumières, les fenêtres des cercles qui s'allument. Des femmes circulent en robes claires avec des chapeaux excessifs, coulant l'œillade au long des terrasses débordantes, traçant un sillage de vice exotique et banal dans la cohue des promeneurs. Au ras des trottoirs, les lanternes des voitures au repos éblouissent comme des lentilles de phare. Et le flot humain va, vient, remonte, redescend avec une rumeur continue, monotone, une sorte de basse puissante, qu'assourdit le velours du pavé en bois. C'est l'heure exquise, unique, de Paris doré, brûlant de vie, tous feux dehors. Le ciel s'éteint, exaspérant l'incendie aveuglant des magasins. Les ténèbres s'étendent, mangeant tout le haut des maisons dont les cheminées se découpent avec des bizarreries d'ombres chinoises intenses.

En arrivant vis-à-vis du Café Napolitain[12] et du kiosque, j'ai acheté une rose et je l'ai respirée longuement, humant à travers son parfum profond et pénétrant la suavité suprême du Paris d'automne.

12 Café Napolitain, 1, boulevard des Capucines.

1er octobre. Dimanche. Été au boulevard extérieur. Avenue de la République vers 5 heures. La rue, en montée, vue d'en bas, grouillait. En avançant, on avait l'impression d'entrer dans la vie coulant à flots, bruyante, tumultueuse, débordante, torrentielle. Le long de la chaussée, des trottoirs, des revendeuses avaient installé des paniers de légumes, de fruits, de poissons, de volailles, et s'égosillaient, acharnées. Des boucheries truculentes regorgeaient de viandes sur le trottoir, où des garçons, les manches retroussées, frisés, joyeux, superbes, sollicitaient les passants. Des ménagères en cheveux, l'air pauvre, le geste indigent, circulaient, flairaient, marchandaient. De temps en temps, dans un ronflement de vitres et de fer, un omnibus passait. Et des jeunes filles en bandes, trois, quatre à la fois, ouvrières endimanchées, chiffonnées d'élégance, passaient lentement, en se donnant le bras, retournant des sourires jolis, un peu canailles, croustillantes de provocant, une lueur de vice aux yeux… Au haut de la rue, les arbres commençaient. À cet endroit, sous la pluie, une foire était installée, stridente, tempétueuse, exubérante. Sous le ciel qui s'éteignait, devenant turquoise[13] foncée, les lumières qui s'allumaient étincelaient dans les arbres noirs. Une musique, bannières médaillées en tête, passe, jouant *En revenant de la revue*[14]. Une foule suivait, ivre de cuivres et de rythme, et, pendant que les grands chevaux de bois ruisselants de paillettes tournaient à l'exaspération, le quadrille du *Grand Mogol*[15], les orgues à fanfare des baraques soufflaient des claironnées éperdues. En revenant, un cercle autour de trois musiciens, un violoniste, un

13 Voir « Heures d'été », *Au jardin de l'infante* : « Et vers le ciel fin de turquoise / Monte des coupes du festin, / Suave, un songe de framboise. » (*Œuvres poétiques complètes*, éd. citée, p. 51, v. 26-28.)

14 Chanson de Lucien Delormel et Léon Garnier pour les paroles, et de Louis-César Desormes pour la musique. Que cette chanson ait été très populaire, c'est ce que montre par exemple ce témoignage d'époque de Jules Tellier, dans un article paru le 11 décembre 1887 : « De quels vers le public s'est-il soucié depuis ces douze mois ? Au Jour de l'An passé, il chantait : *En revenant de la revue*. Vers mai, il a chanté : *C'est Boulange*. Hier, il chantait : *Ah ! quel malheur d'avoir un gendre*. Les auteurs de ces compositions sont, à ma connaissance, les seuls aèdes qu'il ait encouragés et fait vivre. » (« La Notion de justice », dans Jules Tellier, *Œuvres*, éd. Raymond de La Tailhède, Paris, Émile-Paul frères, t. 2, 1925, p. 27.) Si l'on en croit Léon Bocquet, le jeune Samain n'avait quant à lui aucun mépris pour ce qu'on appellerait aujourd'hui, familièrement, les tubes : « […] les dimanches, il se divertit, avec une joie de calicot émancipé, à aller entendre pousser la romance sentimentale sur les boulevards extérieurs, à fréquenter les guinguettes et les bals populaires des environs de l'Étoile. » (Léon Bocquet, *Autour d'Albert Samain*, *op. cit.*, p. 16 et, pour plus de détails, p. 79 *sq.*)

15 *Le Grand Mogol*, opéra-bouffe d'Edmond Audran créé au Gymnase de Marseille le 24 février 1877.

accordéon-piano et un chanteur : « Au refrain, Messieurs. » Et devant moi j'ai deux jolies nuques de Parisiennes, une blonde, une brune, aux cheveux haut troussés, au cou jeune et fin penché sur la musique, et de petites voix acides de fillettes qui murmurent : « C'est la chanson des peupliers, c'est la chanson des peu… (point d'orgue) pliers[16]. » La mélodie facile, sotte, quelconque, fait merveille, bien dans le cadre du lieu et de l'heure. C'est la fleur de Paris, peuple sentimental et bon enfant[17] que je respire là, parmi ces jupes d'ouvrières, sous ce crépuscule délicat de septembre, dans l'air allumé de vie de ce faubourg en fête, dans cette musique mouillée et pleurarde.

2 octobre. Dîné chez Stéphane avec Natacha. La petite chambre, encombrée de meubles et ainsi plus intime, semble encore se resserrer, la lampe allumée. La table carrée est fixée près du piano. J'ai Natacha devant moi, Stéphane entre nous deux ; en face de Stéphane, la grande lampe de bronze à abat-jour [de] mousse rose est posée sur un haut trépied d'ébène. Sous la douce lumière épandue, la table forme un tableau joli, avec sa nappe miroitante, sa vaisselle à dessins bleus, la grande chope de cristal de Stéphane. Natacha est gaie, avec une lueur amusée aux yeux, les cheveux luisants et bouclés, le teint rose et clair, la tête un peu rejetée dans son habituel geste de provocation, les lèvres un peu entr'ouvertes de coin comme pour un sourire qui va s'envoler. Dans l'ombre des draperies du lit, la couverture de satin forme une masse sombre et riche. Le dîner est drôle, traversé d'averses, puis rasséréné d'éclats de rire. Vers le café, la conversation tourne à la poésie. Stéphane va chercher dans sa bibliothèque des volumes de Verlaine, de Laforgue, de Rimbaud. Il lit et je l'écoute un coude sur la table, humant la fumée de mon cigare qui monte en un filet bleu à peine ondulé, et regardant, l'œil noyé un peu de plénitude physique, le beau profil un peu sauvage de Natacha qui écoute, ses narines pincées, les lèvres serrées. Un moment, je quitte ma place et je vais m'asseoir sur le tabouret du piano ; pendant que je promène des lointains d'accords avec des doigts effleurants, Stéphane lit une *Illumination* de Rimbaud[18]. Peu à peu je me retourne, je me penche sur Natacha, puis je la regarde, et nous nous embrassons sur les lèvres profondément, puis je l'embrasse encore sur les tempes, sur les paupières, et dans la dilatation tiède de l'heure, baignés

16 *La Chanson des peupliers*, paroles de Camille Soubise, musique de Frédéric Doria.

17 *Mouquet*, p. 58 : « la fleur de Paris-peuple, sentimental et bon enfant ».

18 « Laforgue » barré et remplacé par « Rimbaud » à l'encre noire (Mouquet).

d'un afflux de vie intime et chaud, parmi l'odorante fumée des cigares et des cigarettes et la suggestion intense de belles syllabes vaguement entendues, c'est entre nous deux, moi la tête posée à peine sur sa gorge, elle la main sur mon cou, avec une chaleur de sang aux joues, une caresse délicieuse, noyée, une poésie rare d'étreinte sur sa gorge toute parfumée sous la lampe, dans l'air rose où se dissolvent des vapeurs bleues, minces.

*

Plus j'avance, plus je suis effrayé, certaines heures[19], de mon immense indulgence ; quand j'apprends quelque vilenie, quelque infamie, quelque forfaiture énorme, quelque manque d'honneur dégradant, quelque vice immonde, mon premier mouvement n'est ni de la révolte, ni de la colère. Immédiatement, un tribunal s'établit en moi, et, devant ce tribunal j'entends un avocat qui est moi, mais le moi de toutes mes faiblesses, de toutes mes lâchetés, faites ou seulement pensées, ce qui revient à peu près au même, qui, avec une irrésistible et remuante éloquence humaine, me fait voir les unes après les autres les terribles fascinations des minutes criminelles que les malheureuses [personnes] en cause ont subies et qui les ont graduellement amenées, de pensée sourde en pensée sourde, jusqu'à l'acte de honte accompli dans la lumière du fait. Ainsi ces actes ne sont plus que le dernier terme d'un enchaînement psychologique imprescriptible dans sa fatalité. Le point de départ, la source, c'est souvent une légère déviation qui va logiquement, roulant sur la pente des circonstances, jusqu'à faire une divagation monstrueuse. Il m'arrive même souvent de constater que ce point de départ, cette légère déviation n'a pour motif qu'un sentiment très juste, quelquefois trop juste de la dignité humaine. Je ne puis jamais croire *a priori* qu'un être a accompli quelque fait odieux, qui ne doit apporter que de la honte, pour le seul plaisir de le commettre. Je cherche en conséquence quels peuvent être les mobiles extérieurs assez puissants pour l'avoir poussé dans la voie de la perversion sociale, et cette recherche désintéressée, ardente, scientifique en quelque sorte, me fait vite oublier le Crime qui n'a plus que l'importance d'un phénomène extérieur, résultant d'une suite d'enchaînements intérieurs[20]. Ce qui fait que les autres hommes, placés devant ces actes criminels, éprouvent autant de colère et

19 *Mouquet*, p. 53 : « à certaines heures ».

20 La ressemblance avec la démarche naturaliste de Zola est ici frappante.

d'indignation, c'est qu'ils considèrent l'acte dans l'absolu. Ils ne voient pas[21] un crime, ils voient *le* crime. Dans ces conditions, je pense qu'il me serait absolument impossible d'être juge, l'application d'une peine souvent terrible à des malheureux dont je me sens le frère en péché par la chair et par la volonté me faisant horreur.

10 octobre. J'ai lu cette après-midi du Huysmans. Le chapitre des Parfums et le chapitre de la Littérature[22]. Pendant trois quarts d'heure, je me suis délecté de ce style intense, savourant le suc essentiel des phrases, jouissant par tous les pores de cette littérature de luxe, exaspérée, toute d'images : raffinant la sensation de cette langue gourmande, de cette langue rare, confiture exquise que j'égratigne à petits coups du bout de la cuillère[23]. J'étais dans une admirable situation d'esprit : l'imagination chaude et dilatée, la compréhension lumineuse, et les étoiles de ce feu d'artifice littéraire à jet continu éclataient, jaillissaient, montaient, descendaient en moi. Et ce beau feu d'artifice littéraire crépitait, pétaradait en moi, m'inondant d'une magnifique pluie d'étoiles multicolores. Au bout de trois quarts d'heure, j'ai refermé le livre. J'éprouvais une sensation douloureuse de physique brûlure. Cet alcool m'avait corrodé les nerfs et desséché jusqu'à la souffrance. Plus rien. J'étais comme au bout de la sensation. Et cet excès de sentir m'amenait à une sorte de dégoût intime, à une impression affreuse de vide, de néant. En trois quarts d'heure, favorisé par une disposition cérébrale particulière, j'avais fait le tour de tout un côté de moi. Même j'avais été jusqu'au bout de l'art et je me retrouvais comme nu et pauvre, grelottant. À ce moment, j'avais une soif de simplicité, de candeur, et pour un peu j'aurais donné toute l'ivresse surchauffée de mon esprit pour un battement chaud de mon cœur. J'étais triste profondément.

Dans une conversation échauffée de table d'hôte, Cros, emballé par le scandale de l'affaire Caffarel[24], trouve que tout s'en va, que la pourriture

21 Variante, au-dessus : « jamais ».

22 Il s'agit des chapitres IV et XII d'*À rebours*, paru chez Charpentier en 1884.

23 *Cf.* « Le Carnaval de Jean », *supra*, p. 160 : « À cette heure même, dans les salons de l'ambassade d'Illyrie, Mme de Serreliz, assise dans un nuage de crêpe de chine rose, relevé de ramilles de jasmins, du bout d'une fine cuiller en vermeil Louis XV, égratignait un sorbet aux framboises… »

24 Du nom d'un « vulgaire escroc, qui, moyennant finances, faisait obtenir des décorations à des amateurs impatients de hochets ». (Michel Winock, *Clemenceau*, Paris, Perrin, 2007, p. 158.) La chose prit les dimensions d'une affaire parce que Caffarel avait été

grouille partout, que le vieil honneur se désagrège dans les cervelles, se liquéfie, que la société n'est plus qu'une grande alcoolique de vice. Quelqu'un lui jette Déroulède dans les jambes. Cros le ramasse et l'exécute, en tant que commis-voyageur en patriotisme d'abord, en tant que poète ensuite[25]. Ses rimes aussi sont une honte et un scandale. Jamais on n'est descendu plus bas. Et Cros fulmine superbement : « Oui, voilà… », dit doucement, d'un air de conclusion mélancolique, « Déroulède rime mal et tout s'en ressent. »

La sensation est, d'essence[26], bornée. Par rapport à l'Idée, elle pourrait se comparer à un fleuve qu'on remonterait vers sa source, dont on pourrait avec constance suivre les méandres de plus en plus sinueux, de plus en plus compliqués, dont on atteint enfin les dernières ramifications pour le voir s'enfoncer sous terre et vous laisser désolé dans la stérilité des roches, à travers l'enchantement des paysages. L'idée, au contraire, c'est le fleuve qu'on descend et qui va toujours s'élargissant, roulant des eaux plus calmes, reflétant des ciels plus vastes, nouant des horizons plus ouverts, et arrivant enfin, toujours plus magnifique et apaisé, à l'infini religieux de la mer.

14 octobre. Une République de plâtre apportée dans une caisse tout entortillée de paille, laissée là au milieu de la cour des Tuileries déserte et froide sous le ciel d'octobre, m'a rempli la pensée d'une mélancolie. Ses

nommé à son poste par le général Boulanger, en mars 1887. S'estimant diffamé, ce dernier avait convoqué la presse pour dénoncer une campagne orchestrée contre lui par le général Ferron, son successeur au poste de ministre de la guerre. Cette incartade valut à Boulanger trente jours d'arrêt de rigueur. Voir *infra*, p. 297-298 : « […] de cette turpitude gouvernementale, de cette misère politique, j'avais senti qu'un écœurement sortait, l'écœurement des choses qui finissent ».

25 Paul Déroulède (1846-1914) a laissé dans l'histoire de l'antiparlementarisme en France le souvenir d'un patriote exalté et d'un putchiste malheureux. On sait généralement moins qu'il est l'auteur de vers mirlitonesques recueillis sous des titres qui en indiquent assez la tendance : *Chants du soldat* (1872-1875), *Marches et sonneries* (1881), etc. D'accord en cela avec Samain, Lucien Muhlfeld déplore que ceux-ci aient eu autant de succès à l'époque : « Lesquels des écrivains d'hier résument la gloire ou le succès ? Quels quadragénaires obtinrent le centième mille ? Outre un industriel, M. Ohnet, […] c'est le réserviste Déroulède, expert en tirs, c'est un sportsman, Guy de Maupassant, […] d'une fameuse facilité littéraire, mais d'instruction superficielle, et c'est un marin, M. Julien Viaud, qui avoue à l'Académie ne jamais lire que les coupures de l'*Argus de la Presse*. » (Lucien Muhlfeld, *Le Monde où l'on imprime. Regards sur quelques lettrés et divers illettrés contemporains*, Paris, Librairie académique Didier – Perrin et Cie, 1897, p. 100-101.)

26 Entendre : par essence. Nous ajoutons les virgules, à la suite de Mouquet. (Voir *infra*, p. 306.)

dimensions de statue altérées et déformées au ras du sol prenaient je ne sais quoi de grelottant, de gauche, presque de ridicule. Je venais de lire le matin dans les journaux les derniers scandales de Boulanger réprimés par Ferron[27], et dans toute cette turpitude et cette misère étalées j'avais senti sortir une grande tristesse, la tristesse des choses qui finissent, et peu à peu, en contemplant la statue coiffée du bonnet phrygien, une philosophie de misère sortait de ma contemplation. Elle aussi, la statue, me semblait finie. Ce vêtement radieux d'espérance dont le peuple l'avait drapée depuis cent ans me semblait maintenant s'en aller en lambeaux, se pendre en guenilles, et, au travers, on la voyait nue et lamentable. Des gens affairés, des ouvriers passaient incurieux, sans détourner la tête, et ce symbole de beauté, de lumière et de charité, et de rédemption humaine, souffleté au sang par toutes ces hontes, toutes ces platitudes, toutes ces concussions, semblait là comme une épave abandonnée sur la mer de l'Indifférence.

17 octobre. Été aux examens à 7 h ½[28]. Puis ensuite à 8 heures au café avec d'Artagnan, que j'ai quitté sur le Pont. La matinée est absolument délicieuse et m'a pénétré d'une ivresse inexprimable. Le soleil était faible et léger, et là-bas à l'horizon, la Cité avec ses flèches, ses toits, son Palais de Justice, ses tourelles dominées par les tours de Notre-Dame, baignait dans un brouillard transparent, doucement lumineux, comme une ville de rêve suspendue entre ciel et terre. Le Louvre allongeait sa perspective au long du fleuve, qui allait se perdant dans une brume avec des reflets d'argent bleui aux toits, et le ciel s'étendait bleuâtre, comme d'une seule couleur vue à travers des transparences de gaze. Un printemps flottait dans l'air, enchantait le cœur, mais un printemps plus pénétrant, qu'affinait une mélancolie. – Sur le pont, avec une gaîté dans la marche, les femmes, dans l'envolée de leurs robes au vent matinal, passaient plus légères[29]. Je suis

27 Théophile Ferron (1830-1894) fut ministre de la guerre dans le gouvernement de Maurice Rouvier, du 30 mai au 4 décembre 1887. Sa décision la plus significative, à ce poste, consista à muter en Auvergne le général Boulanger, son prédécesseur.

28 Le 13 octobre 1887, Samain écrit à Raymond Bonheur : « Les examens du Brevet Supérieur, que je croyais ne devoir commencer que la semaine après la semaine prochaine ont été avancés et s'ouvrent lundi. Il faut que nous soyons là à 7 h. ½ – 8 h. pour faire entrer les aspirantes. C'est une corvée à laquelle nous ne pouvons nous dérober. » (BmL, fonds Jules Mouquet, ms. B 260 1, f. 2. Pas d'enveloppe.)

29 On trouve dans le manuscrit *Soulisse*, pour cette phrase et celle qui lui fait suite, les variantes suivantes, marquées « V » : « Des femmes passaient plus légères dans l'air matinal, d'un pas sec et vif, où s'envolaient leurs jupes. » ; « La rue large s'ouvrait sur le plein air et la lumière. Les trottoirs encore mouillés de l'arrosage matinal séchaient

descendu par la rue Solférino. La rue large, pleine d'air, de lumières, de fraîcheur, s'étendait avec ses larges trottoirs d'asphalte mouillés du dernier balayage et nacrés de reflets ; une richesse calme et comme endormie sortait encore des grandes maisons blanches nouvellement bâties. À gauche, le petit bâtiment étriqué et prudhommesque de la Légion d'honneur prenait ainsi un air de *palazzio* italien avec ses statues érigées sur le clair lumineux du ciel… Les quais s'étendaient déserts et alignant jusqu'au bout de l'horizon la douceur des verdures mordorées. Un cavalier, çà et là, passait ; des voitures filaient. Le bruit des sabots s'éloignait, sonore…

En passant le long du quai, j'ai fouillé une caisse à bouquins et je suis tombé sur un Désaugiers, une belle édition en deux tomes de 1822, petit format stéréotypé, avec gravures sur acier[30]. J'ai piqué au hasard des choses drôles, des coupures de refrains très amusants, des finesses polissonnes joliment taillées. Cela commençait par une épître dédicatoire à M. de Laujon[31], de l'Académie française, puis suivait l'invocation d'usage à Momus, puis tout le répertoire du Caveau[32], du grand Caveau alors dans toute sa gloire, avec les Bouffé[33], les

---

par places. Une richesse sortait des grands hôtels nouvellement bâtis avec leurs balcons encorbeillés ; leurs visages de serres, leurs toits sculptés s'arrondissant au premier étage. »

30 Volumes des *Chansons et poésies* de Désaugiers. Probablement l'édition parue chez Ladvocat en 1827 (et non 1822), à la mort de Désaugiers, 4 tomes en 2 volumes. « Le genre dans lequel il excella et où il fut sans rival est celui de la chanson de table, la chanson bachique, satirique sans fiel. Peu de chansonniers ont célébré la vie épicurienne avec autant de bonheur, de gaieté et d'esprit. On ne compte plus dans ses *Œuvres* les chansons sur le vin et la gastronomie. Désaugiers était membre du Caveau moderne. » (Gérard Oberlé, *Les Fastes de Bacchus et de Comus, ou Histoire du boire et du manger en Europe, de l'Antiquité à nos jours, à travers les livres*, Paris, Belfond, 1989, p. 617.) Sur cette édition, avec portrait de Désaugiers, gravé sur acier par Jean-Mathias Fontaine, d'après Achille Devéria, voir Georges Vicaire, *Manuel de l'amateur du livre du XIXe siècle*, Paris, Rouquette, t. 3, 1897, p. 189.

31 Pierre Laujon (1727-1811) est l'auteur de comédies, d'opéras et de chansons légères, « grotesques » et « grivoises », selon le sous-titre de son recueil *Les À-propos de la folie* (1776). Il fait partie des membres fondateurs de la revue mensuelle *Les Dîners du Vaudeville*, qui commença de paraître en 1796. Il faisait, à cette date, figure de « vénérable ancêtre ». Il avait en effet « côtoyé Collé dans sa jeunesse, et même appartenu à une éphémère résurrection du premier Caveau en 1762 ». (Claude Duneton, *Histoire de la chanson française de 1780 à 1860*, Paris, Seuil, coll. « Albums », t. 2, 1998, p. 213.)

32 « Grande confrérie des gais lurons et des gais buveurs. » La plupart des chansons de Désaugiers ont paru dans les recueils annuels du *Caveau moderne*, présidé par l'Académicien Pierre Laujon. Leur auteur les rassembla sous ce titre : *Chansons et poésies diverses*, in-18, t. 1, 1808 ; t. 2, 1812 ; t. 3, 1816.

33 Armand Gouffé (1775-1845). Après une carrière dans l'administration, il prit sa retraite à Beaune, cité bénie du dieu Bacchus, et y vécut gaiement jusqu'en 1845. Membre des *Dîners du Vaudeville*, il fut aussi un des fondateurs du *Caveau moderne*, « académie chantante, mangeante

Panard[34], les Collé[35], les Béranger[36]. L'attraction particulière qu'exerce sur moi tout ce bibelot falot et vieillot, avec son odeur de moisi spéciale..., alors j'ai passé un quart d'heure de charme à feuilleter le bouquin, à respirer l'atmosphère surannée de cette poétique de dessert bourgeois où la Treille[37], Hippocrate, les Amours, Cupidon, Cythère, Glycère, Bacchus font tous les frais. Les gravures me ravissaient. Une représentait un salon avec une jeune femme à longue taille, cheveux frisés et manches à bouffants, serrant furtivement derrière elle les doigts d'un grand jeune homme noir au toupet frisé, en cravate blanche, engoncé dans le collet excessif d'un habit à taille, pendant qu'un vieux cacochyme poudré à frimas, en culotte courte, en habit de velours à la française brodé, faisait son entrée avec un grand coup de tricorne, la queue de la perruque en l'air.

L'esprit tout amusé de ces bric-à-brac et flonflons, j'ai continué ma promenade le long des quais et j'ai acheté un peu plus loin une *Revue des deux mondes*[38] contenant une étude de Blaze de Bury sur Rossini[39]. Cette rencontre de mon musicien adoré (adoré rétrospectivement pour ainsi dire par tout ce que j'entends chanter de ma vie dans sa musique)

---

et buvante », selon Jules Janin. Armand Gouffé était le type même du chansonnier comme on les aimait sous le Consulat et l'Empire. Il fut surnommé le « Panard du XIXe siècle », peut-être parce qu'il avait publié les œuvres de Panard, auquel il vouait une grande admiration. Voir Claude Duneton, *Histoire de la chanson française de 1780 à 1860*, *op. cit.*, p. 286-287.

34 Sur Charles Panard (1689-1765), voir *ibid.*, p. 693-714. On trouvera aussi des textes de Panard dans *Les Poètes parodistes. Anthologie de parodies du XVIe siècle à nos jours*, éd. Paul Madières, Paris, Louis-Michaud, [1912].

35 Sur Charles Collé (1709-1783), voir *ibid.*, p. 833-839 et 841-864.

36 Pierre-Jean de Béranger (1780-1857) est de loin le plus connu de la liste. À partir de 1813, il prit une place prépondérante dans le *Caveau*. Émile Henriot le range aux côtés des plus grands dans le deuxième volume de son anthologie des poètes français. Voir Émile Henriot, *Poètes français. De Lamartine à Valéry*, Lyon, H. Lardanchet, 1946.

37 *Mouquet*, p. 69 : « la treille ».

38 C'est du 15 janvier 1897, soit environ dix ans plus tard, que date le début de la collaboration de Samain à la *Revue des deux mondes* et, avec elle, selon son propre aveu, mi-ironique, mi-sérieux, sa consécration comme écrivain. Voir Léon Bocquet : « Quoi qu'en disent et affectent de croire certains dans les groupes d'avant-garde qui ne cachent pas leur dédain et vont se répandre en propos contempteurs, ce sont là des motifs de satisfaction plénière dans une carrière d'écrivain en expectative de cette heure importante de sa vie littéraire depuis bien des années. Qu'on le blâme ici du gage donné à la littérature officielle : il n'importe, puisqu'on l'en loue ailleurs. Et Robert de Flers a rapporté que le bénéficiaire lui confia une fois à ce sujet, en souriant : "J'en suis honteux pour mes amis, mais fier pour ma famille. Me voilà par elle sacré grand homme." » (*Autour d'Albert Samain*, *op. cit.*, p. 116.)

39 Henri Blaze de Bury, « Caractères et portraits du temps. Rossini », *Revue des deux mondes*, deuxième quinzaine, t. 79, janvier 1869, p. 337-361.

dans la lumière caressante de cette matinée de songe m'a rempli d'une douceur. Toute la poésie de passé[40] que j'ai habitué d'enfermer dans ce mot magique : Rossini, s'est évoquée lentement dans le bleu sourire du ciel frais. Et l'Italie, la Divine Italie[41] que je rêve et dont j'ai la nostalgie éternelle (nostalgie d'ailleurs qu'aucune réalité n'apaiserait) semblait flotter pour moi là-bas à l'horizon de lumière, bercé dans la musique de ses villes d'or… Venise, Florence, Pise, Bologne, Naples… L'imprécis de la vision en affinait l'exquis et ces beaux noms italiens… drapés en capitan dans le velours de voyelles… au hasard dans ma mémoire[42] comme des fleurs, pendant que, dans une vision de marbres, d'azur et de canaux, Venise m'apparaissait folle de mélodie et toute ruisselante des perles d'or des cavatines.

20 octobre. Sur mon pupitre tout neuf et tendu de serge verte… une branche de tubéreuse fanée, au coin. L'odeur de la fleur est presque matérielle. Il semble que l'on mange de la confiture avec ses narines et cela m'évoque de chaudes soirées.

21 octobre. Vu ce soir *La Grande-duchesse de Gérolstein* et Offenbach est décidément le créateur de cet art de cabinet particulier[43]. Il y a chez lui une curiosité de rythme[44], une verve, un diable au corps tout à fait spécial. Ce désossement de la versification française, cette charcuterie

40 *Mouquet*, p. 70 : « poésie *d'autrefois* ».

41 *Ibid.* : « la divine Italie ».

42 *Ibid.* : « l'exquis ; et ces noms, ces beaux noms italiens, s'élevaient sonores, veloutés et magnifiques, surgissaient dans ma mémoire, parfumés comme des fleurs qui s'ouvrent. ».

43 Le goût de Samain pour Offenbach est ancien. Léon Bocquet relate l'épisode du retoquage par *Le Figaro*, en 1881, d'un article de Samain sur le compositeur (voir *Autour d'Albert Samain*, *op. cit.*, p. 21). Sur son amour de la musique et du chant, voir aussi *Œuvres poétiques complètes*, éd. citée, p. 19. Rappelons, d'autre part, que Samain lui-même a été mis en musique (voir *ibid.*, p. 39 ; Léon Bocquet, *Autour d'Albert Samain*, *op. cit.*, p. 160) et qu'il lui arrivait, en privé, de jouer lui-même de l'Offenbach, ainsi qu'il le raconte dans une lettre à sa tante : « Notre vie, ici [à Paris], est […] très gaie. Gaieté d'intérieur, bien entendu, mais qui en vaut bien une autre. Le soir, pendant que Maman sert le *moka* fumant, j'allume un cigare, Paul allume une pipe, Maman n'allume… rien du tout, et nous causons. Alors, si je ne sors pas, souvent nous nous offrons la distraction d'une séance de musique de chambre. Nous abordons les grands maîtres, – c'est-à-dire Lecocq ou Offenbach, – et nous exécutons, avec conviction, des duos qui ne sont pas dépourvus d'originalité. Je parle comme virtuosité et comme mise en scène. » (*Lettres à tante Jules*, éd. citée, p. 111.)

44 *Mouquet*, p. 66 : « débauche de rythmes ».

des paroles comme dit Vidal, constitue vraiment une trouvaille, et de ce côté, pour la bizarrerie et la richesse de la fantaisie, il est resté vraiment créateur. Il y a de la mousse de champagne dans cette musique, et aussi du pétillement de Tokay. Cela est fou, cela grise, cela casse les nerfs. Le rythme grimace, et l'on sent au long de l'épiderme des titillations irrésistibles et comme démoniaques. On sent que la Bohème n'est pas loin et il y a comme une nostalgie poignante du pays rêvé dans certains airs, par exemple dans le « Dites-lui[45] ». J'étais accoudé au rebord de la loge. Judic[46] chantait. Elle chantait très bien, avec un filet de voix bien velouté et fin qui en soulignait toute la fine caresse. L'orchestre accompagnait très doucement comme de loin, et la tenue du cor sur toute la phrase faisait à la mélodie un fond de mélancolie. J'écoutais, les yeux perdus ailleurs, ne voyant plus de la salle qu'un grand vide[47], un trou sombre au fond où couraient des ondulations et que piquaient des taches de toilettes, avec la scène éclatante de clarté lumineuse et, à la hauteur de mes yeux, l'immense fleur du lustre, ors et cristaux qui crépitaient dans un éblouissement, et je me laissais aller au long de cette musique exquise et câline, l'âme perdue, les yeux mouillés baignant dans une sorte de délice physique et épidermique, avec je ne sais quoi de poignant et de nostalgique au cœur et les paupières battant comme pour pleurer. J'ai remarqué qu'Offenbach était unique pour ces sortes de sensations faites d'un je ne sais quoi qui vous prend au plus nerveux de la chair, vous comprime, vous serre lentement la gorge, vous mouille les yeux… C'est la fête, la fin d'orgie, c'est l'éperdu du festin.

Certaines pages de ces partitions sont éclairées de la lumière blafarde du jour qui entre et fait pâlir les bougies : glas de l'heure lasse où les bougies meurent dans le bleuissement de l'aurore aux fenêtres.

21 octobre. Une vitrine de marchand de chansons[48]. Une romance bébête qui s'intitule « Sombre Charmille[49] ». Sur la couverture, un dessin

---

45 Air de *La Déclaration de la grande Duchesse de Gerolstein.* Opéra-Bouffe de Jacques Offenbach. Transcription pour le piano par Brinley Richards, Paris, Gemmy Brandus et Sélim Dufour, [1868].

46 Anna Judic (1849-1911), comédienne et cantatrice.

47 À cet endroit, une croix renvoie à ceci, au verso du précédent feuillet : « un grand trou sombre au fond où vibrait un poudroiement de lumière ».

48 *Mouquet*, p. 49 : « marchande de chansons ».

49 Georges Léman, *Sous la sombre charmille*, romance, paroles d'Eugène Riffey et Quinsac, avec accompagnement de piano, Paris, R. Viel, [1886].

délicieux. Un profil de fillette de seize ans dans un médaillon. Les yeux graves allongés de grands cils, la bouche entr'ouverte, rêvant, le cou rattaché aux épaules par une ligne grêle encore et toute une chevelure épaisse, luxuriante, moirée, épandue. Autour du médaillon, un fouillis printanier de petites feuilles légères, dont quelques-unes débordent sur le médaillon et font trembler une ombre. Une fraîcheur de jeunesse limpide, et de matinée d'avril sortait de cette gravure et retenait [...][50]

4 novembre. Devant un tas de mastic sur une planche, oublié là par les peintres, tout un coin de mon enfance m'en sort évoqué. J'ai mouillé le doigt et j'ai senti. Dans cette odeur spéciale, grasse, je me suis revu tout petit, m'amusant à rouler une boule pour la tête, une boule plus grosse pour le corps, roulant de petites bandes allongées pour les bras et les jambes et piquant avec une épingle des trous pour le nez, la bouche et pour les boutons.

21 octobre. Une délicieuse tête de fillette. Des cheveux épandus sur les épaules, encadrant de noir la figure à l'ovale fin, le teint mat, ivoire gras – le grain de la peau d'une finesse extrême, les sourcils formant bien l'arc au-dessus des yeux très grands vert félin, la bouche toute petite creusée aux coins, sinueuse, un peu ouverte et laissant voir une rangée de petites dents de souris humides et blanches. Elle portait une sorte de veste de gros velours vieil or pelucheux qui réchauffait l'ivoire neuf de son teint. Une femme s'annonçait dans cette tête pâle, chaude du regard vert [*sic*] de ses yeux verts.

21 octobre. Causé avec Valentin. Il revient encore sur son thème favori, sur Beethoven qu'il a beaucoup travaillé la semaine. Il s'en étonne de plus en plus. Une assiduité de vie aux côtés de ce génie le laisse comme écrasé. Il sent là une puissance qui dépasse l'humain, quelque chose d'au-dessus que l'esprit même ne conçoit pas[51]. À certaines pages, on a l'impression que Beethoven a vu l'absolu. On sent chez les autres, par exemple chez Wagner[52], une idée voulue, une sorte d'aspiration à

50 La note s'arrête brusquement à cet endroit.

51 Samain a hésité entre trois verbes : « conçoit », premier jet surmonté de « défini[t] » et surmontant « embrasse ». Il y a en outre une variante au verso du feuillet précédent : « qui a son point de départ et d'arrivée en dehors de l'esprit ».

52 Le rapport de Samain à Wagner et, singulièrement, à *La Walkyrie*, est fait d'ardente et profonde dévotion : « Quant au troisième acte, c'est à genoux qu'il faudrait l'entendre tout entier », écrit-il à Paul Morisse en août 1893 (*Des lettres 1887-1900*, éd. citée, p. 25-28).

exprimer l'âme humaine, une tension de toute l'âme vers les infinis, vers le nirvâna du sentir. Cette aspiration ou cette tension sont manifestes. On pénètre dans cette âme, on voit ce qu'elle postule éperdument. Chez Beethoven, rien de semblable. On est en face d'une force qui se développe, d'un élément qui opère toujours, toujours à l'infini sans autre raison sensible, perceptible pour nous, que d'être une force. Il serait même, d'après Valentin, vain, comme on l'a fait trop souvent, de chercher à appliquer une sorte d'analyse psychologique détaillée et explicative, en un mot de s'appliquer à découvrir dans les symphonies une idée paraphrasée par la musique ou des états d'âme ou un sentiment déduit et parallèlement notés[53]... Ceci se passe au-dessus et c'est en quelque sorte impersonnel. C'est un soleil couchant sur la mer, ou une aurore sur la montagne : à nous d'y faire refléter notre rêve de gloire, d'y amplifier notre âme, d'y adapter le cadre de nos pensées ou la tendance de nos sentiments[54]. Le mot « divination » rendrait assez exactement le phénomène d'intuition supérieure du génie qui semble avoir le secret de l'absolu divin et l'avoir manifesté dans ses créations. Ainsi compris, l'art de Beethoven semblerait se rapprocher de l'art antique. Cette symphonie où l'idée musicale poussée au sublime évolue dans la lumière supérieure, ressemblerait ainsi à ces sépultures antiques d'où toute pensée humaine [est] absente, qui sont belles pour être belles, et qui le sont si divinement, que l'esprit s'émouvant devant elles ne cherche pas à en demander plus, et qui n'ont d'autre but que d'être belles et de faire chanter à l'harmonie de la ligne sa plus haute [note], mais qui le sont alors divinement. L'esprit mis en présence de la ligne révélée dans sa plénitude ne demande rien et contemple les dieux.

Sur *Les Maîtres chanteurs*, en particulier, qu'il entendit à l'Opéra en novembre 1897, en compagnie de Barrès et de Montesquiou, voir sa lettre du 16 décembre 1897 au même : « Je craignais d'être accablé par *Les Maîtres chanteurs*, mais j'ai parfaitement vu clair dans la partition, que je supposais presque inaccessible une première fois. » Immédiatement après cette phrase, Samain généralise le propos et se fait plus critique : « À ce propos, ne sens-tu pas que Wagner, entraîné par l'esprit de système, a vraiment trop fait bon marché de la voix humaine ? Moi qui en toutes choses essaie de n'écouter – avec une bonne volonté pure et simple – que mon être intime, j'éprouve cela comme une intime certitude. L'intérêt que j'ai pris à l'œuvre, c'est l'orchestre presque uniquement qui me l'a donné. Eh bien ! tu diras ce que tu voudras, cette conception est fausse ! » (*Ibid.*, p. 143-144.)

53 Variante en regard : « de vouloir expliquer cette musique, de vouloir [lui] prêter un sens psychologique, d'y accrocher des notices explicatives plus ou moins sociales [*sic*], de chercher à y découvrir des idées déduites et successivement notées par des analyses détaillées ».

54 Variante en regard : « à nous d'y respirer notre âme amplifiée ».

Samedi 22 octobre. Journée absolument idéale. L'été de la Saint-Martin, je crois. Un printemps de Paradis Terrestre. Lumière, azur, brise, fraîcheur !... À 7 heures, je suis sorti, j'ai suivi les quais. Ils étaient moins beaux que le matin, ils avaient perdu leur duvet de vapeur et semblaient comme nus. Néanmoins, l'heure était encore ravissante, surtout le long de la Terrasse. J'ai acheté un londrès et je suis entré au Café de la Légion-d'Honneur au coin du boulevard Saint-Germain. Là, j'ai vu Deloncle, l'aîné[55]. Il finissait de déjeuner ; deux autres jeunes gens, dont un frère, étaient à table avec lui. Sa figure s'est élargie, plus grasse, son menton s'est empli, ses favoris lui descendent jusqu'au bas des joues, accentuant le magistrat. Cet embonpoint répandu sur toute sa personne en complète l'autorité native. Son masque aura bientôt atteint un modèle définitif qui est le seul convenant à son esprit, et sous lequel il sera impossible d'en imaginer un autre. La médaille est bientôt bonne à frapper. J'ai remarqué que chez beaucoup d'individus, un âge de leur vie correspondant au caractère jeune ou vieux, grave ou léger, sentimental ou positif de leur esprit, fait épanouir leur physionomie tout entière et en marque les traits d'une façon irrémissible. Avant qu'ils aient atteint à cet âge, leur visage manque de quelque chose, après il est impossible de se les figurer autrement. Certaines jeunes gens ont ainsi des têtes de vieux prématurés (Deloncle est un esprit de 40 ans), qui le sont vraiment d'esprit et qui conservent dans l'âge mûr des candeurs infantiles dans le sourire. À ce propos, j'ai souvent remarqué que la physionomie, chez la plupart des individus, ne s'y épanouit dans sa plus complète expression qu'à l'âge correspondant au caractère général de l'esprit, jeune ou vieux, grave ou léger : il y a des gens qui à 60 ans gardent toujours leurs 18 ans. L'air du visage est comme la taille. Il y a une époque où il se fixe, après il ne change plus.

27 octobre. Place Royale 5 h ½ du soir. Dans le jardin presque désert, les arbres dépouillés de feuilles découpent sur le ciel des bouquets de broussailles. D'un côté du quadrilatère de la place, la ligne des maisons. La lune monte dans le ciel encore éclairé et d'un gris bleuté vaporeux. Les maisons de l'autre côté de la place sont dans l'ombre. Au bas des

55 Probablement François Deloncle (1856-1922), orientaliste, diplomate, député des Basses-Alpes et de la Cochinchine française et frère aîné de Joseph, gouverneur intérimaire du territoire d'Obock, et de Charles, ingénieur agronome, député puis sénateur de la Seine.

maisons, sous les arcades, les lumières s'allument aux boutiques. Des gaz qu'on aperçoit dans des cours solennelles ont une mélancolie antique. Un jet d'eau achève de mourir dans sa vasque avec un sanglot désolé dans l'abandon de l'Heure. La terre est sèche sous le pied. Là-bas, vers un coin du jardin, des enfants qu'on aperçoit à peine dans l'ombre voyante, dansent, chantant une ronde ancienne.

La rangée des maisons plantées comme un décor avec sa belle ordonnance Louis XIII s'évanouit bleuâtre.

26 octobre. À travers le square du Bon Marché à 5 heures du soir. L'immense bâtiment tout troué de milliers de fenêtres scintille à travers les arbres, évoquant un immense palais de fête. La lumière électrique rayonne alentour et baigne tout l'édifice d'un réseau de lueurs argentées[56].

Je pense, devant cette vision magnifique de la toute-puissance du commerce tout-puissant [*sic*], que le passé c'en est bien fini[57]. C'est le Commerce et l'Argent maintenant qui est le Roi, c'est vers lui que va toute vie, tout mouvement. Ces architectures, ces plafonds d'or, ces ruissellements de clartés, tout cela est pour lui. Toute la magie du luxe moderne va à lui comme jadis il allait aux princes, et cette vision d'extra-humanité qu'on allait chercher chez les rois debout dans leurs palais éblouissants, c'est le grand magasin qui la donne plus complètement.

27 octobre. Paysage blanc et or. Devant le bassin des Tuileries, près de la place de la Concorde. La terre sèche, pâle. Les deux rampes des terrasses dont les arbres sont noirs. Au-dessus le ciel, d'un blanc d'ouate grise tachetée et mouchetée. En face l'obélisque. L'espace au milieu s'érige noir ; et en bas, comme une pluie, sur la place de la Concorde, le réseau des innombrables becs de gaz, points d'or. Le bassin noir comme un miroir d'acier pâle d'un blond fugace, noyé dans le blanc crépusculaire du gravier. Les fers à cheval des rampes en pierre toutes blanches. Les arbres, leurs branches en buisson noir.

---

56 Ce passage est suivi de ceci, qui en constitue visiblement un autre état, lacunaire : « Le square du Bon Marché à 5 h du soir. L'immense quadrilatère, toutes fenêtres allumées, semble vivre avec exaspération sa vie trépidante de monstre moderne. Des équipages s'entassent en cohue vers la porte. Une foule affairée entre et sort, continuellement. Vu à travers le noir des arbres, l'édifice là-bas prend un air de [mot manquant] baignant dans le [mot manquant] finement lunaire de la lumière électrique, s'enlève dans la féerie. »

57 Entendre : que c'en est bien fini du passé.

1er novembre. – Impression de fin d'après-midi découragée et nauséeuse. J'ai remué de compagnie avec Germain et Morel, le commis principal, des coins d'avenir attristants. On a parlé administration. Germain met les points sur les *i* ; avec sa cruauté d'homme d'affaires, et le futur probable ainsi présenté dans ce qu'il a [...] me verse une désolation à l'âme. Je me vois rance et moisi, finissant dans un rond de cuir indigent. Je me dis que somme toute, si je ne me remue pas, je suis voué à cette fin d'existence, et que vraiment le hasard peut m'oublier comme un autre sur la route. Alors peut-être regretterai-je toute cette période de vie jeune et active dont ma paresse n'a rien su tirer. Je vis dans cet avenir. Je réalise mentalement cette hypothèse et j'éprouve intérieurement toute la mélancolie de ces retours que je ferai alors sur moi-même. D'un autre côté, me sondant, m'interrogeant bien à fond, je sens que de toutes parts, quelque chose en moi résonne, paresse. Alors, quoi faire : se résigner et compter sur le hasard. C'est ce que je fais d'ordinaire. J'ai ma somme de bonheur congrue, mais il est des heures où ce rôle éternel d'homme qui compte sur la bonne fortune me lasse, m'exaspère[58]. J'y trouve je ne sais quoi d'humiliant. Il me semble qu'à jouir des joies de la vie en forçat, ou même plus que les autres sans jamais préparer soi-même ses jouissances, il y a un abandon heureux de pique-assiette qui fait des dîners exquis par hasard, sans jamais composer lui-même le menu. Dans cet instant, cette vision d'une vie tout entière passée à profiter de ce que le sort veut bien me donner, comme un invité pauvre à qui on daigne accorder une place, se présente à ma méditation avec une netteté intense. Une dignité en moi se soulève, en même temps qu'une envie de ceux qui sont assez forts pour imposer leur volonté à leur vie, et j'éprouve une immense lassitude de vivre. Je vais par la rue et il me semble que tout, autour de moi, dans ce jour grelottant d'automne, frileux, dénudé, prend les couleurs de mon âme. Ce boulevard où je vais m'écœure de vilenie humaine, et ses bassesses et sa platitude et sa pauvreté répandue autour de moi à flots continus et pressés me submergent. La laideur morale des âmes, la grossièreté des appétits, l'infamie de la turpitude, le cynisme de l'égoïsme jouisseur me pousse, me coudoie, me rudoie,

58 Voir « Ténèbres », *Le Chariot d'or* : « Et tout s'avère alors si piteux et si vain, / Tant de mensonge éclate au rôle que j'accepte, / Que le dégoût me prend d'être ce pitre inepte / Et de recommencer la parade demain ! » (*Œuvres poétiques complètes*, éd. citée, p. 300, v. 29-32.)

me bouscule, se pavane et s'étale. Des visages m'apparaissent, résumant avec une puissance de synthèse tout un ensemble de vices ou de péchés honteux. Des hommes passent ; les uns gonflent la lippe, ou brûlent un gros cigare, crevant de graisse, dans des pardessus luisants, neufs[59], avec des yeux aiguisés qui semblent toiser autour d'eux les femmes et les hommes pour voir là-dedans ce qu'il y a à acheter ou à vendre. D'autres au contraire, ravagés de fièvre, consumés de mal, se traînent claquant des genoux, les mains dans les poches, les épaules maigres et flageolant dans des vestons étriqués, les yeux mornes, pauvres diables écrasés de leur honte, qui ont l'air en plein trottoir de raser les murs, pauvres bouts de cigare de la vie, jetés par le sort dans le ruisseau et qui fument encore[60]. Des femmes aussi, des catins qui marchent les seins en avant, les reins cambrés, la croupe saillante, avec un va-et-vient de jupe qui a l'air de secouer sur ces nez d'hommes[61] le poivre âpre des dessous féminins ; et des jolies là-dedans, des êtres de grâce et d'élégance, des peaux roses et transparentes de vierges, des sourires de velours à faire aimer toute une floraison de poètes et qui vont pour un peu d'or s'étendre toutes nues, tout du long et toutes nues, les cuisses ouvertes sur un lit d'hôtel garni et livrer tout le trésor de leur chair élastique et jeune, odorante à de gros doigts velus et gras qui vont partout. Et reliant ces trois éléments – le vice, l'argent et la misère –, un fleuve terne, morne, insipide, le fleuve de la cohue humaine, hommes et femmes quelconques, hideusement médiocres, troupeaux d'animaux dégénérés, malsains et phtisiques ou pléthoreux[62], dévorés d'appétits et avilis de civilisation. Et ce vieux lieu commun de la misère de la vie m'apparaissait là dans la lumière

---

59 Voir *infra*, p. 310 (JM) : « battant neuf ».

60 On retrouvera une évocation très semblable de l'extrême pauvreté dans *Les Cahiers de Malte Laurids Brigge* de Rilke : *Es sind Abfälle, Schalen von Menschen, die das Schicksal ausgespieen hat. Feucht vom Speichel des Schicksals kleben sie an einer Mauer, an einer Laterne, an einer Plakatsäule, oder sie rinnen langsam die Gasse herunter mit einer dunklen, schmutzigen Spur hinter sich her.* « Ce sont des déchets, des pelures d'hommes, que le destin a recrachés. Humides de la salive du destin, ils adhèrent à un mur, à un lampadaire, à une colonne Morris, ou bien ils s'écoulent lentement le long de la rue, en laissant derrière eux une trace noire et sale. » (Rainer Maria Rilke, *Die Aufzeichnungen des Malte Laurids Brigge* [1910], Frankfurt am Main, Insel Verlag, 1982, p. 37. Trad. Marc Béghin.)

61 Voir *infra*, p. 310 (JM) : « sur ce tas d'hommes ».

62 L'adjectif est absent du *Trésor de la langue française*. Il est formé sur « pléthore », qui désigne une « surabondance de sang dans l'ensemble ou dans une partie de l'organisme » et se veut ici l'antonyme de « phtisique ». On le trouve chez d'autres écrivains de l'époque, notament chez Jules Dubuisson et Léon Riotor.

pâle de cet après-midi boueux et crotté, et tout ce flot grouillant qui me heurtait en sens inverse dans une fièvre continue, me semblait les posséder, nicette[63] d'une danse macabre, triviale, inesthétique, s'en allant, détraquée et sautelante, interminable, dans le boulevard affolé de réclame jusqu'à l'absurde conclusion du néant[64]. Les affiches exaspérées de couleurs flamboyaient, portées par des insectes lamentables. Rarement, d'une façon aussi intense, le non-sens de la vie m'est apparu, et jamais je n'ai vu aussi distinctement, sur toutes ces échines penchées et résignées du grand troupeau humain, le fouet levé et toujours sanglant de l'ironique nécessité.

Samedi soir 7 h. Dans un petit café de l'île Notre-Dame, goûté la sensation du samedi qui commence. Je suis entré dans la seconde salle. Elle était propre, claire, joyeuse ; les marbres des tables luisaient, les dossiers des chaises brillaient, sur le plancher lavé, d'un ton encore humide, le sable s'étendait en une pluie immaculée. Sur la table, la *Revue des deux mondes*, dans laquelle un article de Taine sur Venise et la vie italienne[65]. J'ai commandé un madère et le dos arrondi dans la molesquine de la banquette, j'ai fumé lentement une cigarette, m'amusant à regarder à travers la fumée en nuage les allées et venues des joueurs

---

63 Le groupe nominal « nicette d'une danse macabre » semble pouvoir être lu comme apposition différée de « misère de la vie », sujet de la phrase. L'adjectif, substantivé, est un diminutif de « nice », qui vient du latin *nescius* : « ignorant ». Aussi peut-on supposer ici une sorte d'hypallage qui transfère sur la vie – entendue, à la suite de Schopenhauer, comme poussée aveugle de la nature naturante – une qualité, la stupide inconscience, la naïveté niaise, qui appartient en réalité – ou plutôt *aussi* – à la foule.

64 Voir « Les Sirènes », *Au jardin de l'infante* : « Ma pensée ivre, avec ses retours obsédants, / S'affole et tombe ainsi qu'une danseuse soûle ; / Et je sens plus amer, à regarder la foule, / Le dégoût d'exister qui me remonte aux dents. » (*Œuvres poétiques complètes*, éd. citée, p. 139, v. 5-8.)

65 Hippolyte Taine, *L'Italie et la vie italienne, souvenirs de voyage*, série de onze articles parus dans la *Revue des deux mondes* du 15 décembre 1864 au 15 mai 1866, puis recueillis en deux volumes enregistrés à la *Bibliographie de la France* les 27 janvier et 10 novembre 1866 : I. « Naples », 15 décembre 1864 ; II. « Le Mont Cassin, Rome – les antiques, Raphaël », 1er janvier 1865 ; III. « Rome, les villas, les palais, Michel-Ange », 15 janvier 1865 ; IV. « Les Églises, la société romaine », 15 avril 1865 ; V. « Le Peuple et le gouvernement de Rome, la campagne, la Semaine Sainte », 15 mai 1865 ; VI. « Pérouse, Assise, Sienne et Pise, les villes du Moyen Âge », 1er décembre 1865 ; VII. « Florence, le Moyen Âge, le XVe siècle et la Renaissance », 15 janvier 1866 ; VIII. « Les Villes de l'Est, Bologne, Ravenne, Padoue », 1er mars 1866 ; IX. « Venise, la ville et les monuments », 15 avril 1866 ; X. « Venise, la peinture », 1er mai 1866 ; XI. « La Lombardie, Vérone, Milan, les lacs », 15 mai 1866.

autour du billard. Derrière moi, de la première salle dont j'étais séparé par une porte à découpures, des éclats de voix m'arrivaient, des rires un peu éraillés d'ouvriers, des bavardages bruyants de compagnons, une joie peuple un peu lourde et rude, mais franche, sonore, où le son de la bille du zanzibar cliquetait gaîment. Le gaz posé juste au-dessus de ma tête me baignait de clarté. Je portais les yeux par instants sur les pages de la *Revue* ouverte et quelque nom italien d'artiste ou de ville cueilli au hasard et isolé par mon œil du reste de la page prenait une intensité de suggestion, m'ouvrait à travers la muraille une perspective de songe lumineuse, où des galères dorées venant de l'Orient, rengorgées sous leurs grandes voilures, s'avançaient dans les Adriatiques lumineuses[66]. Devant moi, sur la table, la *Revue des deux mondes*, le verre au pied fin, les gants jetés formaient une nature morte jolie. Puis je prenais le portrait de la petite Natacha et je le faisais vivre en le passant de la lumière à l'ombre ; je le faisais vivre d'une vie artificielle où des moires ondulaient.

Valentin me disait très justement en me parlant de Bovier[67] que ce qui manque à sa nature et ce qui lui manquera toujours, c'est ce je ne sais quoi de féminin, d'intuitif, d'impalpable, d'irréductible, qui pourrait s'appeler le tact de la vie. Jamais il n'aura la prescience ; son esprit trop raisonneur procède continuellement par déductions, sans jamais s'abandonner à une spontanéité. Il ne sait pas ou plutôt il ne sent pas qu'il y a un illogisme dans la vie, illogisme d'ailleurs qui paraît permanent à notre vue superficielle mais qui se résout sûrement au-dessus de nous en une logique supérieure immanente.

Pendant qu'il s'évertue laborieusement, enfermé hermétiquement dans sa dernière formule d'expériences, à mettre une belle symétrie dans l'ordonnance de sa vie, à régler son esprit comme une montre tous les jours à la même heure, à caser toutes ses acquisitions intellectuelles, tous ses plans et projets dans de beaux tiroirs à compartiments ornementés, le grand courant marche toujours sans lui et quand il met le nez dehors un beau jour, il s'aperçoit les yeux étonnés, attristés, que tout ce qu'il a fait devient inutile, que l'heure est passée, que le monde a marché. Il est

66 On trouve en regard, dans le manuscrit *Soulisse* : « marbres roses lumineux de carnaval ensoleillé au long de l'Adriatique bleu tout papillotant dans l'azur où de grandes [voilures] dorées se berçaient sur un miroir d'azur rengorgées sous leurs voiles ».

67 Gaspard Bovier-Lapierre (1829-1906), professeur de mathématiques et de grammaire à l'école normale de l'enseignement spécial de Cluny à partir de 1866.

trop consciencieux[68], trop raisonnable, trop géomètre, oubliant qu'on ne vit pas au compas. Il rate toujours l'heure [à laquelle] il faut arriver[69], le mot qu'il faut dire, le livre qu'il faut faire. Toute sa vie – lui-même l'avouait dans un aveu de découragement – se passera à arriver trop tard.

Les vers d'Horace, [au sujet] de Pindare, ne s'appliqueraient-ils pas bien à Victor Hugo ?

Fervet immensusque ruit profundo
Pindarus ore[70].

J'entendais dire à quelqu'un qui parlait de Le Cardonnel[71] que le sens, chez lui, était absolument fermé de la déduction logique[72]. Il ne procède pas par raisonnement. Toute faculté critique lui manque en conséquence. Ceci me semble bien être un peu beaucoup[73] mon cas intellectuel.

Lu du Boileau. C'est net, uni, poli, froid, incolore, et clair comme du verre. Par endroits, quand ce vers brille, c'est qu'il y a de l'Horace derrière.

Tout est vanité, dit l'*Ecclésiaste*. En conséquence la vanité est tout. Et c'est la philosophie.

10 novembre. Hiver, triste saison. Au moins dix jours que je n'ai pas regardé le ciel[74].

---

68 On trouve en regard, dans le manuscrit *Soulisse* : « d'une conscience, d'une raison terre à terre ».

69 *Soulisse* : « l'heure qu'il faut arriver ». De quelque manière qu'on l'envisage, cette construction n'est pas possible en français.

70 « Pindare est comme un grand fleuve qui marche à flots bouillonnants et de sa bouche, comme d'une source profonde, il sort une immensité de richesses et de belles choses. » (Trad. Boileau.)

71 Le prêtre et poète Louis Le Cardonnel (1862-1936), dédicataire du poème « Vieilles Cloches » dans *Au jardin de l'infante*, fut un ami proche de Samain. Les deux hommes se tutoyaient, ainsi que le révèle Léon Bocquet, qui précise que le caractère de Samain ne l'y portait pas, « même avec ceux-là [tel Raymond Bonheur] qui avaient conquis sans réserve son affection ». (Léon Bocquet, *Autour d'Albert Samain*, *op. cit.*, p. 68.)

72 Entendre : que chez lui, le sens de la déduction logique était absolument fermé.

73 Voir *infra*, p. 290 (JM) : « un peu, beaucoup ».

74 Sur le rapport – ambivalent – de Samain à la saison hivernale, voir ce quatrain non recueilli : « Fils d'un soleil atone et d'un pays d'hiver, / J'ai l'amour du changeant nuage

La *Loggietta*[75]. Vente à l'encan. La loterie tous les mois[76].

La translation de saint Marc. Le corps recouvert d'herbes fraîches et de tranches de porc de façon à passer inaperçu sous les yeux des douaniers musulmans qui avaient horreur de la chair de porc[77].

Grandes fêtes à Venise. La ville supplie le saint de la prendre sous sa protection[78]. Vers 897.

– Les pigeons qui sont placés sur la place Saint-Marc[79].

Paucis . . . . deposuit[80].

La porte de Bronze où l'on voit l'Arétin aidé du Titien et de Sansovino.

Le couteau de la Cène, recouvert de caractères hébreux[81].

On se servait du trésor sur lequel on se faisait prêter de l'argent[82].

---

et de la brume / Et des grands ciels d'ardoise où la houille qui fume / Panache les cités nostalgiques de fer. » (*Œuvres poétiques complètes*, éd. citée, p. 505, v. 1-4.)

75 « Ce charmant édifice, qui pourra rappeler aux Parisiens l'arc de triomphe de la place du Carrousel, est au centre du célèbre Sansovino, qui le bâtit vers 1540. On l'appelle la *Loggietta* : d'ordre composite, revêtu de marbres brillants, orné de belles sculptures et de bronzes excellents ; c'est sans contredit une des œuvres les plus pures dans ce style, qu'offre Venise. » (Jules Lecomte, *Venise ou Coup-d'œil littéraire, artistique, historique, poétique et pittoresque sur les monuments et les curiosités de cette cité*, Paris, Hippolyte Souverain, 1844, p. 53.)

76 « Aujourd'hui il sert pour des encans de vente par autorité de justice, et on en a fait en même temps, comme par opposition corrective, le temple de la loterie vénitienne… » (*Ibid.*, p. 54.)

77 « Les deux prêtres et les deux Vénitiens ne trouvèrent rien de mieux que de placer le corps du saint dans un grand panier, en l'entourant d'herbes vertes, et de déposer au-dessus une certaine quantité de tranches de porc, viande prohibée par la religion des Musulmans, et dont la vue seule leur fait horreur. » (*Ibid.*, p. 70.)

78 « Tout le peuple s'écria que c'était une protection divine qui arrivait à la république ; ce ne furent que fêtes, chants, prières, invocations au saint apparu au patron du navire, pour qu'il daignât prendre la ville sous sa protection. » (*Ibid.*)

79 « L'opinion la plus généralement répandue relativement à l'origine des *pigeons de Saint-Marc*, serait que dans les temps anciens de Venise il était d'usage, au jour des Rameaux, de lâcher de la galerie qui domine la basilique Saint-Marc (d'autres prétendent du Campanile) des pigeons portant une entrave qui ralentissait leur vol, et les forçait à se débattre terre à terre ; alors malgré les efforts que faisaient ces petits animaux pour se soutenir en l'air, le peuple se les disputait avec violence, jouissant de cette distribution en nature qui les forçait à un exercice dont s'amusaient les patriciens. » (*Ibid.*, p. 77.)

80 Citation latine lacunaire dont le sens est : « Il les déposa en secret à l'intention de quelques personnes initiées. » Référence à la remarque d'Enrico Dandolo, devant le mystérieux asile des reliques de saint Marc : *Paucis consciis secrete deposuit*. Voir *ibid.*, p. 91.

81 « Un remarquable couteau de toute antiquité, dont le manche est travaillé à l'*agemine*, recouvert de caractères hébreux, et qui passe pour avoir servi à J.-C. lors de la Cène. » (*Ibid.*, p. 97.)

82 « Plusieurs fois on contraignit des citoyens qui semblaient s'être enrichis par des moyens peu honorables, à lui faire des cadeaux d'un prix immense, qu'on considérait comme une

La couronne de fer formée d'un clou de la vraie croix au dôme de Monza près de Milan[83].

L'athus[84], le jaspe, le portor[85], la machelle, le vert antique, le grand veiné, le grand mosaïcain, la ciphyse[86].

Napoléon sur l'épée et le globe en main sur la *Piazzetta*[87].

Les doges étaient ducs ou princes de Venise. Les Dix[88], fondés d'abord pour découvrir les complices de Baiamonte Tiepolo en 1310, se perpétua et devint bientôt tout-puissant. Quinze ans après, il se continuait comme pouvoir à vie. Il jugeait et ordonnait de tout au politique [comme] au criminel. Pas d'arrêt, pas de procédure. Une sentence et c'était tout. Le peuple, en parlant des Dix, disait « Ceux d'en haut[89] ».

Une galère était toujours prête pour exécuter les ordres du Conseil. Sur la proue on voyait le signe C. D. X[90]. Les traîtres étaient pendus par les pieds aux colonnes de la *Piazzetta*.

Les trois Inquisiteurs d'État pris parmi les Dix. Les Dix se surveillaient eux-mêmes par l'adjonction d'un inquisiteur suppléant. Jamais leurs ordres n'étaient signés C. D. X. à l'angle de la feuille en rouge. « Nous approuver, c'est nous juger. » Le peuple gênois à qui l'on montrait les deux Français étranglés qui avaient mal parlé du gouvernement[91]. – Le

---

restitution imposée à leur avidité. Aussi, ce trésor put-il plusieurs fois, dans des crises financières, aider aux embarras de l'État. » (*Ibid.*)

83 « Ferdinand Ier a fait don de son manteau royal au dôme de Monza, resté le gardien fidèle de la couronne formée d'un clou de la vraie croix, depuis Agilulphe qui la ceignit le premier jusqu'à nos jours. » (*Ibid.*)

84 Marbre. (Trésor de la langue française.)

85 Marbre noir veiné de jaune d'or, dont la couleur s'altère assez rapidement à l'air. (*Ibid.*)

86 « Ce sont pour la plupart les plus beaux produits des carrières orientales : le jaspe, l'althus, le porphyre, l'albâtre roux, le portor, la machelle, le vert antique, la serpentine, le granit veiné, le granit mosaïcain, la ciphyse et autres matières de couleurs et de dessins variés. » (Jules Lecomte, *Venise*, *op. cit.*, p. 99-100.)

87 « Un monument de la conquête a disparu de la *Piazzetta*, c'était une statue en pied de Napoléon, laquelle était placée en face de la grande fenêtre du palais. Cette statue, solennellement érigée le 15 août 1811, était une colossale figure de marbre, sculptée par un artiste vénitien nommé Dominique Bauti. L'empereur, suivant le style de l'antiquité, était nu, tenant d'une main le globe de Charlemagne, de l'autre le glaive des Césars. » (*Ibid.*, p. 132.)

88 Le Conseil des Dix.

89 « Le peuple, en désignant *les Dix*, disait : *Ceux d'en haut !* » (*Ibid.*, p. 163.)

90 « On voyait toujours dans l'arsenal une galère prête à appareiller pour des destinations inconnues, et on lisait avec terreur sur sa poupe ce signe redouté : C. D. X. » (*Ibid.*)

91 « Un peintre génois travaillant dans une église, s'y prit de querelle avec quelques Français qui proféraient des invectives contre le gouvernement. Le lendemain matin, mandé par les

prince de Craon, volé de sa bourse verte et qui s'était laissé aller à prononcer quelques paroles contre la police de Venise, est rejoint au milieu de la lagune par la gondole inquisitoriale à flamme rouge : « Voilà notre voleur, Monsieur, mais ne remettez pas les pieds dans un gouvernement dont vous avez soupçonné la sagesse[92]. »

300 conseillers – réunions importantes la nuit[93].

Terrazzo, galantine truffée, très truffée. Salle du Grand Conseil jusqu'à des pierres précieuses[94].

Cuvette creusée dans une dalle près des citernes du palais ducal pour les pigeons[95].

Seigneur de la 4e partie ½ de l'empire romain[96].

La dorure du *Bucentaure* 200.000[97] +, doré de la poupe à la proue avec de grands tapis traînants.

L'anneau du doge, lapis et d'onyx, était jeté à la mer après qu'on y avait répandu un vase d'eau lustrale. « Mer, nous t'épousons en signe de véritable et perpétuelle domination[98]. »

Inquisiteurs et interrogé s'il reconnaîtrait les personnes avec lesquelles il s'était disputé la veille, il s'empressa de protester qu'il n'avait pour sa part pas prononcé un mot qui ne fût en l'honneur du gouvernement. Alors on tira le rideau, et il aperçut les deux Français étranglés. On renvoya ensuite le peintre, demi-mort de frayeur, avec l'injonction de ne jamais parler ni en bien, ni en mal du gouvernement. – Nous n'avons pas besoin de vos apologies, lui dit-on ; nous approuver c'est nous juger ! » (*Ibid.*, p. 170.)

92 « Vous voyez que justice est faite, Monsieur… reprend le grand et mystérieux personnage ; voilà votre argent, reprenez-le. Partez ; mais souvenez-vous qu'on ne remet pas le pied dans un pays où l'on a méconnu la sagesse du gouvernement. » (*Ibid.*)

93 « Le sénat, d'abord formé de soixante membres seulement, puis de cent vingt, finit par s'élever à trois cent dix *pregadi* ou invités, pour les réunions solennelles. […] Les réunions les plus solennelles avaient lieu la nuit. » (*Ibid.*, p. 212-213.)

94 « Ce système de parquet (qu'un plaisant a appelé *galantine truffée*), est le plus souvent un mélange de chaux et de briques concassées, parsemé de petites pierres de couleur, qu'on bat avec des lattes et qui devient uni et luisant par le frottement de la pierre unie à l'huile de lin. C'est là le *terrazzo* vulgaire, […] mais ici le *terrazzo* est une véritable mosaïque de pierres précieuses ! » (*Ibid.*, p. 209.)

95 « On verra, auprès de chaque citerne, une espèce de cuvette creusée dans une dalle, et que les porteuses d'eau qui viennent puiser là ont la sollicitude de tenir toujours pleine pour la consommation des pigeons de Saint-Marc, que la chaleur fait souvent abattre dans la cour du palais. » (*Ibid.*, p. 173.)

96 « Dès lors le doge de Venise ajouta à ses titres celui-ci, le plus singulier de tous ; *Seigneur de la quatrième partie et demie de tout l'empire romain* ; titre qui resta à ses successeurs jusqu'au doge Jean Dolfin (1357). » (*Ibid.*, p. 239.)

97 « La dorure du dernier *Bucentaure* coûtait dix-huit mille sequins, c'est-à-dire environ deux cent vingt mille francs. » (*Ibid.*, p. 170.)

98 *Desponsamus te, mare, in signum veri perpetuique dominii.* « Mer ! Nous t'épousons en signe de notre véritable et perpétuelle domination. » (*Ibid.*, p. 441.)

« Doit François Foscari, pour la mort de mon père et de mon oncle… »

En face, une page blanche[99].

Haine des Lorédan – il arrive (Jacques Lorédan) à faire destituer, déposer plutôt, le doge – qui tombe raide mort en entendant la cloche qui annonçait la nomination de son successeur. Alors Lorédan inscrivit sur la page blanche : *L'ha pagata*, « il l'a payée[100] ».

Adapis cheropotame leophiodan palœtherium[101].

Les dernières Foscari : deux pauvres vieilles misérables[102].

Les *sbires* et les *bravi*. Ceux d'en haut[103].

Lu Edgar Poe[104] – *Eurêka*. Sensation effroyable, surtout en arrivant vers la fin. La grandeur des hypothèses, le démesuré du concept m'affole. Ai voulu tout lire en un soir[105], et cette course vertigineuse à travers l'incommensurable me laisse retomber sur mon lit courbaturé, la tête

---

99 « On raconte de Jacques Lorédan, fils de l'amiral mort, et qui se livrait au commerce comme le faisaient alors presque tous les patriciens de Venise, qu'il écrivit sur le livre de ses débiteurs cette formule : *Doit François Foscari, pour la mort de mon père et de mon oncle…* En face, une page blanche. » (*Ibid.*, p. 336.)

100 « Alors Jacques Lorédan rouvrit son grand livre, et écrivit sur la page en regard de celle où il avait inscrit la dette terrible qu'il attribuait à Foscari : – *L'ha pagata ! – Il l'a payée !* » (*Ibid.*, p. 337.)

101 « Suivez les assises de l'édifice [le palais ducal Pesaro], et vous y verrez tous les quasimodos des races animalesques. Voilà la tête d'un adapis qui nous fait la langue, – celle d'un cheropotame qui souffle la peste, – celle d'un leophiodan qui cligne de l'œil, – celle d'un palœtherium qui éternue. » (*Ibid.*, p. 315.)

102 « Mais les hôtes de ce misérable appartement ? demandera-t-on… Eh bien ! Ce sont deux vieilles femmes, infirmes, septuagénaires, que vous pouvez visiter, car votre présence sera une distraction pour elles : elles sont comtesses ! Ce sont les dernières Foscari ! Les *dernières Foscari* ! ! » (*Ibid.*, p. 297.)

103 « Ce conseil était, du reste, si l'on en croit quelques histoiriens, entouré d'un appareil formidable. Il avait à ses ordres un nombre de *sbires* et de *bravi* illimité. Souvent, ses agents eux-mêmes disparaissaient après lui avoir obéi dans quelque expédition importante et secrète. » (*Ibid.*, p. 163.)

104 Concernant Edgar Poe, on trouvera dans une lettre à Bonheur ces remarques complémentaires de Samain, qui offrent le plus grand intérêt : « Figurez-vous qu'il [Paul Bourget] me disait qu'il a eu la plus pénible déception à lire Poe en anglais. C'est, paraît-il, écrit dans la langue la plus vulgaire, la plus *commune*, une langue de bas journaliste, me disait-il. […]. – Je crois qu'il exagérait, et je lui ai dit : *Monos et Una*, *La Chute de la Maison Usher*, *Le Domaine d'Arnheim* resteront toujours initialement d'incontestables poèmes. » (BmL, fonds Jules Mouquet, ms. B 259, f. 26. Pas d'enveloppe. Pierre Breillat, « Albert Samain. Lettres à Raymond Bonheur », art. cité, p. 39 ; également dans Samain, *Des lettres 1887-1900*, éd. citée, p. 70.) Voir aussi Léon Bocquet, *Albert Samain. Sa vie, son œuvre*, *op. cit.*, p. 119-120.

105 *Mouquet*, p. 50 : « J'ai voulu tout lire en un soir ».

cassée. Même, ayant dévoré à la chandelle dans le grand silence de 2 heures du matin les derniers chapitres, les activités cérébrales ont été poussées à une telle puissance qu'il me semble que je suis déséquilibré… que la normalité de mes rapports intimes est faussée… par la sensation que mon esprit ne veut pas ou même ne peut pas rentrer dans mon corps. Le menu train-train de ma vie[106], les petits phénomènes extérieurs qui s'enchaînent et le composent, les préoccupations quotidiennes, même les décors de ma vie ordinaire m'apparaissent loin, loin, comme si je contemplais les choses de la terre de la nacelle d'un aérostat placé à une hauteur énorme… Et la réintégration de mes perceptions normales ne s'effectue que lentement, dans un malaise indéfinissable de mon être… Décidément la pensée est lourde pour le pauvre être de chair et de sang. J'ai respiré ce soir un air trop pur, trop raréfié : les tempes me bourdonnent, l'asphyxie a commencé. Et puis une indicible angoisse au cœur… un trouble que rien ne peut préciser, qui s'extériorise en quelque chose de noir où je me sens baigner… L'analogie persistante de l'asphyxie des hauteurs, où la constriction de la respiration s'accompagne d'une diminution de la perception lumineuse.

Ô sphynx de Flaubert[107] ! Je suis monté moi aussi aux stries de tes bandelettes et j'ai regardé dans tes yeux et j'y ai lu, dans ces yeux implacables et tristes, que tu me dévorerais moi aussi.

Pourquoi, depuis des semaines où j'ai lancé mon esprit bride abattue dans les vastes plaines de la spéculation, pourquoi ai-je ainsi ressenti à plusieurs reprises cet étouffement, cette amertume montante… cette haleine de mort ?

Guyau[108] me console. Poe m'épouvante. Je suis écrasé devant ces conceptions où mon humanité, ma personnalité spirituelle se perd, sans

---

106 *Mouquet*, p. 51 : « Le même train-train de la vie ».

107 Allusion à l'épisode du Sphinx et de la Chimère commun aux trois versions de *La Tentation de saint Antoine* (1849, 1857 et 1874) : « Le Sphinx : – Tous ceux que le désir de Dieu tourmente, je les ai dévorés. Les plus forts, pour gravir jusqu'à mon front royal, montent aux stries de mes bandelettes comme sur les marches d'un escalier. La lassitude les prend ; et ils tombent d'eux-mêmes à la renverse. » Le sphinx de Samain, « immobile aux sables de l'ennui », dont Cléopâtre ranime le désir, fait directement écho à l'œuvre de Flaubert. Voir « Cléopâtre (II) » dans *Au jardin de l'infante*, *Œuvres poétiques complètes*, éd. citée, p. 108-109.

108 Le philosophe et poète libertaire Jean-Marie Guyau (1854-1888), auteur d'une traduction du *Manuel* d'Épictète et, entre autres, d'une *Esquisse d'une morale sans obligation ni sanction*,

but, sans retour. De cette loi qui s'adresse magnifiquement à ma raison et l'exalte, il ne reste rien pour mon cœur… Et mon cœur a froid !

La vertu de l'homme est la plus grande preuve de Dieu. La religion est dans l'humanité, l'analogie de l'instinct maternel chez les oiseaux, la somme de vertu nécessaire à la sustentation de l'Univers.

UN GRAND VIOLON[109]

Dans ma chambre où flotte un demi-jour
Un violon posé près d'un bouquet de roses.
Dont la douceur se […] en […] des choses
Dans un réduit pensif, dans une chambre close
Une chambre pensive où le jour flotte à peine
Où le silence règne à jamais en vainqueur
Un grand violon sombre et vivant dont le cœur
Sanglote la douceur d'une ancienne peine
Une coupe en cristal d'eau pure à demi pleine[110]
Où baigne solitaire et suave une fleur[111]
Une rose d'amour […] en sa pâleur
[Et] qui fait défaillir un ciel à son haleine
Puis une robe éparse et des gants assouplis
Où l'on voit vivre encore une main dans les plis
Jetés sur des feuillets griffés de mots de flamme.

Un soir d'automne par les vitraux entrouverts
La fenêtre, un soir fin d'automne, entrouvrit
Quelque chose d'ailé s'envola par les airs
De langueur de musique et de secret de femme[112]
Et par le vitrail au ciel un soir d'automne, un soir
Quelque chose s'envola fait d'amour
De parfums, d'agonie et de douceurs de femme

puisa dans le stoïcisme les consolations dont parle ici Samain : il sut opposer à la phtisie dont il mourut à l'âge de 33 ans une « résistance souriante ».

109 Ébauche d'un poème inachevé recueilli dans *Œuvres poétiques complètes*, éd. citée, p. 448.

110 En marge : « Et sa pâle splendeur mourante avec pâleur. »

111 En marge : « vraiment chair exquise ».

112 En dessous : « et de sanglots de femmes / et de douceurs ».

Et ce je ne sais quoi d'ailé c'était mon âme
Quelque chose s'enfuit fait de sanglots d'amour
De caresses fanées et de douceur de femme.

Nostalgique sanglote une ancienne peine[113]

Bien que je t'aie quittée, tu es toujours présente
Blonde, voluptueuse et séduisante
Et les soirs les plus beaux sont ceux où sans désir
Je t'évoque dans la splendeur du souvenir.
Tu ne sauras jamais de combien de pensées
Je t'ai toute vêtue en mon âme amoureuse
Et tout ce que j'ai dit aux [...] qui passaient
Pendant que tes anciens baisers la caressaient.
Tu ne sauras jamais de quelle aumône et tendre
Souvenir j'ai rêvé jusqu'à tes yeux d'étendre
Pendant que le regard aux étoiles fixé
Je regardais en haut dans l'azur déserté
Je ne voyais point par quel et doux miracle
La chambre et ton grand lit, doux tabernacle,
Et tout ce qui de toi m'est venu de langueur
Dans un long flot fondant me revenait au cœur
Mon âme [...] de toi, mon âme de [...]
Flotte dans le vent tiède un peu de ton haleine
Caressant mes yeux et me prenant la main
(Qui passant sur mes mains et caressant mes yeux[114])
Me faisait défaillir de confusion en [...]
Dans tous ces grands palais, débris majestueux
Dans Venise, tombeau de marbre somptueux
Aux minutes de rêve où s'éthérise l'âme
Il me manquait l'or pur de ton sourire, ô femme.

113 Variante probable du vers 8.
114 Ce vers noté entre parenthèses dans *Soulisse* remplace le précédent, irrégulier.

CARNET II

Bouddha[115]

1er tableau

Toute la scène plongée dans l'obscurité.

Vagues accords sombres exprimant les ténèbres et les misères qui pèsent sur l'âme humaine.

Une étoile brille.

Chœur lointain de voix qui grandit progressivement quoique restant toujours dans une demi-teinte.

Annoncer en quelques mots la mission du Bouddha, sa renonciation. L'œuvre de charité qu'il va accomplir, son triomphe par l'immense douceur céleste : voici que les temps de Douceur sont venus.

2e tableau

La Naissance

[Un dessin au crayon]

3e tableau

4e tableau

L'Adolescence et le Père

---

115 On trouvera reproduits aux pages 562-572 des *Œuvres poétiques complètes* le texte intégral du premier tableau de ce livret, « composé pour la princesse Edmond de Polignac fin 1891-début 1892 » (*ibid.*, p. 718), et un fragment du troisième, dont Samain fournit ici le seul plan. Cette attirance pour la figure du Bouddha et, plus largement, pour l'exotisme oriental, correspond à une vogue littéraire dont Samain ne tardera pas à s'éloigner. Voir à ce sujet Christophe Carrère, *ibid.*, p. 22-23 : « Samain [le Samain des années 1895 et suivantes] s'est lassé des imaginations d'emprunt trop fortement influencées par les maîtres créoles du Parnasse, dont attestent "Symphonie héroïque" [...], "Li-Ka" [...] et jusqu'à ce long poème inédit, *La Vocation du Bouddha*, livret inachevé pour un opéra jamais composé de Fauré retraçant les amours de la bergère Gôpa et de l'ascète Siddharthâ Gautama, le Bouddha Shâkyamuni. Ces univers pittoresques ne correspondent plus à ses goûts d'homme sentimental et mesuré du Nord, qui explore désormais, dans le format des idylles d'*Aux flancs du vase* (1898) et des élégies du *Chariot d'or* (1901), des modulations plus familières, plus modestes, à sa mesure, sans renoncer à la source toujours féconde de l'hellénisme. »

La tendresse de Bouddha pour les choses. L'éveil de son cœur dans les fleurs qui l'exaltent. Il voudrait se donner tout entier et chante une ode cuivrée à la profondeur du monde.

Au murmure des abeilles et des libellules, il s'endort.

Tristesse de son père qui songe à l'oracle. Il marche doucement, cueille une rose fraîchement épanouie, la fait respirer à l'enfant endormi, en lui disant : « Rêve, sur une fleur, à l'âme de ta mère. »

L'enfant s'éveille, regarde le roi, se jette dans ses bras et dit : « Mon Père ! »

5e tableau

La Fiancée

… Le soir tombe… La nuit limpide s'emplit lentement d'étoiles. Un étang dans les jardins […] de […]. Bouddha se promène avec la princesse […] qu'il doit épouser. Silence des campagnes lointaines. Parfums des lauriers roses et des jasmins. Chant du crapaud mélancolique. La lune se lève, un rayon tombe sur la jeune femme immobile comme une statue antique.

[Un dessin au crayon]

6e tableau

L'Amour

7e tableau

La Gloire

8e tableau

Le Remords

9e tableau

Les Portes de bronze[116]

10e tableau

La Plaine

---

116 Sur l'intérêt que Samain voue aux portes de bronze, voir *supra*, p. 118 et 214.

11e tableau

La Caverne de sang

12e tableau

La Fontaine de la Tchangta

13e tableau

Le Lépreux de la Grève

14e tableau

15e tableau

16e tableau

Le Retour au Palais

17e tableau

Le Désert
La Tentation
Les Génies du mal

En bas de la page : les serpents. – Il pousse un cri d'horreur au milieu de leurs enlacements.

18e tableau

La Forêt des Apsaras[117]
(Le Ballet des Lotus)
L'Étang rose
Les Fleurs
La Forêt d'or

19e tableau

Le Triomphe
(Les voix heureuses)[118]

Oh ! Trouver un sujet soit antique, soit moderne, qui contienne des coins d'humanité vraie et poignante dans un décor joli. Un décor qui

117 Par erreur « Asparas » dans *Soulisse*.
118 On trouvera plus loin, p. 228-229, la suite de cette note sur Bouddha.

représenterait une terrasse, une maison rustique à colonnades blanches au bord d'une Méditerranée bleue. Le soir tomberait peu à peu, l'horizon serait fermé de collines harmonieuses, et lentement le croissant apparaîtrait sur quelque scène de mélancolie éternelle. Adieu solitude, découragement, fin de songe…

Les Communiantes
Le Taureau de Pasiphaé

Ongles attristés : les gens qui agissent comme des rapaces. Les fanfares m'empêchent d'entendre le piétinement des foules. L'empiètement de l'intelligence sur la sensibilité.

CARNET III

F. me disait : Je crois que l'on peut poser ceci en axiome : quand au courant de la conversation, un individu se défend à brûle-pourpoint, en quelque sorte, et sans que son attestation soit amenée par le mouvement naturel du discours, de tel ou tel défaut, voire de tel ou tel vice, neuf fois sur dix on peut être sûr que cet individu a précisément ce défaut ou ce vice. En effet, le besoin de s'en disculper indique que chez lui il y a là un sujet habituel de préoccupation, de tentation, auquel il résiste plus ou moins, et sans nul doute moins que plus. Un Murat, un Ney ne songeront pas par exemple à se défendre d'être lâches, un saint Vincent de Paul d'être dur de cœur.

Le jour est glorieux, la nuit est harmonieuse. J'aime mieux la nuit[119].

Avec les découvertes stupéfiantes que la Science jette tous les jours à nos étonnements, je me demande s'il serait impossible de voir découvrir un instrument qui permettrait de constater les fluctuations de nos états d'âme et qui pourrait s'appeler par suite le *psychomètre*. Cet appareil qui enfermerait dans un tube, je suppose, telle matière éthérisée et subtile capable de subir les plus délicates réactions d'une atmosphère nerveuse, serait gradué d'après les minutieuses expériences des savants, et porterait à la place des indications du baromètre : vers à soie, orangers, Sénégal, etc. ; des rubriques telles que : sympathie naissante, amour tempéré, désirs ardents, froideur rigoureuse. Il suffirait de l'installer sur la table au commencement d'un dîner, entre époux ou amants, pour apprécier la sincérité des rapports échangés. La femme, par exemple, aurait beau s'épancher en protestations lyriques, il suffirait à l'époux ou l'amant de jeter un coup d'œil rapide sur le psychomètre pour être immédiatement fixé sur la valeur de ces protestations, et il pourrait simplement opposer à une déclaration passionnée l'état du psychomètre incorruptible descendu à 5° au-dessous du zéro. On pourrait également en faire

119 Voir « Incantation » (*Œuvres poétiques complètes*, éd. citée, p. 291-293) et « La Nuit » (« Notes diverses », *infra*, p. 391-392).

usage dans les théâtres où les dégagements électriques de la foule seraient ainsi exactement évalués et traduits par des rubriques *ad hoc* : admiration, enthousiasme, ennui profond, désolation, anéantissement.

Vu des choses très intéressantes au Salon de la Rose-Croix[120], des tentatives quelquefois téméraires, le plus souvent dignes d'intérêt. Un art qui cherche à formuler des aspirations trop souvent irréalisables, mais dont les préoccupations, en tous les cas, sont nobles. Il y a là une série de dessins de Trachsel[121] qui relèvent du rêve ou plutôt de l'hallucination ; des architectures étranges dans des milieux hétéroclites et déconcertants : par exemple une sorte de Panthéon dont la forme découpe une vague silhouette de sphynge allongée, dont la tête est remplacée par un énorme disque de marbre dans lequel flamboie un œil mystérieux et terrible dont le regard se projette sous forme de faisceau lumineux à travers une nuit bleuâtre et cosmique où roulent des astres, des globes annelés, des comètes. Cet art est difficile à réaliser entre tous : le ridicule est à deux pas de la terreur, et là où l'on cherche un effet d'épouvante, on peut très bien ne rencontrer qu'un effet de rire. La réalisation ne s'appuyant sur rien et se manifestant dans le vide encourt avec elle mille périls, et doit tout d'abord, dans

120 Il s'agit très certainement du Salon du 10 mars au 10 avril 1892 (galerie Durand-Ruel), le dernier s'étant tenu en 1897. En effet, Samain mentionne dans l'alinéa suivant le peintre allemand naturalisé suisse Carlos Schwabe (1866-1926), auteur de l'affiche de ce premier Salon de la Rose-Croix. « Elle représente dans un graphisme sec et d'esprit archaïque une femme nue, l'Humanité matérialiste, se vautrant dans la fange et levant les yeux vers deux femmes dont l'une, la Pureté, a un lys à la main, et l'autre, fantomatique, est une créature purement idéale, la Foi, et porte un cœur fumant. Tel sera désormais l'évangile de Schwabe. Cette affiche apparaît aussi comme le manifeste spiritualiste de la Rose-Croix et une référence pour l'Art nouveau. » (Gérald Schurr et Pierre Cabanne, *Dictionnaire des petits maîtres de la peinture (1820-1920)*, Paris, Les Éditions de l'Amateur, 2008, p. 661b-662a.) Rappelons que les Salons de la Rose-Croix avaient été fondés par le « sâr » Joséphin Péladan dans le but explicite de « favoriser l'Idéal catholique et la mysticité » en mettant en vedette les peintres symbolistes. Signalons aussi que l'on doit à Schwabe une somptueuse illustration du *Jardin de l'infante* au Livre contemporain (1908). Cette illustration (dix compositions hors-texte tirées en bistre et gravées sur bois par les frères Beltrand, chaque page étant encadrée de compositions florales en demi-teinte) est considérée comme un des sommets de l'Art nouveau dans le domaine du livre illustré.

121 Albert Trachsel (1863-1929) était un peintre genevois qui publia en 1897 le volume de projets des *Fêtes réelles*, sortes d'utopies architectoniques répondant à un idéal sacré. Trente-deux de ses œuvres furent montrées au premier Salon Rose-Croix de 1892. Il n'exposa pas lors des cinq Salons suivants, Antoine de La Rochefoucauld (1862-1959), mécène de l'ordre, n'ayant pas apprécié son travail.

les cas les plus fréquents, mécontenter le peintre lui-même, trahi dans son rêve par une affligeante exécution.

À signaler les Trachsel ; les Schwabe[122], dont je ne suis pourtant pas fou ; les Khnopff[123], qui me ravissent par leurs maigreurs de perversité, et leurs gras modelés de velours… ; les Filiger[124], un peu trop pastiches, mais d'une adorable ligne et d'une exécution si touchante ; les Henri Martin[125], d'un réalisme teinté de rêve, avec ses têtes à contre-jour de paysannes aux cheveux de chanvre, aux yeux d'eau, éclairés à contre-jour sur des fonds mélancoliques ; les Aman-Jean[126] ; un *Christ* de[127] ?

Vu hier, rue Taitbout, trois aquarelles de Jeanne Jacquemin[128] de facture très intéressante. Couleur plate, éteinte ; ligne aride et mangée de mysticisme ; arrangement symbolique.

La 1re : une espèce de Béatrice sur un fond vert pâle de force mystique, avec des joues avalées[129] d'anémie sous des pommettes qui tendent la peau, des yeux grands et clairs et une bouche singulière dont le dessin excessif et charnu détonne dans la spiritualité du visage ; à la main, un lys[130].

La 2e : une tête exsangue posée dans un verre ou dans un vase quelconque, les yeux fermés, les cheveux d'un blond grisâtre tombant tout

---

122 Voir *supra*, p. 226, n. 120.

123 Le peintre belge Fernand Khnopff (1858-1921) fut l'élève de Gustave Moreau à Paris. Ses tableaux sont chargés de références allégoriques et littéraires où la femme apparaît souvent en sphinx.

124 Charles Filiger (1863-1928) était un peintre français, esthétiquement proche des Nabis. Il exposa au Salon des indépendants de 1889 et 1890. Ses œuvres sont conservées au Musée d'Orsay et au Musée des Beaux-Arts de Pont-Aven.

125 Henri Martin (1860-1943) exposa des œuvres dont les titres mêmes dénoncent une très grande proximité avec le symbolisme littéraire : *Chacun sa chimère*, par exemple, de 1891.

126 Edmond Aman-Jean (1858-1936) fut l'un des premiers peintres à avoir répondu favorablement à l'invitation de Joséphin Péladan d'exposer des œuvres picturales congénères à la poésie symboliste. On lui doit, entre autres, un portrait de Verlaine à l'hôpital Broussais.

127 Probablement le *Bénédicité* de François Tonetti-Dozzi (1863-1920).

128 Sur Jeanne Jacquemin (1863-1938), voir Jean-David Jumeau-Lafond, « Jeanne Jacquemin, peintre et égérie symboliste », *Revue de l'art*, n° 141, septembre 2003, p. 57-78.

129 L'édition Mouquet porte « ovalées » (pour « ovalisées », peut-être). Or, un simple coup d'œil aux œuvres en question suffit à éliminer tout doute : les visages sont émaciés – comme « avalés ».

130 Probablement *Le Cœur d'eau*, 1892. Cette œuvre est conservée à la Maison Tournaisienne – Musée du Folklore, à Tournai.

en travers d'un côté de la figure, avec comme des filets de sang emmêlés dans les mèches.

La 3e : une tête de Christ couronnée d'épines, posée de face sur un ciborium, avec des yeux poignants sous l'éploiement[131] des cheveux[132].

Bonheur[133] reprochait presque à ces études d'avant-garde de paraître en quelque sorte trop sûres d'elles-mêmes, d'avoir comme une allure d'habileté et je ne sais quelle aisance dans la facture, qui contrastait avec l'étrangeté et le mysticisme un peu égaré dont elles relevaient.

Entendu à la suite *Le Crépuscule des dieux*, chez Lamoureux[134]. Une page sublime, dont la grandeur m'a pénétré tout de suite profondément, bien que ce fût la première fois que je l'entendisse. Des accents d'une tendresse, d'une émotion, d'une passion splendides. À certains moments, sur les rafales de l'orchestre, la voix de la Materna[135], déchirante, semblait comme un oiseau emporté sur une vague dans la tourmente. On le voyait se perdre, se noyer, puis réapparaître.

Très bien senti le Prélude, qui a pourtant selon moi été joué trop lentement. Il y a à un certain moment un *crescendo* passionné et ruisselant qui ne me semble pas relever du métronome.

Après la scène de Siddhartâ et de Gôpa qui se terminerait par un hymne d'amour dans un décor ruisselant de soleil, pour lequel j'aurais voulu refaire ce qu'avaient trouvé les auteurs d'*Esclarmonde*[136], c'est-à-dire

131 Voir *infra*, p. 316 (JM) : « éplorement », qui ne fait guère sens ici.

132 Il s'agit probablement de *Coupe de suavité*, 1894. Cette lithographie est conservée à la National Gallery of Victoria, Melbourne.

133 Le compositeur et ami du poète Raymond Bonheur (depuis 1884, indique Léon Bocquet dans *Albert Samain. Sa vie, son œuvre*, *op. cit.*, p. 63-64) « assuma la tâche de publier ses dernières œuvres » (*Œuvres poétiques complètes*, éd. citée, p. 25). Il est, d'autre part, dédicataire de « L'Allée solitaire » et destinataire conjoint de certaines lettres de Jammes à Samain.

134 Entendre : par l'orchestre Lamoureux, selon l'appellation qui a succédé aux Nouveaux Concerts fondés par le violoniste et chef d'orchestre Charles Lamoureux (1834-1899). Celui-ci était un grand admirateur de Wagner et il parvint à imposer le répertoire wagnérien en France, en organisant, notamment, la première de *Lohengrin* en 1887. Le dimanche 22 novembre 1896, Samain écrit à sa sœur Alicia Soulisse : « Je n'ai pas pu t'écrire hier soir et je viens le faire maintenant, en sortant du Concert Colonne, où je suis allé entendre *Le Crépuscule des dieux*. » (BmL, fonds Jules Mouquet, ms. C 200, f. 26 bis. Tapuscrit.)

135 Amélie Materna (1844-1918) : soprano autrichienne ayant tenu plusieurs rôles à la création d'opéras de Wagner.

136 *Esclarmonde*, opéra en quatre actes de Jules Massenet, sur un livret de Louis de Gramont et Alfred Blau, créé à l'Opéra-Comique le 14 mai 1889, sous la direction de Jules Danbé.

la descente d'un rideau de roses[137]. Je n'ai rien vu qui pût remplacer cette fin de tableau sous une forme d'un symbolisme aussi charmant.

Après ce tableau, il faudrait un cortège, un défilé qui signifierait « la Gloire[138] ». Comment relier ce tableau à l'autre ? Une trompette jetterait-elle ses appels au moment où Gôpa vient d'enterrer son époux ? Il faudrait en tous les cas une autre partie du palais. Siddhartâ[139] serait assis mitré et ruisselant de joyaux et de grands colliers de perles, à côté de Gôpa, mais avec une interposition de voile ou de toile métallique, de façon à le laisser voir dans une reculée mystérieuse entre des colonnes de marbre historiées à bas-relief. La procession commencerait par le défilé des guerriers couverts d'armures, puis viendraient en opposition les bayadères sacrées, puis, en dernier lieu, sur un rythme grave et majestueux, les grands brahmanes, fils des dieux. Alors les trépieds devant Siddhartâ s'allumeraient. Et l'on verrait s'avancer le char d'Indra dévorateur dans les lueurs rouges d'incendie, à travers lesquelles Siddhartâ et Gôpa apparaîtraient transfigurés.

Je me sens tout dépaysé dans ce bureau où je viens de remplacer Cludez[140]. J'y respire un air tellement privé de toute intellectualité, que j'en éprouve un véritable malaise. Aussi, pour me créer une compagnie dans cette solitude qui ressemble à un exil, je viens de mettre devant moi un *livre*, où mes yeux se reposent avec un sentiment d'amitié et comme de refuge.

Je voudrais avec C[141]... multiplier dans nos promenades les endroits où nous nous arrêtons, les terrasses de café où nous nous asseyons, de façon que ces endroits soient en quelque sorte consacrés par l'amour et que j'aie ainsi plus tard des souvenirs semés un peu partout à travers la ville, et que j'y sente mon cœur attaché par mille fibres. Ainsi s'amasserait un trésor de reliques pour les mélancoliques pélerinages à N[otre]-D[ame]-de-Douce-Souvenance.

Actuellement, en littérature, la forme dite naturaliste, c'est-à-dire d'une extériorité excessive, d'un souci de décor et de geste contenu et

137 Il s'agit du sixième tableau de *Boudhha*. Voir *supra*, p. 221.
138 Il s'agit du septième tableau de *Boudhha*. Voir *supra*, p. 222.
139 Le ms. *Soulisse* porte : « Gôpa ». Nous corrigeons.
140 Probablement un collègue de bureau.
141 Très certainement la musicienne Cécile Cerizier, la « Grande Amie » du poète. Voir la notice des *Poèmes pour la grande amie*, *Œuvres poétiques complètes*, éd. citée, p. 347-351.

obsédant, me produit une irritation pénible. Et les procédés de la phrase à la Zola, avec ses propositions courtes, ses imparfaits perpétuels, sa précision à coups de verbes, me donnent la nausée. Oh ! le procédé ! C'est bien son horreur qui doit nous ramener aux sincérités de l'expression pure, traduite toute nue et sans l'insipide maquillage des épithètes de couleur.

Ce qui est intolérable chez Mendès quand on le lit avec quelque fréquence, c'est la sensation d'artificiel absolu qui s'en dégage. Jamais ses conceptions ne semblent sorties de son cœur ; ce n'est que de la fantaisie cérébrale, où pas un mot ne vous touche, au sens divin de l'émotion.

Jean Lorrain, lui aussi, est tout entier fait d'artifice[142], mais combien différent. La fantaisie de Lorrain, au lieu de se noyer dans une mousse de rhétorique fouettée, se retrempe et reprend force à la réalité. L'œil de Lorrain est toujours braqué sur un coin de la vie réelle. Il la transpose en artiste qu'il est, tantôt en délicieuses sanguines, tantôt en eaux-fortes violentes, aux tons gras, ténébreux et chauds ; mais toujours c'est d'un vécu qu'il part, et de cela son œuvre prend le caractère indéfinissable des choses vivantes.

Alors que bien des constructions littéraires pompeuses et grandioses auront disparu et seront ensevelies dans le morne océan Pacifique des insondables bibliothèques, alors qu'il ne restera peut-être de l'œuvre des gros ouvriers comme Zola que quelques pages à tenir dans la main, l'œuvre de Lorrain sera consultée et feuilletée avec cet intérêt piquant qui nous fait rechercher les Fragonard, les Lancret, les Moreau, et qui nous penche sur tous ces brimborions artistiques et littéraires du XVIIIe siècle, saxes, éventails et poésies légères, où nous sentons vivre plus que partout ailleurs son brin d'âme musquée et jolie.

Plus je m'examine, plus je trouve que nous ne vivons vraiment au sens réel, profond et en quelque sorte absolu de la vie, que par l'inconscient[143]. Je veux dire que la sensation de la vie ne m'est pas

142 Voir *infra*, p. 317 (JM) : « artifices ».

143 Voir la lettre de Samain à Paul Morisse d'août 1893 : « En art, la volonté, seule, ne mène pas loin ; elle n'est pas la vie, et ne donne point la vie. Et c'est tellement vrai que je soutiendrais presque ce paradoxe, que c'est *l'instinct* seul qui la donne, en signifiant par ce mot les forces latentes emmagasinées au fond de notre être par notre sensibilité, forces dont nous n'avons pas nous-mêmes une connaissance exacte, et qui à certaines heures

donnée par les opérations de mon esprit, par le jeu de mes facultés intellectuelles, par le mécanisme de mes raisonnements ; la sensation de vie prend sa source ailleurs et plus bas, dans les profondeurs obscures du diaphragme. Heureux ou malheureux, je ne le suis que par une impression de dilatation ou de rétraction[144] que j'éprouve au creux de l'estomac par exemple, là où les médecins mettent, je crois, le plexus solaire. Et cette impression de bien-être ou de mal-être est en dehors des prises de ma volonté. Elle apparaît et disparaît comme il lui plaît, et quelquefois en raison inverse du raisonnement.

Il y a bien longtemps que je suis hanté par cette idée que l'instinct populaire ne se trompe pas en faisant du cœur le centre et le moteur de la vie sentimentale. Les savants du siècle ont proclamé sur tous les tons que c'était une illusion à ajouter à celles qui avaient longtemps fait croire à l'humanité que le soleil tournait autour de la terre. L'argument était convaincant, et pourtant, vu la précision des phénomènes que je sentais se passer en moi, je n'étais pas convaincu ; et le fait d'avoir vu toute l'Antiquité, partageant mon avis, placer dans la poitrine le siège des émotions de ses héros, m'encourageait à la résistance. Or il me semble que maintenant, avec les surprenantes découvertes faites dans le domaine de la pathologie neurique[145], la science soit sur le point de me donner raison. Les hypnotisés qui, plongés en état cataleptique, disent voir en quelque sorte leur sensibilité s'extérioriser sous la forme d'un brouillard lumineux et descendre ainsi sur la poitrine, et pour y localiser la vie de relation, de telle façon qu'il est affirmé que des malades ont

---

d'entraînement cérébral et de passion, se font jour tout au travers de nous et jaillissent, toutes chaudes et brûlantes, des profondeurs… » (*Des lettres 1887-1900*, éd. citée, p. 28.)

144 Ms. *Soulisse* : « rétractation », employé parfois comme synonyme de *rétraction* suivant le *Trésor de la langue française*.

145 « Neurique (Force) et Neurisme. – Ce terme peut être considéré presque comme synonyme de celui de magnétisme, de fluide vital, etc. – Il a été employé, pensons-nous pour la première fois par le Dr Baréty de Nice qui dit dans son ouvrage : "La force neurique, dans son essence et son action, présente certaines analogies frappantes avec la chaleur, la lumière, l'éléctricité et le magnétisme. Cette force existe dans le corps de l'homme sous deux états : 1° à l'état *statique* ; à l'état *dynamique*, comprenant une circulation intérieure le long des fibres nerveuses ou Fibrones et un *rayonnement* ou expansion au dehors. – Elle émane spécialement du corps par les *yeux*, l'extrémité des doigts et la *bouche*. Les propriétés intrinsèques de la *force neurique rayonnante* sont des propriétés d'ordre physique analogues à celles de la chaleur, de la lumière et de l'électricité. » (Ernest Bosc, *Glossaire raisonné de la divination, de la magie et de l'occultisme*, Paris, Librairie du XXe siècle, coll. « Bibliothèque de la curiosité », 1910, p. 180-181.)

pu lire dans des volumes placés devant leur estomac, – ces hypnotisés, dis-je, confirmeraient ainsi d'une façon singulièrement péremptoire mon instinctive croyance.

J'ai de plus personnellement fait l'expérience que dans la rue, par exemple, l'approche subite d'une voiture m'atteignait *d'abord* au cœur, qui faisait opérer le mouvement de recul salutaire, et que ce n'était qu'*après* que le cerveau en prenait connaissance. Qu'il y eût illusion en ces cas, tout cela est très possible ; et le raisonnement basé sur l'autocratie des centres cérébraux ne permettrait pas d'en douter. Mais voici justement cette autocratie battue en brèche par les dernières révélations de la psycho-physiologie. Alors, je reprends tous mes arguments et j'attends.

12 mai. – Je viens de voir une affiche pour un nouveau journal : *La Dépêche*. Une femme vue de dos et retournant la tête de trois-quarts, le corps drapé dans une longue tunique marron à fleurages. Les lignes sommaires, les déformations voulues, les tonalités éteintes et fanées, puis les rudimentaires silhouettes des figures représentant la foule en bas de l'affiche, figures traitées avec une négligence affectée, qui fait songer à des dessins d'enfant, tout cela m'avait quelque peu intrigué. J'ai tâché de découvrir si l'affiche était signée, et j'ai eu l'explication en voyant la signature de Maurice Denis[146].

Ainsi, voici la réclame qui va chercher à présent pour ses illustrations non plus seulement des artistes, mais des artistes raffinés jusqu'à l'intransigeance et d'une esthétique si violemment opposée aux goûts du public ordinaire des grands journaux. Déjà le fait s'était présenté avec l'affiche de Toulouse-Lautrec pour le Moulin-Rouge. Je me demande ce qui peut sortir de ces tendances artistiques de la réclame. Le courant est là, c'est indéniable. Les affiches de Chéret ont donné le branle et maintenant, sur tous les murs, c'est un assaut d'images coloriées dont quelques-unes ont une réelle valeur. Les lignes de chemin de fer sont entrées elles aussi dans la voie. Leurs affiches de billets circulaires sont faites de petits paysages gentiment composés et d'une décoration amusante, quoique

146 Maurice Denis, *La Dépêche de Toulouse*, 1892. Voir cette autre mention de Maurice Denis dans une lettre à Paul Morisse du 6 janvier 1895 : « Lerolle a chez lui de belles choses : un joli tableau de Maurice Denis, d'une harmonie noire et mystérieuse, – trois jeunes filles nues, assises dans l'herbe, dans un paysage déconcertant où passe le viaduc d'Auteuil. Un art qui m'intéresse, sans que je puisse m'empêcher d'être indisposé par ses partis pris. » (*Des lettres 1887-1900*, éd. citée, p. 74.)

sommaire. Elles ne sont pas encore allées jusqu'à faire illustrer leurs ports de mer, leurs châteaux historiques et leurs gorges de montagne par un Montenard, un Lansyer, un Cazin ou un Français[147]. Mais cela va venir. Le courant existe et je le sens bien parti. Ne serait-ce pas là, par la force même des choses, une évolution naturelle de l'art, une forme de sa démocratisation, en même temps qu'un terrain de conciliation entre lui et la vie industrielle et commerciale intense de demain[148] ? Ne peut-on supposer le lancement d'une entreprise considérable confiée au pinceau par exemple d'un Puvis de Chavannes, dont les fresques couvriraient ainsi les murs de la cité et entreraient dans le grand domaine de la vie quotidienne courante ?

L'art aurait-il à y perdre ? Je ne le crois pas. Qui sait même si ce n'est point de là que lui reviendrait la vie ? Ce contact imposé avec la réalité produirait peut-être précisément ce qui manque surtout actuellement à notre art, le fonds commun et nécessaire, la base sûre, le point de départ naturel de la Fantaisie. Celle-ci, évoluant dans le vide, comme c'est un peu le cas actuellement, et ne reposant sur aucune tendance commune, sur aucun terrain général d'idées, se perd dans les subtilités stériles d'un individualisme excessif.

Jadis, la haute peinture était soutenue et alimentée par un état social que nous avons perdu ; il y avait les églises et les palais. Actuellement, elle n'a plus que cette chose morte : le Musée, ce qui nous vaut la sèche et froide peinture historique avec sa rhétorique artificielle ; ou bien les maisons riches des classes dirigeantes, qui ne comportent surtout que le tableau de genre

147 Frédéric Montenard (1849-1926), Emmanuel Lansyer (1835-1893), Jean-Charles Cazin (1841-1901) et François-Louis Français (1814-1897) sont des peintres paysagistes contemporains de Samain. Ils ont traité, respectivement, les côtes de l'Atlantique et de la Manche, les paysages bretons, la région de Fontainebleau et, pour le dernier cité, divers autres paysages, dont Nice, Rome ou encore le Mont Blanc.

148 Cette prédiction s'est réalisée bien au-delà de ce que prévoyait Samain. L'art contemporain est en effet l'expression même du capitalisme, et sa démocratisation une farce au regard des prix qu'il atteint. C'est d'ailleurs ce que redoutait aussi Leconte de Lisle, opposé sur ce point à Maxime Ducamp, l'auteur des *Chants modernes* (1855). Ajoutons, pour prévenir toute méprise, que Samain, qui dit aimer aussi la poésie populaire, « avec ses rimes en gros sabots et ses sentiments naturels » (« Notes diverses », *infra*, p. 401), n'est évidemment pas hostile à une certaine forme d'élitisme artistique, voire d'aristocratisme. Pour preuve, cette remarque relative à une contribution de Régnier à un numéro de 1893 du *Mercure de France* : « J'en ai été absolument ravi, comme d'une des choses d'imagination les plus exquises que j'ai lues [...]. Et puis, c'est de l'art vraiment aristocrate. » (*Des lettres 1887-1900*, éd. citée, p. 32.)

et la décoration bourgeoise. Une poussée violente de la vie économique de demain élargirait peut-être soudain, et dans des proportions inespérées, sa sphère d'action. Il est incontestable qu'il ne s'agirait point en ce cas du lancement d'un purgatif ou d'une nouvelle moutarde ; mais on peut entrevoir, sans qu'il soit possible de les nettement définir, telles conditions où il y aurait place pour une puissante et vigoureuse manifestation d'art.

Et l'indépendance du peintre pour le choix de son sujet, dira-t-on ? Mais les anciens maîtres étaient-ils si indépendants ? Est-ce que les scènes religieuses, la vie de tel ou tel saint n'étaient pas imposées ? Ou telle hautaine allégorie pour une maison royale ? Ou tel groupement pour une corporation ? Ces exigences n'ont empêché ni les Rubens, ni les Rembrandt, ni les Pérugin de produire leurs chefs-d'œuvre. La vie, ne l'oublions pas, est toute-puissante ; en elle, on pourrait presque dire en elle seule, est la fécondité. Là où elle apparaît, elle apporte l'imprévu et la richesse, et l'on peut prédire sûrement que de ceux qui sont avec elle, il restera toujours quelque chose, le quelque chose qu'elle leur aura donné et que n'eussent pu inventer les individualités même les plus énergiques laissées[149] à leurs propres ressources[150].

Un bon tableautin plein de verve de Chéret[151].

Pas mauvais Jean Brunet : un conte de la mère l'Oie[152].

Très bien *Le Marché de nuit au Maroc* avec le geste de la femme ouvrant sa tunique en triangle[153].

---

149 Voir *infra*, p. 321 (JM) : « énergiques, laissées ».

150 Ici prend fin le carnet IV dans l'édition Mouquet.

151 Jules Chéret (1836-1932) est connu surtout pour des affiches (plus d'un millier) dont on s'accorde à souligner la vivacité de l'expression – ce que Samain nomme ici la « verve ». *Cf.* Joris-Karl Huysmans : « Homéopathiquement, je ne puis, avant de clore cet article, que conseiller aux gens écœurés, comme moi, par cet insolent déballage de gravures et de toiles, de se débarbouiller les yeux au-dehors, par une station prolongée devant ces palissades où éclatent les étonnantes fantaisies de Chéret, ces fantaisies en couleurs si alertement dessinées et si vivement peintes. Il y a mille fois plus de talent dans la plus mince de ces affiches que dans la plupart des tableaux dont j'ai eu le triste avantage de rendre compte. » (« Le Salon officiel de 1880 », dans *L'Art moderne / Certains*, Paris, Union Générale d'Éditions, coll. « 10/18 », Série « Fins de Siècles », 1975, p. 172-173.)

152 Il s'agit vraisemblablement de *Récits de grand'mère*, du peintre Jean Brunet (1849-1917). Il ne doit pas être confondu avec le félibre Jean Brunet (1822-1894), auteur de contes en langue provençale, ni surtout avec le peintre Jean-Jacques Baptiste Brunet (né lui aussi à Poitiers et dont les dates de naissance et de mort sont très proches).

153 Il s'agit d'un tableau de Thomas Shields Clarke (1860-1920). Voir Gerald M. Ackerman : « Son tableau *Night in Morocco* (*Le Marché de nuit, Maroc*) rencontra un beau succès lorsqu'il

Bon aussi le Carpentier : l'enfant, la mère et la chèvre[154].
Très bon les petites filles de Charles-Bitte en classe[155].

Bas-relief de l'été par Reynolds[156].
Scènes de la vie de Bacchus, de Royer[157].
Un joli portrait tout en noir de jeune fille de Doyen[158].
Une jolie fillette vue de dos, la croupe tordue, par Blancpain[159].
Une belle étude de femme nue mal peinte, en chair soufflée, des yeux de perle, de Diranian[160].
Un petit port d'Italie – un autre –. Une petite place toute mouchetée de lumières.
Pas mal *La Leçon de dessin* par Mousset[161]. Et le portrait maçonné de touches violentes par Michelena[162].
Un bon paysage – une route à flaques bordée de joncs sous un ciel plein d'eau de Mønsted[163].
La Fortune d'Olivier Merson, adorablement gracile dans son sommeil pâlot.

---

fut exposé à Berlin en 1891, et l'année suivante à Paris, au Salon. On tient généralement cette œuvre pour preuve d'un séjour en Afrique du Nord. » (*Les Orientalistes de l'école américaine*, Paris, A.C.R., 1994, p. 273.)

154 Le titre exact du tableau du Belge Évariste Carpentier (1845-1922) est *Le Petit Étang*. La confusion vient du fait qu'il a pour motif une mère, sa fille et une chèvre, avec, en second plan, un étang. On peut noter que l'espèce caprine a inspiré Carpentier – avec Émile Claus, un des premiers représentants du luminisme en Belgique –, puisqu'il a peint aussi *La Gardeuse de chèvres*.

155 Émile Charles-Bitte (s.d.-1895) fut l'élève d'Alexandre Cabanel et de Joseph Blanc. Il s'agit d'un peintre pratiquement inconnu, qui participa toutefois au Salon de la Société des artistes français en 1890.

156 Joshua Reynolds (1723-1792). Célèbre peintre britannique. Premier président de l'Académie royale des arts, qu'il contribua à fonder (1768).

157 Henri Royer (1869-1938) fut l'élève de Jules Joseph Lefebvre et de Gustave Boulanger à l'Académie Julian. Il obtint pour *Scènes de la vie de Bacchus*, de 1892, le prix Lehmann.

158 Gabriel-François Doyen (1726-1806) : prix de Rome 1748.

159 Jules Blancpain (1860-1914) : reçu à l'Académie Julian à Paris et, une année plus tard, à l'École nationale des Beaux-Arts, ce peintre orientaliste jurassien exposera notamment au Salon de Paris (1887), au Musée des Beaux-arts de Berne et à l'Exposition nationale de Genève (1896). Voir Pierre Grellet, *Jules Blancpain : 1860-1914*, Lausanne, Spes, 1926.

160 Sarkis Diranian (1859-1938), peintre orientaliste ottoman, élève de Jean-Léon Gérôme.

161 Pierre-Joseph Mousset (1850-1894), peintre de style académique, gendre de Jacques Offenbach.

162 Arturo Michelena (1863-1898), peintre vénézuélien spécialisé dans les scènes historiques.

163 Peder Mønsted (1859-1941), peintre réaliste danois.

Deux délicieux Juana Romani[164]. Une petite tête de profil tournée, à peau brûlée, à cheveux tordus, une chasuble d'or posée sur ses épaules bises. Une autre de face, blonde, en robe d'impératrice byzantine agrafée aux seins, la bouche déprimée, la gorge très blanche.

Un joli Roybet[165].

Deux bons portraits d'enfants de Schwartze[166] et de Simon[167].

164 Juana Romani (1867-1923), peintre italienne spécialisée dans le portrait. Elle fut l'élève de Jean-Jacques Henner et posa pour Ferdinand Roybet.

165 Ferdinand Roybet (1840-1923) : « Il connaît un succès, surprenant aujourd'hui, avec ses différents types de mousquetaires inlassablement répétés et ses scènes de genre au "chic" brillamment enlevé d'épisodes des XVIIe et XVIIIe siècles. On ne saurait guère pourtant l'y limiter ; un réalisme plus personnel s'exprime dans *Le Fou* (1867, Musée de Grenoble) et dans le *Portrait d'Hector Brame* du Musée de Lyon, proche de Courbet. Sa réputation le fit entrer dans de nombreux Musées : Dunkerque, Montpellier, Bordeaux, Mulhouse, Reims… Le Musée Roybet-Fould de Courbevoie (Hauts-de-Seine) possède plusieurs de ses œuvres. » (*Dictionnaire des petits maîtres de la peinture (1820-1920)*, *op. cit.*, p. 641b.)

166 Thérèse Schwartze (1851-1918) : peintre hollandaise de portraits, principalement de l'élite d'Amsterdam.

167 Lucien Simon (1861-1945) : « Élève de Tony Robert-Fleury à l'académie Julian, ami de Ménard et Prinet, il débute au Salon de 1885 avec des toiles académiques qui reflètent son intérêt pour les scènes de genre (*Jeunes Filles ornant un autel*, 1887), puis pour les portraits dans des intérieurs (*La Lecture entre amis*, 1888). La découverte de la Bretagne lui ouvre une voie neuve ; il peint avec vivacité, dans une matière grasse mais solide, des sujets quotidiens (*L'Enterrement breton*, 1895, Musée de Lille ; *La Procession à Penmarch*, 1901, Musée d'Orsay). » (*Dictionnaire des petits maîtres de la peinture (1820-1920)*, *op. cit.*, p. 672b.)

CARNET IV

Petites questions et hypothèses puériles sur les sciences. Une règle qu'il faut suivre quand on raisonne sur les choses de la nature, c'est de ne point partir de l'étonnement et de l'admiration pour ce qui est, c'est d'être toujours pénétré de cette pensée que ce qui est existe ainsi par le jeu des lois naturelles, que tous les phénomènes sont simples, et que ce qui aurait droit de confondre notre esprit, ce serait que les choses fussent autrement. Par exemple, en contemplant, reflétés au fond d'un verre, tout un paysage ou tout un décor – table de salle à manger… –, il m'est souvent arrivé de m'exclamer d'enthousiasme devant la fidélité de la reproduction qui faisait que chaque détail du paysage, que la moindre feuille d'arbre, que la moindre petite fleurette étaient merveilleusement rendus, ou que je revoyais tout le service minuscule d'une table dessiné avec un relief et une précision extraordinaires, petits couteaux, petites carafes, etc. Eh bien, en réfléchissant plus profondément, je m'aperçois que mon étonnement était à côté, qu'il ne pouvait pas ne pas se faire que les choses ne se reproduisissent, étant donné que les rayons lumineux partis d'elles étaient concentrés par la surface concave du verre ; et, par conséquent, j'aboutissais à cette conclusion que l'extraordinaire et le merveilleux, c'eût été précisément qu'il en fût autrement. De là cette règle à appliquer : ne pas se laisser éblouir par le prodige de la façade, mais en quelque sorte faire le tour du phénomène et entrer dedans par un autre côté ; en outre, avoir toujours présent à l'esprit ce principe que les phénomènes sont simples, qu'il n'y a, qu'il ne peut y avoir, rien de compliqué dans leur explication parce que du haut en bas de l'univers, les choses et les êtres vont à leur but, ou, si l'on aime mieux, suivent leur tendance par la voie la plus facile, la plus commode, et que cette voie est toujours la plus courte.

Il devient pour moi un article de foi que toute tare physique doit engendrer par répercussion une tare morale. Par suite et inversement, vis-à-vis de toute tare morale, je cherche immédiatement à découvrir la tare physique correspondante qui me l'expliquera. Constamment, je fais des recherches et il est bien rare que je ne trouve pas, ne fût-ce que dans un détail, le rapport exact des deux ordres de phénomènes entre eux.

Ainsi, dernièrement, lisant la biographie de Comte, – les biographies sont éminemment suggestives à ce point de vue, – j'étais une fois de plus frappé de cette inconséquence intellectuelle qui faisait que cet homme d'une raison si haute et d'une si puissante intelligence en était arrivé vers la fin de sa vie à ces bizarres conceptions de théologie rationaliste, ce culte de l'humanité[168] dont il était le pape, ces mariages qu'il bénissait comme grand prêtre de la nature. Tout cet étrange attirail de prophète en chambre, de démiurge du positivisme, détonnait, m'apparaissait comme une aberration qui devait correspondre à quelque détraquement physique. Aussi, quelle n'a pas été ma surprise en voyant mes prévisions justifiées par ce détail biographique du Larousse, où il est dit que Comte, vers vingt-trois ans, peut-être à la suite de surmenage cérébral, devint fou[169].

Ma méthode, appliquée à différents grands hommes, m'a toujours fourni l'explication de faits autrement irrationnels. Je sais bien que ce n'est point là une nouveauté ; les relations du physique et du moral ont toujours été plus ou moins instinctivement pressenties ; mais d'un autre côté, et non moins instinctivement, les philosophes et les penseurs ont toujours comme évité d'approfondir ce terrain, craignant sans doute qu'une corrélation trop étroite des deux natures n'atteignît la conception de liberté morale à laquelle on rattache toutes les idées de devoir, de mérite et de responsabilité. Pourtant la vérité est là, et en creusant plus avant on verrait, comme il arrive toujours quand on suit jusqu'au bout la nature, au lieu d'y substituer ses propres idées, on verrait que de cette loi de rapport nécessaire se dégagent des lois encore plus hautes et qui font voir à l'homme des horizons plus larges.

L'ESSENCE

Mon âme a contemplé la douceur des silences.
Un cygne aux longues longues plumes[170]

---

168 *Mouquet*, p. 123 : « Humanité ».

169 En 1826, Auguste Comte (1798-1857) fut en effet frappé « d'une attaque d'aliénation mentale » pendant laquelle il tenta de se suicider. « Il guérit cependant plus rapidement qu'on eût osé l'espérer, et, à la suite d'une longue convalescence, il put reprendre, en 1828, ses travaux intellectuels et son cours. » (Pierre Larousse, *Grand Dictionnaire universel du XIXe siècle*, Paris, Administration du Grand Dictionnaire universel, t. 4, 1869, p. 820.)

170 Cette amorce rappelle le dernier vers de « Lentement, doucement, de peur qu'elle se brise » : « D'un grand cygne de neige aux longues, longues plumes. » (*Le Chariot d'or*, *Œuvres poétiques complètes*, éd. citée, p. 244.)

J'ai été frappé l'autre jour par cette pensée. Depuis bien longtemps déjà, j'étais comme irrité de voir la sécurité avec laquelle les philosophes spiritualistes et les religions dans leur ensemble attribuaient à Dieu la perfection suprême. Sur quoi se basent-ils, me disais-je, pour ainsi reconnaître et voir partout la perfection ? Tandis que, je ne sais pourquoi, la notion d'infini ne me déconcertait point, la notion de perfection amenait chez moi une sourde protestation. Je ne la voyais pas évidente au point où l'affirment les théologies[171]. Bien des fois, j'y avais pensé, quand, l'autre jour, songeant à la précision infaillible des phénomènes naturels, j'ai été ramené par un détour à concevoir, sous un jour cette fois panthéiste[172], cette perfection qui m'échappait.

En effet, peut-on imaginer un phénomène physique qui ne s'effectue point avec toutes les énergies dont il dispose, qui ne soit point parfait, en un mot, si du moins rien[173] ne vient y opposer une résistance ? Par exemple, peut-on supposer, toutes choses normalement établies, que l'eau ne coule pas, que le feu ne brûle pas, que la pierre lâchée ne tombe pas, et que chacun de ces phénomènes ne s'accomplisse pas avec le maximum d'énergie qu'il comporte ? Dieu m'apparaissait donc ainsi parfait, dans ce sens que toutes les parties de l'univers, depuis le soleil jusqu'aux atomes, tendaient vers leurs buts[174] de la façon la plus absolue et réalisaient autour de nous à toute minute, à toute seconde, cette perfection. Même à cet égard, notre sentiment, par l'accoutumance, est si formel et si assuré que nous ne concevons le contraire qu'avec une instinctive difficulté, et qu'il nous serait fort difficile de nous imaginer une goutte d'eau s'arrêtant, sans raison, de couler.

171 *Mouquet*, p. 125 : « théologiens ».

172 De l'attrait du panthéisme sur l'esprit de Samain, on trouverait aisément d'autres attestations, et ce, en dehors même de ses poèmes. Voir par exemple sa lettre de septembre 1893 à Raymond Bonheur, écrite depuis Talloires, en Savoie : « J'ai des matinées où la douceur de la lumière, la pureté de l'air, le frisson des feuilles sur la rive, la transparence de cristal du lac, la beauté des montagnes tendues comme de mousselines nuancées et pâles, me font croire que je vis dans un rêve. L'autre jour, j'ai bien éprouvé cette sensation panthéiste, – que j'ai vue déjà notée ailleurs, dans la *Tentation*, par exemple, – je veux dire l'irrésistible besoin de me mêler, de me perdre dans toutes les formes de la vie qui m'entouraient, de me dissoudre dans l'air, dans l'eau, de disséminer ma personnalité abolie dans les multiples jeux de l'apparence de l'Être. C'est une sensation d'attirance qui, angoisse à part, est très voisine du vertige ; c'est le même phénomène d'absorption. » (*Des lettres 1887-1900*, éd. citée, p. 30.)

173 Nous nous rallions à la lecture de Mouquet, en considération du fait que « Dieu », qu'on lit dans le manuscrit *Soulisse*, ne s'accorde pas avec le contexte mécaniciste de ce passage.

174 *Mouquet*, p. 125 : « leur but ».

Mytilène aux maisons blanches et roses. Cydonie barques de pêche aux vives couleurs. Smyrne. Lemnos. Vin muscat. Oliviers. Cyprès. Canachos de Sicyone près de Corinthe. Corinthe – boucliers d'or après Marathon. Malaga. L'indigo, lauriers roses, géraniums, aloès, palmes.

Haraucourt – Rodenbach – Daudet.

Mirbeau – Geoffroy – Richepin.

Il me semble qu'un terrain de conciliation pourrait se trouver entre le déterminisme et la rigueur absolue de ses déductions, et le libre arbitre d'autre part. Que dit le déterminisme ? Qu'aucun phénomène n'apparaît dans le monde, qu'il soit de l'ordre physique ou moral, – et là est toute la question, – sans qu'une cause ne lui ait donné naissance. D'où il suivrait que nos déterminations, que nous croyons libres, que nous croyons sentir directement voulues, sont toujours et sans exception le résultat nécessaire de causes qui nous échappent, sont *nécessitées*, comme disent les philosophes.

Or je constate, pour mon compte, qu'il y a deux manières d'être nécessité : ou physiquement, matériellement, ou moralement. Une boule poussant une autre boule, celle-ci entrera en mouvement nécessairement et poursuivra son mouvement jusqu'à ce que l'ensemble des forces contraires l'arrête et la maintienne au repos[175]. Avec la même force, un fait quelconque, une sensation, une passion, qui est une condensation de sentiments, mettra en mouvement un individu. Seulement, là, comme dans l'exemple de la bille, l'individu ne sera poussé que juste dans la mesure où la poussée ne rencontrera point d'obstacle. Or, parmi les choses qui font obstacle dans l'ordre des déterminations morales, comptent au premier rang les considérations sociales et morales plus ou moins développées. Là est le vif de la question chez les individus.

Au fond et tout en bas de l'échelle organique, un acte n'est qu'un mouvement réflexe. Telle sensation d'odorat ou d'ouïe détermine immédiatement et sûrement l'acte qui suivra. Si l'on monte les degrés qui séparent l'homme de l'animal, on voit également qu'une excitation produit d'abord chez l'homme son réflexe ; seulement, à ce moment peut intervenir une nouvelle force qui contrebalance la première et qui, en certaines occasions, peut l'abolir.

Un enfant voit une pomme et se précipite, mais la pomme a été trempée dans du vinaigre par exemple. L'enfant la rejette. Quelques heures après, il

175 *Mouquet*, p. 126 : « en repos ».

voit encore une pomme, mais il pensera au goût de vinaigre de la première et s'abstiendra de la manger tout de suite. Dans les deux cas, sa volonté, comme on le voit, aura été nécessitée, et il n'aura pas pu agir autrement qu'il n'a agi ; mais un autre ordre d'idées a fait son entrée dans la question, et le fait que cet enfant a eu en lui une force qui contrebalançait la violence instinctive de son désir est d'une importance considérable, comme nous l'allons voir si nous transportons le problème plus haut.

Un homme est sur le point d'enlever une femme. D'un côté, toutes les forces de la passion l'attirent. Mais de l'autre, il songe par exemple au chagrin qu'il va causer aux siens, aux parents de la jeune fille, aux difficultés qui vont surgir de toutes parts, aux conséquences de la faute de la jeune fille si elle se donne à lui sans qu'il puisse l'épouser. Or, j'affirme que ce qu'il va faire dépendra mathématiquement de la force plus ou moins grande avec laquelle il imaginera les différentes possibilités en présence. Il y a là un phénomène moral aussi précis que le jeu matériel d'une balance ; et depuis toujours d'ailleurs, le langage humain s'est servi de cette expression : peser les motifs.

L'important donc dans la vie morale, c'est de pouvoir fournir à la raison le plus grand nombre de motifs de résistance possible pour parer aux entraînements des sens. Or, nous avons la possibilité d'emmagasiner en nous le plus possible de ces considérations susceptibles à un moment donné de contrepeser nos tentations. Nous pouvons faire cela, comme nous pouvons remuer nos bras et nos jambes ; et de la plus grande quantité de connaissance de la vie que nous aurons ainsi accumulée en nous dépendra le plus de sécurité de nos actions. Cela revient à dire que l'homme sage, l'homme qui sait, peut le mieux se défendre contre les poussées irréfléchies de l'instinct, et c'est dans cette science seule que consiste la liberté de son arbitre.

Est-ce à dire que, dans telles circonstances, l'homme le plus sage ne pourra être emporté par un mouvement passionné ? Nullement. Mais en raison de sa sagesse, c'est lui qui aura joui le plus de liberté pour lutter contre, avec toutes les armes que lui fournirait son intelligence. D'ailleurs, là encore, la philosophie ne fait qu'ergoter autour des faits auxquels la vie représentant le langage a donné depuis longtemps une solution.

On m'objectera [qu']il y a des gens qui ne sont nullement des sages et qui ont une très grande maîtrise sur leurs passions, et que par contre on trouverait beaucoup de sages sans aucune énergie pour maîtriser leurs vices. C'est que les premiers ont exercé fortement depuis longtemps leur volonté, que nous assimilons ainsi à un muscle qui prend plus ou moins de force suivant qu'on s'en sert ou qu'on ne s'en sert point.

N'introduisez-vous pas ici un nouvel élément dans la question, en scindant l'idée de la volonté ?...

Nietzsche. – La femme est un chat, un oiseau ou mieux, une nourrice. Tout est énigme dans la femme et tout a une solution dans la maternité. L'homme n'est pour la femme qu'un instrument. Son but, c'est l'enfant. L'homme ne voit qu'une chose : braver un danger et jouer ; la femme est le jouet le plus dangereux. Le bonheur de l'homme est de dire : « Je veux. » Le bonheur de la femme est de dire : « Il veut. » L'âme de la femme n'est qu'une mince pellicule sans profondeur. – L'homme lui donne la profondeur, mais elle ne le comprend pas. Il faut être successivement chameau, lion et enfant[176], amasser de la science, remplacer « je dois » par « je veux », avoir la spontanéité, le recommencement de l'enfance, vivre comme la roue tourne.

---

176 Allusion aux trois métamorphoses qui ouvrent la série des sermons de Zarathoustra. Voir Friedrich Nietzsche, *Also sprach Zarathustra. Ein Buch für alle und keinen* [1883-1885], Leipzig, Alfred Kröner Verlag, 1930, p. 25 : *Drei Verwandlungen nenne ich euch des Geistes : wie der Geist zum Kamele wird, und zum Löwen das Kamel, und zum Kinde zuletzt der Löwe.* « C'est trois métamorphoses de l'esprit que je vous nomme : comment l'esprit devient chameau, et lion le chameau et, pour finir, enfant le lion. » (*Ainsi parlait Zarathoustra*, Paris, Gallimard, coll. « Idées Gallimard », trad. Maurice de Gandillac, 1976, p. 35.) Voir aussi, dans une lettre d'août 1894, les remarques de Samain à Paul Morisse, après sa lecture du *Zarathoustra* dans la traduction – non publiée, sauf erreur de notre part – de celui-ci : « Je l'ai lue avec beaucoup d'intérêt ; elle est très bien faite. Tout de suite l'on sent qu'on entre dans une grande âme aux vastes portiques, et l'on respire un air qui vient de la mer... Je n'ai pu d'abord démêler autrement que de haut la signification tout à fait exacte de chaque parole, à dessein d'ailleurs enveloppée de secret ; mais j'ai très bien compris la symbolique de l'œuvre. Pourtant une chose m'échappe, celle qui termine le dialogue de Zarathoustra avec le saint, ou plutôt la réflexion de Zarathoustra : "Pauvre homme, il ne sait pas que Dieu est mort !" Je ne comprends pas. Cela sera très intéressant, et d'amitié bien communiante, cette ascension d'une haute pensée. » (Samain, *Des lettres 1887-1900*, éd. citée, p. 64.) Samain revient à Nietzsche dans une lettre capitale au même du 27 septembre 1894 : « Ta traduction est très claire et très élégante. De plus, par les quelques notes que tu ajoutes, je puis voir à quel point tu pénètres dans la pensée du Maître. [...] De plus, les idées me sont chères entre toutes, et j'en ai déjà retrouvé plus d'une qu'il nous est arrivé de remuer au coin du feu avec Bonheur. En effet, que de fois nous nous sommes débattus entre ces deux sommations si puissantes sur nos âmes : tout notre sentiment chrétien, tout cet étroit tissu d'émotions qui emprisonne notre cœur, cette discipline intérieure qui nous vient de si loin ; – et d'autre part, cette aspiration instinctive, irrésistible, venant du plus profond de nous, de développer toute notre individualité, d'être nous-mêmes avant tout, avec le plus de franchise et d'intensité possibles, – la seule règle et la seule force étant là. » (*Ibid.*, p. 66.)

Pour Mars[177], dernière semaine de mai.

Variétés. Nouveautés. Athénée. Gaîté.
Tout payé chemisier.

Il me faudra trouver quelque sujet dramatique.

Il me faudra trouver quelque sujet tragique où l'art trouve son application, quelque sujet violent, et fort ; c'est pour cela que je suis outillé.

25 janvier. – Cravate, gants, mouchoirs, et payé 6 f. 50.

VIOLANTE[178]

Mon cœur sauvage est fauve et sombre comme un antre
Mon cœur est sombre et sent le fauve comme un antre
Quand mes sens dans un homme ont entrevu leur roi
Rien qu'à son seul regard posé sur moi,
Je sens pâlir ma chair et tressaillir mon ventre.

Sitôt qu'un homme passe, où ma chair sent un roi
Je frissonne, et son seul regard posé sur moi
Est comme un grand éclair qui traverse mon ventre.

[SOIR PAÏEN[179]]

Jusqu'au fond de son cœur sa chair semblait s'ouvrir
Et lasse enfin d'attendre et pâle de souffrir
Elle évoquait tout bas la douceur de mourir

---

177 Très certainement le vaudevilliste Antony Mars, connu à Montmartre en 1883 et qu'on trouve mentionné dans une lettre du 9 mars 1899 à Paul Morisse, dans le contexte d'un séjour – bénéfique – du poète à Vence (Alpes-Maritimes), pays natal de Mars. Voir *Des lettres 1887-1900*, éd. citée, p. 173-174.

178 Ébauche du poème « Bacchante » : « Mon cœur aride est plein de cendre et de pierrailles ; / Quand je rencontre un homme où ma chair sent un roi, / Je frissonne, et son seul regard posé sur moi / Ainsi qu'un grand éclair descend dans mes entrailles. » (*Œuvres poétiques complètes*, éd. citée, p. 304.) Voir aussi, au sujet de ce poème, cette appréciation rétrospective de Samain dans une lettre du 16 juin 1896 à Paul Morisse : « Tu sais [...] que, naturellement, j'ai toujours été attiré par le lyrisme héroïque et que j'ai dans la tête un grand cheval à crinière flottante au vent, qui hennit et qui se cabre. La *Bacchante* répondait à cette tendance. Je crois comme toi que j'ai eu des appropriations, des réalisations plus heureuses... » (*Des lettres 1887-1900*, éd. citée, p. 97.)

179 Ébauche du poème « Soir païen ». Voir *Œuvres poétiques complètes*, éd. citée, p. 262.

Ses cheveux épais sur ses seins nus
Puis, ayant dénoué ses lourds cheveux d'amante,
Elle alla s'endormir, âme que l'onde aimante,
Pour toujours, sous le bleu cristal de l'eau dormante,
Ainsi mourut, un soir de roses, Soramante.

Elle alla vers la berge, enfant que l'onde aimante
Et s'offrit au cristal triste de l'eau dormante
Et chaste, de l'argent d'un suprême rayon
Caresse, au fond des bois, les yeux d'Endymion.

Le soir qui tombe est pur comme un lys entr'ouvert
Le temple d'Adonis en haut du promontoire
Découpe sur fond d'or sa colonnade noire
Et la première étoile a brillé sur la mer.

comme un lac
Le soir qui tombe de [...] rose et d'ambre clair,
C'est un soir d'ombre pâle et calme
Le soir est calme et pur sur un ciel d'ambre clair
Et chaste, au fond des bois qu'argente un long rayon
Baise ineffablement les yeux d'Endymion.
à mi-voix
l'une appuyée au bord de
Des femmes appuyant leur cruche à la fontaine
Se parlent à mi-voix dans la nuit incertaine
Causant, l'une appuyée au bord de la fontaine
[. . . . .] fait pâlir les roses de Syrie
Et Diane sur les flots semant ses rêveries
étendant
Au fond des bois obscurs qu'argente un long rayon
Baise ineffablement les yeux d'Endymion.

Soramante
Les Hespérides
Candie

La lampe de Psyché
La Chimère
La mort de Sappho

Dilection
Sigla
Hécube
Cassandre
Les cygnes du Caÿstre[180]
La tête de Méduse

Et dans son souvenir envelopper ma vie
Comme en un grand manteau
Presser un jeune sein sur sa poitrine
Et respirer l'amour qui monte de la mer.

La nuit douce et pensive à l'orient s'accoude
Mon cœur est triste et lourd à traîner sur la terre
Comme un sac plein de cendre

Avec de calmes eaux sur de nobles ombrages
Et plein d'un grand souvenir qui palpite dans l'air
Des robes passeraient parfois dans ces parages
De degrés en degrés descendre les terrasses.
Un parc illuminé de soleil au matin

Avec le moelleux renflement des pelouses
Et les lointains ombreux d'où monte une fraîcheur
Et le bassin uni qu'un cygne blanc royal
Parcourt dans une ride à son calme cristal.

Les mains de femmes sont si douces sur le cœur
Les mains de femmes dont s'exhale une douceur
Une main pâle et douce où se penche[181] une rose
L'âme qui transparaît aux lignes de la bouche.

Dilection[182]. Dès le réveil [. . . . .]
L'air, le vent [. . . . .] au jardin

---

180 On pense aux derniers vers du sonnet « Le Bain des nymphes » de José-Maria de Heredia : « Elles s'élancent. Tel, lorsqu'un corbeau sinistre / Croasse, sur le fleuve éperdument neigeux, / S'effarouche le vol des cygnes du Caÿstre. » (*Les Trophées*, *Œuvres poétiques complètes*, éd. citée, p. 45.)

181 Au-dessus de « penche » : « fane », lui-même surmonté de « meurt ».

182 Titre d'un poème de Samain recueilli dans *Au jardin de l'infante*. Voir *Œuvres poétiques complètes*, éd. citée, p. 72.

Les fruits, le chant du coq de ferme en ferme
La grand'rue au village un dimanche matin.

L'âme d'Hélène errer parmi les lauriers roses
L'Innocence qui rit dans un œil enfantin

La lune dans la chambre à travers les rideaux
Un coin de vieux canal avec quelques bateaux[183].

Mon enfance attristée a vécu dans des pierres[184]
Et pour voir des jardins je fermais les paupières
Et mon cœur sanglotait à voir les soirs d'hiver
S'allumer par milliers les vitres des fabriques,
Les plaines de colza, de houblons, de lins
Et du haut des remparts
La campagne flamande où tournent des moulins
Mon horizon flamand

Dilection
Ah ! ne profane pas la vie auguste et belle

---

183 Variante au-dessus : « où dorment [des] ».

184 « Mon enfance captive a vécu dans des pierres, / Dans la ville où sans fin, vomissant le charbon, / L'usine en feu dévore un peuple moribond : / Et pour voir des jardins je fermais les paupières… » (*Œuvres poétiques complètes*, éd. citée, p. 290.)

CARNET V

« C'est la seule succursale qu'il eût offerte au fonctionnement de son égoïsme[185]. »

« Ce qu'il y a de tout à fait agréable et bien élevé chez les gens du monde, c'est qu'ils ont toujours l'air aussi content de partir que d'arriver : "Comme ça nous serons rentrés chez nous à minuit[186]." »

« Il y avait de la sincère félicitation dans l'air[187]. »

« À l'heure où le silence commence à s'imposer à moi de toutes parts[188]. »

« C'est prodigieux ce qu'on arrive en quelque temps à avoir dit, sans seulement s'en être aperçu au passage, sur l'ami envers lequel on est persuadé d'avoir les meilleurs sentiments[189]. »

« Enfin, on s'imagine toujours être plus ami avec ses amis que ceux-ci ne s[au]raient l'être en[tre] eux[190]. »

« Il est probable que c'est dans la [notation] continue et involontaire de notre pensée intérieure que repose le secret de cette marque encore inexpliquée : le style[191]. »

---

185 Citation approximative de Paul Hervieu : « [Munstein] témoigne pour sa fille une vraie passion de paternité : c'est même la seule succursale qu'il a sans doute jamais affectée au fonctionnement de son colossal égoïsme. » (*Peints par eux-mêmes*, Paris, Lemerre, 1893, p. 60.)

186 *Ibid.*, p. 164.

187 *Ibid.*

188 *Ibid.*, p. 319.

189 « C'est prodigieux, mon bon, ce qu'on arrive, en quelque temps, à avoir dit, sans seulement s'en être aperçu au passage, sur l'ami envers qui l'on est le plus persuadé de n'avoir que les meilleurs sentiments. » (*Ibid.*, p. 188.)

190 « En effet, on s'imagine toujours être plus ami avec chacun de ses amis que ceux-ci ne sauraient l'être entre eux. » (*Ibid.*, p. 180-181.)

191 « Il est probable que c'est là, dans la notation continue et involontaire de notre parole intérieure, que repose le secret de cette magie encore inexpliquée : le style. » (Paul Bourget,

« Toute nature pensante porte avec elle un monde d'illusions où se révèle ce je ne sais quoi d'indéfini et d'unique : sa personne[192]. »

« Il faut vivre avec les dieux ; c'est vivre avec les dieux que de leur montrer sans cesse une âme satisfaite de son partage, obéissant à tous les ordres du génie qui est son guide : don de Jupiter, émanation de sa nature[193]. »

« Peut-être l'égoïsme a-t-il pour racine une impuissance à nous représenter une sensibilité complètement différente de la nôtre[194]. »

Flaubert est mort de discipline intellectuelle[195].

« L'instinctive intuition de la Nature qui se retrouve au fond de tout optimisme[196]. »

« La passion de la planète[197]. »

Essais de psychologie contemporaine, *Critique*, *Œuvres complètes*, Paris, Plon, Nourrit et Cie, vol. 2, 1899, p. 140.)

192 « Une vie humaine n'est pas écrite dans les faits, elle réside dans les sentiments que ces faits inspirent. C'est bien pour cela [...] que toute créature pensante porte avec elle un monde d'illusions où se révèle ce je ne sais quoi d'indéfini, d'unique : sa personne. » (*Id.*, « George Sand », *Portraits d'écrivains et notes esthétiques*, *Études et portraits*, Paris, Plon, Nourrit et Cie, t. 1, 1903, p. 129.)

193 « Il faut vivre avec les dieux. C'est vivre avec les dieux que de leur montrer sans cesse une âme satisfaite de son partage, obéissant à tous les ordres du génie qui est son gouverneur et son guide : don de Jupiter, émanation de sa nature. Ce génie, c'est l'intelligence et la raison de chaque homme. » (*Pensées de Marc Aurèle*, éd. Alexis Pierron, Paris, Charpentier, liv. V, XXVII, 1843, p. 73-74.)

194 « Peut-être l'égoïsme a-t-il pour racine une impuissance à nous représenter complètement une sensibilité qui n'est pas la nôtre ? » (Paul Bourget, « George Sand », *Portraits d'écrivains et notes esthétiques*, *op. cit.*, p. 135.)

195 « On sait qu'il [Flaubert] est mort à la peine, et que l'apoplexie, en le frappant, lui fit seule tomber la plume de la main. » (*Id.*, *Essais de psychologie contemporaine*, *op. cit.*, p. 121.)

196 « Enfin l'une et l'autre de ces théories s'appuyaient sur une instinctive intuition de la Nature qui se retrouve dans le fond de tout optimisme. » (*Id.*, « George Sand », *Portraits d'écrivains et notes esthétiques*, *op. cit.*, p. 132.)

197 « Ce dernier [Bonvalot] nous offre, en outre, l'un des plus beaux cas d'une passion qui a transporté l'Europe, à la fin du XVe siècle et au commencement du XVIe, qui reparaît à la fin du XIXe avec le même caractère violent et contagieux. On pourrait l'appeler la passion de la planète. » (Vicomte E.-M. de Vogüé, *Regards historiques et littéraires*, Paris, Armand Colin et Cie, 1905, p. 55.)

« Aventuriers. Les Normands de Sicile, les croisés féodaux, les corsaires, les premiers colons du Canada et de la Louisiane, puis plus tard ceux qui partent comme Bougainville et La Pérouse. [...]

Ce monde tout ramassé sur la main de l'homme par le progrès, l'énergie cultivée pour elle-même, affirmant la maîtrise possible de l'homme sur toute chose que son cœur a désirée[198]. »

« On croit avoir saisi sa faculté dominante dans la sensibilité quand il regarde les aspects pittoresques et rend les impressions qu'il en reçoit ; on croit trouver cette faculté dans l'intelligence quand il scrute les cerveaux des hommes et les idées qui s'y forment[199]. »

« Et les mœurs, ce groupe mouvant
[Qui toujours, joyeux ou morose,]
Sur ses pas, sème quelque chose
Que la loi récolte en rêvant[200]. »

« Ton cœur, dans leurs luttes serviles,
Est comme ces gazons des villes
Rongés par les pieds des passants[201]. »

« Loin de vous, saintes théories,
Codes promis à l'avenir, [...]
Approcher les chastes idées,
L'odeur de la débauche aux mains[202] ! »

198 Note de lecture et citations approximatives de Vogüé, *ibid.*, p. 54 et 69.

199 *Ibid.*, p. 87-88.

200 Victor Hugo, « Fonction du poète » (II), *Les Rayons et les ombres*, *Œuvres poétiques*, t. 1 : Avant l'exil : 1802-1851, éd. Pierre Albouy, Paris, Gallimard, coll. « Bibliothèque de la Pléiade », 1964, p. 1026, v. 117-120.

201 « Pourquoi t'exiler, ô poète, / Dans la foule où nous te voyons ? / Que sont pour ton âme inquiète / Les partis, chaos sans rayons ? / Dans leur atmosphère souillée / Meurt ta poésie effeuillée ; / Leur souffle égare ton encens. / Ton cœur, dans leurs luttes serviles, / Est comme ces gazons des villes / Rongés par les pieds des passants. » (*Id.*, « Fonction du poète » (I), *Les Rayons et les ombres*, *ibid.*, p. 1023, v. 1-10.)

202 « Loin de vous, saintes théories, / Codes promis à l'avenir, / Ce rhéteur aux lèvres flétries, [...] / A laissé violer son âme / Par tout ce qu'ont de plus infâme / L'avarice et l'ambition ! // [...] Loin ces scribes au cœur sordide, / Qui dans l'ombre ont dit sans effroi / À la courtisane splendide : / Courtisane, caresse-moi ! / Et qui parfois, dans leur ivresse, / Du temple où rêva leur jeunesse / Osent reprendre les chemins, / Et, leurs faces encor fardées, / Approcher les chastes idées, / L'odeur de la débauche aux mains ! » (*Id.*, « Fonction du poète » (II), *Les Rayons et les ombres*, *ibid.*, p. 1026-1027, v. 131-160.)

« Il laisse au-dessus de l'abîme,
Quelques rayons sur une cime,
Quelques vérités sur un front[203] ! »

« Vaguement éclairés dans ce reflet de lune
Que jette le passé[204] ! »

« L'homme au hasard choisit sa route ;
Et toujours, quoi que nous fassions,
Comme un bouc sur l'herbe qu'il broute,
Vit courbé sur ses passions[205]. »

« L'homme respire, l'artiste aspire[206]. »

« À travers ce qui se déchire en nous, on aperçoit Dieu[207]. »

« Dante : les damnés, ceux qui ne pensent plus[208]. »

« Tout homme sur la terre a deux faces : le bien
Et le mal[209]. »

« La tranquille grandeur des choses naturelles, [...]

---

203 « Mais Dieu jamais ne se retire. / Non ! jamais, par les monts caché, / Ce soleil, vers qui tout aspire, / Ne s'est complètement couché ! / Toujours, pour les mornes vallées, / Pour les âmes d'ombre aveuglées, / Pour les cœurs que l'orgueil corrompt, / Il laisse au-dessus de l'abîme, / Quelques rayons sur une cime, / Quelques vérités sur un front ! » (*Ibid.*, p. 1028-1029, v. 211-220.)

204 « Oh ! que d'enseignements on lit dans les ténèbres / Sur ton seuil renversé, / Sur tes murs tout empreints d'une étrange fortune, / Vaguement éclairés dans ce reflet de lune / Que jette le passé ! » (*Id.*, « Le 7 août 1829 », *Les Rayons et les ombres*, *ibid.*, p. 1036, v. 190-194.)

205 *Id.*, « *Cæruleum Mare* », *Les Rayons et les ombres*, *ibid.*, p. 1112, v. 53-56.

206 *Id.*, Préface de *Les Rayons et les ombres*, *ibid.*, p. 1018.

207 « Rien ne le troublerait [le poète complet] dans sa profonde et austère contemplation [...] ; ni même la commotion intérieure de ses propres souffrances personnelles, car à travers ce qui se déchire en nous on entrevoit Dieu, et, quand il aurait pleuré, il méditerait. » (*Ibid.*, p. 1019.)

208 « Il [le poète complet] aurait le culte de la conscience comme Juvénal [...] ; le culte de la pensée comme Dante, qui nomme les damnés "ceux qui ne pensent plus", *le gente dolorose ch'anno perduto il ben del intelletto.* » (*Ibid.*, p. 1020.)

209 « Tout l'homme sur la terre a deux faces, le bien / Et le mal. Blâmer tout, c'est ne comprendre rien. » (*Id.*, « Sagesse » (II), *Les Rayons et les ombres*, *ibid.*, p. 1120, v. 73-74.)

Ce chant doux et voilé qu'on entend dans les bois[210]. »

« La contemplation de ces femmes [froissées]
Qui vivent dans les pleurs comme l'algue dans l'eau[211]. »

« Et peut-être, qui sait ? sur l'aile du matin
Quelque ineffable haleine à l'Océan lointain[212] ! »

« Lorsqu'on veut empêcher les horreurs d'une révolution, il faut la vouloir et la faire soi-même[213]. »

« Les philosophes sont [plus] anatomistes que médecins ; ils dissèquent [et] ne guérissent pas[214]. »

Henri Heine : « Je n'ai jamais aimé que des statues et des mortes[215]. »

« Il est temps de ne chercher les paroles que dans sa conscience[216]. »

---

210 « L'accent de la raison, auguste et pacifique, / L'équité, la pitié, la bonté séraphique, / L'oubli des torts d'autrui, cet oubli vertueux / Qui rend à leur insu les fronts majestueux, / Donnaient à vos discours, / Pleins de clartés si belles, / La tranquille grandeur des choses naturelles, / Et par moments semblaient mêler à votre voix / Ce chant doux et voilé qu'on entend dans les bois. » (*Ibid.*)

211 Voir *id.*, « Sagesse » (V), *Les Rayons et les ombres*, *ibid.*, p. 1124.

212 « Elle a dérobé tout, son calme à l'antre sombre, / Au diamant sa flamme, à la forêt son ombre, / Et peut-être, qui sait ? sur l'aile du matin / Quelque ineffable haleine à l'océan lointain. » (*Id.*, « À une jeune femme », *Les Rayons et les ombres*, *ibid.*, p. 1087.)

213 Rivarol, *Extrait du journal politique et national*, *Œuvres complètes*, Paris, Léopold Collin, vol. 4, 1808, p. 82.

214 *Id.*, *Pensées inédites*, Paris, Boudon, 1836, p. 11.

215 Il s'agit d'une formule *attribuée* à Heine, peu avant sa mort, par Élise Krinitz (*alias* Camille Selden, que Heine appelait *die Mouche*), sa dernière amante – possiblement platonique. Elle figure sous cette forme dans l'original français : Élise Krinitz, *Derniers jours de Heine*, Paris, Calmann-Lévy, 1884. Pour la traduction allemande (*Wirklich geliebt habe ich nur Statuen und Tote*), voir, de la même, *Heinrich Heines letzte Tage*, Jena, Costenoble, 1884, p. 81. Cette attirance pour les statues (en général de marbre) et les morts – c'est un peu la même chose – recoupe chez Heine deux thèmes plus larges : 1°) celui, d'origine hégélienne, de la fin de l'art et donc de la période artistique (*Kunstperiode*) classico-romantique, qui voulait que l'art fût autonome par rapport au réel, surtout social et politique ; 2°) celui, plus personnel (mais aussi saint-simonien, lointainement spinoziste ou lessingien, peut-être) de l'association sensualité-spiritualité dans la statue de marbre d'une belle femme et singulièrement d'une déesse. Ajoutons que l'effondrement physique final de Heine, qui le laissera paralysé, a eu lieu – du moins l'affirme-t-il – devant la Vénus de Milo au Louvre, où il allait souvent.

216 « Le malheur des écrivains est qu'ils s'embarrassent peu de dire vrai, pourvu qu'ils disent. – Il est temps de ne chercher les paroles que dans la conscience. » (Alfred de

« Ce qui se fait et ce qui se dit par moi ou par les autres m'a toujours été trop peu important. [...] Ce qui se rêve est tout pour moi[217]. »

Alf[red] de Vigny. « Ce sera ce jour-là que Dieu viendra se justifier devant tout ce qui est vie[218]. »

« On ne donne pas rendez-vous à ses sensations, comme à un notaire, à heure fixe[219]. »

« Je suis convaincu que les uns et les autres, nous avons des sensations analogues, jamais identiques[220]. »

« Avec la démocratie grandissante, la ligne [s'en va] comme la race dont elle est le signe[221]. »

« Dans toute action humaine, il retenait toujours ce qu'il appelait le trait. (Stendhal)[222] »

Roman de caractères, roman de mœurs.

« La langue de la fin du XVIIIe siècle, cette algèbre morale[223]. »

Vigny, *Journal d'un poète*, recueilli et publié sur les notes intimes d'Alfred de Vigny par Louis Ratisbonne, Paris, Michel Lévy, 1867, p. 90.)

217 « *Ce qui se fait* et *ce qui se dit* par moi ou par les autres m'a toujours été trop peu important. Dans le moment même de l'action et de la parole, je suis ailleurs, je pense à autre chose ; *ce qui se rêve* est tout pour moi. » (*Ibid.*, p. 180.)

218 « [Le Jugement dernier.] Ce sera ce jour-là que Dieu viendra se JUSTIFIER devant toutes les âmes et tout ce qui est vie. Il paraîtra et parlera, il dira clairement pourquoi la création et pourquoi la souffrance et la mort de l'innocence, *etc.* / En ce moment, ce sera le genre humain ressuscité qui sera le juge, et l'Éternel, le Créateur, sera jugé par les générations rendues à la vie. » (*Ibid.*, p. 258. Le titre donné à cette notation est de Louis Ratisbonne, éditeur du *Journal d'un poète*. Nous le mettons donc entre crochets.)

219 Paul Bourget, *Études et portraits*, *op. cit.*, p. 190.

220 *Ibid.*, p. 194.

221 *Ibid.*, p. 196.

222 « Dans chaque anecdote pouvant servir à porter la lumière dans quelque coin du cœur humain, il retenait toujours ce qu'il appelait le *trait*, c'est-à-dire le mot ou l'action qui révèle sa passion. » (Prosper Mérimée dans son introduction à la *Correspondance inédite* de Stendhal, Paris, Michel Levy, 1855, p. 14.)

223 « Les ellipses sont, pour ainsi dire, l'algèbre morale des langues ; c'est par cette espèce d'algèbre, c'est par ces ellipses, comme on en trouve à chaque ligne dans Tacite et dans Montesquieu, [...] que l'esprit humain parviendra à créer les véritables lois de tout l'ordre

Taine architecte intellectuel[224].

« La vitalité d'un genre, c'est la vitalité de l'esprit qui s'y donne[225]. »

« Nous n'avons plus de canons d'esthétique, ni de credo littéraire[226]. »

« La grande ouvrière des créations de génie est l'inconscience[227]. »

« Le meilleur procédé pour composer de belles œuvres est de se faire plaisir à soi-même[228]. »

La comtesse Pauline de Beaumont, la grande amie de Chateaubriand.

Mmes de Lévis, de Vintimille, MM. Joubert, Pasquier, Fontanes, Molé, Chênedollé, Bonald (salon de Mme de Beaumont).

Les phrases de Chateaubriand lui faisaient éprouver une sorte de frémissement d'amour[229].

« La beauté poétique pure réside plus dans la suggestion que dans l'expression[230]. »

« De ne laisser ici pour trace et pour mémoire
Qu'une voix dans le temple[231]. »

---

moral. » (Dominique Joseph Garat, *Mémoires historiques sur le* XVIII*e siècle et sur M. Suard*, Paris, Belin, t. 2, 1821, p. 184.)

224 « Taine était avant tout un grand artiste de pensée, un grand constructeur, un puissant et magnifique architecte intellectuel. » (Albert Sorel, *Études de littérature et d'histoire*, Paris, Plon, 1913, p. 58.)

225 Paul Bourget, *Études et portraits*, *Critique*, *Œuvres complètes*, *op. cit.*, vol. 2, p. 214.

226 « Ce qui maintenait un Boileau, un La Harpe, un Voltaire [...] c'était la foi inébranlable en quelques canons absolus d'esthétique. » (*Id.*, *Portraits d'écrivains et notes d'esthétique*, *Études et portraits*, Paris, Plon, vol. 1, 1903, p. 315.)

227 *Ibid.*, p. 319.

228 « Le meilleur procédé pour composer de belles œuvres est de travailler à se faire plaisir à soi-même. » (*Ibid.*)

229 « [Pauline de Beaumont] était demeurée la grande dame du XVIIIe siècle. Cependant elle avait la prescience obscure et le souhait d'une sensibilité nouvelle, au point de dire : "Les phrases de M. de Chateaubriand me font éprouver une espèce de frémissement d'amour, elles jouent du clavecin sur toutes mes fibres." » (*Ibid.*, p. 69.)

230 « La beauté poétique pure ne réside-t-elle pas dans la suggestion plus encore que dans l'expression ? » (*Ibid.*, p. 90.)

231 « Ne laisser ici-bas pour trace et pour mémoire / Qu'une voix dans le temple, un son qui dise : "Gloire / Au souffle créateur ?" » (Alphonse de Lamartine, *Harmonies poétiques et religieuses*, Paris, Firmin Didot, t. 2, 1850, p. 308 ; cité par Paul Bourget, *ibid.*, p. 109.)

Lamartine – L'orgue aux voix de flûte.

Éprouvé une jouissance toute particulière à la lecture des *Études d'art religieux* d'Ed[mond] Barthélemy[232]. J'y ai retrouvé quelques-unes des impressions de mon enfance, ou plutôt de mon adolescence, qui ont été peut-être les plus fortes que j'ai ressenties.

La théorie qui, au point de vue anatomique, dit que l'on retrouve dans le développement de l'embryon toutes les phases successivement parcourues par l'évolution de l'espèce, m'a souvent préoccupé, en tant qu'elle pouvait comporter des applications dans l'ordre moral et intellectuel. Je me suis souvent demandé si certaines exaltations, certaines générosités passionnées de nos seize et dix-huit ans n'étaient pas, avec une tendance aux aventures et un goût d'héroïsme, le réveil en nous des anciennes activités ataviques, l'écho des vieilles épopées demi-fabuleuses et légendaires. En écrivant ces lignes, je pense par ex[emple] aux émotions que me fit éprouver la lecture d'Ossian. Ce qui me confirmerait dans mon idée d'un retour aux gestes héréditaires, c'est qu'il faut, pour que je ressente des[233] émotions, que les légendes soient en quelque sorte des légendes de notre race. Cela est obscur, indéfinissable, instinctif, mais absolu. N'importe quel mythe[234] de la Grèce ou de l'Orient, si ingénieux, si séduisant soit-il, ne m'atteindra au cœur[235]. Seuls, mon intellectualité et mon sens esthétique s'y intéresseront, y prendront plaisir. Je ne serai pas touché. Tandis qu'il me suffit d'ouvrir quelque poudreuse et fruste chronique germanique, saxonne ou scandinave, pour me sentir aussitôt attendri. De moi au monde antique, oriental, hellénique et latin, la communication d'âme est coupée. Le courant émotionnel ne se produit pas. Et je parle même de l'antiquité civilisée et policée, la plus proche de nous.

Au contraire, je me sens de plain-pied avec les contes farouches, puérils et grossiers des plus sauvages buveurs d'hydromel. Pourquoi ? Leur merveilleux surtout exerce encore sur moi toute sa séduction ou gracieuse ou sinistre, alors que le merveilleux homérique par exemple me laisse totalement froid.

---

232 Edmond Barthélemy a publié ses *Études d'art religieux* dans le *Mercure de France* d'août 1892 à février 1894.

233 *Mouquet*, p. 132 : « ces émotions ».

234 Lire, en fonction de la suite : « Nul mythe de la Grèce ».

235 *Mouquet*, p. 132 : « ne m'attendrit au cœur. »

On pourrait m'objecter que pourtant je suis ému par les légendes du Moyen Âge, qui sont pleines de scènes, de personnages empruntés à une religion d'origine tout orientale ; que s[ain]t Pierre, s[ain]t Paul, les Rois Mages, les diables[236], Hérode, la Reine de Saba, tout cela vient pourtant bien du même passé que celui de Cicéron, de Socrate, d'Alexandre. Aussi répondrai-je que ces personnages religieux et ces légendes ne peuvent m'émouvoir que grâce à la déformation que leur ont fait subir les peuples du Moyen Âge en y mettant de leur âme. De nos jours, toute une armée de savants, envahissant l'Évangile et la Bible, ont opéré sur ces livres un travail de critique exacte, qui a rendu à ces manifestations de la pensée religieuse leur vrai cadre et leur milieu historique. Des peintres, en outre, s'appuyant sur ces travaux, ont reconstitué, à grands renforts de recherches archéologiques, les scènes du Nouveau et de l'Ancien Testament, telles qu'elles s'étaient réellement passées. Le paysage, l'architecture, les types, les costumes y étaient savamment évoqués. Dirai-je que ces consciencieuses tentatives m'ont laissé absolument indifférent ?

Pieusement, l'Évangile que j'aime, et le seul qui m'émeut, c'est celui qu'a travesti, si vous voulez, l'enfantine piété de nos pères. Et toutes les magnificences archéologiques me touchent moins qu'une *Nativité* ou une *Fuite en Égypte*, où les personnages seront de bonnes gens de Flandre ou d'Allemagne, où la Vierge, sous sa coiffe[237] de toile raide, ressemblera à une béguine de Bruges, où s[ain]t Joseph en collet et en chaperon sera quelque brave artisan de Tournai ou de Malines. Là, c'est l'âme que j'ai encore en moi, la même âme qui a chanté les exploits d'Odin et plus tard les cycles[238] de la Table Ronde, qui palpite dans certaines légendes et contes, comme *[La] Barbe bleue* et *Le Juif errant*. C'est notre cœur que nous y sentons battre, c'est-à-dire, et résumée sous ce mot, toute la sensibilité qu'ont accumulée et exercée en nous les impressions reçues surtout dans la première enfance, et dont le caractère s'imprime en nous à jamais.

« Ils sont intelligents à faire frémir… En songeant à eux[239], on pense involontairement à ces lueurs errantes la nuit par les cimetières. C'est

236 *Mouquet*, p. 133 : « les Diables ».
237 *Mouquet*, p. 134 : « sous ses coiffes ».
238 *Ibid.* : « les gestes ».
239 *Ibid.* : « En songeant ainsi, ».

du phosphore à l'état libre ; naguère emprisonné dans un organisme, il y avait sa fonction et sa place utile. Le corps fut dissous, la substance précieuse et subtile reste seule et se consume sans objet – flammes folles, délicieux feu d'artifice tiré[240] sur des tombeaux[241]. » Qu'importe cette vision macabre, puisque nous aimons à comprendre jusqu'à en mourir ?

« À mêmes effets, mêmes causes. Nous ne vivons pas sous un ciel torride, sous une lumière implacable, dans une végétation qui nous étouffe de sa sève et de ses parfums, de ses magnificences et de ses miasmes. Non, mais à la nature qui a fait nos races aimables et modérées de la Beauce et de la Souabe, la civilisation a superposé sa seconde nature. Et cette civilisation a tous les caractères excessifs de la nature hindoue.

Qu'un sage de Bénarès traverse Paris donc à l'heure où le volcan est en pleine fièvre, qu'il observe cette intensité de travail, de mouvement, de lutte, d'effort, il en recevra l'impression d'énormité et de violence que M. Chevrillon recevait à Bénarès[242]. Qu'il lise seulement une dizaine de journaux, pendant quelques jours : en recevant à chaque minute cet afflux électrique de faits et d'idées, ce torrent de mêmes notions divergentes qui pulvérise la pensée, qui surexcite et abat l'attention, il aura l'impression d'un kaléïdoscope fou, de ce que M. Chevrillon a ressenti devant les architectures colossales, écrasantes, incohérentes des peuples brahmaniques. Par quelque côté que l'on reçoive le choc de la civilisation, on le sent disproportionné à la résistance humaine, et tout pareil à la pression que la nature hindoue exerce sur ses[243] enfants.

De là une tendance dans nos jeunes générations, oppressées de surchauffe intellectuelle, accablées de littérature ou de science, à aller vers un état d'âme semblable à celui des Hindous : une lassitude, un besoin

240 *Ibid.* : « feux d'artifice tirés ».

241 « L'auteur de *Dans l'Inde* [André Chevrillon] est représentatif d'une jeune élite qui déconcerte toutes nos prévisions. Ils ont déjà tout compris et ne se sont fixés nulle part ; ils sont intelligents à faire frémir ; et je prends ce verbe dans son acception propre. La vie, cette dure besogne, réclame-t-elle tant d'intelligence ? Elle réclame avant tout une soumission bien difficile à concilier avec cette acuité d'analyse. On pense involontairement à ces lueurs errantes qui brillent la nuit sur les cimetières ; c'est du phosphore, brûlant à l'état libre ; naguère emprisonné dans un corps vivant, il y avait sa place subordonnée, sa fonction utile dans l'organisme ; le corps s'est dissous, l'élément subtil reste seul et se consume sans objet ; flammes folles, désincarnées, délicieux feu d'artifice tiré sur des tombeaux. » (Vicomte E.-M. de Vogüé, *Regards historiques et littéraires*, *op. cit.*, p. 103-104.)

242 Voir André Chevrillon, *Dans l'Inde*, Paris, Hachette, 1891.

243 *Mouquet*, p. 135 : « des ».

d'anéantissement, un effarement, une sorte d'hypnotisation, une stupeur dilatée devant l'extraordinaire vie sociale de ce temps et l'effrénée violence de l'effort scientifique, artistique ou industriel[244]. »

« Une station le matin devant l'été, c'est le meilleur cordial pour recharger la vie avec soumission. [...] Il est vraiment puissant puisqu'il sait contraindre notre âme à sentir[245]. »

Le spiritualisme d'antan : « une compagnie de navigation bien administrée, avec son invariable carnet d'itinéraires et ses escales[246] ».

« Ce qui maîtrise les jeunes intelligences, c'est le sentiment de la relation des choses entre elles, et de leurs racines profondes dans

244 Voir, pour le texte exact du passage hâtivement copié – et pour partie *reformulé* – par Samain (ou Mouquet), E.-M. de Vogüé, *Regards historiques et littéraires*, *op. cit.*, p. 101-103 : « À mêmes effets mêmes causes. – Eh ! quoi, la nature aimable et modérée de la Souabe ou de la Beauce aurait-elle changé ? Nous ne vivons point sous un ciel torride, sous une lumière implacable, dans une végétation qui nous enivre et nous opprime de sa sève, de ses parfums, de ses miasmes, de ses magnificences et de ses fléaux ! Non certes. Mais à la nature qui avait fait nos races, nous avons superposé une seconde nature, la civilisation, qui les défait ou les refait, comme l'on voudra. Et cette civilisation a tous les caractères excessifs de la nature hindoue. Qu'un sage de Bénarès traverse Paris, aux heures où le volcan est en pleine fièvre ; qu'il observe cette intensité de plaisir et de travail, de luxe et de misère, le bruit, le mouvement, la complication et l'universalité de l'effort vital ; il en recevra l'impression d'énormité et de violence que M. Chevrillon recevait à Bénarès. Que notre Hindou monte dans l'un de ces trains qui vont le soir vers les Flandres ; qu'il écoute et regarde ce pays de nuit sans sommeil, cette étendue incendiée par les lueurs d'usines, assourdie par le sifflement des machines et les coups des marteaux ; qu'il entende monter sous terre et sur terre ce formidable ahan de peine, de production, de lutte gigantesque entre la créature humaine et la matière ; le voyageur étranger retrouvera là les sensations écrasantes que le nôtre trouvait dans la forêt de Ceylan, dans la jungle des plaines gangétiques. Qu'il lise seulement, cet homme, une douzaine de journaux pendant quelques jours ; en recevant à chaque minute cet afflux électrique de faits et d'idées, ce torrent de menues notions divergentes qui pulvérise la pensée, qui surexcite et abat l'attention, il aura le cauchemar d'un kaléidoscope agité par un fou, ce que M. Chevrillon éprouvait devant les architectures, les rites, les contorsions des peuples brahmaniques. – On pourrait poursuivre cette transposition à l'infini. Par quelque côté que l'on reçoive le choc de notre civilisation, on le sent disproportionné à la résistance moyenne de l'organisme humain, tout pareil dans ses effets à la pression que la nature hindoue exerce sur ses enfants. Ainsi s'explique, par des causes semblables, sinon identiques, l'accablement qui s'empare de l'homme d'Europe et le rapproche de l'homme de l'Inde ; notre seconde nature, la civilisation, pesant toujours plus lourdement sur les générations successives, aidée peut-être par des retours d'atavisme, incline sensiblement nos races vers les modes de pensée que les conditions du sol ont déterminés dans l'Inde. »

245 *Ibid.*, p. 354 et 357. La deuxième phrase de cette notation est absente de l'édition Mouquet.

246 *Ibid.*, p. 11.

l'invisible, le besoin de s'associer à cette universelle vibration humaine qui est l'électricité du monde moral[247]. »

« Ils ont entendu des voix. Ils rôdent anxieux autour de l'autel du dieu inconnu[248]. »

« [Quatre] grandes Révolutions religieuses : l'Islam, les Croisades, la Révolution française, l'avènement messianique de la raison humaine[249]. »

« La Révolution fut un des plus grands efforts de l'humanité dans le champ de l'absolu ; actuellement, l'esprit du temps semble plutôt un esprit de relation[250]. »

« Les syllogismes et les théorèmes de la raison mécanique ne forcent plus notre conviction : une raison de dessous nous dit que toutes nos raisons sont attaquées en dessous par un principe supérieur, l'identité des contradictions[251]. »

Les systèmes de philosophie ne sont plus considérés que comme des romans métaphysiques.

Il y a une jouissance d'ironie qui se rencontre chez beaucoup d'êtres autour de moi et qui m'échappe complètement. C'est l'ironie qui consiste

---

247 « En somme, ce qui maîtrise le plus fortement ces jeunes intelligences, c'est l'instinct de la relation entre les choses et des racines profondes qu'elles ont dans l'invisible ; c'est le sentiment de la solidarité entre les hommes, le besoin de s'associer à cette nouvelle vibration humaine qui est l'électricité latente du monde moral. » (*Ibid.*, p. 11-12.)

248 « Ils ont entendu des voix. Ils ne savent pas où, ils partent à l'aventure vers ces vagues appels, ils rôdent anxieux autour de l'autel du dieu inconnu. » Cette notation est absente de l'édition Mouquet. (*Ibid.*, p. 11.)

249 Citation lacunaire. « Les quatre grands mouvements religieux qui ont agité les hommes, depuis la date d'où nous comptons notre ère : l'Islamisme, les Croisades, la Réforme, la Révolution. [...] La Révolution fut pour [M. Sorel] un Islam, l'avènement messianique de la raison humaine. » (*Ibid.*, p. 16.) Cette notation ne figure pas dans l'édition Mouquet.

250 Citation inexacte. « La Révolution fut un des plus grands efforts de la raison humaine dans le champ de l'absolu ; or, si l'on avait à définir l'esprit du temps présent, on pourrait l'appeler un esprit de relation. » (*Ibid.*, p. 124.) Cette notation ne figure pas dans l'édition Mouquet.

251 Citation inexacte. « Les syllogismes et les théorèmes de la raison mécanique ne forcent plus notre conviction ; une raison de dessous, toute intuitive, nous crie que les opérations de notre intellect sont ruinées sans relâche par un principe supérieur, celui de l'identité des contradictoires. » (*Ibid.*, p. 125.)

à chercher dans toute situation pathétique à laquelle on assiste, le côté ridicule qu'elle peut présenter ; ou simplement le détail drôle qui peut s'y glisser. Il me semble qu'il y a dans cette propension à railler au milieu de l'émotion je ne sais quoi de méchant et de mesquin. De plus, l'importance attachée au détail ridicule est le plus souvent, dans ces circonstances, radicalement fausse.

Méchanceté, ai-je dit ? Pourquoi alors ai-je trouvé ce signe de caractère chez des êtres dont la bonté réelle m'est connue et que je ne puis suspecter de sécheresse ? Quoi qu'il en soit, c'est une antipathie, un malaise que j'éprouve vis-à-vis des manifestations de cet esprit. Cela est au fond de moi, et même lorsqu'entraîné par le milieu, je ris moi-même du bout des lèvres, cela proteste sourdement.

La pente de mon âme est à l'optimisme[252]. Je crois à la victoire progressive du Bien sur le Mal ; en tous les cas, je crois fermement et absolument à la réalité du Bien. Il est probable que ce qui semblerait de prime abord une simple théorie philosophique est relié à nos fibres les plus secrètes, puisque les moindres particularités de la vie autour de moi m'affectent à cet égard… Et puis je trouve avant toute chose l'émotion sacrée, et de sentir rire de la forme qu'affectent certaines douleurs me semble comme une impiété. Le plaisir à constater que notre humanité, même aux heures les plus poignantes, est la proie des nécessités physiques ou matérielles me semble misérable et méprisable. Et rien ne fera que l'histoire générale de notre humanité, partie des servitudes primitives, ne soit une magnifique école d'espérance. Certes, ce n'est pas l'ironie qui l'a menée là, car l'ironie est stérile et méprisante, à moins toutefois qu'elle n'ait joué le rôle du coup de fouet qui empêche de se complaire au résultat atteint, qui réveille et remet en marche.

252 Cet aveu d'optimisme – répété dans une lettre du 27 février 1897 où Samain parle à Raymond Bonheur de « l'irréductible optimiste qui est au fond de [lui] » – doit être nuancé par cette lettre à peine plus tardive à Paul Morisse : « tu me connais : j'ai le cœur optimiste, – je ne sais si cela est bien clair, mais tu me comprendras ! – mais en même temps j'ai en quelque sorte l'imagination pessimiste. Pour toutes mes démarches dans la vie, je manque de foi en moi-même ; et cela peu à peu produit un malaise sourd qui, à certaines heures, me recouvre toute l'âme d'une grande nappe de tristesse. » (*Des lettres 1887-1900*, éd. citée, p. 129.)

CARNET VI

Léon Bloy. – « Notre liberté est solidaire de l'équilibre du monde et c'est ce qu'il faut comprendre pour ne pas s'étonner du profond mystère de la Réversibilité qui est le nom philosophique [du grand dogme de] de la Communion des Saints. Tout homme qui produit un acte libre projette sa personnalité dans l'infini. S'il donne de mauvais cœur un sou à un pauvre, ce sou perce la main du pauvre, tombe, troue la terre, troue les soleils, traverse le firmament et compromet l'Univers. S'il produit un acte impur, il obscurcit peut-être des milliers de cœurs qu'il ne connaît pas, mais qui correspondent mystérieusement à lui et qui ont besoin que cet homme soit pur comme un voyageur mourant de soif a besoin du verre d'eau de l'Évangile[253]. [...] Toute la philosophie chrétienne est dans l'importance inexprimable de l'acte libre et [dans la notion] d'une enveloppante et indestructible solidarité[254]. »

« [Et] le cœur est pur dans la main du Père Céleste comme un glaçon dans une fournaise. Les dix-huit siècles de christianisme recommencent, tels qu'un poème inouï qu'on aurait ignoré. La Foi, l'Espérance, la Charité pleuvent comme les trois rayons tordus de la Foudre, et ne fût-ce qu'un

253 Voir Mt 10, 42 ; Mc 9, 41.

254 « Notre liberté est solidaire de l'équilibre du monde et c'est là ce qu'il faut comprendre pour ne pas s'étonner du profond mystère de la Réversibilité qui est le nom philosophique du grand dogme de la Communion des Saints. Tout homme qui produit un acte libre projette sa personnalité dans l'infini. S'il donne de mauvais cœur un sou à un pauvre, ce sou perce la main du pauvre, tombe, perce la terre, troue les soleils, traverse le firmament et compromet l'univers. S'il produit un acte impur, il obscurcit peut-être des milliers de cœurs qu'il ne connaît pas, qui correspondent mystérieusement à lui et qui ont besoin que cet homme soit pur, comme un voyageur mourant de soif a besoin du verre d'eau de l'Évangile. Un acte charitable, un mouvement de vraie pitié chante pour lui les louanges divines, depuis Adam jusqu'à la fin des siècles ; il guérit les malades, console les désespérés, apaise les tempêtes, rachète les captifs, convertit les infidèles et protège le genre humain. Toute la philosophie chrétienne est dans l'importance inexprimable de l'acte libre et dans la notion d'une enveloppante et indestructible solidarité. » (Léon Bloy, *Le Désespéré*, éd. Pierre Glaudes, Paris, Flammarion, coll. « GF », 2010, p. 161.) Dans la littérature du temps, cette notion de réversibilité est loin d'être perçue comme relevant du seul vocabulaire théologique. Pour preuve, cette page de Paul Bourget : « Les objections contre Dieu, tirées de l'existence du mal, prenaient corps devant lui. Comment concilier une bonté de père avec cette loi de réversibilité qui veut que les fautes des uns retombent sans cesse sur les autres ? » (*Un crime d'amour*, Paris, Lemerre, 1886, p. 280-281.)

instant, une seule minute dans la durée d'une vie, répandue ainsi que le sang écorché prodigué sur tous les chemins, c'est assez pour qu'on s'en souvienne et qu'on n'oublie plus jamais que cette nuit-là c'est Dieu même qui parle[255]. »

Les Chartreux sont les plénipotentiaires pour la spiritualité de tout un univers[256]. « Leur parole est un voyage qu'ils font par charité chez les autres hommes. Mais le silence est leur patrie[257]. »

« Il pensait qu'à cette même heure, sur tous les points du globe saturés du sang du Christ, on égorgeait, on opprimait d'innombrables êtres faits à la ressemblance du Dieu Très Haut ; que les crimes de la chair et les crimes de la pensée, épouvantables par leur énormité et leur nombre, faisaient à la même minute une ronde de dix mille lieues autour de ce foyer de supplication, sous la même coupole constellée de cette nuit d'hiver[258]. »

« L'âme est un double éthéré du corps qui renferme en lui-même un esprit immortel. L'esprit se construit et se tisse, par son activité propre, son corps spirituel. Pythagore l'appelle le char subtil de l'âme. Ce corps spirituel est l'organe de l'Esprit[259]. »

---

255 Lettre de Marchenoir à son ami Leverdier : « Et le cœur est pris dans la Main du Père céleste, comme un glaçon dans le centre de la fournaise. Les dix-huit siècles du christianisme recommencent, tels qu'un poème inouï qu'on aurait ignoré. La Foi, l'Espérance et la Charité pleuvent ensemble comme *les trois rayons tordus* de la foudre du vieux Pindare et, ne fût-ce qu'un instant, une seule minute dans la durée d'une vie répandue ainsi que le sang d'un écorché prodigue sur tous les chemins, c'est assez pour qu'on s'en souvienne et pour qu'on n'oublie plus jamais que, cette nuit-là, c'est Dieu lui-même qui a parlé ! ». (*Le Désespéré*, *op. cit.*, p. 163.)

256 « Marchenoir se disait que ces gens-là font la plus grande chose du monde, et que la loi du silence, chez les religieux voués à la vie contemplative, est surabondamment justifiée par cette vocation inouïe de plénipotentiaires pour toute la spiritualité de la terre. » (*Ibid.*, p. 157.)

257 « "À une certaine hauteur, dit Ernest Hello, à propos de *Rusbrock l'Admirable*, dont il fut le traducteur, – le contemplateur ne peut plus dire ce qu'il voit, non parce que son objet fait défaut à la parole, mais parce que la parole fait défaut à son objet, et le silence du contemplateur devient *l'ombre substantielle* des choses qu'il ne dit pas… Leur parole, ajoute ce grand écrivain, est un voyage qu'ils font par charité chez les autres hommes. Mais le silence est leur patrie." » (*Ibid.*)

258 « Il pensait qu'au même instant, sur tous les points du globe saturés du sang du Christ, on égorgeait ou opprimait d'innombrables êtres faits à la ressemblance du Dieu Très-Haut ; que les crimes de la chair et les crimes de la pensée, épouvantables par leur énormité et par leur nombre, faisaient, à la même minute, une ronde de dix mille lieues autour de ce foyer de supplications sous la même coupole constellée de cette longue nuit d'hiver… » (*Ibid.*, p. 158-159.)

259 « Voilà ce que les initiés instruits par la tradition et par les nombreuses expériences de la vie psychique ont dit à l'homme : ce qui s'agite en toi, ce que tu appelles ton

L'Horeb, l'Érèbe, la Vallée de l'ombre de la mort[260].

Les initiés antiques accordaient « à la lune le pouvoir de magnétiser l'âme pour l'incarnation terrestre et de la démagnétiser pour le ciel[261] ».

Corrélation métaphysique du Destin, de la Liberté et de la Providence[262].

« On dirait que l'homme ne trouvant Dieu[263] ni dans la science, ni dans la religion, le cherche éperdument dans la femme[264]. »

« Ce n'est pas le mariage qui sanctifie l'amour, c'est l'amour qui sanctifie le mariage[265]. »

« La foi qui n'est que la lumière de l'esprit nourrie par l'amour[266]. »

Il fit ce calcul qu'il avait passé huit années sur dix sans prendre de nourriture, sans porter de vêtement[267].

âme est un *double éthéré* du corps qui renferme en lui-même un esprit immortel. L'esprit se construit et se tisse, par son activité propre, son corps spirituel. Pythagore l'appelle *le char subtil de l'âme*, parce qu'il est destiné à l'enlever de terre après la mort. *Ce corps spirituel est l'organe de l'esprit*, son enveloppe sensitive, son instrument volitif, et sert à l'animation du corps, qui sans cela demeurerait inerte. » (Édouard Schuré, *Les Grands Initiés, esquisse de l'histoire secrète des religions*, Paris, Presses Pocket, 1983, p. 336-337.)

260 « [Cette phase de la vie de l'âme qui suit immédiatement la mort du corps], Moïse l'appelle Horeb ; Orphée l'Érèbe ; le christianisme le Purgatoire ou *la vallée de l'ombre de la mort.* » (*Ibid.*, p. 339.)

261 « On attribuait en quelque sorte à la lune le pouvoir de magnétiser l'âme pour l'incarnation terrestre et de la démagnétiser pour le ciel. » (*Ibid.*)

262 « La corrélation métaphysique du Destin, de la Liberté et de la Providence a été admirablement déduite par Fabre l'Olivet, dans son commentaire des *Vers dorés de Pythagore.* » (*Ibid.*, p. 355, n. 1.)

263 Nous corrigeons une transcription manifestement fautive, qui intervertissait les termes « homme » et « Dieu » : « On dirait que Dieu ne trouvant l'homme [...] »

264 « On dirait que l'homme fatigué, ne trouvant Dieu ni dans la science ni dans la religion, le cherche éperdument dans la femme. » (Édouard Schuré, *Les Grands Initiés*, *op. cit.*, p. 363.)

265 « Ce n'est pas le mariage qui sanctifie l'amour ; c'est l'amour qui justifie le mariage. » (*Ibid.*, p. 367.)

266 « Cette foi, qui n'est que la lumière de l'esprit nourrie par l'amour. » (*Ibid.*, p. 508.)

267 « Il a fait plus tard ce calcul basé sur d'approximatives défalcations qu'il avait passé, alors, huit années entières sur dix, sans prendre aucune nourriture ni porter aucune sorte de vêtement !... » (Léon Bloy, *Le Désespéré*, *op. cit.*, p. 104.)

C'était une âme naïvement enragée d'un absolu de sensations, et incurable de mélancolie[268].

Son teint prit la lividité d'un chrétien mal lapidé qui serait devenu sacristain dans les catacombes[269].

Il eut « la concupiscence de la Douleur[270] ».

« Il affecta de le considérer comme une épluchure[271]. »

« Il a été mordu par Veuillot[272]. »

« Mais la seule pensée de ce risque le détermina, étant de ces fiers chevaux qui s'éventrent sur les baïonnettes, en hennissant de la volupté de souffrir[273]. »

Il avait « la réprobation scatologique[274] ».

Il cuisine loyalement son petit navet au macaroni, suivant la formule d'Octave Feuillet[275].

« La morgue constipée, la dureté basse de ce mulet de la chronique[276]. »

---

268 « C'était le tréfonds mystérieux d'une âme un peu moins inconsciente qu'une autre de son abîme et naïvement enragée d'un absolu de sensations ou de sentiments qui correspondît à l'absolu de son entité. » (*Ibid.*, p. 96.)

269 « Le teint, déjà bilieux, prit cette lividité brûlante d'un chrétien mal lapidé, de la première heure, qui serait devenu sacristain dans les catacombes. » (*Ibid.*, p. 95.)

270 « Il eut, tout enfant, la concupiscence de la Douleur et la convoitise d'un paradis de tortures, à la façon de sainte Madeleine de Pazzy. » (*Ibid.*, p. 96.)

271 « Eh bien ! il affecta de le considérer comme une épluchure. » (*Ibid.*, p. 81.)

272 « Plusieurs parlèrent à la fois. – Il est bien mal élevé, ce catholique ! disait Beauclerc [Francisque Sarcey]. – Il a été mordu par Veuillot, ajoutait Tinville. » (*Ibid.*, p. 344.)

273 « Mais la seule pensée d'un tel risque le détermina, – étant de ces fiers chevaux, qui s'éventrent sur les baïonnettes, en hennissant de la volupté de souffrir ! » (*Ibid.*, p. 340.)

274 « Marchenoir avait la réprobation scatologique. Le bégueulisme cafard des contemporains d'Ernest Renan l'avait rigoureusement blâmé pour l'énergie stercorale de ses anathèmes. » (*Ibid.*, p. 341.)

275 « Octave Loriot [Albert Delpit] n'est, en effet, qu'un imbécile. [...] Il cuisine loyalement son petit navet au macaroni, selon les inusables formules d'Octave Feuillet, de Jules Sandeau, de Pontmartin ou de Charles de Bernard. » (*Ibid.*, p. 320.)

276 « La solennité stérile, la morgue constipée, la dureté basse de ce mulet de la chronique [Nestor de Tinville, *alias* Henri Fouquier], avaient le don d'irriter au plus haut degré Marchenoir. » (*Ibid.*, p. 319.)

« Vienne son heure, l'ignominie du salisseur d'âmes sera vue dans son plein, et ce sera comme une lune dix fois pâle au ras du plus fétide marécage, sur lequel les mortelles stymphalides de la Luxure et du Sacrilège aient jamais plané[277]. »

« L'abjection sphérique apparaît comme un mystère de la foi[278]. »

277 Il s'agit ici de Properce Beauvivier, *alias* Catulle Mendès. Voir *ibid.*, p. 299.

278 « À l'exception de Renan, qui décourage le mépris, et dont l'abjection sphérique apparaît comme un mystère de la Foi, l'auteur de *l'Inceste* [Catulle Mendès] est, probablement, le seul homme de son siècle en humeur de compatir à la destinée de l'Iscariote. » (*Ibid.*, p. 296-297.) Sur Renan, voir *ibid.*, p. 331-332.

CARNET VII

Est-ce une crise que je traverse, mais la notion de Providence ne m'a jamais paru plus absurde, plus fausse, plus en contradiction avec la brutalité et l'indifférence de la nature. Jamais aussi le rôle d'un Dieu tout-puissant ne m'a paru plus atroce et plus haïssable.

J'aime la large[279] philosophie tolérante, indulgente, faite de miséricorde et de compassion pour la souffrance humaine. Quelque chose dans son œuvre[280] se dégage qui console et en même temps qui fortifie. Le spectacle de la vie dans laquelle les plus nobles états d'âme se débattent tristement contre tant de fatalités manifestes ou latentes, au lieu de soulever le sourire dédaigneux, cette espèce de rictus d'une pitié méprisante qu'ont mise à la mode les maîtres de chez nous, provoque au contraire chez moi une sympathie qui souffre, une indulgence qui console.

La formule de Flaubert, du grand lapidaire de *Salammbô* et de la *Tentation*, si haute qu'elle soit[281], a je ne sais quoi d'anti-humain qui laisse dans le cœur une tristesse sèche. L'effusion de ce grand cœur qu'on sent

279 Ce même qualificatif est appliqué à l'historien Auguste Geffroy dans une lettre d'octobre 1893 de Samain à Paul Morisse : « des chroniques lues çà et là m'avaient donné une vive inclination pour son sens esthétique et pour sa large philosophie. » (*Des lettres 1887-1900*, éd. citée, p. 35.) Un autre mot vient volontiers sous la plume de Samain pour désigner cet état d'esprit : « mansuétude ». Voir sa lettre du 19 juin 1895 à Fernand Séverin : « À plusieurs reprises, je me suis lu de vos poèmes à haute voix, et c'était une sensation d'une incomparable douceur. Pourquoi n'avouerai-je point aussi que la qualité d'âme qu'ils recèlent m'est chère entre toutes ? Je la sens faite, cette âme, de mansuétude et de nostalgie. » (*Ibid.*, p. 85.)

280 D'après le contexte général de cette note, il s'agit vraisemblablement de l'œuvre de Tolstoï, à l'universelle compassion de qui est comparée la – feinte – impassibilité de Flaubert. Ce qui s'exprime ici rejoint le credo du personnage bourgetien Armand de Querne : « "Ah ! songeait Armand, il est possible que ces mots, le bien et le mal, l'âme et Dieu, n'aient aucune espèce de sens. [...] Mais il n'y a besoin ni de raison ni de foi pour savoir qu'il existe de la misère humaine et que nous devons tout faire pour n'être pas la cause de cette misère..." » (Paul Bourget, *Un crime d'amour*, *op. cit.*, p. 283.)

281 Si haute et, convient-il d'ajouter, si *grisante* qu'elle soit. Voir la lettre de Samain à Marcel Schwob du 30 juin 1896 : « C'est Flaubert, je crois, qui dit quelque part, en parlant de *Salammbô* ou de la *Tentation*, qu'il rêvait de faire une sorte de *haschisch littéraire*. C'est bien cela. C'est du *haschisch*, une confiture sublimée, dont une seule cuillère met le feu à l'imagination, et fait soudain surgir et disparaître des mondes, des peuples, des cités, dans des vapeurs de pourpre et des nuages d'or noir. » (*Des lettres 1887-1900*, éd. citée, p. 100.)

battre pourtant derrière son style de bronze, est trop souvent arrêtée, trop systématiquement réprimée. Dans l'étalage sincère, convaincu et rigoureux comme une thèse scientifique de toutes nos cruautés, de nos turpitudes, de nos irrémédiables déchéances, il y a une sorte de calme affecté, de gravité indifférente et doctorale qui glace. Disons-le tout de suite : qui est fausse. Le cœur de Flaubert – ses lettres le prouvent assez – souffrait de la vie dans ses plus subtiles amertumes et grondait à toute heure de superbes révoltes… Au milieu du troupeau des brebis falotes et gémissantes de la littérature du Second Empire, il a eu peur de paraître bêler. La fadeur de ces flots d'éjections sentimenteuses qui ruissellent à pleins bords dans les œuvres du temps l'écœura. Plutôt que de se mêler à ces multitudes pleurnichaillantes, où la larme se débitait au litre, il se roidit, bomba son torse, comprima son cœur jusqu'à l'étouffer ; et debout, les reins cambrés, ses bras musclés croisés hautainement sur ses larges pectoraux d'athlète, il laissa tomber du haut de ses longues moustaches un regard de pitié sur l'avachissement des lettres. Cette attitude, dont il est ainsi facile de s'expliquer la cause, comme toutes les attitudes violentes prises dans un coup de révolte, dans une idée de réaction, ne pouvait être conservée qu'à force de volonté. C'était une tension d'énergie – disons-le sincèrement : une sorte d'affectation d'extra-humanité qui dépassait le but pour aller jusqu'à l'artifice. Flaubert l'avait dit ; il ne voulait pas en démordre ; mais cette continence de vraie passion humaine, ces phrases de souffrance continuellement séchées au fer chaud, devaient prendre leur revanche sur l'organisme surmené. Et l'on pourrait presque dire, quand on connaît la vie violemment cloîtrée de Flaubert, toute flambée de mysticisme d'art, qu'il est mort usé par son œuvre, d'une sorte de rétention du cœur[282].

Il lui a manqué quelque chose, ce je ne sais quoi d'attendri, de mouillé, dont nous avons besoin tout au fond de nous et dont nous ne pouvons nous passer sous peine de mort.

282 Voir *supra*, Carnet V, p. 248 : « Flaubert est mort de discipline intellectuelle. »

ÉDITION JULES MOUQUET

CARNET I[1]

25 octobre. – Dîné hier avec Stéphane et Natatcha. Pris auparavant deux madères chez un marchand de vins au coin de je ne sais quelle rue. Je suis entré dans une sorte de bar, d'où je voyais un angle de la salle, avec le comptoir de zinc luisant, les litres à la débandade ; et, derrière les vitres couvertes de vapeur, la clarté de la lune formait fond. Autour, la vie des dernières heures du soir faisait rage. C'était un perpétuel roulement de voitures, où grondait par intervalle le tonnerre de ferraille des omnibus qui faisaient luire derrière les vitres les clartés énormes de leurs lanternes rouges, vertes, orangées…

Ce mouvement autour de moi, cette trépidation affairée berçait dans mon cœur comme une mélopée monotone, où, par-ci par-là, des sonorités particulières, des timbres de grelots de chevaux, des hoquets de roues sur le pavé m'évoquaient des lointains d'enfance. Je me trouvais ivre, ne sachant plus où j'étais, comme perdu dans une sensation vague à la fois et précise, synthétique enfin de ce Paris que j'entendais vivre furieusement tout autour de moi. Lentement, suspendu sur ma chaise, le dos au mur, la tête renversée un peu, je buvais à petits coups mon verre, m'amusant de ce gros tapage qui tremblait dans le cristal, au fond duquel on voyait, entre mes doigts gantés, rouler le pied de verre, frêle et fin comme un fil.

À mon arrivée chez Carmel, Natatcha me saute au cou. Elle veut que je sois près d'elle à table. Et tout le long de la soirée, elle est avec moi, câline et douce. Au dessert, Stéphane s'écarte pour jouer aux dominos avec un habitué de la table d'hôte. Nous causons, Natatcha et moi. Je la trouve très jolie, la partie de son visage tournée vers moi dans l'ombre,

1 Les trois premiers carnets sont datés par Jules Mouquet de 1887.

avec un filet de lumière qui dessine son front, l'arête de son nez, tourne autour de sa lèvre inférieure et s'arrondit à son menton. Ses cheveux autour font broussaille blonde et ses yeux sont très doux.

Par instant, je m'approche, je passe la main derrière sa taille ; m'appuyant un peu, je pose la main sur son épaule, et j'éprouve une sensation de bien-être intime auprès de cette robe tiède et parfumée, dont quelques plis débordent sur mes jambes. Je caresse ses cheveux en gros frisons sur son front ; de l'extrémité du petit doigt, j'effleure le dessus de son oreille, et je joue avec la grosse pierre noire qui est enchâssée dans le gras.

Natatcha se retourne, me regarde, sourit, d'un sourire qui se dilate lentement, à mesure que les yeux, où les paupières descendent, deviennent plus doux… Et cette sensation n'a rien d'aigu, de troublant. Nulle impression sexuelle n'en émane, qui se localise à un point précis : c'est la femme savourée avec les yeux, avec les mains, avec les narines, comme une œuvre d'art plus chaude de vie mobile, et dégageant à l'entour d'elle une suavité de fleur. Je me demande, dans cette jouissance que j'éprouve, s'il n'entre pas une grande part d'égoïsme. Je suis heureux ; mais ce n'est point du cœur que vient mon bonheur. Ce n'est pas d'ailleurs du bonheur que j'éprouve ; c'est une sensation de volupté ; beaucoup de volupté, concentrée et ramenée à lui, du chat, du chat frôleur et sensuel.

Nous partons. En route, Natatcha me prend le bras, s'y prend par moment, avec intention, retarde le pas, a des mouvements inattendus, des flexions de torse qui me présentent son sourire d'en bas, plus joli ainsi ; des frissons de froid qui se serrent plus fort. Et elle parle toujours, insinuant des choses, se reprenant, laissant volontairement s'en aller des mots qu'elle semble vouloir rattraper après, avec une maladresse maniérée ; puis nuançant sa confidence de ténèbres graves, au long desquelles la pensée résonne, avec des lambeaux de phrases inachevées, ouvrant sur un inconnu et suspendues sur un silence qui rêve.

Que veut Natatcha ?…

*

7 août. – Lu *Candide*. Lecture charmante. Cet esprit vif, leste, preste, fait d'effleurements délicats et de miroitements ailés m'a laissé positivement sous le charme. La langue aussi : cette langue claire, limpide, légère, produit une étrange impression à nos palais saturés de byzantins.

Au fond, je trouve dans *Candide* ce que j'ai trouvé toujours chez Voltaire, comme caractéristique de sa philosophie : une merveilleuse fleur de bon sens. Il faut y joindre beaucoup de bonté. À travers tous les ricanements de son œuvre, j'aperçois un perpétuel effort vers la justice, un tourment continu de la charité. Cela peut étonner beaucoup de gens ; mais le Voltaire considéré à ce point de vue est le seul vrai. Il a été toute sa vie affamé de justice et de vérité. Toutes les iniquités sociales l'ont révolté, l'ont monté jusqu'à la colère. C'est la grande cause chrétienne, en définitive, qu'il soutenait ; et on est bien forcé d'avouer que ce qui se passait sous ses yeux, dans ces castes pourries de préjugés et éclatant d'insolence, avait de quoi révolter un cœur même plus haut placé que le sien. Tout cela est d'ailleurs tempéré par un large courant de tolérance où se noient les âcretés et parfois le fiel de ses attaques.

En lisant *Candide*, j'ai été une fois de plus étonné de tout ce qu'on obtenait avec les moyens les plus simples, et de la vie, particulière, si l'on veut, artificielle même, mais si puissante, que prenaient les personnages traités largement, à la façon symbolique. Certes, au point de vue du détail humain, au point de vue de la vérité menue, précise, multiple, complexe, de l'individu, le procédé est enfantin ; mais comme aussi le type s'en élargit ! Et comme il y prend vite des proportions vastes et admirables ! Comme il grandit en hauteur et en profondeur ! Comme il gagne en vérité supérieure ce qu'il a perdu en vérité relative !

D'ailleurs, l'humanité vit-elle sur autre chose que sur ces créations que le génie, de sa nature essentiellement synthétique, jette à chaque siècle, en y mettant, à côté de la marque contemporaine de l'époque, la marque éternelle de l'humanité ? Tout est excessif dans ces statues ou dans ces statuettes, ou même dans ces caricatures ; mais c'est cet excès qui, précisément, fait leur grandeur et leur fortune. Quoi de moins vrai, au sens restreint de l'observation rigoureuse, que ces épiques figures de Don Quichotte, de Panurge, de Pangloss, de Gil Blas, même de Robert Macaire ? Et cependant, quelle vie déborde d'eux ! Quelle âme ils prennent ! Et quel sillon ils tracent dans le souvenir !

J'avoue que dresser ainsi une figure où je résumerais tout un ensemble de vie, où je ferais entrer *un peu à ma fantaisie* tout ce que contient un *caractère*, me tenterait fort. Je ne sais pas même si ce ne serait pas là le plus sûr moyen de faire œuvre durable et populaire, même auprès de la postérité. La foule va forcément à la synthèse, et ces grands personnages synthétiques, outrés et exorbitants, sont toujours sûrs de sa sympathie.

*

8 août soir. – Vu coucher de soleil sur la Seine absolument extraordinaire. L'horizon était littéralement en feu. Derrière le rideau d'arbres qui longe le quai, et dont le vert sombre s'épaississait dans le soir, il y avait un foyer de rouge qui s'avivait jusqu'au plus intense, donnait l'évocation saisissante de l'incendie. On croyait voir positivement Paris brûler, et sur cette gigantesque fournaise de l'occident l'immense nef de Notre-Dame, toute noire, accroupie entre ses contreforts énormes, semblait regarder tout ce désastre magnifique, comme un témoin éternel et sinistre.

*

9 août soir. – Pris avec Valentin le bateau express, à 9 heures du soir. Descendu à l'avant du bateau, sur la pointe extrême qui est presque au ras de l'eau. Là, je me suis accoudé sur la balustrade. Au-dessus de ma tête, la lanterne versait une lumière orangée qui baignait entièrement de rouge l'avant du bateau sous mes yeux, avec tous les objets qui s'y trouvaient : une ancre, un câble, des chaînes… Et une impression fantastique me venait de glisser ainsi sur l'eau absolument noire, dans cette barque lumineusement rouge. Le bateau allait très rapide, coupait le flot profondément, en déployant de chaque côté deux grandes ailes de sillage ; et, peu à peu, m'isolant sur les ténèbres de l'eau, avec la trépidation sourde et vive du bateau qui fuyait sous moi, je me croyais emporté dans la nuit sur le dos frissonnant d'un grand oiseau de légende.

*

Causé longtemps avec Valentin de l'infériorité de la sensation sur l'idée. Je m'étonnais de ce que notre siècle ait été si vite et si passionnément jusqu'au bout de la sensation. Je remarquais l'abîme qui sur ce point nous sépare de toutes les littératures anciennes, et le chemin parcouru depuis seulement soixante ans. La littérature du XVIIe siècle et du XVIIIe siècle est en quelque sorte stationnaire dans sa formule ; et nous, en moins d'un demi-siècle, nous épuisons la nôtre.

Valentin me dit qu'il n'y a rien d'étonnant à cela, une littérature de sensation devant, par son essence même, s'exaspérer toujours de plus en plus dans la recherche d'un raffinement toujours plus introuvable, jusqu'à l'énervement de la maladie, état où il se pourrait que nous fussions arrivés maintenant. Il voudrait, lui, un retour vers l'idée, trop dédaignée, presque oubliée par le Romantisme. Le Romantisme a été purement et simplement artiste. Valentin dit que cela ne suffit pas et que l'idéal d'un art sans pensée est inférieur.

L'Art supérieur, c'est celui où l'on sent l'effort d'une idée qui veut s'être manifestée, d'une âme qui a tenté de s'exprimer. Quand même ses expressions seraient gauches ou maladroites, comme par exemple au Moyen Âge, quand même elles seraient incomplètes, comme de nos jours dans l'œuvre de Puvis de Chavannes, elles nous intéresseraient encore plus que la virtuosité exercée à vide et glissant à fleur d'œil. Il y a certainement, dans nos époques saturées de recherche, de préciosité, d'ingéniosité, des instants où l'âme a faim ; et à cet instant-là, le premier primitif venu, coloré même à nous faire grincer les yeux, fera s'épanouir en nous quelque chose d'autre, plus profond et plus intime.

Seulement, malgré nous, la sensation nous reprend vite, et partout : car c'est notre péché. Elle est comme l'absinthe, grisante et vertigineuse, et une fois le nez dans le verre, qui sait quand nous pourrons le retirer ? Tous les tours de bilboquet, de pinceau et de plume, tout le bibelot, toute la défroque, – c'est le mot favori de Valentin, – lui fait horreur. Je ne suis pas encore arrivé à être sur ce point aussi intransigeant que lui. Le serai-je jamais ? J'ai des sens très exigeants ; et, parfois, des impressions d'extériorité pure sont complètes pour moi. Je sens néanmoins, quand j'éprouve les autres, qu'elles descendent plus loin en moi.

Valentin me disait aussi, résumant l'entretien, que toute la noblesse et la grandeur étaient dans l'idée, attendu que l'idée peut diriger la vie, tandis que la vie est à la merci de la sensation.

*

11 août. – Vu aujourd'hui petite Natatcha, très jolie avec son grand chapeau de paille croqué en toit sur le front et tout frissonnant de gaze, ses manches 1830 débordantes, la couleur fraîche et gaie de sa robe anglaise à petits dessins rouges, son excessive ceinture de soie rouge à pans immenses, et ses gants de peau blancs aux pattes brodées de rouge. Toujours un délice, son grand col rabattu, d'où sort son cou blanc et gras, avec je ne sais quoi d'une nudité. Elle m'a apporté des magots, et j'ai baisé le coin de sa bouche, là où l'on sent la fente des lèvres.

*

13 août. – Remonté ce matin la rue Saint-Antoine pour aller rue Bourg-Tibourg. Trouvé à Paris une physionomie particulière. Moins d'animation, moins de cohue, moins de voitures. Des trottoirs plus propres, avec des gens d'allures moins enfiévrées.

Le soleil n'était pas encore brûlant, et l'air avait la jolie fraîcheur des matinées d'automne. J'ai traversé des rues où des enfants jouaient, où l'on entendait dans les boutiques ouvertes des femmes chanter. Une sorte de paresse paisible flottait dans l'air heureux et léger. Dans une rue calme et sonore, un orgue très jeune de timbre jouait le duo de la *Mascotte*. Je suis resté à l'écouter. Les vibrations chevrotantes des notes flûtées m'entraient dans la peau avec volupté. J'ai souvent eu cette impression de chatouillement nerveux, quelquefois même poignant jusqu'aux larmes, auprès d'un orgue de Barbarie.

Détail drôle : l'homme à qui j'avais donné deux sous, voyant que je m'étais arrêté, s'est piqué d'honneur et tournait la manivelle avec expression, positivement.

*

Été pour mon passeport à la préfecture de police. Dans la grande salle où j'attendais, il y avait une quinzaine de personnes sur les bancs. Tout à coup, la voix de l'employé qui appelait a prononcé : « Mon général ! » Un grand vieux moustachu s'est levé. Instinctivement, tout le monde s'est tourné vers lui et l'a regardé. Il y a vraiment une magie irrésistible, où toute une vision rayonne, dans ce mot : général !

Mon voyage avance. C'est bizarre : chaque fois que j'y pense, la première impression n'est pas une impression de plaisir ; c'est presque, à certaines heures, comme une impression de vague angoisse. J'ai toujours peur d'un accroc. Et puis, il me semble que le meilleur du plaisir, je l'ai pris maintenant. La *certitude* où je suis depuis des mois déjà de faire ce grand voyage a satisfait en quelque sorte tous les rêves que j'avais faits dans ma jeunesse, en en rendant la réalisation possible. Toutes ces envies que me causaient les voitures chargées de bagages et les omnibus remplis de gens en costumes clairs, harnachés de sacoches, se sont en allées, du moment que je pouvais me dire que je serais comme eux, que je partirais moi aussi ; car le plus délicieux du voyage n'est pas de partir…

*

Les ronds du ciel bleu intense qu'on voyait découpés par le disque d'un œil de bœuf parlaient aussi de pays de lumière, et incitaient à l'évocation des beaux Orients païens, dorés, tièdes[2]… Et, malgré tout, je suis resté seul. La communion qui se traduit presque toujours, arrivée à son paroxysme, par une sensation de volupté physique coulant au long des nerfs en une seconde extrême et parfaite, ne s'est pas produite, même au moindre degré. Peut-être était-ce parce que j'avais pieusement prémédité la veille cette « *partie* ». Décidément, les projets ne me réussissent pas, et la vie s'acharne à me faire entendre qu'il faut la laisser faire tranquillement, et sans ingérence quelconque de ma part.

En sortant, j'ai suivi les quais, et je suis entré au Jardin des Tuileries. J'ai flâné le long des parterres, m'amusant à me *composer des tableaux*. L'un était ravissant, fait de rien : un vase de marbre, et dans le vase, se détachant entièrement sur le bleu profond du ciel, une touffe de géraniums qui éclataient, rouges.

Dans le jardin désert, je me suis assis au pied d'un marronnier, en me tournant vers les Tuileries. J'avais au premier plan un parterre de fleurs vivaces et tout allumées de soleil, découpant son beau galbe ; puis les verdures sombres et claires se groupaient, s'amassaient, montaient, grandissaient, et vers le fond formaient un grand massif de feuillages mordorés, à travers lequel, dans une découpure, on voyait s'élancer, net et délicat d'arêtes, le Pavillon de Flore, flanqué de ses hautes cheminées sculptées. Une vapeur amollissait les angles, bleuissait les pierres, acculait le paysage dans le songe. À gauche, vers la place du Carrousel, sur l'Arc de Triomphe, le quadrige de César, dans un air moiré d'ombres et de clartés, évoquait, cabré là-haut sur le ciel, une épopée fabuleuse. Je suis resté là longtemps. Les statues palpitaient au soleil. Une grande douceur sortait des fleurs immobiles et des feuillages remués lentement. Les rumeurs de Paris qui grondait au loin expiraient autour de moi en un

2 La phrase est précédée, dans le manuscrit, de cette indication que nous supposons de la main de Mouquet : « Plusieurs pages manquent. »

souffle murmurant, continu, attendri… Les flaques d'eau, par endroit, mouillaient les yeux d'une fraîcheur.

*

Causé avec Valentin des deux aspects, ou plutôt des deux aspirations, de la musique. Nous avions d'abord parlé philosophie, et je lui avais dit que le rôle du christianisme avait été de rendre pratique en quelque sorte l'idéalisme des doctrines platoniciennes. Avec Jésus-Christ, l'idée spiritualiste et le précepte de charité s'étaient faits chair, et, ainsi descendus de la sphère abstraite, stérile et sublime du concept pur, étaient entrés dans notre humanité vivante et l'avaient conquise.

Et Valentin alors, procédant par analogie, me faisait remarquer qu'entre la musique des grands classiques (Beethoven et Bach) et la musique de Wagner, quelque chose de semblable se laissait entrevoir. Une symphonie de Beethoven se développe logiquement, immuablement, comme une sorte de théorème esthétique dans l'atmosphère transcendante de la musique pure. Il s'en dégage cette sorte de plénitude lumineuse qui émane de la Vérité Une contemplée ; et l'âme y baigne dans une sérénité ; et l'Esprit, ayant *trouvé*, s'arrête et se repose. Chez Wagner, au contraire, nous sommes dans la Vie, dans le paroxysme de la Vie. Tout y souffre, y pleure, y crie, y pâme… Tout y est ardent, frémissant et éperdu… Des fluides nerveux, à jets irrésistibles, nous enveloppent, nous enroulent, nous enivrent… Et toute notre âme, à fleur de sens, se tord et palpite. C'est un poison, c'est un péché, et nous le sentons bien à certaines heures, lorsque nous en sortons meurtris et les nerfs cassés : mais c'est toute notre humanité qui était là, douloureuse, sanglotante, mais folle de vie, et nous y retournerons souffrir.

*

24 septembre. – Revenu de Vallombreuse à la gare de l'Abbaye à 8 heures du matin[3]. La nuit avait été fraîche. Une gelée blanche étendait sur les pelouses et sur les prairies une gaze sous laquelle les viridités s'argentaient, frileuses. En errant dans le jardin, j'avais cueilli une rose

3 Au mois de septembre 1889, Samain écrit à sa sœur Alicia : « Cette fois c'est de Milan que je t'écris. J'y suis arrivé depuis avant-hier, après un séjour d'un jour à Turin. Me voilà donc en Vallombreuse. » (BmL, fonds Jules Mouquet, ms. C 200 f. 3 et 3 bis. Tapuscrit.)

blanche ; sur les pétales refermés de froid, la rosée faisait comme une gaufrure de perles toutes petites, innombrables, transparentes : un rêve d'orfèvrerie.

Dans l'atmosphère du matin, le paysage souriait, caressé d'un soleil très doux, et l'œil, trempé de bleu, se dilatait. De petites maisons blanches, dans des fonds de verdure, recevaient la lumière matinale par leurs portes, leurs fenêtres ouvertes, parlaient d'innocence et de paix dans la joie claire, éparse au loin sur les campagnes. J'étais heureux ; et, du printemps de mes souvenirs, une prime adolescence me revenait au cœur. Le vent me filait aux oreilles, léger et sonore ; le torse droit sur le siège de la voiture, je l'aspirais à pleine bouche, en sentais la fraîcheur me descendre jusque dans la poitrine. Tout semblait propre et neuf : la route, les arbres, les maisons, les feuillages. Pourtant, les feuilles mortes qui volaient par endroit comme des papillons formaient au pied des arbres un tapis mordoré, parlaient de l'automne. On sentait l'hiver prochain, malgré tout ; et dans ce sourire de l'année mourante, frêle, pâlot, diaphane et suave, on sentait un je ne sais quoi de factice, comme en un sourire de poitrinaire fait de mièvrerie suprême et d'espérance mouillée.

*

24 septembre. – La gare, à l'intérieur, sous l'immense lanterneau sonore. 7 heures du soir. Le train va partir. Des voyageurs escaladent le marchepied, s'installent, se promènent sur le quai, s'embrassent en adieux fiévreux. Des hommes en casquettes numérotées courent, poussent des fourgons, portent des bagages, ou, une lanterne à la main, visitent les roues et enjambent les wagons pour inspecter les lampes. Les plaques tournantes font [...]. Les employés, en tuniques, affairés et graves, surveillent. La locomotive, encore absente, apparaît : au loin, un œil rond qui s'avance, fixe, dans les ténèbres. La voilà. Une secousse : elle est attelée. Toute prête pour sa course vertigineuse d'express qui durera deux heures ; la chaudière de cuivre, brûlante, égoutte. Comme un cheval bridé court, elle retient sa vapeur qui sort par petites bouffées légères, impatientes, saccadées. Dans son ventre, quelque chose ronfle, d'un grondement continu, souterrain, saisissant. Le chauffeur apparaît dans l'ombre, la figure et les mains noires, avec un air joyeux de postillon au départ. Il circule au long de la bête, lui caresse la croupe, tripote aux pistons. L'heure approche : encore deux minutes. Les portières claquent.

Le chauffeur attache le fil électrique de la sonnette d'alarme, tend au chef de gare son carnet de départ, puis jette un dernier coup d'œil, ouvre la porte de la chaudière et regarde dans le feu qui lui envoie en caresse un reflet rouge, sinistre et superbe.

Sept heures. C'est l'heure. Un coup de sifflet aigu, déchirant, fou ! La cloche sonne. Un long geignement rauque d'un bout à l'autre des voitures ; puis, doucement, sur les rails luisants, au rythme d'un large souffle de fer, le train glisse, glisse, plus vite, plus vite encore, puis s'ébranle, puis gronde, puis roule, terrible. Plus rien qu'un œil rouge à l'arrière, qui décroît, recule, s'enfonce, disparaît, tout là-bas… Et c'est peut-être la plus grande symphonie que le génie de l'énergie humaine ait jamais inventée.

*

27 septembre. – Je ne sais si, la palette à la main, j'eusse été bon peintre ; mais je crois avoir le sentiment assez délicat de la couleur. En tous les cas, j'ai éprouvé beaucoup de jouissances par l'œil. Aujourd'hui encore, j'ai constaté, en remuant des étoffes, des velours, des soies, quelle délectation naturelle je prenais aux combinaisons de nuances que le hasard des pièces étalées produisait.

D'ailleurs, j'ai déjà dit quelque part qu'il m'arrivait souvent, au long de mes promenades, de m'amuser à me composer des tableaux, tantôt en choisissant un arbre autour duquel je tourne jusqu'à ce qu'un paysage de ciel ou d'architecture à mon goût s'encadre dans la verdure ; tantôt en errant au long d'un pont, jusqu'à ce qu'une silhouette de monument soit saisie dans son plus expressif profil ; tantôt en cherchant dans les tons d'un couchant le meilleur fond d'ors somptueux et fins, pour y détacher, comme sur un écrin, la dentelle de velours noir ou d'une flèche gothique ou d'un toit Renaissance. Il m'arrive même rarement d'avoir une fleur, une rose surtout, sans chercher sur quel lit de couleur harmonique je pourrais la coucher.

C'est pour ces raisons d'esthétique coloriste que les paysages qui me ravissent le plus, extérieurement et aussi intérieurement par contre-coup, sont ceux qui sont pour ainsi dire faits d'une seule teinte, le crépuscule et l'aube, ou la nuit. Dans ces paysages, le ciel seul possède encore la couleur, qui croît et décroît de l'orient à l'occident, avec des transitions infinies et mourantes ; et tout le reste s'enveloppe, se noie, se fond dans une intime pénombre harmonieuse, vaporeuse, faite du reflet lumineux de là-haut. Parfois, les lumières de la ville allumées y jettent des éclats de pierre précieuse, excessifs et incohérents, – rubis, saphir, émeraude, – qui brûlent ; et le grand jour extérieur exalte tout au hasard, dans une anarchie de couleurs, comme la tache intense qui éclate au coin d'un paysage japonais.

Whistler a fait, dans cet ordre de sensations architectoniques, basées sur l'unique d'un ton, des délices adorables.

*

Pourquoi ce non-sens de la destinée de l'homme : les facultés *relatives*, une volonté *absolue* ? Toute sa misère sort de là.

*

Le talent, le génie même, sans le caractère, c'est un carrosse sans chevaux.

*

30 septembre. – Acheté sur les quais un bouquin de 1754, *Essai sur le bonheur*[4]. Certaines phrases sur la musique m'avaient tenté. Je n'ai rien trouvé d'intéressant à notre point de vue moderne.

*

Au Palais-Royal, m'étant aventuré à ouvrir la porte d'un magasin de bijoux pour demander le prix d'un flacon de sels, en œil de tigre, d'une belle nuance d'or fauve moiré, j'ai payé chèrement ma témérité. La marchande, qui m'avait d'abord fait l'objet 35 francs, peu à peu a baissé et m'a enfin acculé à 20 francs, chiffre que j'avais presque proposé moi-même. Cette situation forcée m'a causé pendant quelques minutes une gêne énorme. Je plongeais dans des silences gauches, dont je ne sortais qu'en balbutiant des mots décousus, qui me semblaient idiots. J'avais beau me rendre compte intérieurement de l'insignifiance de la chose et me répéter à moi-même que je n'avais qu'un mot à dire, net

4 Antoine-Henri de Bérault-Bercastel, *Du bonheur de la vie*, À La Haye, 1754.

et précis, pour en finir, et que j'étais absolument libre, et que j'avais la supériorité du client sur le marchand, tout était vain. Je ne pouvais me résoudre à prononcer le mot décisif, et les yeux insinuants de la marchande me paralysaient. Je n'ai jamais mieux constaté l'infériorité, ou même l'imbécillité de mon caractère au point de vue social, et l'absence de toute énergie en moi pour m'imposer la force de déplaire. Je suis sorti du magasin d'une façon précipitée et maladroite ; et, dehors, j'ai poussé un immense soupir de satisfaction.

*

30 septembre. – Je m'étonnais souvent que dans cette société grecque où le plus large esprit de tolérance régnait vis-à-vis des cultes et des philosophes, Socrate, dont l'enseignement est cependant, en dehors de son système du monde, purement spéculatif, plein de révérence pour les dieux et l'orthodoxie du paganisme, eût été condamné à mort. Je viens de voir que mon étonnement était légitime. La mort de Socrate a été le fait surtout de rancunes politiques : il appartenait au parti aristocratique et fut enveloppé dans la réaction démocratique qui suivit la chute des Trente Tyrans. Il se défendit comme un homme qui ne tenait plus à la vie : il avait alors 70 ans.

*

5 octobre. – Passé par le musée Las Cases. Un joli Fragonard : une petite bacchante couchée, vue entièrement de face. Son torse s'appuie sur des coussins, sa tête abandonnée se renverse, ne laissant voir que ses narines roses au-dessus de sa bouche entr'ouverte. Le renflement de sa hanche ainsi présentée en un raccourci d'audace est harmonieux et puissant ; et les cuisses grasses, rondes, opulentes, font mieux valoir, au bout des jambes sveltes à mollet haut, l'affinement délicat des pieds. Les deux bras pendent de chaque côté du corps, et le tronc ainsi resté libre s'épanouit dans sa grâce molle, tendant comme deux fleurs ses seins roses et rigides de jeune déesse, et creusant dans la peau voluptueuse du ventre le calice ombreux du nombril. L'ensemble est lumineux, léger et transparent.

Une draperie de pourpre se relève pour laisser voir un coin de paysage, baigné d'une vapeur dorée, chaude, qui roussit les verdures et décompose le bleu verdi du ciel. Un lointain riche et tiède de Jardin d'Amour. Le lit, chiffonnant ses blancheurs excitantes ; et le reflet du rideau de pourpre baigne le haut du corps de la danseuse dans un demi-jour moiré, frissonnant. À ses pieds, un monceau d'étoffe jaune : sa robe, qu'elle a quittée avant le sommeil, se fiance harmoniquement à l'air doré du fond. Le corps s'étale, tiède, nacré et rose, avivé d'incarnats tout mystérieux d'ombres.

*

Sur cette observation, que nos plus vives et nos seules jouissances en art nous sont données par la similitude de nos sentiments avec les sentiments exprimés, ce qui n'est qu'une variante dans l'application de la grande loi de l'attraction.

*

Lu une page de Voltaire après un chapitre faisandé, tourmenté et compliqué d'un roman moderne. Cela donne la sensation presque physique d'un verre d'eau claire qu'on avalerait.

*

L'humanité qui se trémousse tant sur ce pauvre globe, pour recommencer sans cesse la même chose, pourrait prendre pour sa devise un singe savant qui marche sur une boule.

*

Écrire pour son plaisir, c'est faire la cour à la littérature, et quelquefois être son amant. Écrire pour gagner sa vie, c'est entrer en ménage avec elle.

*

Celui qui sait créer son bonheur intime – à travers une fenêtre contemple tout un infini – dans un bouquet d'arbres voit toute une forêt – dans une fleur respire tout un jardin.

*

Au XVIIe siècle, on parlait ; au XVIIIe siècle, on causait ; au XIXe, le nôtre, on blague.

*

Peu de choses sont aussi évocatrices que ces mots : « un vieux pont ». Tout un monde d'impressions, d'idées et de souvenirs y est enfermé. On pourrait dire, par une métaphore anatomique, que dans les villes les ponts sont les vaisseaux du cœur.

*

Le procédé de Poictevin est celui de Goncourt, avec une pointe de raffinement en plus[5]. Le mot dans lequel le poète a résumé l'effort de ses postulations est serti avec une fièvre de joaillier amoureux de ses perles. Les épithètes sont incrustées autour du Verbe comme des brillants autour d'un camée subtil ; et, quand la pierre est sortie de ses doigts parachevée, pour ramasser toute sa force d'irradiation il la pose doucement sur le velours sombre de l'écrin, seule dans son rayonnement.

*

Après la lecture d'un *Résumé historique sur le Xe siècle.* Rien n'est attachant comme ce coup d'œil jeté de haut et d'ensemble sur l'humanité. Il semble que l'on assiste, des sommets impassibles du Destin, aux formidables aléas de la Terre. Ces édifications et ces écroulements de royaumes, ce creuset géant où viennent tumultueusement se fondre toutes les barbaries, ces conflagrations immenses qui s'allument d'un bout à l'autre de l'Europe, au milieu d'un bruit d'invasions en marche et d'Empires démantelés, ces ruées sauvages de conquérants qui passent ventre à terre à travers l'Histoire, taillant, brûlant et saccageant ; avec, au-dessus de tous ces tonnerres humains, de tout ce fracas d'avalanches, l'unique et très haute et très puissante voix de l'Église du Christ, dont la Croix toujours grandissante ouvre ses deux bras au plus haut du ciel et couvre l'Europe tout entière de sa grande ombre, tout cela donne une impression frissonnante, comme d'une terrible apothéose vue au travers d'un rouge vitrail énorme.

5 Francis Poictevin (1854-1904), disciple d'Edmond de Goncourt (1822-1896), fut un écrivain symboliste qui cultiva à l'excès l'écriture artiste.

*

Jolie phrase cueillie dans Chénier, et qui sent bien son temps :

« L'agrément de sa critique, l'autorité de son goût, la politesse de son style et l'ordonnance de sa méthode lui assignent un rang distingué dans les préférences des amateurs éclairés[6]. »

*

Le soir. – Petite pluie fine qui a adouci le vent aigre et froid des derniers jours. Passé par l'avenue Victoria. En rentrant, j'ai eu comme une impression d'enchantement. L'obscurité était presque complète. Il n'y avait plus à l'orient, c'est-à-dire au fond de l'avenue, du côté du Châtelet, qu'un coin bleu, d'un bleu teinté de vert, d'une étrangeté indéfinissable. Le bitume de la chaussée et des trottoirs, sur lequel la pluie n'avait pas encore séché, reluisait comme une nappe d'eau où se reflétaient, diffusées et élargies, les flammes dorées des becs de gaz et les énormes rubis des lanternes d'omnibus. Les arbres, aux branches enchevêtrées, bordaient et prolongeaient au-dessus de ma tête un fouillis sombre, et les doubles rangées des maisons où des vitraux s'allumaient par places, sourdes et voilées, entassaient jusqu'à l'horizon des masses d'un noir déchiqueté.

En me retournant, l'impression d'un changement à vue dans une féerie, comme un décor aperçu d'une avenue de songe. Au fond de la place miroitante qui formait comme un lac, l'Hôtel de Ville se dressait avec sa façade blanche et ses hauts toits d'ardoises illuminés. Au-dessus, le ciel était d'un bleu gris où se mêlaient les cendres de la nuit.

Tout à coup, à travers les branches touffues d'un platane, je vis, en levant les yeux, une étoile qui brillait, puis une autre, puis une autre encore. On eût dit que quelqu'un d'invisible les semait pour moi là-haut. L'air était d'une limpidité suave. Un vent souffla, frais et léger, qui semblait comme l'âme frissonnante de toute cette douceur. Je m'en allai, à pas lents, l'œil baigné de mélancolie et vague, et la lèvre entr'ouverte comme pour respirer du rêve.

*

6 Nous n'avons pas retrouvé ce passage de Chénier.

Impulsion profonde produite par l'accent de bonté sincère qui jaillit sans cesse de ces pages. Le cœur de la femme se trahit là, dans une sincérité assoiffée de tendresse, dans son sens de l'amour qui semble vraiment être chez elle, dans ce cas, une des formes de la maternité : c'est-à-dire le besoin de se dévouer, de se sacrifier, de couver sous des tiédeurs d'affection l'être qui lui a révélé les sympathies. Serait-ce, je le crois bien, l'idée flottante de cette délicieuse figure, l'attendrissement latent dans lequel ma sensibilité baigne, dominée par ses beaux yeux touchants ? Mais il m'a été impossible de lire ces quelques lignes de confidences vraies, sans me sentir le cœur étreint peu à peu d'une émotion qui, vers la fin, insensiblement renforcée par les répétitions et les retours rythmiques d'une pensée qui se raconte, me faisait malgré moi monter des larmes douces. J'ai été jeté dans un état de trouble nullement littéraire, mais auquel je ne crois pas que la littérature puisse nous amener. Il y avait tant d'effusion là-dedans, une telle pureté dans la bonté, que je m'en voulais presque d'y mettre, moi, une volupté ! Ce qui était écrit avec l'âme, j'en jouissais, me semblait-il, avec les nerfs ; et j'avais la sensation voluptueuse, en lisant ces secrets, de me promener à travers les replis mystérieux d'une rose.

Ô cœur, combien plus grand que le nôtre, qui tremble, de la première à la dernière ligne, d'une adorable pitié, et qui pourrait se dominer pour consoler !

*

Je suis sorti me promener le long de la berge, où, la courbe élargie du fleuve montrant l'autre rive dans cette lumière vaporeuse des atmosphères chargées d'humidité, le dôme du Panthéon, les tours de Notre-Dame vous donnaient l'impression d'un paysage d'archevêché... La large trouée de la Seine, vers l'occident, éveillait des idées de fuite vers la campagne. Les cloches d'une veille de fête sonnaient, et ces bruits s'associaient dans ma pensée à des idées de vie provinciale, dans un paysage simple de roman sentimental, de couvent où se retrouvait, mêlée et diffuse, la robe charmante de Cécile.

*

Lu Poictevin. Exquise lecture : mille joyaux sertis par un délicat. Malgré le tollé soulevé dans la presse à l'apparition de *Ludine*[7], je prétends que Poictevin est un écrivain, et un maître dans l'art de rendre d'une façon originale et précise la sensation. Toute une vie s'évoque dans ces pages concentrées et ramassées, dans ces confidences sublimées. C'est une confiture essentielle qu'on savoure gourmandement. L'analyse de l'auteur sur lui-même est poussée avec une acuité de perception remarquable. Il veut voir et il veut savoir ; et il fouille les coins et les recoins de son âme, sans jamais se lasser, avec une passion tenace et jalouse. Que de choses délicieuses trouvées ainsi dans les replis profonds du souvenir ! Que d'enchantements discrètement et intimement remémorés ! Rien de plus captivant que de suivre ce travail ardent et menu d'artiste, dont les doigts anxieux cueillent pour l'âme ces folioles de sentiment et les déposent dans une phrase toute fraîche avec leurs pétales qui tremblent.

La chambre de la tante Isabelle a fourni à l'auteur un des plus adorables morceaux. D'un bout à l'autre, le ton est celui d'une demi-confidence, dans laquelle on sent encore passer tout l'effroi délicieux des mystères et toute l'avidité impérieuse de l'enfance.

---

7 Francis Poictevin, *Ludine*, Bruxelles, Henry Kistemaeckers, 1883. Selon Léon Bloy, on retrouve dans ce roman « le même néant de toute spiritualité, de toute synthèse morale, de tout aperçu philosophique [que chez les Goncourt] ; c'est la même mosaïque byzantine, idiotement compliquée et froide à faire tomber les ongles, étonnante d'obstination formique quand on a le nez dessus, mais absolument inintelligible et indiscernable à la distance de trois pas. C'est inouï de docilité résignée et excrémentielle. » (« L'Extrémité de la queue », *Le Chat noir*, 27 octobre 1883 ; recueilli dans *Propos d'un entrepreneur de démolitions*, Paris, Tresse, 1884, p. 83.) Juliette Adam refusa le manuscrit et adressa une lettre à son auteur qu'Henry Kistemaeckers reproduisit dans la *Notice* de son édition.

CARNET II

Mayence, 8 heures du soir. – *24 août*.

Dîné au Café de Paris. Un Français qui s'en va nous dit : « Bon appétit ! » avec une joie dans la voix. Nous sommes arrivés par un temps magnifique. Le Rhin, s'élargissant devant nous, découvrait un horizon superbe, formé d'un cirque de collines bleuâtres, comme vues à travers une transparence de gaze. En arrivant près de la ville, tout ce que j'avais reçu d'inspirations de voyage m'est remonté à l'esprit en une bouffée, et les deux tours du dôme émergeant lentement du lointain du fleuve m'ont versé une poésie de légende délicieuse.

*

Bruxelles. – Promenade de onze heures, charmante, à travers le boulevard à peine encore réveillé, dans un ciel pâlot, qui par minute essayait de sourire. Le soleil voilé faisait des ombres légères, légères…

Bouquiné le long d'une vitrine. Un Désaugiers m'a évoqué, avec une douceur, cette époque de flonflons, de tonnelles, de caveaux, où circulent des gens à toupet, engoncés dans des collets de redingotes extravagants, pour laquelle j'ai, sans me l'expliquer, un je ne sais quoi de tendresse.

Vu le musée. Un *Faune*, d'un profil fin, m'a retenu longtemps. Les cheveux très abondants, roulés en bandes épaisses au-devant du front étroit, une mèche tordue, comme un cep de vigne, le long de la joue, sous l'œil ; le nez légèrement busqué, comme pincé en haut par l'arc commençant des sourcils ; les lèvres rêches, retroussées voluptueusement et comme insinuant un sourire indéfini. Quelque chose du profil oriental de l'Antinoüs, aquilin et d'ovale allongé. Des feuilles, des pampres, des grappes… les cheveux dans un gracieux hasard symétrique.

Un *petit Napolitain*[8], de torse grêle, de jambes lestes, un caleçon aux hanches, porte, posée à plat sur sa main relevée contre son épaule, une sorte d'alcarazas. La tête est jolie, fine sous les cheveux frisés tout autour ; les yeux s'ouvrent avec une sauvagerie au fond. On y sent couver un regard qui deviendrait vite impérieux, cruel. J'adore ce caractère de certaines

8 Voir *supra*, p. 188, n. 2.

beautés. Elles mêlent je ne sais quoi de poignant à la tendresse qu'elles inspirent. On va à elles avec une sorte de désir voluptueux d'en souffrir.

Vu d'admirables primitifs flamands et allemands. Quelques noms çà et là reviennent ; le reste est inconnu : van der Weyden[9], Steinbout[10], Gossard[11]… Une intensité incroyable d'expression dans toutes ces figures ; et dans tous une originalité naïve, comme spontanée, dans le groupement des scènes, des attitudes, des personnages, dans le geste surtout. Dès que l'art semble en progrès, dès que les candeurs premières des écoles du Moyen Âge disparaissent pour faire place à l'élégance assurée des siècles académiques, l'expression morale s'atténue, s'affaiblit, s'émousse, dans la monotone eurythmie du dessin. On parle mieux, on dit moins ; on ne sent plus le beau jet d'une sève riche, profonde et inconsciente. L'art se tranquillise, se fait la main, devient médiocre. Plus rien n'intéresse, en dehors des puissants, qui attachent par leurs tempéraments : Rembrandt, Jordaens, Rubens.

Jordaens surtout étonne. La vie, chez lui, plus encore que chez Rubens, est paroxyste, et les types sont accentués dans une vision effrayante de verve. Des visages truculents, aux barbes tumultueuses, aux faces crevant de congestion, des joues qui éclatent, des cous gonflés et roulant comme des fanons, et une orgie de chairs cramoisies, palpitantes, croulantes, où des yeux acérés, brillants, aigus, pointent des regards qui exultent ; et tout cela hurlant de vie.

L'architecture de certains tableaux allemands primitifs m'a frappé par un caractère excessif et barbare. Ce sont des enfilades de salles de marbre, incrustées de pierres précieuses, soutenues par des foules de colonnes torses, trapues, massives, tout étincelantes de gemmes. Des guirlandes de fleurs éclatantes pendent partout, lourdes ; des grilles aux ferrures exorbitantes se succèdent, et l'on aperçoit tout au fond une avenue de jardin sombre, d'un vert profond et orageux, pendant qu'au premier plan le lustre énorme et compliqué hérisse l'enchevêtrement luxuriant de ses ramures d'or.

Passé à 5 heures sur la Place. Il pleut. Vue de la porte du Parc, la scène a de l'allure. Au premier plan, au centre de la place, Godefroy de Bouillon découpe en noir vigoureux sur le fond son profil équestre,

9 Voir *supra*, p. 189, n. 4.
10 Voir *ibid.*, n. 5.
11 Voir *ibid.*, n. 6.

robuste et mouvementé. Et au fond, dans l'atmosphère remplie de pluie, comme Gaza au sommet de la colline, le Palais de Justice érige ses masses pyramidales allégées d'entrecolonnements.

*

Causé avec Valentin de la femme. Il me dit qu'un docteur avec qui il en parlait lui a affirmé que, sur cent femmes, il s'en trouvait à peine dix qui fussent vraiment sensuelles, qui jouissent. Cette assertion purement physiologique corrobore bien ce que nous disons souvent avec Valentin ; la femme, dans la plupart des cas, ne se livre à l'homme que pour deux motifs, dont l'un ou l'autre prédomine suivant la femme, ou surtout suivant le cas : soit pour donner du plaisir à l'homme, soit pour se l'attacher. Au fond, ces deux raisons souvent s'identifient, n'en font qu'une. Celles qui se donnent par plaisir personnel sont la très petite exception.

Cette absence de sensualité chez la femme lui communique, pour dominer l'homme, une force immense. Elle le sait, et en profite autant qu'elle peut. Là est le secret de ses plus extraordinaires tyrannies et de ses triomphes fabuleux. Toutes les créatures symboliques, légendaires ou historiques, dont les noms évoquent un empire d'amour, ont été passives ou froides. Hélène, Cléopâtre, par exemple. La coquetterie, qui fait le fond de la femme, provient tout naturellement de son insensualité.

Il faudrait ici se servir d'un mot cependant moins vague. Car la femme, dont l'appareil nerveux est délicat au suprême, doit posséder et possède réellement une propension plus vive que l'homme à la jouissance. Mais cette jouissance ne se localise pas en un point spécial, comme chez l'homme, où le rut en est la plus aiguë expression ; elle est répandue à travers son être entier ; elle sort partout de son corps et coule comme un fluide au long de toute sa chair. Pour elle, la caresse lente, pénétrante, intime, – ou large et enveloppante, – suffit et apporte la plénitude.

La femme, telle que nous l'avons faite, tient à la fois de l'esclave et de l'ange, sans terme moyen. Elle est souvent les deux en même temps.

Valentin disait très justement : il doit y avoir une souffrance atroce pour une femme à voir un jour qu'elle ne trouble plus l'homme autour d'elle.

Je crois sûrement que la passion va à la passion, et que les hommes ne sont jamais vraiment troublés que par des femmes troublées elles-mêmes.

*

L'esprit de sacrifice et l'esprit d'égoïsme ne sont pas si opposés qu'ils le paraissent. On les trouverait souvent réunis et faisant bon ménage chez la femme, chez la mère surtout, – chez le dévôt aussi.

*

27 septembre. – Je crois qu'un homme qui prendrait l'œuvre de Hugo et la lirait consciencieusement d'un bout à l'autre serait étonné de tout ce qu'il y trouverait. Le lyrisme d'Hugo, inconscient comme la nature, possède en effet une divination ou une force naturelle étrange, qui lui fait entrevoir et formuler ce dont lui-même ignore la profondeur. Sa grande lyre, tendue au milieu de la création, vibre à tous les souffles et résonne, sonore et profonde, sans autre but que de résonner et vibrer. Toute la prescience singulière de certains êtres nerveux qu'affectent des influences encore distantes m'expliquerait par analogie la double vue littéraire de cette énorme organisation poétique. Dans tous les ordres de l'idée, on trouve chez Hugo des vers presque inexplicables, reflétant comme une lumière étrange, mystérieuse, s'imposant à l'esprit par je ne sais quelle force supra-logique et révélant par la magie surnaturelle des mots un coin du Verbe absolu.

Au point de vue art spécialement, le seul dont nous nous occupions, il est certain qu'Hugo a eu, et fréquemment, au long de son œuvre immense, des trouvailles exquises, intimes, raffinées, précieuses, maladives même, absolument incompatibles avec sa nature tout extérieure, robuste et décorative. Son génie d'essence exorbitant et sublime dépasse dans ses élans le niveau des idées reliées par l'enchaînement rationnel et logique, et vole ravir d'un seul coup d'aile, aux sources mêmes du concept, les trésors que lui-même souvent il ignore. On ne peut l'expliquer que par ce don d'ultra-lyrisme qui l'emporte, vertigineux, au-delà de lui-même. Le vieux mot démodé d'*inspiré*, ramené à son sens plus moderne et significatif d'un cerveau abandonné à son impulsion en toute plénitude, me semble, en une belle concision, résumer la magnificence de ces phénomènes.

*

L'orientation particulière de mon âme est le bonheur. Je vais, naturellement, par une pente irrésistible et instinctive, aux gens heureux, aux choses heureuses. Je ne me développe complètement que dans une atmosphère tiède, dilatée de contentement, où tout est bien, quand tout va bien autour de moi. La source de ma sociabilité facile, égale et généralement affectueuse, réside peut-être dans ce besoin égoïste que j'éprouve d'avoir toujours autour de moi des yeux souriants. Un visage renfrogné me donne la sensation presque physique du froid. Dans la conduite des êtres qui m'approchent, je suis toujours enclin à ne considérer que les meilleurs côtés ; et j'ai pour leurs travers, pour leurs fautes, pour leurs oppositions de sentiments, une indulgence continue. Je les excuse sans effort. J'ai du plaisir à les excuser. Dans les œuvres d'art, je suis obligé de me forcer pour aller aux défauts. Là où les autres trouvent un agrément d'esprit à exercer leur faculté critique, j'éprouve le désir primordial de satisfaire mon appétit d'admiration.

Car le penchant de ma nature générale, que je signalais plus haut, se manifeste, en ce qui concerne l'art, sous forme d'une admirativité toujours en éveil, toujours désireuse de s'employer. Je me rends très bien compte moi-même que cette disposition me fait souvent exagérer le mérite des choses ; mais une fois dans le courant, je me laisse entraîner, joyeux de dépenser mon enthousiasme et de le jeter, comme un prodigue, par les fenêtres. Il s'ensuit que je fais très peu d'exclusions en art, sans tomber cependant dans l'éclectisme froid, sceptique et circonspect. Au contraire, mon éclectisme est vite passionné ; mais au lieu de m'échauffer *contre*, je m'échauffe *pour*, surtout si je me trouve dans un voisinage de sympathie.

*

Le mastroquet est un type. La tête ronde, énorme, à cheveux ras plantés bas sur le front, la face noyée dans une hypertrophie de graisse, les bajoues croulantes, le cou pendant ; et dans cette boule de chair flasque et molle, des yeux impérieux, droits et durs, un nez d'arête mince et sévère, un menton d'autorité, et des lèvres de diplomate, fines comme une coupure. Le masque, admirablement mobile, prenait des intensités d'expression saisissantes. Et le jeu des muscles, des sourcils et de la bouche l'éclairait ou l'assombrissait, d'une seconde à l'autre, avec une incroyable rapidité. À certaines minutes, cette tête puissante, aux larges méplats, ce profil de taureau, faisaient songer à quelque médaille d'empereur gras, ou Galba ou Vitellius.

*

Dans une conversation échauffée de table d'hôte, Cros, emballé par le scandale de l'affaire Caffarel[12], trouve que tout s'en va, que la pourriture grouille partout ; que le vieil honneur se désagrège dans les cervelles, se liquéfie ; que la Société n'est plus qu'une grande alcoolique de vice. Quelqu'un lui jette Déroulède dans les jambes. Cros le ramasse et l'exécute, en tant que commis-voyageur en patriotisme d'abord, en tant que poète ensuite[13]. Ses rimes aussi sont une honte et un scandale. Jamais on n'est descendu plus bas. Et Cros fulmine superbement.

– Oui, voilà ! dit… doucement, d'un air de conclusion mélancolique. Déroulède rime mal, et tout s'en ressent.

*

21 octobre. – Une vitrine de marchande de chansons.

Une romance bébète qui s'intitule *Sombre Charmille*[14]. Sur la couverture, un dessin délicieux : un profil de fillette de seize ans dans un médaillon. Les yeux graves, allongés de grands cils, la bouche entr'ouverte, rêvant, le cou rattaché aux épaules par une ligne grêle encore, et toute une chevelure épaisse, luxuriante, moirée, épandue. Autour du médaillon, un fouillis printanier de petites feuilles légères, dont quelques-unes débordent sur le médaillon et font trembler une ombre. Une fraîcheur de jeunesse limpide et de matinée d'avril sortait de cette gravure et retenait…

*

4 novembre. – Devant un tas de mastic sur une planche, oublié là par les peintres : tout un coin de mon enfance m'en sort évoqué. J'ai mouillé le doigt et j'ai senti. Dans cette odeur spéciale, grasse, je me suis

12 Voir *supra*, p. 198, n. 24.
13 Voir *supra*, p. 199, n. 25.
14 Voir *supra*, p. 204, n. 49.

revu tout petit, m'amusant à rouler une boule pour la tête, une boule plus grosse pour le corps, roulant de petites bandes allongées pour les bras et les jambes, et piquant avec une épingle des trous pour le nez, la bouche et pour les boutons.

*

Les vers d'Horace sur Pindare ne s'appliqueraient-ils pas bien à Victor Hugo ?

Fervet immensusque ruit profundo
Pindarus ore[15].

*

J'entendais dire à quelqu'un qui parlait de Le Cardonnel[16] que le sens chez lui était absolument fermé de la déduction logique. Il ne procède pas par raisonnement. Toute faculté critique lui manque en conséquence.

Ceci me semble bien être un peu, beaucoup, mon cas intellectuel.

*

Lu Edgar Poe. *Euréka*. Sensation effroyable, surtout en arrivant vers la fin. La grandeur des hypothèses, le démesuré du concept m'affole. J'ai voulu tout lire en un soir, et cette course vertigineuse à travers l'incommensurable me laisse retomber sur mon lit, courbaturé, la tête cassée. Même, ayant dévoré à la lueur de la chandelle, dans le grand silence de deux heures du matin, les derniers chapitres, les activités cérébrales ont été poussées à une telle puissance qu'il me semble que je suis déséquilibré, que la normalité de mes rapports intimes est faussée par la sensation que mon esprit ne veut pas, ou même ne peut pas rentrer dans mon corps. Le même train-train de la vie, les petits phénomènes extérieurs qui s'enchaînent et le composent, les préoccupations quotidiennes, même les décors de ma vie ordinaire m'apparaissent loin, loin, comme si je contemplais les choses de la terre de la nacelle d'un aérostat placé à une hauteur énorme… Et la réintégration de mes perceptions

15 Voir *supra*, p. 213, n. 70.
16 Voir *ibid.*, n. 71.

normales ne s'effectue que lentement, dans un malaise indéfinissable de mon être.

Décidément, la pensée est lourde pour le pauvre être de chair et de sang ! J'ai respiré ce soir un air trop pur, trop raréfié : les tempes me bourdonnent ; l'asphyxie a commencé… Et puis, une indicible angoisse au cœur, un trouble que rien ne peut préciser, qui s'extériorise en quelque chose de noir où je me sens baigner.

L'analogie persistante de l'asphyxie des hauteurs où la constriction de la respiration s'accompagne d'une diminution de la perception lumineuse.

Ô sphynx de Flaubert[17] ! Je suis monté, moi aussi, aux stries de tes bandelettes, et j'ai regardé dans tes yeux ; et j'y ai lu, dans ces yeux implacables et tristes, que tu me dévorerais, moi aussi !

Pourquoi, depuis des semaines où j'ai lancé mon esprit bride abattue dans les vastes plaines de la spéculation, pourquoi ai-je ainsi ressenti à plusieurs reprises cet étouffement, cette amertume montante,… cette haleine de mort ?

Guyau me console[18], Poe m'épouvante. Je suis écrasé devant ces conceptions où mon humanité, ma personnalité spirituelle se perd, sans but, sans retour. De cette loi qui s'adresse magnifiquement à ma raison et l'exalte, il ne reste rien pour mon cœur… Et mon cœur a froid !

17 Voir *supra*, p. 218, n. 107.
18 Voir *ibid.*, n. 108.

CARNET III

Plus j'avance, plus je suis effrayé, à certaines heures, de mon immense indulgence. Le sens moral, au sens conventionnel et social, serait-il en train de s'obnubiler chez moi ? À chaque nouveau crime que j'apprends, mon premier mouvement n'est ni de la révolte, ni de la colère. Immédiatement, je sens au fond de moi un avocat, qui est moi, le moi de toutes mes faiblesses et de toutes mes lâchetés, – lâchetés commises ou seulement pensées, ce qui s'équivaut presque vis-à-vis de la conscience, – qui, avec une irrésistible et remuante éloquence humaine, me fait saisir d'un seul coup tous les enchaînements d'états d'âme qui ont amené graduellement les malheureux en cause jusqu'au crime extérieur. Ainsi vu, ce crime n'apparaît plus que comme le dernier terme logique et fatal d'une déduction psychologique imprescriptible. Il me semble impossible de croire *a priori* qu'un être raisonnable ait accompli un acte odieux, terrible de conséquences, pour le seul plaisir de le commettre. Je cherche aussitôt, m'ingéniant, quels mobiles assez puissants ont pu l'amener à cette perversion de la faute ; et souvent, en remontant ainsi, je trouve que le point de départ de toutes ces aberrations n'a été qu'une légère, si légère alors, déviation de la règle, et prenant même souvent sa source dans un sentiment exagéré et trop juste de la dignité humaine.

*

Automne.

Ma chambre. – Tendue toute de velours gris acier à reflets bleutés. Le plafond rose éteint, s'en allant vers le mauve, avec un grand motif de décoration Renaissance en vieil argent incrusté à l'un des angles. Une tenture pour masquer la porte. Point de fenêtre, la chambre ne devant être habitée qu'à la lumière. En bas, formant plinthe, une bande de vieil argent découpée à jour, appliquée à même le velours de la tenture, dessins à ramages noués à intervalles par des torsades de perles roses.

Tapis à long poil argenté : sur un côté de la muraille, divan de velours gris d'acier. Nul meuble. À un angle, juste sous l'incrustation du plafond, une table d'ébène à pieds de lion griffés d'argent ; la table est recouverte d'un tapis de velours gris d'acier brodé au coin d'une grande tulipe d'argent à feuillage rose. Fauteuil étrusque, tout entier d'ébène, à clous d'argent. Sur le fauteuil, pour adoucir le coupant des angles et la dureté du bois, une fourrure d'ours gris jetée négligemment.

Lampe de vieil argent, massive et svelte, à ventre très renflé, col très allongé, modèle nu et sans nul ornement. Abat-jour mousse rose éteint. Buvard de maroquin gris acier à chiffre héraldique de vieil argent ; porte-plume vieil or. Livres : Corbière, Mallarmé, *Fleurs du mal*, format petit in-quarto, reliés en peau de truie blanche, fermés par des cordelières argent et rose ; tranches vieil or ; titres imprimés en lettres romanes rouge cru, en haut, à gauche.

Cheminée à plaque historiée Renaissance, et chenets d'acier forgé terminés par des chimères en arrêt. Feu de bois.

Trois côtés de la pièce sont nus. Sur le mur, à l'angle opposé à la table et à deux mètres du sol, une console de velours gris d'acier supportée par une chimère de fer Renaissance, à seins pointés et ventre saillant. Sur la console, un grand cornet de cristal, très effilé, où trempent deux roses, une rose jaune soufre, une rose rouge vin.

Dans un retrait masqué par une draperie, une niche profonde baignant dans le clair-obscur d'une lampe d'autel en or, suspendue à une chaînette. Le globe de la lampe est fait de morceaux de verre multicolores, taillés à facettes, qui luisent comme d'énormes pierres, rubis, saphir, émeraude. Dans la niche, tendue de velours cramoisi, sur une colonne à chapiteau dorien, le *Jeune Faune*, de Praxitèle[19]. La colonne, mobile, tourne dans son piédestal à volonté, pour permettre de placer le marbre suivant son désir du moment. En haut et en bas, une herse de gaz, qu'on peut monter et descendre. L'intense chaleur du cramoisi mange la crudité du marbre, le pénètre, l'échauffe, l'anime, dans le jeu moiré des lumières, d'une vie rose et tiède.

*

1er octobre. – Dimanche. Boulevard extérieur, avenue de la République. Cinq heures du soir. La rue en montée, vue d'en bas, grouille. En avançant, on a l'impression d'entrer dans de la vie, de la vie chaude,

19 Il s'agit du *Satyre au repos* ou *Satyre anapauomenos* dont le premier exemplaire date de 360 av. J.-C.

bruyante, tumultueuse, torrentielle. Le long de la chaussée, des revendeuses ont installé des paniers de légumes, de fruits, de volailles, de poissons, et s'égosillent, acharnées. Des boucheries rouge et or, truculentes, regorgent de viandes jusque sur le trottoir, où des garçons frisés, les manches troussées, sanguinolents, superbes, raccrochent les clientes. Des ménagères en cheveux, l'air pauvre, le geste indigent, circulent, flairent, marchandent. Les camelots traînent leurs mélopées de pavé. De temps en temps, un omnibus passe, dans un ronflement de vitres et de fer ; et des jeunes filles en bandes, trois, quatre à la fois, ouvrières endimanchées, chiffonnées d'élégance, passent lentement, se donnant le bras, retournant de jolis sourires canailles, croustillantes de provocant, une lueur de vice aux yeux…

En haut, vers la place, une foire est installée, stridente et tempétueuse. Sous le ciel qui s'éteint doucement, de bleu turquoise foncé à présent, les lumières des boutiques, parmi les arbres noirs, étincellent. Une musique, bannières médaillées en tête, passe, en jouant : *En rev'nant de la revue*[20] ; et la foule suit, noire, grouillante, ivre de cuivres et de cadence, pendant que les grands chevaux de bois, sur le quadrille du *Grand Mogol*[21], tournent, ruisselants de paillettes.

En revenant, sur l'avenue, dans un coin de mur, un cercle autour de trois musiciens : un violoniste, un accordéon-piano et un chanteur. Le chanteur, le bras levé, dit : « Au refrain, messieurs ! » Et devant moi, j'ai deux jolies nuques de Parisiennes, une blonde et une brune, aux cheveux haut troussés, au cou jeune et fin penché vers la romance ; et deux petites voix acides de fillettes murmurent :

> C'est la chanson des peupliers,
> C'est la chanson des peu… (point d'orgue) pliers[22] !

Dans l'harmonie de l'heure et du cadre, la sensation est complète. Et c'est la fleur de Paris-peuple, sentimental et bon enfant, que je respire là, parmi ces jupes d'ouvrières, sous ce ciel délicat de fin de septembre, dans l'air allumé de vie de ce faubourg en fête, aux sons de cette musique facile, mouillée…

---

20 Voir *supra*, p. 195, n. 14.
21 Voir *ibid.*, n. 15.
22 Voir *supra*, p. 196, n. 16.

*

5 octobre. – Le *Journal des débats*, dans la petite rue tortueuse, étroite et noire, des Prêtres-Saint-Germain-l'Auxerrois, vu dans la demi-tristesse d'une après-midi grise d'automne, m'a causé un attendrissement de souvenances[23]. Les grandes fenêtres poussiéreuses, la façade rechignée et sombre, la cour moisie, l'escalier en décrépitude, l'enseigne effacée, versaient une poésie d'antiquaille. Sur le pavé désert, une mélancolie flottait, la mélancolie vieillotte des rues où quelque chose est en train de mourir. Et il me semblait voir, sous mes yeux, 1830, – le 1830 de Lamartine et de Hugo, – toute mon adolescence ivre d'enfant lyrique, s'en aller là, dans cette solitude morne, silencieuse, provinciale…

*

La grâce est le sourire du geste.

*

2 octobre. – Dîné chez Stéphane avec Natatcha. La petite chambre, encombrée de meubles, semble ainsi resserrer plus d'intimité. La table carrée est posée près du piano. J'ai Natatcha devant moi, et Stéphane entre nous deux. En face de Stéphane, la lampe de bronze ciselé, où rampe un dragon chinois, est posée sur un haut trépied d'ébène. Sous la douce lumière épandue par l'abat-jour de mousse rose, la table fait facettes avec sa nappe miroitante, sa vaisselle à dessins bleus, la grande chope argent et cristal de Stéphane.

Natatcha est gaie, avec une animation aux yeux, des cheveux chatoyants frisant de l'or sur la bouche tirée un peu en haut, comme pour un sourire qui va s'envoler. Par moments, elle rejette la tête en arrière, dans un geste de demi-provocation qui est bien à elle.

Vers le fond de la chambre, les lourdes tentures du lit drapent l'ombre richement…

Le dîner est drôle, traversé d'averses, rasséréné de rires. Vers le café, on cause poètes. Stéphane va chercher dans sa bibliothèque des volumes de Verlaine, Corbière, Laforgue, Rimbaud. Il lit, et j'écoute, un coude sur la

23 Le *Journal des débats politiques et littéraires* était situé au n° 17 de la rue des Prêtres-Saint-Germain-l'Auxerrois.

table, l'œil noyé, une chaleur aux joues, humant lentement la fumée de mon cigare qui monte en un filet à peine ondulé. Devant moi, Natatcha écoute aussi, les narines dilatées, les lèvres fermées, déjà moins parisienne, un je ne sais quoi de sauvage autour d'elle. Son gilet breton m'amuse, avec la petite ganse multicolore qui court autour du carré de velours bleu de la poitrine. Un instant, je quitte ma chaise et je vais m'asseoir sur le tabouret du piano ; et pendant que je promène des lointains d'accords avec des doigts effleurants, Stéphane lit une *Illumination* de Rimbaud. Peu à peu, je me retourne, je me mets à genoux sur le tabouret et je me penche sur Natatcha, comme un grand enfant câlin. Je la regarde, et nous nous embrassons sur les lèvres, profondément ; puis, je l'embrasse encore sur la tempe, sur les paupières. Et, dans la dilatation tiède de l'heure, baignés d'un afflux de sang intime et chaud, parmi les fumées odorantes des cigares qui se dissolvent en bleuités minces dans le jour rose de la lampe, c'est entre nous deux, – moi la tête posée sur sa gorge, toute parfumée, elle, la main caressant mes cheveux et l'oreille et le cou, une caresse délicieuse, roulée, noyée, – une poésie rare d'étreinte bercée au rythme des belles syllabes suggestives, comme dorées…

*

En art, en politique, partout, ceux qui se font la guerre la plus acharnée sont le plus souvent ceux qui ne sont divisés que par des nuances[24].

*

10 octobre. – Six heures du soir. Sorti par le guichet du Louvre et descendu les quais jusqu'au Châtelet. Il avait plu. L'air froid séchait les pavés encore trempés d'une humidité. Dans l'atmosphère nette et sèche, les perspectives se détachaient plus fines. Devant moi, la rive gauche fermait l'horizon d'une ligne déchiquetée bleu noir. Au long des toits,

24 Cette note préfigure ce qu'enseigne la psychanalyse au sujet du « narcissisme des petites différences ». « Je me suis occupé jadis de ce phénomène que justement les communautés voisines et même apparentées se combattent et se raillent réciproquement ; par exemple Espagnols et Portugais, Allemands du Nord et du Sud, Anglais et Écossais, etc. Je l'ai appelé "Narcisisme des petites différences", nom qui ne contribue guère à l'éclairer. Or, on y constate une satisfaction commode et relativement inoffensive de l'instinct agressif, par laquelle la cohésion de la communauté est rendue plus facile à ses membres. » (Sigmund Freud, *Malaise dans la civilisation*, trad. Charles et Jeanne Odier, Paris, PUF, 1971, p. 68.)

une grande bande de ciel rose saumon s'allongeait, lumineuse ; et brusquement se juxtaposait une immense nuée gris d'acier. En face de moi, sur l'autre trottoir, les arbres du quai, sur ce fond d'enluminure délicat, se ciselaient, noirs. Vers le dôme de l'Institut, un lac de ciel tendre et pur comme un pétale de rose fait de jaune pâle s'exhalant vers le vert… Et là-bas, à l'orient, les masses du Palais de Justice, – tours, donjons et poivrières, – s'érigeant, gothiques et féodales, sous un déroulement de nuages empathiques gris de fer.

*

12 octobre. – Midi. Soleil imprévu au milieu de la matinée pluvieuse. Les ombres des arbres sortent du pavé, mouillées, frissonnantes, comme étonnées. Du Pont Royal, le Paris de la Cité semble s'éveiller là-bas, tendre, blanc, matinal, dans un peignoir de vapeur. L'air à distance se gaze, bleuâtre. Il y a comme une timidité de lumière éparse. Sur le quai, j'ouvre deux bouquins, les *Œuvres poétiques du roi Louis de Bavière*, traduites par[25]… C'est du 1830, pas mauvais du tout, qu'on pressent meilleur que sa traduction. Une suite de poèmes à l'Italie – douces eaux allemandes rêveuses où se reflètent ces beaux noms dorés et de marbre : Naples, Florence, Venise, Pise, Sorrente, – me ravit dans une suggestion de voyages[26]…

Je rentre au bureau, joyeux, léger, couleur du temps.

Exquise caresse d'automne à l'âme frileuse.

*

14 octobre. – Une République de plâtre apportée dans une caisse, encore tout entortillée de paille et laissée là au milieu de la cour des Tuileries, sous le ciel triste d'octobre, m'a rempli d'une mélancolie. Ses dimensions de statue, par sa situation au ras du sol, prenaient je ne sais quoi de gauche, de pauvre, de ridicule presque. Je venais de lire le matin dans les journaux les dernières révélations du procès Caffarel et le scandale de l'incident Boulanger-Ferron ; et de cette turpitude gouvernementale, de cette misère politique, j'avais senti qu'un écœurement sortait,

25 *Poésies du roi Louis de Bavière*, trad. William Duckett, Paris, L. Dubreuil, 1829. 2 vol. in-18. Il s'agit du roi Louis Ier de Bavière.

26 Il s'agit de la partie intitulée « Souvenirs d'Italie. 1805. »

l'écœurement des choses qui finissent[27]. Et, peu à peu, en contemplant la statue au nez grec, coiffée du vieux bonnet phrygien, une philosophie découragée m'envahissait. Elle aussi, la statue, me semblait finie. Ce radieux vêtement d'espérance et de foi, dont le peuple ivre-libre l'avait drapée il y a cent ans, me semblait maintenant s'en aller en lambeaux, finir en guenilles ; et, au travers, l'Idole apparaissait, nue et grelottante. Des gens affairés passaient, incurieux, sans détourner la tête ; des ouvriers blaguaient ; des jeunes gens regardaient, comme ne comprenant plus. Et ce symbole de lumière, de charité, de rédemption sociale, souffleté par toutes les hontes et par tous les scepticismes du jour, semblait là, sur le pavé banal, comme une épave de l'Illusion antique abandonnée lentement par le grand reflux de l'indifférence humaine.

*

30 septembre. – Descendu le boulevard vers six heures.

Le ciel était encore clair. Un nuage enténébrait l'horizon, vers l'Opéra. À la hauteur du boulevard des Italiens, près de la rue Drouot, le décor se présentait délicieux. En haut, le ciel jaune pâle. En bas, les magasins s'allumant en traînée d'un bout à l'autre, les vitrines des bijoutiers ruisselant de feux sous le flot de gaz versé par les rampes. Une foule grouillant sur le trottoir sombre, diffuse, confuse, effarée dans le crépuscule. Sur la chaussée, un roulement de voitures vertigineux : de grands chars à bancs de course à quatre chevaux ; des omnibus roulant en bordées ; des fiacres, innombrables comme un banc de harengs ; des victorias de femmes à la mode, luisantes et fines, avec un cocher correct, une fleur à la boutonnière ; des attelées filant au vent, les chaînes sonnant, le mors blanc d'écume. Au fond, les arbres des Italiens font massif ; au travers des branches, on aperçoit les lumières des cercles qui s'allument. Des femmes circulent, en robes claires, avec des chapeaux excessifs, des poufs exorbitants, coulant l'œillade au long des terrasses débordantes, traçant un sillage d'élégance exotique et banale, allumant le vice des rastaquouères. Au ras des trottoirs, les lanternes des voitures au repos brillent comme des lentilles de phare, éblouissantes ; et le flot humain va, vient, remonte, redescend, dans une rumeur spéciale, continue, monotone, une sorte de basse puissante, qu'assourdit le velours du pavé en bois.

27 Voir *supra*, p. 198-199, n. 24.

C'est l'heure exquise, unique, du Paris doré, brûlant sa vie, tous feux dehors. Le ciel s'éteint ; les ténèbres s'étendent, exaspérant l'incendie aveuglant des magasins, mangeant le haut des maisons dont les cheminées noires découpent des bizarreries d'ombres chinoises. En arrivant près du Café Napolitain[28], j'achète à un kiosque une rose, une rose rouge vin ; et je vais, la respirant lentement, humant à travers son parfum profond et pénétrant la suavité suprême du Paris d'automne.

*

Toute sa vie, l'homme, comme l'enfant, raffole des histoires. La sienne, qu'il déforme d'ailleurs, et qu'il réarrange naïvement, comme un romancier de métier, est celle qui l'amuse le plus, toujours.

*

20 octobre. – Sur mon pupitre tendu de serge verte, toute neuve, une branche de tubéreuse blanc d'ivoire, posée au coin. L'odeur est violente, presque matérielle. On dirait d'une confiture de parfum. Et des pays s'évoquent…

*

20 octobre. – Vu ce soir *La Grande-duchesse de Gérolstein*[29].

Cette verve, ce diable au corps, cette débauche de rythmes m'a enchanté positivement. Offenbach est bien vraiment, sur ce terrain, le *maître.* Lui seul a créé de toutes pièces cet art spécial, cet art de cabinet particulier. C'est la fête, c'est la fin de l'orgie, l'heure lasse où les bougies meurent dans le blêmissement de l'aurore aux fenêtres… Elle est unique, cette musique : cela est fou, cela vous grise, cela vous casse les nerfs. Il y a en elle de la mousse de champagne et aussi du pétillement de tokay. Cet archet qui grimace est frère des tziganes, et ce je ne sais quoi de nostalgique qui à certains moments vous oppresse, vous étrangle à vous faire pleurer, toute cette magie d'épiderme, c'est la magie du pays de Bohême.

---

28 Voir *supra*, p. 194, n. 12.

29 Opéra représenté pour la première fois le 12 avril 1867 au Théâtre des Variétés. L'opérette est reprise à Paris en 1887, avec Anna Judic dans le rôle titre. Voir *supra*, p. 203, n. 43.

J'étais accoudé au rebord de la loge, plongeant sur la salle. Judic[30] chantait : *Dites-lui*[31]..., et le chantait très bien, avec un filet de voix assourdi, velouté et fin, qui en soulignait toute la caresse. L'orchestre accompagnait doucement d'un trait de violon pénétrant, et la tenue d'un cor anglais faisait à la mélodie un fond de mélancolie rêveuse, voilée... J'écoutais, les paupières battantes, sans voir, n'ayant de la salle que la sensation d'un grand trou d'ombre chaude où la lumière poudroyait et dans lequel le lustre – ors et cristaux – crépitait ; et je me laissais couler au long de cette musique câline, énervée, l'âme perdue, les yeux mouillés. C'était la fleur de Bohême, la fleur qui prend le cœur, les sens et la tête, qui s'ouvrait, délicieuse.

*

17 octobre. – Été aux examens à 7 h. ½[32]. Pris ensuite un café avec d'Artagnan, que j'ai quitté sur le pont.

La matinée, absolument délicieuse, m'a pénétré d'une ivresse inexprimable. Le soleil était faible et léger, là-bas, à l'horizon. La Cité, avec ses toits, ses flèches, ses tourelles, dominées par Notre-Dame, baignait dans un brouillard transparent doucement lumineux, comme une ville de rêve suspendue entre ciel et terre. Le Louvre, allongeant ses perspectives au long du fleuve, allait se perdant dans une brume avec des reflets d'argent pâle à ses toits. La Seine, vaporeuse encore, s'éveillait, sa chevelure verte emmêlée de soleil ; et le ciel s'étendait, bleuâtre et comme vu à travers une transparence de gaze. Un printemps flottait dans l'air et dans le cœur, mais un printemps plus pénétrant, affiné d'une mélancolie. Sur le pont, des femmes passaient, jolies, d'un pas vif et sec, et comme plus légères dans l'air matinal où s'envolaient leurs jupes.

Descendu par la rue Solférino. La rue large s'ouvrait sur le plein air et la lumière. Ses trottoirs encore mouillés de l'arrosage matinal séchaient par places. Une richesse sortait des grands hôtels nouvellement bâtis et tout blancs encore, avec leurs balcons en corbeille, leurs façades sculptées, leurs serres s'arrondissant au premier étage. Le petit bâtiment étriqué et prudhommesque de la Légion d'honneur, avec ses statues érigées sur le clair du ciel, prenait même dans l'heure un air de

30 Voir *supra*, p. 204, n. 46.
31 Voir *ibid.*, n. 45.
32 Voir *supra*, p. 200, n. 28.

palazzo italien. Les quais s'étendaient calmes, somptueux, ourlés comme d'une bande de tapisserie. Au fond, les verdures mordorées des terrasses des Tuileries adoucissaient l'horizon. Un cavalier, çà et là, passait, au galop. Des petites voitures de sportsmen, des tilburys filaient. Le bruit des sabots s'éloignait, sonore…

En passant le long du quai, j'ai fouillé une caisse à bouquins. Je suis tombé sur un Désaugiers, une belle édition en deux tomes, de 1822, petit format stéréotypé, avec des gravures sur acier[33]. J'ai piqué au hasard des choses drôles, des coupures d'un rythme amusant, des finesses polissonnes joliment taillées.

Cela commence par une épître dédicatoire à M. de Laujon[34], de l'Académie française. Suivait l'invocation d'usage à Momus ; puis tout le répertoire du Caveau[35], du grand Caveau, dans toute sa gloire alors, avec les Gouffé[36], les Panard[37], les Collé[38], les Béranger[39]. Tout le bibelot, falot et vieillot, de cette époque ; l'odeur de moisi particulier qui s'en exhale exerce sur moi une séduction d'archaïsme, et j'ai passé un quart d'heure de charme à feuilleter le bouquin, à respirer l'atmosphère surannée de cette poétique de dessert bourgeois, dont les Amours, Hippocrate, Cupidon, Cythère, Vénus et Bacchus, la treille et Glycère constituent l'immuable thème. Ses gravures surtout me ravissaient. Une illustrait le fameux *Souvenez-vous-en*, de M. et Mme Denis[40]. Une autre, *Le Cri des rues de Paris*[41]. Une autre représentait un salon avec une jeune femme à longue taille, les cheveux frisés sur le front et manches bouffantes en haut, serrant furtivement la main d'un beau jeune homme noir, au toupet séducteur, engoncé dans une cravate blanche, et le collet extravagant de son habit noir finement pincé à la taille, pendant qu'un vieux roquentin poudré à frimas, en habit de velours à la française et

33 Voir *supra*, p. 201, n. 30.
34 Voir *ibid.*, n. 31.
35 Voir *ibid.*, n. 32.
36 Voir *ibid.*, n. 33.
37 Voir *supra*, p. 202, n. 34.
38 Voir *ibid.*, n. 35.
39 Voir *ibid.*, n. 36.
40 Antoine Jean-Baptiste Simonnin, *Monsieur et Madame Denis ou Souvenez-vous-en*, comédie en un acte et en vaudevilles representée pour la première fois, à Paris, sur le théâtre de la Gaîté, le 18 juin 1808, Paris, Barba, 1808.
41 Francis, Antoine Jean-Baptiste Simonnin et Armand d'Artois, *Les Cris de Paris*, tableau poissard en un acte, mêlé de couplets, représenté pour la première fois, à Paris, sur le Théâtre des Variétés, le 18 septembre 1822, Paris, Mme Huet, 1822.

culotte courte, fait son entrée avec un grand coup de tricorne, la queue de sa perruque en l'air…

L'esprit attendri par ces antiques flonflons, j'ai continué ma promenade le long des quais, et j'ai acheté un peu plus loin une *Revue des deux mondes* contenant une étude de Blaze de Bury sur Rossini[42]. La rencontre de mon musicien adoré – adoré rétrospectivement en quelque sorte par tout ce que j'entends chanter de ma vie dans sa musique – s'harmonisait délicieusement à la joie caressante de cette matinée. Toute la poésie d'autrefois qu'évoque pour moi la magie de ce nom, Rossini, s'est mise à chanter dans le bleu sourire du ciel frais. Et l'Italie, la divine Italie, ma souveraine nostalgie, que nulle réalité ne guérirait d'ailleurs, semblait flotter là-bas pour moi dans l'horizon de lumière, bercée dans la musique de ses villes d'or, Naples, Florence, Pise… L'imprécis de la vision en affinait l'exquis ; et ces noms, ces beaux noms italiens, s'élevaient sonores, veloutés et magnifiques, surgissaient dans ma mémoire, parfumés comme des fleurs qui s'ouvrent, pendant que dans une vision de marbres, d'azur et de canaux, Venise, la Venise de Semiramide[43], m'apparaissait, folle de mélodie et de soleil, et toute ruisselante des perles d'or des cavatines…

*

21 octobre. – Au bureau, une délicieuse tête de fillette. Le teint d'ivoire mat, chaud et gras, avec deux yeux verts très clairs, striés comme des yeux de féline, et une pluie de cheveux noirs sur les épaules. L'ovale de la figure vers le menton s'affinait, exquis. La bouche, toute petite, creusée aux coins, onduleuse et sinueuse, s'ouvrait un peu, dans un demi-sourire, sur les dents, menues, blanches, humides. Par instants, les paupières descendaient sur les yeux et se relevaient, vives… Elle portait une veste de gros velours pelucheux vieil or. Il y avait du vieil or aussi à son chapeau ; et ainsi cette peau d'ivoire, ces yeux de pierre marine, ces cheveux noirs s'harmonisaient, affinaient d'or la sensation. Une femme s'annonçait dans cette enfant grandissante, pâle et chaude sous sa chevelure des Îles…

42 Voir *supra*, p. 202, n. 39.

43 L'opéra de Rossini, *Semiramide*, a été créé au Théâtre La Fenice de Venise le 3 février 1823, mais l'intrigue se déroule à Babylone.

*

Vu Valentin. – Causé musique et philosophie. Il veut faire une œuvre de haute critique dans laquelle il cherchera à montrer quelles différences séparent les conceptions philosophiques de Wagner et de Beethoven, telles qu'elles ressortent de leurs œuvres.

Beethoven, pris dans son ensemble, résume l'art dans sa formule presque mathématique. C'est la logique de la musique. Tout s'y pose, s'y enchaîne, s'y développe, s'y déduit, comme en algèbre, sûrement, impeccablement. Les thèmes de ses symphonies sont énoncés comme des axiomes, et le Beau spécial qui s'en dégage remplit l'intelligence à la façon d'une vérité formulée. Cela tient beaucoup, pour la sérénité et la tranquillité, de l'art païen. C'est parfait, et comme supra-humain, et il est une façon unique d'en jouir, qui ne relève que de la *raison*, prise comme faculté transcendantale et émanation immédiate de l'Absolu. L'Ordonnance, la Symétrie, l'Harmonie constituent cet art magnifique et héroïque.

Chez Wagner, au contraire, la tendance de toute l'œuvre, comme exaspérée de sensation est la Vie, la Vie passionnelle, dévorée, intense, si éperdue qu'elle aspire toute à la mort. Là, nous retrouvons nos fièvres, nos brûlures, notre antique mal d'amour, notre nostalgie du néant dans l'enfer du Péché, et nos agonies de nerfs et nos flammes de sang.

Le caractère particulier de ces deux génies s'affirmerait surtout dans deux œuvres identiques de thème et absolument dissemblables de conception, *Parsifal* et la *Messe en Ré*. L'un et l'autre y a exposé et affirmé sa compréhension personnelle du mythe divin. Avec Beethoven, l'inspiration est grandiose, magnifique, puissante. C'est la musique glorieuse d'un Dieu trônant dans l'Absolu de la lumière, au milieu des Vertus, des Dominations, des Puissances et des Chérubins aux six ailes de feu. À peine y entend-on, à de rares intervalles, une voix de la Terre qui prie, et même dans le *Kyrie* il y a quelque chose d'impérieux qui réclame presque la miséricorde comme un droit. C'est l'Hosannah au Dieu Tout-Puissant, au Dieu de Moïse, créateur du Ciel et de la Terre, au Dieu formidable et païen de Michel-Ange.

Wagner, lui, s'agenouille, dans sa robe de chair et de péché, tend les bras[44], supplie, se sent misérable et le crie, en sanglotant, à Celui d'où descend tout pardon parce qu'il a tout souffert.

44 *Mouquet*, p. 73 : « tend des bras ». Nous corrigeons.

Beethoven, c'est l'homme fait Dieu ; Wagner, c'est Dieu fait homme. C'est le mythe de la Rédemption écrit pour nos faiblesses et notre pauvreté avec une pitié infinie.

Ceci impliquerait-il que de ces deux caractères l'un fut supérieur à l'autre ? Le débat ainsi posé serait vain et surtout superflu. Les deux ensemble répondent aux aspirations primordiales, indéfectibles, de notre nature, et, suivant l'heure, s'emparent de nous et nous possèdent tout entiers. La passion qui palpite en nous, aiguë et poignante, se meurt aux vagues débordantes de *Tristan*, dilatée, élargie, noyée… Et aux heures de la Sagesse Sacrée, notre âme d'un vol large et puissant d'archange nage dans l'air lumineux des *Symphonies*, et, calme, sur les sommets, s'assied bienheureuse dans la Plénitude.

*

5 octobre. – Je rêve en ce temps de petites choses à composer, exquises et légères, faites de rien et délicieusement suggestives, comme certains petits poèmes chinois. Cela devrait être fragile et précieux comme de la porcelaine, comme de la toute petite porcelaine où l'on boit un doigt de thé sublimé dont le parfum s'évapore, des heures… Il me semble que je réussirais ces choses mièvres et parfaites.

*

21 octobre. – Causé avec Valentin. Il revient encore sur son thème favori. Beethoven, qu'il a beaucoup travaillé cette semaine, l'étonne de plus en plus. Une assiduité de ce genre le laisse comme écrasé. On sent là quelque chose d'au-dessus, qui semble avoir son point de départ et d'arrivée en dehors de l'humain, et à certaines pages on a l'impression que Beethoven a contemplé en face l'Absolu.

Chez les autres, chez Wagner par exemple, une aspiration définie est manifeste. On sent une postulation éperdue vers l'infini du sentir, s'exaspérant jusqu'au nirvana.

Au contraire, avec Beethoven, rien de semblable. On est en face d'une force qui se développe suivant sa loi, sans autre raison que d'être une force. Il serait même superflu et faux, comme on l'a fait trop souvent, de prêter à cette musique des sens psychologiques, d'y accrocher des notices explicatives, d'y ajuster péniblement toutes les pièces d'une paraphrase de rhétorique. Ceci se passe au-dessus de nous et est en quelque sorte impersonnel. C'est comme un soleil couchant sur la mer, ou un soleil levant sur la montagne : à nous d'y refléter notre rêve, d'y chercher la couleur de nos pensées, d'y respirer notre âme amplifiée. Cela ne regarde pas le soleil. Le mot divination rendrait assez exactement ce phénomène d'intuition supérieure du génie qui semble avoir surpris le secret de l'Absolu pour le manifester dans ses créations. L'art de Beethoven ainsi compris et formulé semblerait se rapprocher de l'art antique. Cette symphonie, où l'idée musicale pure et se suffisant à elle-même évolue dans la lumière supérieure, ressemblerait ainsi à ces statues antiques d'où toute pensée humaine est absente ; qui sont belles uniquement pour être belles, et devant lesquelles l'esprit, mis en présence de la ligne révélée, s'absorbe dans une plénitude et contemple au travers les dieux.

Et il y a de notre âme dans cette âme.

*

27 octobre. – Cinq heures du soir. Place Royale[45].

Le jardin est presque désert. En face de moi, la rangée des maisons plantée comme un décor, avec sa belle ordonnance Louis XIII, ses grands toits en pente et ses hautes cheminées, s'en va lentement dans le crépuscule. Le ciel vaporeux, teinté de gris bleuté, conserve encore une clarté. Un bouquet d'arbres au milieu, déjà tout dépouillé de feuilles, découpe sur le ciel sa broussaille de branches fines, comme un dessin à la plume. Au bas des maisons, sous les arcades, des lumières çà et là s'allument aux boutiques. Des becs de gaz, aperçus dans de grandes cours solennelles, prennent une mélancolie antique. Le jet d'eau en train de mourir fait un bruit maigre, frileux, comme désolé dans l'abandon du crépuscule. Là-bas, vers un coin du jardin, des enfants, à peine entrevus dans l'ombre noyante, dansent, chantant une ronde ancienne... La lune monte, jaune pâle.

45 Dans *Autour d'Albert Samain*, Léon Bocquet isole cette page, qui annonce selon lui « le thème et l'accent de certains poèmes d'*Au Jardin de l'Infante* », et il l'assortit du commentaire suivant : « Malgré les succès qu'il y obtient et les gens de lettres qu'il y rencontre, Albert Samain ne s'attarde point au *Chat noir*. Il préfère aux glorifications réciproques et au tumulte du lieu, de lentes promenades à travers Paris. Au retour, alexandrins. » (*Autour d'Albert Samain*, *op. cit.*, p. 7.)

*

25 octobre. – Devant le square du Bon Marché. Cinq heures du soir.

L'immense quadrilatère, toutes fenêtres allumées, semble à cette heure vivre à l'exaspération sa vie de monstre moderne. Les équipages enchevêtrés s'entassent. Une foule grouillante entre et sort, continuellement. À chaque seconde, les grandes portes ouvertes soufflent sur le trottoir une haleine surchauffée de gaz, de peau humaine, de transpiration, de parfumeries frelatées. Là-bas, vu à travers le poétique des arbres noirs, l'édifice, léger et lumineux, tout baigné de lumière électrique, s'enlève dans la féerie…

Devant cette vision saisissante du commerce magnifique et tout-puissant, je pense au siècle et aux temps à venir. C'est bien là maintenant qu'est la Royauté ; c'est là que va la vie, poussée à l'aigu dans toutes ses manifestations. La magie du monde moderne crée ses merveilles pour lui ; et cette impression de surhumain, de force, de lumière, de splendeur, que donnait jadis la sphère éblouissante des princes, c'est aux grands magasins, étincelants, excessifs et prodigieux, qu'il faut maintenant aller la chercher. L'axe du faste s'est déplacé. Le grand bazar de la Démocratie a remplacé le grand palais de l'Aristocratie.

*

27 octobre. – Paysage blanc et or. Le bassin des Tuileries, uni et noir comme un miroir d'acier. Le gravier du sol pâle, d'un blond fugace, effacé. De chaque côté, les rampes de pierre en fer à cheval, blanches, avec les deux rideaux d'arbres, noirs. Au-dessus, le ciel d'ouate grise, tachetée et mouchetée. En face, l'espace, avec l'obélisque tout noir érigé au milieu. En bas, comme une pluie, sur la place de la Concorde, les innombrables becs de gaz, points d'or.

*

La sensation est, d'essence, bornée. Elle pourrait, par rapport à l'idée, se comparer à un fleuve qu'on remonte vers sa source, dont on poursuit à travers l'enchantement du paysage les méandres de plus en plus sinueux, de plus en plus compliqués, qu'on atteint enfin, pittoresque et tourmenté, dans ses dernières ramifications, mais pour le voir alors s'enfoncer sous terre, en vous laissant, triste et désolé, dans l'aridité des rocs.

L'idée, au contraire, c'est le fleuve qu'on descend, qui va toujours s'élargissant, roulant des eaux plus calmes, écartant des horizons plus ouverts, reflétant des ciels plus vastes, et se perdant enfin, magnifique et apaisé, dans l'infini religieux de la mer…

*

16 octobre. – Lu cette après-midi *À rebours*. Le chapitre des parfums et celui de la littérature[46].

Je me suis d'abord délecté de ce style intense, savourant le suc essentiel des phrases, suçant la moelle des épithètes, absorbant par tous les pores de l'esprit cette littérature de luxe, exaspérée d'images, raffinant à l'aigu la sensation gourmande de cette langue riche, complexe et rare, comme une confiture exquise qu'on égratigne de la pointe de la cuiller, à petits coups. J'étais dans une admirable situation d'esprit : l'imagination chaude et dilatée, la compréhension lumineuse ; et ce feu d'artifice crépitait, pétaradait en moi, m'inondant d'une pluie d'étoiles multicolores.

Au bout de trois quarts d'heure, j'ai refermé le livre. J'étais arrivé au bout de la sensation… Plus rien. Cet alcool intellectuel m'avait brûlé et desséché l'âme jusqu'à la souffrance, m'avait mis les nerfs à nu, et j'éprouvais au cœur une impression de froid, de vide infini, d'amertume de néant. En si peu de temps, favorisé par une particulière disposition cérébrale, j'avais fait le tour de tout un côté de mon moi, j'étais arrivé à la fin du fin, et je me retrouvais tout *saturé d'art*, et pauvre et grelottant. J'avais soif de candeur, de simple. J'aurais donné toute mon ivresse d'esprit surchauffé pour un battement chaud de mon cœur. Et j'étais triste, profondément.

*

31 octobre. – Dix heures du soir. Quai Solférino. Clair de lune.

Je me suis arrêté, un peu avant le pont, pour m'accouder à l'angle de la descente de l'abreuvoir, les yeux vers les Tuileries. Au-dessus de moi, un grand tilleul projette sa ramure en berceau, – un lacis de branches fines, piquetées de feuilles clairsemées. Dans les branches, des étoiles.

---

46 Voir *supra*, p. 198, n. 22.

Là-bas, s'enlevant en velours bleu sombre sur le bleu laiteux du ciel, le pavillon de Flore, délicat et ouvragé comme un coffret à bijoux. Dans les combles de la toiture, une lumière brille. En bas, le pont Royal, et plus loin le pont des Saints-Pères se superposent, leurs arches dans une incohérence de perspective jolie ; et entre eux un coin de la Seine apparaît, frétillant et scintillant, enchevêtrant les rayons jaunes des becs de gaz aux crayons blancs de la lune. Le paysage ainsi vu baigne dans une bleuité voilée de gaze, glacée d'argent, d'une harmonie infinie. Sur les trottoirs inondés de lune, les ombres des feuillages se découpent, précises et noires ; et cette nuit, d'une luminosité intense où tous les reliefs, où toutes les nuances des choses s'accusent comme en plein jour, mais dans une coloration transposée, uniforme et diaphane, dégage une sensation exquise d'immatériel, et comme l'impression féerique d'un pays bleuâtre dont le soleil serait d'argent.

*

Des matins d'automne, le Paris du Louvre et des quais, encore noyé dans le brouillard fin, a des grâces de frimousse parisienne, vaporeuse sous la voilette.

*

Samedi soir, 5 novembre. – Dans un petit Café de la Cité, goûté la sensation du samedi qui commence. J'ai traversé la première salle où flamboyait le comptoir de zinc, et je suis entré dans la seconde. Elle était claire, propre, joyeuse. Les murailles nouvellement peintes reflétaient le gaz. Les marbres des tables luisaient, les dossiers des chaises brillaient. Sur le plancher lavé, d'un ton humide encore, du sable jaune s'étendait en une pluie immaculée. Je suis resté là trois quarts d'heure, m'amusant de toute la vie heureuse que je sentais flotter autour de moi. Des éclats de voix m'arrivaient du comptoir, des rires éraillés d'ouvriers, des bavardages bruyants de compagnons, une joie peuple, lourde et rude, mais bon enfant, où le choc des verres et le cliquetis sec des zanzibars tintaient gaiement. Lentement, je fumais ma cigarette, suivant machinalement les allées et venues des joueurs de billard. Sur la table, mon verre de madère, mes gants derby[47], jaunes sur le fond saumon de la

47 *Mouquet*, p. 81 : « mes gants Derby ». Nous corrigeons.

Revue des deux mondes, faisaient une nature morte amusante. Au coin, la nacre de mon canif frappé par la lumière s'irisait opaline, décomposée en rose lumineux…

De temps en temps, je prenais la *Revue*. Un article de Taine s'y trouvait, sur Venise et la vie italienne[48] ; et quelque nom italien d'artiste, ou de ville, ou de prince, cueilli au hasard par mon œil et isolé volontairement du reste de la page, prenait une intensité de suggestion, s'animait, se dilatait, s'épanouissait dans le songe ; et des perspectives d'Adriatique s'ouvraient à travers les murailles. Un carnaval Renaissance papillotait, des palais de marbre s'ensoleillaient dans une pulvérulence de lumière chaude. De grandes galères dorées se rengorgeant sous leur voilure de pourpre se berçaient sur un miroir d'azur… Et le portrait de Natatcha que je tenais devant moi me caressait le cœur. Des moires de lumière ondulaient sur elle, faisant surgir dans la lumière ses cheveux, son profil, son corsage, tournaient autour de son cou, dont la rondeur sortait, vivante…

*

1er novembre. – Impression de fin d'après-midi découragée et nauséeuse. Je suis malade de l'air du temps. Le boulevard m'écœure. J'ai de la boue au cœur, et l'âme dénudée, grelottante, frileuse. Je viens de passer une demi-heure avec Aramis et un collègue. Nous avons remué des coins d'administration tristes. En les quittant, j'ai pensé à ce qui m'attendait. Je me suis vu, avec une netteté cruelle, finissant, rance et moisi, sur un rond de cuir aplati, et jeté à la rue dans une demi-indigence, pour finir un jour, oublié et perdu, comme un pauvre diable.

D'ordinaire, je ne vois pas les choses ainsi ; mais Aramis a mis les points sur les i ; et il faut un hasard pour qu'il en soit autrement. Le hasard est mon dieu ; certes, jusqu'ici, je n'ai point à me plaindre ; mais ne peut-il lui aussi me manquer un beau jour ? Alors, quelle sera ma vie, quand je verrai tout ce que j'aurais pu être ? N'aurai-je pas un déchirement terrible, une révolte furieuse contre ma lâcheté ; plus furieuse, parce que sans remède ? Je me tâte, je me sonde. Il n'y a pas à dire, je suis un *incapable*, au sens volonté. Et alors, ce rôle que je joue dans la vie, ce rôle qui consiste à profiter toujours de ce que la Destinée veut bien m'offrir,

48 Voir *supra*, p. 211, n. 65.

sans jamais prendre moi-même, quand je veux et comme je veux, revêt à mes yeux, dans ma spéciale disposition de l'heure, un caractère humiliant. Je m'apparais à moi-même un peu comme un pique-assiette, qui mange comme il peut, qu'on traite bien, souvent très bien même, mais qui n'a pas commandé, qui ne commandera jamais le menu. Une dignité en moi se soulève, en même temps qu'une envie de ceux qui sont assez forts pour s'imposer à la vie ; et j'éprouve une immense lassitude.

Et puis, lentement, la cohue que je traverse me submerge sous un flot de dégoût. Cette mer humaine qui bat les murailles me clame au cœur ces deux mots qui la résument : platitude, turpitude. Des visages-types m'apparaissent, résumant avec une puissance de synthèse toute la honte sociale et toute sa misère. Des hommes passent, rouges, allumés, la lippe toute ronde autour d'un gros cigare, crevant de graisse dans des pardessus battant neuf, heureux, l'œil clair, aigu, l'âme au chaud dans leur cynisme fourré. D'autres, ravagés de fièvre, claquant des genoux, maigres et flageolant dans des habits percés, se traînent, courbés, les mains dans les poches, ayant l'air au milieu du trottoir de raser les murailles. Pauvres bouts de cigare de la vie jetés au ruisseau et qui fument encore !

Et des femmes circulent, des peaux à vendre, les seins en avant, le ventre en avant, la croupe saillante, avec un va-et-vient de jupes qui a l'air de secouer sur ce tas d'hommes le poivre âpre de leurs dessous ; et des jolies, là-dedans, des êtres de grâce et d'élégance, des têtes roses et transparentes de vierges, des sourires de velours à faire chanter un peuple de lyres, et qui vont, pour un peu d'or, s'étendre tout du long et toutes nues, les cuisses ouvertes, sur un lit d'hôtel garni, et livrer leur belle chair élastique et jeune à de gros doigts velus et gras qui iront partout. Et, charriant toutes ces ignominies pêle-mêle, le flot humain roule, roule toujours, hommes et femmes quelconques, troupeau d'animaux dégénérés, phtisiques et pléthoreux, usés de civilisation. C'est le grand fleuve morne, insipide, immense de la médiocrité.

Alors, l'antique lieu commun de l'ironie du monde m'apparaît, et toute cette foule qui m'enveloppe, grouillante, affairée, confuse, me donne l'idée d'une *Danse macabre* triviale s'en allant, détraquée et sautelante, au long d'une muraille allongée à l'infini et tout exaspérée[49] de réclame, jusqu'à l'absurde conclusion du néant.

49 *Mouquet*, p. 85 : « toute exaspérée ». Nous corrigeons.

*

Bovier[50] n'a décidément pas de chance[51]. La faute en est beaucoup, je crois, à la nature de son esprit. Il est trop consciencieux, trop raisonnable, d'une raison et d'une conscience terre à terre. Il oublie qu'on ne vit pas au compas. Jamais il n'a la prescience, le flair mystérieux des choses. Son esprit, logique par définition, procède continuellement par axiomes[52], enchaîne correctement les déductions, craint de s'abandonner à toute spontanéité. Il ne sait pas, ou il ne sent pas tout l'illogisme qu'il y a dans la vie, illogisme d'ailleurs qui ne paraît tel qu'à notre vue superficielle, mais qui se résout au-dessus de nous sûrement en une logique supérieure et immanente.

Pendant qu'il s'évertue laborieusement à mettre une belle ordonnance dans sa vie, à régler son esprit comme une montre, tous les jours à la même heure, à caser toutes ses acquisitions intellectuelles, ses plans, ses projets dans de beaux tiroirs à compartiments numérotés, le courant marche toujours ; et un beau matin, quand il met le nez dehors, il s'aperçoit que tout ce qu'il a fait est devenu ou inutile ou inopportun, que l'heure est passée, et que le monde l'a dépassé. Toute sa vie, il l'avouait lui-même avec découragement, se passera à arriver trop tard. Il ratera l'heure qu'il faut prendre, le mot qu'il faut dire, le livre qu'il faut faire. Ce qui lui manque, ce qui lui manquera toujours, c'est ce je ne sais quoi d'intuitif, d'impalpable, d'ailé, de révélé, de féminin enfin, qui pourrait s'appeler le tact de la vie.

*

14 novembre. – Triste, triste saison. Il y a huit jours que je n'ai regardé le ciel.

Trouvé un Boileau sur le bureau du chef. Lu une centaine de vers. C'est net, uni, poli, froid, incolore et clair comme du verre.

*

50 *Ibid.* : « Bovieu ». Nous corrigeons.

51 Voir *supra*, p. 212, n. 67.

52 *Mouquet*, p. 85 : « par axiome ». Nous corrigeons.

Samedi 22 octobre. – Journée absolument idéale. L'été de la Saint-Martin, je crois. Un printemps de paradis terrestre : lumière, azur, brise, fraîcheur… À une heure, je suis sorti ; j'ai suivi les quais, ils étaient moins beaux que le matin ; ils avaient perdu leur duvet de vapeur et semblaient comme dénudés. Néanmoins, l'heure était ravissante encore, surtout le long de la terrasse…

J'ai acheté un londrès, et je suis entré au Café de la Légion d'honneur. Là, j'ai vu Deloncle, l'aîné[53]. Il finissait de déjeuner avec son frère. Sa figure s'est élargie, son menton s'est empli ; ses favoris lui descendent jusqu'au bas des joues, plus fournis, accentuant le magistrat. Cet embonpoint répandu sur sa personne en complète l'autorité native. Il aura bientôt atteint le modèle définitif de ses traits, et la médaille sera bonne à frapper. J'ai remarqué, à son propos, que la physionomie ne s'épanouit entièrement et ne prend tout son caractère qu'à l'âge correspondant au tempérament d'esprit de l'individu, jeune ou vieux, grave ou léger. Certains jeunes gens, troubadours sentimentaux, très jolis à dix-huit ans, gardent toute leur vie une afféterie mièvre et déplaisante. D'autres ont à vingt ans un masque doctoral et renfrogné qui siéra à merveille à leur maturité, et les rendra gauches et vieillots jusque-là. L'air du visage, au sens de l'expression morale qui s'en dégage, est comme la taille : il y a une époque, variable pour chaque individu, où il se fixe. Après, il ne change plus.

*

14 mars. – Affreuse matinée d'hiver. Il pleut, une pluie fine, continue, monotone. Un ciel bas, d'où tombe un jour livide de soupirail. Les pavés glissent de boue, l'eau ruisselle partout et monte à l'assaut des monuments qui ont en bas une large bordure humide. La couleur est morte. Tout s'est dilué dans un noir et blanc informe et sale. Je vais, sous mon parapluie, l'âme accordée au ton de cette misère du temps, et je ne sais quel charme triste se dégage de tout cela ; mais je me sens bien dans cette atmosphère plaintive, où la vie de la rue se fait déserte, où il semble que l'heure présente recule dans un crépuscule de passé. En rentrant, mon âme malade souffrait d'une indéfinie peine et comme d'une plaie secrète. J'ai lu justement du Verlaine ; et jamais ces vers

53 Voir *supra*, p. 207, n. 55.

fluides et impondérables n'ont parlé plus à mon cœur. C'était, ces vers de douceur brisés, comme des mains flottantes qui passaient sur mon chagrin et l'effleuraient d'une fraîcheur tiède. C'était le tact, tendre à défaillir, des charpies fines qui neigent sur la chair en souffrance, et une exquisité de faiblesse, une volupté agonisante, et comme une titillation aux plus sensibles fibres, qui faisait venir presque les larmes au cœur.

CARNET IV

R… disait[54] : Je crois que l'on peut poser ceci en axiome. Quand, au courant de la conversation, un individu se défend, à brûle-pourpoint en quelque sorte, et sans que son attestation soit amenée par le mouvement naturel du discours, de tel ou tel défaut, voire de tel ou tel vice, neuf fois sur dix on peut être sûr que cet individu a précisément ce défaut ou ce vice. En effet, le besoin de s'en disculper indique que chez lui il y a là un sujet habituel de préoccupation, de tentation, auquel il résiste plus ou moins, et sans nul doute moins que plus. Un Murat, un Ney, ne songeront pas à se défendre d'être lâches, un saint Vincent de Paul d'être dur de cœur.

*

Le jour est glorieux, la nuit est harmonieuse. J'aime mieux la nuit[55].

*

Avec les découvertes stupéfiantes que la science jette tous les jours à nos étonnements, je me demande s'il serait impossible de voir découvrir un instrument qui permettrait de constater les fluctuations de nos états d'âme et qui pourrait s'appeler par suite le *psychomètre.* Cet appareil qui enfermerait dans un tube, je suppose, telle matière éthérisée et subtile, capable de subir les plus délicates réactions d'une atmosphère nerveuse, serait gradué, d'après les minutieuses expériences des savants, et porterait, à la place des indications du baromètre : *Vers à soie – Orangers – Sénégal* – etc., des rubriques telles que : *Sympathie naissante – Amour tempéré – Désirs ardents – Froideur rigoureuse…* Il suffirait de l'installer sur la table, au commencement d'un dîner entre époux ou amants, pour apprécier la sincérité des rapports échangés. La femme, par exemple, aurait beau s'épancher en protestations lyriques, il suffirait à l'époux ou à l'amant de jeter un coup d'œil rapide sur le psychomètre pour être immédiatement fixé sur la valeur de ces

54 *Soulisse, supra*, p. 225 : « F. me disait ».
55 Voir *ibid.*, n. 119.

protestations ; et il pourrait simplement opposer à une déclaration passionnée l'état du psychomètre incorruptible descendu à cinq degrés au-dessous de zéro.

On pourrait également en faire usage dans les théâtres où les dégagements électriques de la foule seraient ainsi exactement évalués et traduits par des rubriques *ad hoc* : *Admiration – Enthousiasme – Ennui profond – Désolation – Anéantissement*…

*

Vu des choses très intéressantes au Salon de la Rose + Croix[56] ; des tentatives quelquefois téméraires, le plus souvent dignes d'intérêt. Un art qui cherche à formuler des aspirations trop souvent irréalisables, mais dont les préoccupations, en tous les cas, sont nobles.

Il y a là une série de dessins de Trachsel[57] qui relèvent du rêve, ou plutôt de l'hallucination ; des architectures étranges dans des milieux hétéroclites et déconcertants : par exemple une sorte de Panthéon, dont la forme découpe une vague silhouette de sphynge allongée, dont la tête est remplacée par un énorme disque de marbre, dans lequel flamboie un œil mystérieux et terrible dont le regard se projette sous forme de faisceau lumineux à travers une nuit bleuâtre et cosmique où roulent des astres, des globes annelés, des comètes. Cet art est difficile à réaliser entre tous ; le ridicule est à deux pas de la terreur ; et, là où l'on cherche un effet d'épouvante, on peut très bien ne rencontrer qu'un effet de rire. La réalisation ne s'appuyant sur rien et se manifestant dans le vide encourt avec elle mille périls et doit tout d'abord, dans les cas les plus fréquents, mécontenter le peintre lui-même, trahi dans son rêve par une affligeante exécution.

À signaler les Trachsel ; les Schwabe, dont je ne suis pourtant pas fou ; les Khnopff[58], qui me ravissent par leur maigreur de perversité et leurs gras modelés de velours ; les Filiger[59], un peu trop pastiches, mais d'une adorable ligne et d'une exécution si touchante ; les Henri Martin[60], d'un réalisme teinté de rêve, avec ses têtes à contre-jour de paysannes

56 Voir *supra*, p. 226, n. 120.
57 Voir *ibid.*, n. 121.
58 Mouquet, p. 92 : « Knopff ». Nous corrigeons. Voir *supra*, p. 227, n. 123.
59 Voir *ibid.*, n. 124.
60 Voir *ibid.*, n. 125.

aux cheveux de chanvre, aux yeux d'eau, éclairés à contre-jour sur des fonds mélancoliques ; les Aman-Jean[61] ; un *Christ*, de[62] ?...

*

Vu hier, rue Taitbout, trois aquarelles de Jeanne Jacquemin[63], de facture très intéressante. Couleur plate, éteinte ; ligne aride et mangée de mysticisme ; arrangement symbolique.

La première : une espèce de Béatrice sur un fond vert pâle de force mystique, avec des joues avalées[64] d'anémie sous des pommettes qui tendent la peau, des yeux grands et clairs, et une bouche singulière dont le dessin excessif et charnu détonne dans la spiritualité du visage ; à la main un lys[65].

La seconde : une tête exsangue, posée dans un verre ou dans un vase quelconque ; les yeux fermés, les cheveux d'un blond grisâtre tombant tout en travers d'un côté de la figure, avec comme des filets de sang emmêlés dans les mèches.

La troisième : une tête de Christ couronnée d'épines posée de face sur un ciborium, avec des yeux poignants sous l'éplorement des cheveux.

Bonheur reprochait presque à ces études d'avant-garde de paraître en quelque sorte trop sûres d'elles-mêmes, d'avoir comme une allure d'habileté et je ne sais quelle aisance dans la facture qui contrastait avec l'étrangeté et le mysticisme un peu égaré dont elles relevaient.

Entendu, à la suite, *Le Crépuscule des dieux*, chez Lamoureux[66]. Une page sublime, dont la grandeur m'a pénétré tout de suite profondément, bien que ce fût la première fois que je l'entendisse. Des accents d'une tendresse, d'une émotion, d'une passion splendides. À certains moments, sur les rafales de l'orchestre, la voix de la Materna, déchirante, semblait comme un oiseau emporté sur une vague dans la tourmente : on le voyait se perdre, se noyer, puis réapparaître.

Très bien senti le Prélude, qui a pourtant selon moi été joué trop lentement. Il y a, à un certain moment, un *crescendo* passionné et ruisselant qui ne me semble pas relever du métronome.

61 Voir *supra*, p. 227, n. 126.
62 Voir *ibid.*, n. 127.
63 Voir *ibid.*, n. 128.
64 Nous corrigeons un peu plausible « ovalées ». Voir *ibid.*, n. 129.
65 Voir *ibid.*, n. 130.
66 Voir *supra*, p. 228, n. 134.

*

Je me sens tout dépaysé dans ce bureau où je viens de remplacer A… J'y respire un air tellement privé de toute intellectualité que j'en éprouve un véritable malaise. Aussi, pour me créer une compagnie dans cette solitude qui ressemble à un exil, je viens de mettre devant moi *un livre* où mes yeux se reposent avec un sentiment d'amitié et comme de refuge.

*

Je voudrais avec C[67]… multiplier dans nos promenades les endroits où nous nous arrêtons, les terrasses de café où nous nous asseyons, de façon que ces endroits soient en quelque sorte consacrés par l'amour, et que j'aie ainsi plus tard des souvenirs semés un peu partout à travers la ville, et que j'y sente mon cœur attaché par mille fibres. Ainsi s'amasserait un trésor de reliques pour les mélancoliques pèlerinages à Notre-Dame-de-Douce-Souvenance.

*

Actuellement, en littérature, la forme dite naturaliste, c'est-à-dire d'une extériorité excessive, d'un souci de décor et de geste continu et obsédant, me produit une irritation pénible. Et les procédés de la phrase à la Zola, avec ses propositions courtes, ses imparfaits perpétuels, sa précision à coups de verbes, me donnent la nausée. Oh ! le procédé ! C'est bien son horreur qui doit nous ramener aux sincérités de l'expression pure, traduite toute nue et sans l'insipide maquillage des épithètes de couleur.

*

Ce qui est intolérable chez Mendès, quand on le lit avec quelque fréquence, c'est la sensation d'artificiel absolu qui s'en dégage. Jamais ses conceptions ne semblent sorties de son cœur ; ce n'est que de la fantaisie cérébrale ; d'où pas un mot ne vous touche, au sens divin de l'émotion.

Jean Lorrain, lui aussi, est tout entier fait d'artifices, mais combien différent ! La fantaisie de Lorrain, au lieu de se noyer dans une mousse de

67 Voir *supra*, p. 229, n. 141.

rhétorique fouettée, se retrempe et reprend force à la réalité. L'œil de Lorrain est toujours braqué sur un coin de la vie réelle. Il la transpose, en artiste qu'il est, tantôt en délicieuses sanguines, tantôt en eaux-fortes violentes, aux tons gras, ténébreux et chauds ; mais toujours, c'est d'un *vécu* qu'il part ; et de cela son œuvre prend le caractère indéfinissable des choses vivantes.

Alors que bien des constructions littéraires, pompeuses et grandioses, auront disparu et seront ensevelies dans le morne océan Pacifique des insondables bibliothèques, alors qu'il ne restera peut-être de l'œuvre des gros ouvriers comme Zola que quelques pages à tenir dans la main, l'œuvre de Lorrain sera consultée et feuilletée avec cet intérêt piquant qui nous fait rechercher les Fragonard, les Lancret, les Moreau, et qui nous penche sur tous ces brimborions artistiques et littéraires du XVIIIe siècle, – saxes, éventails et poésies légères, – où nous sentons vivre plus que partout ailleurs son brin d'âme musquée et jolie.

*

Plus je m'examine, plus je trouve que nous ne vivons vraiment au sens réel, profond et en quelque sorte absolu de la vie, que par l'inconscient. Je veux dire que la sensation de la vie ne m'est pas donnée par les opérations de mon esprit, par le jeu de mes facultés intellectuelles, par le mécanisme de mes raisonnements ; la sensation de vie prend sa source ailleurs et plus bas, dans les profondeurs obscures du diaphragme. Heureux ou malheureux, je ne le suis que par une impression de dilatation ou de rétraction que j'éprouve au creux de l'estomac, par exemple, là où les médecins mettent, je crois, le plexus solaire. Et cette impression de bien-être ou de mal-être est en dehors des prises de ma volonté. Elle apparaît comme il lui plaît, et quelquefois en raison inverse du raisonnement.

Il y a bien longtemps déjà que je suis hanté par cette idée que l'instinct populaire ne se trompe pas en faisant du cœur le centre et le moteur de la vie sentimentale. Les savants du siècle ont proclamé sur tous les tons que c'était une illusion à ajouter à celles qui avaient longtemps fait croire à l'humanité que le soleil tournait autour de la terre. L'argument était convaincant ; et pourtant, vu la précision des phénomènes que je sentais se passer en moi, je n'étais pas convaincu. Et le fait d'avoir vu toute l'antiquité, partageant mon avis, placer dans la poitrine le siège des émotions de ses héros m'encourageait à la résistance.

Or, il semble que maintenant, avec les surprenantes découvertes faites dans le domaine de la pathologie neurique, la science soit sur le point de me donner raison. Les hypnotisés qui, plongés en état cataleptique, disent voir en quelque sorte leur sensibilité s'extérioriser sous la forme d'un brouillard lumineux et descendre ainsi sur la poitrine, et pour y localiser la vie de relation, de telle façon qu'il est affirmé que des malades ont pu lire dans des volumes placés devant leur estomac, – ces hypnotisés, dis-je, confirmeraient ainsi d'une façon singulièrement péremptoire mon instinctive croyance.

J'ai de plus, personnellement, fait l'expérience que, dans la rue par exemple, l'approche subite d'une voiture m'atteignait *d'abord* au cœur, qui faisait opérer le mouvement de recul salutaire, et que ce n'était qu'*après* que le cerveau en prenait connaissance. Qu'il y eût[68] illusion en ces cas, cela est très possible ; et le raisonnement basé sur l'autocratie des centres cérébraux ne permettrait pas d'en douter. Mais voici justement cette autocratie battue en brèche par les dernières révélations de la psycho-physiologie. Alors, je reprends tous mes arguments et j'attends.

*

12 mai. – Je viens de voir une affiche pour un nouveau journal, *La Dépêche.* Une femme vue de dos et retournant la tête de trois-quarts, le corps drapé dans une longue tunique marron à fleurages. Les lignes sommaires, les déformations voulues, les tonalités éteintes et fanées, puis les rudimentaires silhouettes de figures représentant la foule au bas de l'affiche, figures traitées avec une négligence affectée qui fait songer à des dessins d'enfant, tout cela m'avait quelque peu intrigué. J'ai tâché de découvrir si l'affiche était signée, et j'ai eu l'explication en voyant la signature de Maurice Denis[69].

Ainsi voilà la réclame qui va chercher à présent, pour ses illustrations, non plus seulement des artistes, mais des artistes raffinés jusqu'à l'intransigeance, et d'une esthétique si violemment opposée aux goûts du public ordinaire des grands journaux.

Déjà le fait s'était présenté avec l'affiche de Toulouse-Lautrec pour le Moulin-Rouge. Je me demande ce qui peut sortir de ces tendances

68 *Mouquet*, p. 98 : « Qu'il y avait ». Nous corrigeons.

69 Voir *supra*, p. 232, n. 146.

artistiques de la réclame. Le courant est là, c'est indéniable. Les affiches de Chéret ont donné le branle ; et maintenant, sur tous les murs, c'est un assaut d'images coloriées dont quelques-unes ont une réelle valeur. Les lignes de chemins de fer sont entrées, elles aussi, dans la voie. Leurs affiches de billets circulaires sont faites de petits paysages gentiment composés et d'une décoration amusante, quoique sommaire. Elles ne sont pas encore allées jusqu'à faire illustrer leurs ports de mer, leurs châteaux historiques et leurs gorges de montagne par un Montenard, un Cazin ou un Français[70] ; mais cela va venir. Le courant existe, et je le sens bien parti. Ne serait-ce pas là, par la force même des choses, une évolution naturelle de l'art, une forme de sa démocratisation, en même temps qu'un terrain de conciliation entre lui et la vie industrielle et commerciale intense de demain ? Ne peut-on supposer le lancement d'une entreprise considérable confiée au pinceau d'un Puvis de Chavanne, dont les fresques couvriraient ainsi les murs de la cité et entreraient dans le grand domaine de la vie quotidienne courante ?

L'art aurait-il à y perdre ? Je ne le crois pas. Qui sait même si ce n'est point de là que lui reviendrait la vie ? Ce contact imposé avec la réalité produirait peut-être précisément ce qui manque surtout actuellement à notre art, le fonds commun et nécessaire, la base sûre, le point de départ naturel de la fantaisie. Celle-ci, évoluant dans le vide, comme c'est un peu le cas actuellement, et ne reposant sur aucune tendance commune, sur aucun terrain général d'idées, se perd dans les subtilités stériles d'un individualisme excessif.

Jadis, la haute peinture était soutenue et alimentée par un état social que nous avons perdu : il y avait les églises et les palais. Actuellement, elle n'a plus que cette chose morte, le musée ; ce qui nous vaut la sèche et froide peinture historique avec sa rhétorique artificielle ; ou bien les maisons riches des classes dirigeantes, qui ne comportent surtout que le tableau de genre et la décoration bourgeoise. Une poussée violente de la vie économique de demain élargirait peut-être soudain et dans des proportions inespérées sa sphère d'action. Il est incontestable qu'il ne s'agirait point en ce cas du lancement d'un purgatif ou d'une nouvelle moutarde ; mais on peut entrevoir, sans qu'il soit possible de les nettement définir, telles conditions où il y aurait place pour une puissante et vigoureuse manifestation d'art.

70 Voir *supra*, p. 233, n. 147.

Et l'indépendance du peintre pour le choix de son sujet, dira-t-on ? Mais les anciens Maîtres étaient-ils si indépendants ? Est-ce que les scènes religieuses, la vie de tel ou tel saint n'étaient pas imposées ? Ou telle hautaine allégorie pour une maison royale ? Ou tel groupement pour une corporation ? Ces exigences n'ont empêché ni les Pérugin, ni les Rubens, ni les Rembrandt de produire leurs chefs-d'œuvre.

La vie, ne l'oublions pas, est toute-puissante ; en elle, – on pourrait presque dire : en elle seule, – est la fécondité. Là où elle apparaît, elle apporte l'imprévu et la richesse, et l'on peut prédire sûrement que de ceux qui sont avec elle il restera toujours quelque chose, le quelque chose qu'elle leur aura donné et que n'eussent pu inventer les individualités même les plus énergiques, laissées à leurs propres ressources.

CARNET V

Des mots ! Des mots ! dit dédaigneusement le Sage au nez sentencieux. Comme si, dans l'éternelle illusion de la vie, les mots n'étaient pas tout !

*

Regardez une goutte de cœur au microscope : ô les millions de petites bêtes affreuses qui y vivent !

*

D'en bas sur l'azur, le découpement d'or frêle d'un balcon Renaissance. Tel, on y accoude son âme sur le rêve.

*

Des Forain[71] délicieux ! Dans l'indignation débraillée du dessin, quelle ligne ! Comme on sent le corps et la chair et la charpente, là-dessous ! Il suffit d'un trait pour faire frissonner la vie au long d'une hanche de femme. Et puis les hommes dégagent tous une forme de types puissante comme une synthèse. Autour de ces ventres à jouissance, les vêtements craquent, la graisse déborde, et les mains ont des insignifiances de geste étonnantes. L'homme du monde est surtout là, dans son vivre assoupli et instantané, dans sa manière suspendue et ambiante. Rien de figé. Le crayon saisit dans l'air l'immatérielle projection de l'habitude indivise et la concrétise dans un pli de robe, dans un bouffant de pantalon, dans un tendu de corsage, dans un [...] des doigts toujours arrondis de leur naturel [...], jusqu'à la dimension réelle et seule notable qu'ils prennent sous le fluide de l'intention expressionnelle.

*

71 Louis Henri Forain, dit Jean-Louis Forain (1852-1931). Élève de Gérome, il fréquenta ensuite des écrivains (Verlaine, Rimbaud, Huysmans), se lia et exposa avec les impressionnistes et devint célèbre comme caricaturiste, multipliant à partir de 1893 les satires politiques.

Lu la scène de *La Curée*[72]. Ce Zola, quel bougre ! Il n'y a pas à dire, cela vous entraîne, vous arrache, vous emporte, torrentiel, puissant, irrésistible. Et les procédés – j'emploie ce mot, quoiqu'ils soient absolument intuitifs – ont la puissance redoutable de la musique. Tout cela est tissé, noué, complexe, touffu, et se résout dans une impression une, énorme. Les détails capricieux, les arabesques ingénieuses se suivent, détachés comme des soli d'instruments ; puis la grande phrase arrive des profondeurs, noyant tout, roulant, croulant et vous couvrant comme une vague magnifique d'un flot d'écume étincelante. Puis cette scène, le duo de Renée et de Maxime, disparaît, étouffée sous l'immense poussée héroïque des plantes et des végétations. On les perd, puis ils reparaissent, puis ils replongent ; et la musique du style les prend et les roule, abandonnés à sa fantaisie, pour les jeter dans une période finale éperdue qui résume toutes les tentations soufflées des chairs et des parfums, des sèves, des germes et des ruts, et qui vous enlève avec elle, vous porte, vous secoue, vous tord et vous laisse, quand elle a fini, effarés et vibrants. Il y a, dans l'impression, du tonnerre de l'orgue, éclaboussé de sonorités et grondant à l'oreille ses tintamarres.

*

Je ne sais si cela tient à quelque disposition maladive de mon esprit, mais jamais je n'ai senti plus profondément la misère du monde et les férocités sociales ; jamais je n'ai éprouvé en moi plus aiguë la pitié humaine. À certaines heures de pensée, l'obsession devient si poignante que j'en éprouve au cœur comme un coup de canif. À l'abstraction philosophique[73], l'imagination ajoute chez moi son décor savant et frissonnant. Je vois, en même temps que je pense. Ô la femme surtout, et sa chair martyre ! À telles heures, le flot monte, monte, me noie, me submerge. À toutes les brutalités humaines je me sens blessé en même temps, et j'ai comme une soif de m'évader de la vie vers quelque port, je ne sais où… Et la mort me hante.

72 Il s'agit du chapitre IV du roman. La serre du riche hôtel particulier d'Aristide Saccard accueille les amours incestueuses de Maxime et de Renée. Voir Arnaud Verret, « La Serre dans le roman zolien : un exemple d'insularisation de l'érotisme fin-de-siècle », dans *L'Éros insulaire*, Alexandre W. Albertini et Jacques Isolery (dir.), Paris, Pétra, coll. « Fert'îles », p. 109-123.

73 *Mouquet*, p. 106 : « À l'abstraction philosophique l'imagination. » Nous ajoutons une virgule.

Quand je songe surtout que c'est peut-être contre quelque chose de sourd, d'aveugle et d'obscur que je me révolte, contre une mécanique, ou contre un élément !

Apaisé, je pense à tous les inconscients de la souffrance, à tous les résignés aussi…

*

Est-ce une crise que je traverse ? Mais jamais la notion de la Providence ne m'a paru plus absurde, plus fausse, plus en contradiction avec la brutalité et l'indifférence de la nature. Jamais aussi le rôle d'un Dieu tout-puissant ne m'a paru plus atroce et plus haïssable.

*

J'aime la large philosophie, tolérante, indulgente, faite de miséricorde et de compassion pour la souffrance humaine. Quelque chose dans son œuvre se dégage qui console et, en même temps, qui fortifie. Le spectacle de la vie dans laquelle les plus nobles états d'âme se débattent tristement contre tant de fatalités manifestes ou latentes, au lieu de soulever le sourire dédaigneux, cette espèce de rictus d'une pitié méprisante qu'ont mise à la mode les maîtres de chez nous, provoque au contraire chez moi une sympathie qui souffre, une indulgence qui console.

La formule de Flaubert, du grand lapidaire de *Salammbô* et de la *Tentation*, si haute qu'elle soit, a je ne sais quoi d'anti-humain qui laisse dans le cœur une tristesse sèche. L'effusion de ce grand cœur qu'on sent battre pourtant derrière son style de bronze, est trop souvent arrêtée, trop systématiquement réprimée. Dans l'étalage sincère, convaincu et rigoureux comme une thèse scientifique de toutes nos cruautés, de nos turpitudes, de nos irrémédiables déchéances, il y a une sorte de calme affecté, de gravité indifférente et doctorale qui glace, – disons-le tout de suite : qui est fausse.

Le cœur de Flaubert, – ses lettres le prouvent assez, – souffrait de la vie dans ses plus subtiles amertumes et grondait à toute heure de superbes révoltes… Au milieu du troupeau des brebis falotes et gémissantes de la littérature du Second Empire, il a eu peur de paraître bêler. La fadeur de ces flots d'éjections sentimenteuses qui ruisselaient à pleins bords dans les œuvres du temps l'écœura. Plutôt que de se mêler à ces multitudes pleurnichaillantes où la larme se débitait au litre, il se roidit, bomba son torse, comprima son cœur jusqu'à l'étouffer ; et, debout, les reins cambrés, ses bras musclés croisés hautainement sur ses larges pectoraux d'athlète, il laissa tomber du haut de ses longues moustaches un regard de pitié sur l'avachissement des lettres. Cette attitude dont il est ainsi facile de s'expliquer la cause, comme toutes les attitudes violentes prises dans un coup de révolte, dans une idée de réaction, ne pouvait être conservée qu'à force de volonté. C'était une tension d'énergie ; disons-le sincèrement : une sorte d'affectation d'extra-humanité, qui dépassait le but pour aller jusqu'à l'artifice. Flaubert l'avait dit ; il ne voulait pas en démordre ; mais cette continence de vraie passion humaine, ces phrases de souffrance continuellement séchées au fer chaud, devaient prendre leur revanche sur l'organisme surmené. Et l'on pourrait presque dire, quand on connaît la vie violemment cloîtrée de Flaubert et toute flambée de mysticisme d'art, qu'il est mort usé par son œuvre, d'une sorte de rétention du cœur.

Il lui a manqué quelque chose, ce je ne sais quoi d'attendri, de mouillé, qui réside malgré tout au fond de nous, dont nous avons besoin et dont nous ne pouvons nous passer, sous peine de mort. L'âme humaine n'est pas comme la Rachel de la Bible ; elle veut être consolée. Il ne s'agit pas là, bien entendu, de ces consolations vulgaires, tirées d'une morale à images, bonne à faire peur aux petits enfants. Elle veut que dans le cours d'une œuvre à haute tendance où l'on sent le souci altier d'atteindre à la mystérieuse complexité de la vie, il y ait place pour tout ce que nous portons en nous de révoltes dans nos défaillances, de mélancolie dans nos voluptés, d'amertume dans nos lâchetés, de résignation dans nos fautes, en un mot de grandeur triste dans notre misère. L'impitoyable dénudation de notre égoïsme par un scalpel de génie qui n'oublie pas un nerf, pas une fibre, pas une fibrille, nous serre épouvantablement le cœur ; car nous savons que cela est vrai... Mais nous savons aussi qu'autre chose est vrai, que cet égoïsme sait s'oublier à certaines heures ; nous savons que chez le moins bon d'entre nous il ne se suffit pas à lui-même, et qu'il a pour contre-poids l'obscur, vivant et profond besoin d'aimer. Ce mot, *amour*, écrit au haut de l'Évangile, Flaubert semble avoir voulu le bannir de son œuvre. Et c'est ce qui lui donne cette splendeur stérile et âcre, devant laquelle notre cœur se sent désolé.

Tolstoï, lui, a laissé parler sur les hauteurs, *in excelsis*, son âme de pitié. Certes, il a vu, comme le solitaire de Rouen, l'ironie absurde et souvent atroce du vivre, mais il n'a pas voulu voir que cela. Il a trouvé que la constatation de cette déchéance irrémédiable de notre noblesse ne suffisait pas au cœur. Et il a dit : « Vous qui pleurez, je veux pleurer avec vous, car vous êtes tristes. » Et il a eu le courage de la pitié, sachant que, venues du profond de grands cœurs, les larmes sont des diamants.

*

La poésie ne saurait se passer d'un rythme, fût-il aussi fluide et effacé qu'on le suppose. Il est certain que pour marquer, dans leur forme essentiellement fugace et volatile, des états d'âme placés aux confins du sentir, une métrique violemment orthodoxe ne saurait être de mise. Et l'esprit se rebifferait en face d'un défilé monotonement scandé de strophes cassées à la mécanique. Mais il faut néanmoins qu'à travers le fondu, la coupe noyée et effacée, on sente encore la présence latente, le bercement vague et perdu de la musique, comme dans une barque immobile on sent vaguement l'entraînement doux, presque insaisissable, mais irrésistible et profond, du courant et l'enlaçante douceur de l'eau vivante.

*

Regardé avec Valentin quelques têtes. Celle de Vacquerie[74] nous arrête.
– Absolument la tête d'un marguillier, fais-je à Valentin.
– Très juste, réplique-t-il. Puis, après un silence :
– Au fond, a-t-il été autre chose toute sa vie ? Marguillier de la cathédrale romantique, grand sacristain de Notre-Dame de Paris.

*

J'ai lu Poe cette semaine. Décidément, il est à classer parmi les plus grands. La puissance de ses conceptions, la magnificence de ses

74 Le poète et dramaturge Auguste Vacquerie (1819-1895) est ici raillé – sans réelle méchanceté – pour sa proximité avec Victor Hugo. Son frère Charles épousa Léopoldine, fille du poète, en 1843, et lui-même fit dans *Miettes de l'histoire* le récit de son séjour à Jersey, où il accompagna les Hugo dès 1852. Vacquerie fut avec Paul Meurice l'exécuteur testamentaire de Hugo et se chargea des éditions posthumes du poète. Vacquerie a tenté le crayon – caricatural – de Claude Monet (vers 1854) et d'André Gill (1878). Sur la caricature due à ce dernier, on voit le front de Vacquerie frappé de l'initiale « H », pour « Hugo ».

hypothèses, la merveilleuse force de son imagination, toujours contenue et maintenue par une volonté extraordinaire, en font une figure presque unique dans l'art par l'assemblage de ses facultés. Si le mot perfection a pu jamais être prononcé, c'est pour un cas comme celui-là.

Ce qui frappe avant toute chose, c'est le parallélisme de deux facultés d'habitude inégalement départies[75] : l'imagination et la logique. Rien de plus mathématiquement ordonné que ces nouvelles bâties en plein rêve. De ce dualisme de nature naît une œuvre d'un caractère unique. Les projections d'un puissant esprit dans les sphères les plus raréfiées de la haute pensée dégagent une impression d'une essence toute particulière, faite du mélange étroit d'éléments absolument disparates à l'ordinaire ; en même temps, l'excessive spiritualité des conceptions donne au style je ne sais quoi d'aérien, d'immatériel, de fluide... Ne pourrait-on comparer à la musique, à la musique de certains grands symphonistes, de Beethoven par exemple, cette sensation d'une langue toute en âme, s'exprimant dans une sorte d'absolu ? Du moins l'impression ressentie en différents endroits des lectures, – impression s'adressant à la fois à l'esprit et à la chair, traversés simultanément d'un même étrange frisson, – ne saurait guère trouver d'analogie que dans la musique.

La musique n'est-elle pas aussi du rêve pur condensé par de la pure pensée se formulant suivant les lois complexes de la Règle ? Toute inconscience est rigoureusement bannie de cet art où la Volonté trône. Or, c'est ce qui fait sa singularité, l'inconscience nous pénétrant encore par tous les pores de notre éducation romantique.

Baudelaire, par l'architecture réfléchie de ses sonnets, est le seul chez qui nous rencontrions, au sortir des tumultes empanachés de la génération de Hugo, la volonté, la règle, la logique dans l'inspiration. C'est l'art suprême et raréfié, cristallisé dans sa forme impeccable, et qui donne par son *absolu* étincelant et *incorruptible* la sensation de la pierre précieuse. Flaubert nous offrirait aussi un exemple de ce triomphe magnifique de la Volonté sur l'Instinct.

Ce qu'on trouve en plus chez Poe, c'est un au-delà attirant et vertigineux. On respire du haut de certaines phrases des souffles venus de profondeurs inconnues et qui font tressaillir l'âme. Des espaces s'ouvrent, des horizons s'élargissent. On avance toujours, toujours... Et, peu à peu, l'on se sent loin, très loin, là-bas, tout à la pointe d'une langue de terre

75 *Mouquet*, p. 111 : « imparties ». Nous corrigeons.

imperceptible, qui est la Réalité, et qu'enveloppent de toutes parts les larges vagues fluides et lumineuses de la Mer spirituelle.

*

Par la plus jolie matinée du monde, fraîche, bleue, limpide, chantante, où le soleil entre par les fenêtres grandes ouvertes, où les rideaux ont comme des frissons de joie, j'ai trouvé comme à point nommé *Mademoiselle de Maupin*. Passé ainsi une heure délicieuse. Ce style, débordant de sève, de mouvement, de vie, s'accommodait bien à l'impression de jeunesse flottante dans l'atmosphère. Si le printemps, par ses belles matinées d'horizon bleu, invite irrésistiblement au voyage, à l'espérance, il donne aussi une saveur de poésie toute particulière au souvenir : c'est ce qui m'est arrivé avec *Mademoiselle de Maupin*. En relisant ces pages dont mes dix-huit ans avaient reçu un éblouissement, j'ai retrouvé, avec une sorte d'état d'attendrissement, le moi d'autrefois, séparé du moi actuel par dix années qui ont bien changé ma vie. J'ai ressenti l'écho de ce frémissement romantique qui me grisait alors et me faisait galoper le sang dans les veines. J'ai revécu, avec un demi-sourire attristé de mélancolie, l'enthousiasme qui m'étranglait la gorge devant cette autre cathédrale que Gautier taillait en plein romantique flamboyant, à côté de celle de Hugo.

Il n'y a pas à dire, cette littérature-là, ç'a été ma première maîtresse, et combien adorée ! Je retrouvais à chaque page, accrochés aux phrases touffues, luxuriantes et splendides, mille morceaux de mon âme, de mon cœur même. Car, à cet âge, dans cette possession violente de la poésie, mon cœur se mettait de la partie.

Gautier a été décidément, je crois, le magicien par excellence de cette outrancière féerie. Nul comme lui n'a sommé l'Idéal romantique d'incantations plus magnifiques, plus grandiloquentes, plus sonores, plus exorbitantes. Avec cela, sous l'artificielle ironie de la phrase, un élan, une poussée d'enthousiasme qui crève partout, et coule, et ruisselle et vous emporte. Dans l'excès de la forme, on sent la superbe candeur d'une foi, d'un culte ; et, à certains moments, le ton qui s'élève, les espaces qui s'élargissent, dégagent je ne sais quoi de fervent, je dirais même de religieux. Ce païen, en adoration devant la Forme, balançant devant elle ses phrases incrustées de pierres précieuses, comme des encensoirs toujours fumants, et se prosternant dans la poussière avec un grand frisson quand l'odeur même de ses parfums l'a enivré, prend l'allure grandiose de tout ce qui sort, tout ruisselant de sincérité, des entrailles chaudes de l'âme.

Mais pourquoi cette insipide manie de la cravache et ce dandinement de persiflage ? Ils ont tous cela à l'époque. Musset à ses meilleurs endroits en est gâté. Ces façons de pince-sans-rire à faux me sont, à moi, particulièrement odieuses. Cela sent le factice du parvenu, le port de tête du coq de province ; cela pue la pose, la tête à gifles.

*

Vu chez Dangleterre[76] une aquarelle signée Victor Tilly[77].

Sur fond papier blanc, deux vieilles femmes. Cela s'appelle *Five o'clock tea à la Salpêtrière*[78]. L'impression en est saisissante. Il y a dans les deux figures de vieilles une intensité d'expression qui vous arrête au premier coup.

La première est une grosse tête roulante, croulante, fondante, avec des méplats disparaissant sous la graisse, une graisse jaune de femme qui a passé quarante ans sans air au fond d'une loge ; le tout noyé, sans arête, sans rien qui saisisse l'œil ; la banalité d'une chose vulgaire que l'usure a déformée. L'autre figure est maigre, sèche, pointue, d'expression acidulée. On sent une existence de vieille fille desséchée de cœur, la peau crispée de rancœur. Sur son nez, à l'arête fine, une paire de lunettes est posée, tout en bas, à cheval sur le renflement des narines ; et elle lève les yeux au ciel pour affirmer comme d'une prise à témoignage un épisode de sa vie qu'elle raconte, « au temps où on était bien, car on n'a pas toujours été comme ça ». Et, en effet, sa mise la raconte, sa navrante histoire de ratée ; car on y sent encore, dans l'indigence des étoffes, dans la parcimonie des ornements, le je ne sais quoi de pincé, d'épinglé, de comme il faut, des personnes distinguées. Voyez plutôt les plis du petit châle noir grelottant bien tendu sur le buste ratatiné, et le nœud des brides du bonnet nettement étiré sous le menton.

Comme facture, c'est superbe. Il y a là des jaunes pâles de graisses, des roses bleuissants de pommettes couperosées, des violacés de lèvres pincées et toutes froncées de rides innombrables. On croirait boire

76 Encadreur-doreur, 42, rue de Seine.

77 Sans doute Wilhelm Tilly. Voir note suivante.

78 Peut-être s'agit-il de *Five o'clock tea*, aquarelle de Wilhelm-Eyvind Tilly (1860-1935), peintre danois. Voir *Explication des ouvrages de peinture, sculpture, architecture et lithographique des artistes vivants exposés au Palais des Champs-Élysées le premier mai 1890*, Paris, Paul Dupont, 1890, p. 267, n° 3369.

du vinaigre avec ses yeux ; tandis qu'en face l'autre exhale des relents graillonneux, et l'antique odeur d'un miroton ranci semble monter du gros châle de laine louche et graisseux qui couvre sa gorge vidée en tas sur la table où fument les bols du goûter.

*

Entendu *Linda di Chamounix* à la Gaîté[79].

Décidément, cette musique italienne est délicieuse ! Quelle séduction simple par les éternels moyens : cela ne dit pas plus, si l'on veut, mais cela vous prend autant qu'une belle fleur, une bouche bien coupée, deux grands yeux veloutés. J'ai goûté là le charme attendrissant des vieilles choses un peu ridicules, mais dont précisément le ridicule dégage une sorte de poésie en arrière, au travers de laquelle on s'aperçoit soi-même dans l'enluminure naïve à distance de ses premiers rêves, aux marges du livre de vie, où l'on voit déjà bien des froissures et des traînées de doigts, et des cornes. Il y a là la petite fille coquette, paysanne en jupe bleu ciel, corsage de velours à bretelles, qui revient plus tard en robe grise déguenillée, avec tous ses cheveux dans le dos, ce qui est le signe infaillible de la folie. Il y a le *pifferaro* qui joue de la vielle, avec des regards chargés d'adieux, en s'en allant à reculons par le praticable qui s'enfonce « dans la montagne ». Il y a le bon père à cheveux blancs ; la bonne mère à coiffe étroite et grand fichu ; le bon marquis, grave, lent, tout de noir habillé, le tricorne sur la tête, la grande canne à pommeau d'argent à la main. Il y a surtout le ténor, irrésistible dans sa tunique à pèlerine, la poitrine chamarrée de brandebourgs, les bottes à retroussis et le grand manteau qu'on jette avec le chapeau, en entrant, sur le banc de gazon, d'un grand geste inspiré à la fois et désinvolte. Ô rayonnant archange de la Romance !

*

Lu *Le Crépuscule des dieux*[80]. Lecture troublante, malsaine, dont on sort, les nerfs cassés, comme d'un mauvais rêve. L'impression d'un *livre*,

79 Opéra semiseria en trois actes de Gaetano Donizetti, livret de Gaetano Rossi, d'après la pièce *La Grâce de dieu*, d'Adolphe d'Ennery et Gustave Lemoine. Créé au Kärntnertortheater le 19 mai 1842, il fut repris au Théâtre de la Gaîté le 14 mai 1889, entre la répétition générale et la première d'*Esclarmonde*.

80 Élémir Bourges, *Le Crépuscule des dieux : mœurs contemporaines*, Paris, Giraud, 1884. Enregistré à la *Bibliographie de la France* le 6 mars 1884.

puissante, farouche, fauve. Une lumière blafarde d'éclair, dans laquelle on aperçoit des silhouettes étranges, des enlacements tragiques, des rampements de bêtes fauves ; où l'on entend des bruits de baisers éperdus et aussi des rugissements, de la chair qui sanglote et de la chair qui hurle. On sort de là comme d'un mauvais lieu, la tête lourde, les paupières fiévreuses, le sang âcre, et l'on éprouve à rentrer dans la vie une sorte de bien-être où le cœur se dilate pour respirer mieux.

Oui, c'est bien là *Le Crépuscule des dieux* et des races finissant dans les ténèbres sanguinolentes d'une nuit millénaire. C'est notre fin de siècle, travaillée, tourmentée, affolée de sensations, qui charrie de la passion malsaine, corrompue et phosphorescente, à pleins bords, et où tout se heurte, se démolit, s'écroule, s'abîme, emporté dans le même courant irrésistible vers le grand trou noir.

Dans sa conception d'Otto et de Claribel, l'auteur a marqué superbement les deux extrêmes aboutissants des évolutions du sang. Claribel et Otto, l'ange et la bête, l'esprit de la race s'affinant, se subtilisant, se sublimant dans un corps de vierge immatériel, dont il se détache sans secousse comme d'une enveloppe à laquelle il ne tient plus qu'à peine ; et, en antithèse, la chair violente des ancêtres retournant au fauve bondissant et rugissant, déchirant et griffant la vie, lâché en pleine inconscience et se repaissant goulûment de viandes, d'orgies et même de sang.

Entre les deux, l'adorable couple de Hans Ulric et Christiane tout trempé de douloureuse tendresse et de passion et qui passe enlacé, sanglotant et éperdu comme les amants damnés de Rimini. Eux, c'est l'Inceste, l'Inceste primitif, infernal et céleste, auquel les poussent, en même temps que les fatalités des circonstances, les fatalités du sang pervers qui coule dans leurs veines.

Au-dessus d'eux, symboles navrants, désolés, ou monstrueux d'une humanité ramifiée dans ses ultimes efflorescences, et qui produit à la fois la fleur céleste dont le parfum spirituel verse un ciel angélique et le fruit gonflé de poison qui brûle et qui tue, – au-dessus d'eux plane la figure grotesque, terrible, du Duc, répugnante d'égoïsme et grimaçante de folie, avec ses volontés d'enfant mauvais, ses perversités de blasé et sa lourde chair gorgée de viandes et pourrie d'or.

CARNET VI

Petites questions et hypothèses puériles sur les sciences.

Une règle qu'il faut suivre quand on raisonne sur les choses de la nature, c'est de ne point partir de l'étonnement et de l'admiration pour ce qui est, c'est d'être toujours pénétré de cette pensée que ce qui est existe ainsi par le jeu des lois naturelles, que tous les phénomènes sont simples ; et que ce qui aurait droit de confondre notre esprit, ce serait que les choses fussent autrement. Par exemple, en contemplant reflété au fond d'un verre tout un paysage ou tout un décor (table de salle à manger...), il m'est souvent arrivé de m'exclamer d'enthousiasme devant la fidélité de la reproduction qui faisait que chaque détail du paysage, que la moindre feuille d'arbre, que la moindre petite fleurette étaient merveilleusement rendus, ou que je revoyais tout le service minuscule d'une table dessinée avec un relief et une précision extraordinaires, petits couteaux, petites carafes, etc. Eh bien ! en réfléchissant plus profondément, je m'aperçois que mon étonnement était à côté, qu'il ne pouvait pas ne pas se faire que les choses ne se reproduisissent, étant donné que les rayons lumineux partis d'elles étaient concentrés par la surface concave du verre ; et par conséquent j'aboutissais à cette conclusion que l'extraordinaire et le merveilleux, c'eût été précisément qu'il en fût autrement.

De là cette règle à appliquer : ne pas se laisser éblouir par le prodige de façade, mais en quelque sorte faire le tour du phénomène et entrer dedans par l'autre côté. En outre, avoir toujours présent à l'esprit ce principe que les phénomènes sont simples ; qu'il n'y a, qu'il ne peut y avoir rien de compliqué dans leur explication, parce que, du haut en bas de l'univers, les choses et les êtres vont à leur but, ou, si l'on aime mieux, suivent leur tendance par la voie la plus facile, la plus commode, et que cette voie est toujours la plus courte.

*

Il devient pour moi un article de foi que toute tare physique doit engendrer par répercussion une tare morale. Par suite et inversement, vis-à-vis de toute tare morale, je cherche immédiatement à découvrir la tare physique correspondante qui me l'expliquera. Constamment, je fais ces recherches, et il est bien rare que je ne trouve pas, ne fût-ce que dans un détail, le rapport exact des deux ordres de phénomènes entre eux.

Ainsi, dernièrement, lisant la biographie de Comte, – les biographies sont éminemment suggestives à ce point de vue, – j'étais une fois de plus frappé de cette inconséquence intellectuelle qui faisait que cet homme, d'une raison si haute et d'une si puissante intelligence, en était arrivé vers la fin de sa vie à ses bizarres conceptions de théologie rationaliste, ce culte de l'Humanité, dont il était le pape, ces mariages qu'il bénissait comme grand prêtre de la nature. Tout cet étrange attirail de prophète en chambre, de démiurge du positivisme détonait, m'apparaissait comme une aberration qui devait correspondre à quelque détraquement physique. Aussi, quelle n'a pas été ma surprise en voyant mes prévisions justifiées par ce détail biographique du Larousse, où il est dit que Comte, vers vingt-trois ans, peut-être à la suite de surmenage cérébral, devint fou[81].

Ma méthode, appliquée à différents grands hommes, m'a toujours fourni l'explication de faits autrement irrationnels. Je sais bien que ce n'est point là une nouveauté. Les relations du physique et du moral ont toujours été plus ou moins instinctivement pressenties ; mais d'un autre côté, et non moins instinctivement, les philosophes et les penseurs ont toujours comme évité d'approfondir ce terrain, craignant sans doute qu'une corrélation trop étroite des deux natures n'atteignît la conception de liberté morale à laquelle on rattache toutes les idées de devoir, de mérite et de responsabilité. Pourtant, la vérité est là ; et en creusant plus avant on verrait, comme il arrive toujours quand on suit ses propres idées, on verrait que de cette loi de rapport nécessaire se dégagent des lois encore plus hautes et qui font voir à l'homme des horizons plus larges.

*

J'ai été frappé l'autre jour par cette pensée. Depuis bien longtemps déjà, j'étais comme irrité de voir la sécurité avec laquelle les philosophes spiritualistes et les religions dans leur ensemble attribuaient à Dieu la perfection suprême. Sur quoi se basent-ils, me disais-je, pour ainsi reconnaître et voir partout la *perfection* ? Tandis que je ne sais pourquoi la notion d'infini ne me déconcertait point, la notion de *perfection* amenait

81 Voir *supra*, p. 238, n. 169.

chez moi une sourde protestation, je ne la voyais pas évidente, évidente au point où l'affirment les théologiens. Bien des fois, j'y avais pensé, quand, l'autre jour, songeant à la précision infaillible des phénomènes naturels, j'ai été ramené, par un détour, à concevoir, sous un jour cette fois panthéiste, cette perfection qui m'échappait.

En effet, peut-on imaginer un phénomène physique qui ne s'effectue point avec toutes les énergies dont il dispose, qui ne soit point parfait en un mot, si du moins rien ne vient y opposer une résistance ? Par exemple, peut-on supposer, toutes choses normalement établies, que l'eau ne coule pas, que le feu ne brûle pas, que la pierre lâchée ne tombe pas, et que chacun de ces phénomènes ne s'accomplisse pas avec le maximum d'énergie qu'il comporte ?… Dieu m'apparaissait donc ainsi parfait, dans ce sens que toutes les parties de l'univers, depuis le soleil jusqu'aux atomes, tendaient vers leur but de la façon la plus absolue et réalisaient autour de nous, à toute minute, à toute seconde, cette perfection. Même à cet égard, notre sentiment, par l'accoutumance, est si formel et si assuré, que nous ne concevons le contraire qu'avec une instinctive difficulté, et qu'il nous serait fort difficile de nous imaginer une goutte d'eau s'arrêtant, sans raison, de couler…

*

Il me semble qu'un terrain de conciliation pourrait se trouver entre le déterminisme et la rigueur absolue de ses déductions, et le libre arbitre d'autre part. Que dit le déterminisme ? Qu'aucun phénomène n'apparaît dans le monde, qu'il soit de l'ordre physique ou moral, et là est toute la question, sans qu'une cause ne lui ait donné naissance. D'où il suivrait que nos déterminations, que nous croyons libres, que nous croyons sentir directement voulues, sont, toujours et sans exception, le résultat nécessaire de causes qui nous échappent, sont nécessitées, comme disent les philosophes.

Or, je constate, pour mon compte, qu'il y a deux manières d'être nécessité, ou physiquement, matériellement, ou moralement… Une boule poussant une autre boule, celle-ci entrera en mouvement nécessairement et poursuivra son mouvement jusqu'à ce que l'ensemble des forces contraires l'arrête et la maintienne en repos. Avec la même force, un fait quelconque, une sensation, une passion, qui est une condensation de sentiments, mettra en mouvement un individu. Seulement là, comme dans l'exemple de la bille, l'individu ne sera poussé que juste dans la mesure où la poussée ne rencontrera point d'obstacle. Or, parmi les choses qui font obstacle dans l'ordre des déterminations morales, comptent au premier rang les considérations sociales et morales plus ou moins développées. Là est le vif de la question chez les individus.

Au fond et tout en bas de l'échelle organique, un acte n'est qu'un mouvement réflexe. Telle sensation, d'odorat, ou d'ouïe, détermine immédiatement et sûrement l'acte qui suivra. Si l'on monte les degrés qui séparent l'homme de l'animal, on voit également qu'une excitation produit *d'abord* chez l'homme son réflexe ; seulement, à ce moment peut intervenir une nouvelle force qui contrebalance la première et qui, en certaines occasions, peut l'abolir.

Un enfant voit une pomme et se précipite, mais la pomme a été trempée dans du vinaigre par exemple. L'enfant la rejette. Quelque temps après, il voit encore une pomme : son premier mouvement sera de la saisir ; mais il pensera au goût du vinaigre de la première et s'abstiendra de la manger tout de suite. Dans les deux cas, sa volonté, comme on le voit, aura été nécessitée, et il n'aura pas pu agir autrement qu'il n'a agi ; mais un autre ordre d'idées a fait son entrée dans la question, et le fait que cet enfant a eu en lui une force qui contrebalançait la violence instinctive de son désir est d'une importance considérable, comme nous l'allons voir si nous transportons le problème plus haut.

Un homme est sur le point d'enlever une femme. D'un côté, toutes les forces de la passion l'attirent. Mais de l'autre, il songe par exemple au chagrin qu'il va causer aux siens, aux parents de la jeune fille, aux difficultés qui vont surgir de toutes parts, aux conséquences de la faute de la jeune fille si elle se donne à lui sans qu'il puisse l'épouser. Or, j'affirme que ce qu'il va faire dépendra mathématiquement de la force plus ou moins grande avec laquelle il imaginera les différentes possibilités en présence. Il y a là un phénomène moral aussi précis que le jeu matériel d'une balance ; et depuis toujours d'ailleurs, le langage humain s'est servi de cette expression : peser les motifs...

L'important donc, dans la vie morale, c'est de pouvoir fournir à la raison le plus grand nombre de motifs de résistance possible, pour parer aux entraînements des sens. Or, nous avons la possiblité d'emmagasiner en nous le plus possible de ces considérations susceptibles à un moment donné de contrepeser nos tentations. Nous pouvons faire cela, comme nous pouvons remuer nos bras et nos jambes ; et de la plus grande quantité de connaissance de la vie que nous aurons ainsi accumulée en nous dépendra le plus de sécurité de nos actions. Cela revient à dire que l'homme sage, l'homme qui sait, peut le mieux se défendre contre les poussées irréfléchies de l'instinct, et c'est dans cette science seule que consiste la liberté de son arbitre.

Est-ce à dire que, dans telle circonstance, l'homme le plus sage ne pourra être entraîné par un mouvement passionné ? Nullement. Mais en raison de sa sagesse, c'est lui qui aura joui le plus de liberté pour lutter contre, avec toutes les armes que lui fournissait son intelligence. D'ailleurs, là encore, la philosophie ne fait qu'ergoter autour des faits auxquels la vie représentant le langage a donné depuis longtemps une solution.

On m'objectera : mais il y a des gens qui ne sont nullement des sages et qui ont une très grande maîtrise sur leurs passions, et que[82] par contre on trouverait beaucoup de sages sans aucune énergie pour maîtriser leurs vices. C'est que les premiers ont exercé fortement depuis longtemps leur volonté, que nous assimilons ainsi à un muscle qui prend plus ou moins de force suivant qu'on s'en sert ou qu'on ne s'en sert point.

N'introduisez-vous pas ici un nouvel élément dans la question, en scindant l'idée de la volonté ?...

*

Il me faudra trouver quelque sujet dramatique... Il me faudra trouver quelque sujet tragique où l'art trouve son application, quelque sujet violent et fort ; c'est pour ceux-là que je suis outillé.

82 Zeugme syntaxique qui fait se télescoper le discours direct et l'hypotaxe. Nous l'avons corrigé plus haut, p. 241, pour « On m'objectera qu'il y a des gens [...], et que par contre [...]. »

CARNET VII

Éprouvé une jouissance très particulière à la lecture des *Études d'art religieux* d'Edmond Barthélemy[83]. J'y ai retrouvé quelques-unes des impressions de mon enfance, ou plutôt de mon adolescence, qui ont été peut-être les plus fortes que j'ai ressenties.

La théorie qui, au point de vue anatomique, dit que l'on retrouve dans le développement de l'embryon toutes les phases successivement parcourues par l'évolution de l'espèce, m'a souvent préoccupé, en tant qu'elle pouvait comporter des applications dans l'ordre moral et intellectuel[84]. Je me suis souvent demandé si certaines exaltations, certaines générosités passionnées de nos seize et dix-huit ans n'étaient pas, avec une tendance aux aventures et un goût d'héroïsme, le réveil en nous des anciennes activités ataviques, l'écho des vieilles épopées demi-fabuleuses et légendaires. En écrivant ces lignes, je pense par exemple aux émotions que me fit éprouver la lecture d'Ossian. Ce qui me confirmerait dans mon idée d'un retour aux gestes héréditaires, c'est qu'il faut, pour que je ressente ces émotions, que les légendes soient en quelque sorte des légendes de notre race. Cela est obscur, indéfinissable, instinctif, mais absolu. N'importe quel mythe de la Grèce ou de l'Orient[85], si ingénieux, si séduisant soit-il, ne m'attendrit au cœur. Seuls, mon intellectualité et mon sens esthétique s'y intéresseront, y prendront plaisir. Je ne serai pas touché. Tandis qu'il me suffit d'ouvrir quelque poudreuse et fruste chronique germanique, saxonne ou scandinave, pour me sentir aussitôt attendri. De moi au monde antique, oriental, hellénique et latin, la communication d'âme est coupée. Le courant émotionnel ne se produit pas ; et je parle même de l'antiquité civilisée et policée, la plus proche de nous.

Au contraire, je me sens de plain-pied avec les contes farouches, puérils et grossiers, des plus sauvages buveurs d'hydromel. Pourquoi ? Leur merveilleux surtout exerce encore sur moi toute sa séduction, ou

83 Voir *supra*, p. 254, n. 232.

84 *Mouquet*, p. 132 : « de l'ordre moral et intellectuel ». Nous corrigeons.

85 Lire, en fonction de la suite : « Nul mythe de la Grèce ou de l'Orient ».

gracieuse ou sinistre, alors que le merveilleux homérique par exemple me laisse totalement froid.

On pourrait m'objecter que pourtant je suis ému par les légendes du Moyen Âge, qui sont pleines de scènes et de personnages empruntés à une religion d'origine tout orientale ; que saint Pierre, saint Paul, les Rois Mages, les Diables, Hérode, la reine de Saba, tout cela vient pourtant bien du même passé que celui de Cicéron, de Socrate, d'Alexandre. Aussi répondrai-je que ces personnages religieux et ces légendes ne peuvent m'émouvoir que grâce à la déformation que leur ont fait subir les peuples du Moyen Âge en y mettant de leur âme. De nos jours, toute une armée de savants, envahissant l'Évangile et la Bible, ont opéré sur ces livres un travail de critique exacte, qui a rendu à ces manifestations de la pensée religieuse leur vrai cadre et leur milieu historique. Des peintres, en outre, s'appuyant sur ces travaux, ont reconstitué, à grand renfort de recherches archéologiques, les scènes du Nouveau et de l'Ancien Testament, telles qu'elles s'étaient réellement passées. Le paysage, l'architecture, les types, les costumes y étaient savamment évoqués. Dirai-je que ces consciencieuses tentatives m'ont laissé absolument indifférent ?

Pieusement, l'Évangile que j'aime et le seul qui m'émeut, c'est celui qu'a travesti, si vous voulez, l'enfantine piété de nos pères. Et toutes les magnificences archéologiques me toucheront moins qu'une *Nativité* ou une *Fuite en Égypte* où les personnages seront de bonnes gens de Flandre ou d'Allemagne ; où la Vierge, sous ses coiffes de toile raide, ressemblera à une béguine de Bruges ; où saint Joseph, en collet et en chaperon, sera quelque brave artisan de Tournai ou de Malines. Là, c'est l'âme que j'ai encore en moi, la même âme qui a chanté les exploits d'Odin, et plus tard les gestes de la Table ronde, qui palpite dans certaines légendes et contes, comme *Barbe-bleue* et *Le Juif errant*. C'est notre cœur que nous y sentons battre, c'est-à-dire, et résumée sous ce mot, toute la sensibilité qu'ont accumulée et exercée en nous les impressions reçues surtout dans la première enfance, et dont le caractère s'imprime en nous à jamais.

*

Ils sont intelligents à faire frémir… En songeant ainsi, on pense involontairement à ces lueurs errantes la nuit par les cimetières. C'est du phosphore à l'état libre ; naguère emprisonné dans un organisme, il y avait sa fonction, sa place utile. Le corps fut dissous, la substance précieuse et subtile reste seule et se consume sans objet. Flammes folles, délicieux feux d'artifice tirés sur des tombeaux. Qu'importe cette vision macabre, puisque nous aimons à comprendre jusqu'à en mourir ?

*

À mêmes effets, mêmes causes. Nous ne vivons pas sous un ciel torride, sous une lumière implacable, dans une végétation qui nous étouffe de sa sève et de ses parfums, de ses magnificences et de ses miasmes. Non, mais à la nature qui a fait nos races aimables et modérées de la Beauce et de la Souabe, la civilisation a superposé sa seconde nature. Et cette civilisation a tous les caractères excessifs de la nature hindoue. Qu'un sage de Bénarès traverse Paris à l'heure où le volcan est en pleine fièvre, qu'il observe cette intensité de travail, de mouvement, de lutte, d'effort ; il en recevra l'impression d'énormité et de violence que M. Chevrillon recevait à Bénarès[86]. Qu'il lise seulement une douzaine de journaux pendant quelques jours. En recevant à chaque minute cet afflux électrique de faits et d'idées, ce torrent de mêmes notions divergentes qui pulvérise la pensée, qui surexcite et abat l'attention, il aura l'impression d'un kaléïdoscope fou, de ce que M. Chevrillon a ressenti devant les architectures colossales, écrasantes, incohérentes des peuples brahmaniques. Par quelque côté que l'on reçoive le choc de la civilisation, on le sent disproportionné à la résistance humaine et tout pareil à la pression que la nature hindoue exerce sur des enfants.

De là une tendance dans nos jeunes générations, oppressées de surchauffe intellectuelle, accablées de littérature ou de science, à aller vers un état d'âme semblable à celui des Hindous : une lassitude, un besoin d'anéantissement, un effarement, une sorte d'hypnotisation, une stupeur dilatée devant l'extraordinaire vie sociale de ce temps et l'effrénée violence de l'effort scientifique, artistique ou industriel.

*

Une station le matin devant l'Été, c'est le meilleur cordial pour recharger la vie avec soumission.

86 Voir *supra*, p. 256, n. 242.

*

Le spiritualisme d'antan : une compagnie de navigation bien administrée, avec son invariable carnet d'itinéraires et ses escales.

*

Ce qui maîtrise les jeunes intelligences, c'est le sentiment de la relation des choses entre elles, et de leurs racines profondes dans l'invisible ; le besoin de s'associer à cette universelle vibration humaine qui est l'électricité du monde moral.

*

Il y a une jouissance d'ironie, que je rencontre chez beaucoup d'êtres autour de moi, et qui m'échappe complètement. C'est l'ironie qui consiste à chercher, dans toute situation pathétique à laquelle on assiste, le côté ridicule qu'elle peut présenter, ou simplement le détail drôle qui peut s'y glisser. Il me semble qu'il y a dans cette propension à railler au milieu de l'émotion je ne sais quoi de méchant et de mesquin. De plus, l'importance attachée au détail ridicule est le plus souvent, dans ces circonstances, radicalement fausse.

Méchanceté, ai-je dit. Pourquoi alors ai-je trouvé ce signe de caractère chez des êtres dont la bonté réelle m'est connue et que je ne puis suspecter de sécheresse ? Quoi qu'il en soit, c'est une antipathie, un malaise que j'éprouve vis-à-vis des manifestations de cet esprit. Cela est au fond de moi, et même, lorsque, entraîné par le milieu, je ris moi-même, du bout des lèvres, cela proteste – sourdement.

La pente de mon âme est à l'optimisme. Je crois à la victoire progressive du bien sur le mal ; en tous les cas, je crois fermement et absolument à la réalité du bien. Il est probable que ce qui semblerait de prime abord une simple théorie philosophique est relié à nos fibres les plus secrètes, puisque les moindres particularités de la vie autour de moi m'affectent à cet égard.

Et puis, je trouve avant toute chose l'émotion sacrée, et de sentir rire de la forme qu'affectent certaines douleurs me semble comme une impiété. Le plaisir à constater que notre humanité, même aux heures les plus poignantes, est la proie des nécessités physiques ou matérielles me semble misérable et méprisable. Et rien ne fera que l'histoire générale de notre humanité, partie des servitudes primitives, ne soit une magnifique école d'espérance. Certes, ce n'est point l'ironie qui l'a menée là, car l'ironie est stérile et déprimante ; à moins, toutefois, qu'elle n'ait joué le rôle de coup de fouet, qui empêche de se complaire au résultat atteint, qui réveille et remet en marche.

NOTES – SENSATIONS

La plus grande injustice qui existe peut-être dans la création, c'est que certains êtres possèdent des ailes[1].

*

Dans tout rêveur, il y a un oriental. Le soleil de l'imagination est comme l'autre, il a ses paresses dorées.

*

Au-dessus de toute société, de toute famille, il y a ce fait de nature primordial. La femme est constituée pour être mère, et l'homme pour lui en fournir l'occasion.

*

Une pelure d'orange, avant toute autre sensation, me donne d'abord la vision d'un entracte de théâtre.

*

Ce qu'il y a de meilleur dans le souvenir, c'est son imprécision. Du moment que nous possédons une chose *par cœur* (je me sers à dessein de cette locution populaire), la moitié de son charme s'est envolée. L'évocation obsédante de la femme aimée puise toute sa poignance délicieuse dans l'indécision troublante de la figure évoquée.

1 « INJUSTICE. Devant sa fenêtre du Palais-Royal, Colette contemplait les pigeons et les moineaux s'ébattant au soleil : "La plus grande injustice qui existe peut-être dans la création, fit-elle, c'est que certains possèdent des ailes." » (Blaise Cendrars, *Bourlinguer, Le Lotissement du ciel*, Paris, Denoël, 1949, p. 335.) Cette citation, souvent attribuée à Colette, ne serait donc qu'une réminiscence des *Carnets intimes* de Samain, parus pour la première fois au Mercure de France en 1939.

*

Les drames de Victor Hugo, conçus en plein rêve et tout ruisselants de lyrisme, ne pourraient trouver, selon moi, leur expression complète que sur un théâtre féerique exclusivement bâti pour eux. Leur pauvreté de charpente devient pénible à constater sur nos scènes modernes, où, dans le moindre vaudeville à tiroirs, il y a de véritables conceptions d'ingénieur prodiguement déployées. De plus, le voisinage de l'habit noir et de la redingote rend presque grotesques ces outrecuidances de manteaux muraille, et ces empanachements de feutres. Un chevalier gothique, bardé de fer de haut en bas, ferait piètre figure dans un petit salon bourgeois de la Chaussée d'Antin. Toutes choses ne peuvent rayonner pleinement que dans l'atmosphère où elles ont été créées. Je constate que l'énormité des conceptions de Victor Hugo dépasse les conditions scéniques auxquelles nous sommes habitués. Mais avec un appareil suffisamment grandiose et des acteurs taillés à la mesure de son vers prestigieux, l'effet de certains drames serait foudroyant et produirait la sensation de terreur antique qu'il a éprouvée, lui, dans la gigantesque chambre noire de son cerveau. J'affirme que *Les Burgraves* ainsi joués paraîtraient son chef-d'œuvre.

*

Je ne connais pas de symbole plus saisissant et plus expressif de la défaite de la vie devant la mort, qu'un poisson sur le flanc qui va mourir.

*

Certes, la reconnaissance des enfants envers les parents est de tous les devoirs sociaux le plus saint et le plus nécessaire. Mais, au fond, y a-t-il rien de plus absolument égoïste que l'amour des parents pour leurs enfants ?

*

Le cœur cherche et trouve. L'esprit cherche et ne trouve pas. Là est la force et le mystère des religions.

*

Il y a des gens que nous avons simplement vus et que nous détestons ainsi, sans savoir pourquoi. Il serait curieux de savoir s'ils nous le rendent.

*

Ceux qui veulent séparer la forme de l'idée ne se sont donc jamais aperçus qu'il n'y a pas une pensée vraiment belle, parmi celles que l'admiration des peuples a consacrées, qui ne soit faite de cette alliance mystérieuse. Une preuve de cette coexistence forcée, c'est que Pascal, le grand spéculateur de chiffres, d'absolu, l'homme au verbe abstrait et incorporel, acculé tout à coup, dans ses *Pensées*, au besoin d'exprimer certains états d'âme particuliers, a senti jaillir spontanément des profondeurs de son être de magnifiques images de poète. Par exemple : « L'homme est un roseau pensant ».

*

Ce je ne sais quoi d'inexprimable de certaines natures privilégiées qui s'appelle *le charme*, c'est simplement le sourire du cœur.

*

C'est dans l'amour surtout que le relatif est l'absolu. Certaine main qu'on voit pour la première fois dégantée, et qu'on presse un peu sous ses doigts, grise autant qu'une prise de possession complète.

*

Lu de l'André Chénier[2]. Quelle adorable poésie de grâce et de fraîcheur. Somme toute, cette destinée a été heureuse. Le poète avait donné sa fleur. Telle quelle, elle est délicieuse à respirer, toute parfumée de

2 Sur la « similitude d'âme » que Samain se sent avec André Chénier, voir sa lettre, du 16 décembre 1897, à Paul Morisse relativement à son recueil *Aux flancs du vase*, cet « ensemble de petits poèmes néo-antiques, dont l'inspiration est particulièrement chère à [son] cœur ». Samain dit en effet en sentir « pure et réussie » la note, et il ajoute : « Naturellement, je ne dis pas neuve, après André Chénier ; mais c'est pourtant directement et par la similitude d'une âme sensible comme la sienne à la divine grâce de l'Ionie, que

jeunesse et frissonnant au premier souffle matinal de l'inspiration. Qui sait. Les gros poèmes philosophiques que méditait André Chénier et dont quelques fragments nous ont été conservés, l'« Hermès », la « Suzanne », l'« Amérique[3] », dans lesquels sévit le prudhommisme excusable, mais assommant, de l'époque, eussent peut-être écrasé sous leurs lourds régiments d'hexamètres tout le trésor délicat des premières années du poète… Les *Idylles* surtout, y compris les fragments qu'on y a joints, et dans lesquels on prend l'artiste en pleine création flagrante, jetant au hasard des vers tout humides encore, les *Idylles* contiennent des coins adorables. Tout cela se passe sous un ciel d'une limpidité idéale, et les rimes ont des tremblements de feuilles au vent d'avril. Des morceaux de quelques vers seulement, des pièces tronquées, des strophes suspendues laissent irrésistiblement le souvenir d'un pêle-mêle d'adorables bas-reliefs. Avec leur précision de dessin et leur candeur lumineuse, on dirait de fins camées enchâssés dans une agate transparente. Cela ne va pas loin, c'est tout un art d'extériorité, d'épiderme, si l'on veut, mais combien parfait et harmonieux de conception et d'exécution. En sortant de notre air moderne si raréfié, si corrompu de senteurs complexes, la lecture de cette poésie fraîche et saine m'a souvent donné l'impression d'une eau de source vive et froide où je trempais les doigts.

*

Par une contradiction bizarre, la mort, en dehors de certaines crises aiguës où l'on s'y jette dans un vertige, effraie surtout les malheureux et les déshérités de la vie. Il m'est souvent arrivé, au sortir d'une fête de l'âme ou des sens, baigné de cette volupté que procure la dilatation de la personnalité, de l'évoquer par la pensée, de la contempler doucement, et d'avoir la tentation d'aller la cueillir comme une fleur, le sourire aux lèvres, tandis que d'autres fois, sous le poids d'une angoisse morale et physique, elle m'est apparue terrible, et si lamentable avec son cimetière

---

je suis retourné là-bas, vers les formes simples, les lignes sobres, et les couleurs légères dans la lumière transparente. » (*Des lettres 1887-1900*, éd. citée, p. 141.)

3 Ces pièces figurent dans la section « Œuvres inachevées » de l'édition Gérard Walter : voir André Chénier, *Œuvres complètes*, éd. Gérard Walter, Paris, Gallimard, coll. « Bibliothèque de la Pléiade », 1958, respectivement p. 391-405, 461-469 et 417-439. On y trouvera aussi les « Fragments et notes se rattachant à *Hermès* » (p. 406-416) et les « Fragments, notes et vers destinés à *L'Amérique* » (p. 440-445).

noir, sa tombe toute seule dans la nuit et dans la pluie, qu'elle faisait courir dans tout mon être un long frisson d'effroi.

*

Le ciel est le maître paysagiste préféré des rêveurs.

*

L'âme a besoin d'aimer n'importe qui, n'importe quoi, comme le corps a besoin de manger. Il y a des âmes qui meurent de faim.

*

Le caractère indélébile de la nature humaine, c'est l'esprit de prosélytisme. Dans toute vie, si humble qu'elle soit, il y a de l'apostolat pour une idée.

*

Il m'est souvent arrivé, au moment où j'allais supprimer un objet futile, une bagatelle parmi les choses qui nous servent quotidiennement, de la regarder et de penser : tu ne la verras plus jamais… Cela m'a toujours, ne fût-ce qu'une seconde, pénétré d'une solennité.

*

L'esprit critique est en général mortel pour la production. Ce qui fait précisément la force de certains tempéraments, c'est leur incapacité de juger. L'esprit critique devrait, pris au point de vue absolu, élaborer ses opérations en dehors de toute tendance personnelle, ce qui est impossible. Néanmoins, il est certains cerveaux qui peuvent, jusqu'à un certain point, faire abstraction de leurs sympathies spontanées, pour ne se laisser guider que par le beau. Alors, quelque part qu'ils le rencontrent, ils l'admirent et en jouissent, n'ayant en vue que lui seul. Les autres, au contraire, toujours engagés dans une théorie, dans un système, ne peuvent prendre sur eux de s'en dépêtrer. Ils voient bien le beau, mais seulement le beau particulier qui cadre avec leur formule présente.

De plus, trouvant dans leur admiration un appui pour leurs propres idées, il en résulte chez eux un éblouissement d'enthousiasme qui illumine toute l'œuvre, proclamée alors par eux parfaite d'un bout à l'autre. Dupes d'un mirage constant, ce qu'ils admirent ainsi consciencieusement, ce n'est jamais autre chose que le reflet de leur propre personnalité.

*

L'homme existe dans le souvenir et dans l'avenir, jamais, ou presque jamais, dans le présent.

*

Nous devons tous mourir un jour. Et cependant, de toutes les vérités que nous nous disons à nous-mêmes, c'est peut-être celle, au moins jusqu'à la vieillesse, que nous nous répétons avec le moins de conviction.

*

L'homme est un animal *ambitieux*.

*

Pour l'homme, vivre, c'est jouir. Le reste, c'est végéter.

*

La fatalité scientifique moderne qui a remplacé l'*Anankè* antique, et qui plane au-dessus de nous avec son cortège d'atavismes physiques et moraux et ses implacables enchaînements exactement et infailliblement déduits, me semble bien plus terrible encore que l'autre. Il y a d'ailleurs longtemps que le mystère du péché originel, dressé au seuil de l'humanité, clame cette désespérance à la terre.

*

Je crois qu'on peut, sans crainte de se tromper, diviser les esprits en deux catégories : les solitaires et les autres. Chose curieuse, ce sont les solitaires qui mènent la foule.

*

Il y a des petits pieds fins et malicieux qui, passant leur pointe sous la robe, ont positivement l'air de vous raconter un tas de choses drôles.

*

Ceux qui n'ont point eu le bonheur de voyager dans leur enfance, et qui n'ont reçu leurs premières impressions que des gravures et des tableaux, éprouvent un sentiment particulier lorsque les hasards de la vie les conduisent plus tard devant ces spectacles qu'ils connaissent déjà de seconde vue. C'est un peu comme l'étrange plaisir que donnerait à un enfant la contemplation d'une estampe « vivante » ou d'un décor géant dans lequel il *pourrait se promener.*

*

Il y a peu d'hommes qui, pouvant vivre respectés et heureux au milieu de leurs pairs ou de leurs inférieurs, ne préfèrent, au prix de mille froissements de dignité, tenir une petite place perdue et comme honteuse chez ceux qu'ils considèrent comme leurs supérieurs.

*

Les livres sont des amis que nous ne connaissons que par leur côté ange.

*

Ce que nous aimons le plus souvent dans l'amour, c'est l'impression que nous supposons avoir produite dans l'objet aimant. L'âme se regarde dans ses amours, comme une femme dans son miroir.

*

Rien de plus navrant, de plus désolé qu'un vieux pot oublié sur un rebord de fenêtre, dans une cour obscure, avec une couche de poussière grise sur ses feuilles mortes.

*

L'expérience n'existe pas pour le cœur. Quels que soient les déboires subis et les avertissements donnés par la vie, les hommes font, dans la mesure relative de leurs facultés, les mêmes folies à soixante ans qu'à vingt.

*

Il y a des âmes dormantes, comme il y a des eaux dormantes. Elles sont pleines, au fond, de vase et de végétations malsaines, et nul n'y peut boire, car elles sont mortellement empoisonnées par l'ennui.

*

Vu une chose délicieuse : un petit bahut Louis XV en bois de rose, tout en courbes et en volutes, avec des applications de feuillages de cuivre se déployant en coquille au centre. Sur le panneau gondolé, un paysage dans la gamme des tendres, rose et vert, avec une fuite d'horizon bleuâtre – à perte de rêve. Le sujet : un Myrtil et une Lydé, attifés de mièvrerie, se tenant par les doigts et marchant en tête d'un cortège d'accordailles. La clef surtout était exquise ; dorée et toute guillochée, elle semblait, comme en un conte de fées, garder les profondeurs d'un mystère de roses et d'iris…

*

Rien n'exprime mieux pour moi ce que les Latins appelaient l'*horror* que le frisson tragique éprouvé en entendant une chute d'eau en pleine nuit.

*

Les libertins, secs de cœur, et uniquement préoccupés du « paraître », aiment les femmes comme ils aiment les fleurs : pour les mettre à leur boutonnière.

*

Si l'homme, physiologiquement, est un herbivore, psychologiquement c'est un ruminant.

*

Il y a différentes sortes d'odeurs dans l'honnêteté. Il y a des honnêtetés rondes et rustiques, qui sentent la pomme, la pomme saine et froide, d'autres naïves et comme enfantines, qui sentent le pain frais, d'autres douces et « coulantes », qui sentent le bon lait, d'autres renfrognées, qui sentent le moisi et le papier timbré, d'autres « bon enfant » et débraillées, qui sentent la pipe, d'autres antiques et sévères, qui sentent le vieux chêne…

*

Devant certains yeux de femme clairs, froids, impénétrables, je ressens toujours la même impression que j'éprouvais, étant enfant, devant certaines billes d'agate limpidement dures : les casser, pour voir ce qu'il y a dedans.

*

L'art, qui vit d'infini et d'idéal, a besoin pour vivre et se développer de prendre racine sur un fonds positif, comme la fleur qui vit d'air et de lumière a besoin d'un morceau de terre pour y planter sa tige. C'est une infériorité, peut-être, à coup sûr, c'est une nécessité. Ce qui se passe au terme de toutes les civilisations en est la preuve. Les croyances philosophiques ou religieuses qui sont l'humus de la pensée venant à s'effriter et à se dessécher, l'art, comme une plante malade, ne pousse plus que par jets tourmentés, contournés, arides et malsains, et la poésie, expression parfaite de l'âme stérile, ne devient plus qu'une fantaisie évoluant dans le vide. C'est le cas de la littérature actuelle, arrivée à l'anémie aiguë, et n'ayant plus de vie que ce qui en subsiste dans une charpente crispée et recroquevillée de poitrinaire. L'art, pour cela, serait-il mort ? Nullement. C'est un art spécial, l'art de notre civilisation, de notre humanité actuelle qui agonise. Un monde nouveau attend, qui doit transformer l'esprit humain et, par suite, lui fournir des éléments nouveaux de manifestation. Quel sera cet art ? Il nous est absolument impossible de le prévoir. Il sera, c'est tout ce que nous en savons ; et quoi qu'en puissent dire les Jérémie de l'heure présente, il aura autant de grandeur et de magnificence que ceux qui l'ont précédé. Tout cet effarement d'inventions, tout ce tapage de mécaniques en train, toute cette activité d'usines grondantes, rénovent autour de nous lentement la vie matérielle et sont les agents obscurs, impassibles et fatals, de la résurrection sacrée. En effet, qui eût pu croire, alors que l'antiquité impériale râlait dans les conceptions artificielles et exsangues de la décadence, qu'au-dessous d'elle l'humanité épuisée d'apparence amassait sourdement la magnificence des manoirs gothiques. Les siècles passent, et peu à peu on voit surgir de terre un art nouveau fait logiquement des aspirations, des besoins et des ressources de la vie nouvelle. Le mysticisme, éperdu de foi, émacie de plus en plus la charpente de ses basiliques ; les cloches aériennes sont fondues, et l'on bâtit les tours géantes pour les loger. L'église s'éclaire de hautes fenêtres, et les vitraux sont inventés. Les nefs immenses ont besoin d'un chantre énorme, et l'orgue est créé. Ainsi, de degré en degré, l'esprit de vie a soufflé et l'art, religieux et frissonnant, a poussé jusqu'au ciel le jet sublime des cathédrales. Et maintenant, dites quel artiste, quel génie du siècle de Périclès, fût-il grand comme dix Phidias ensemble, se serait douté de Notre-Dame de Paris ?

*

Quand je me sens devenir pessimiste, je contemple une rose.

*

En religion, en philosophie, en art, en histoire, en morale même, quoi que prétendent les dogmes et les dogmatistes, la seule impératrice des siècles, c'est la mode.

*

Il y a des amours d'épiderme et des amours de cœur. Les uns font parfois souffrir comme une rage de dents, terriblement mais sans danger. Les autres font parfois mourir lentement et sûrement, comme une maladie de langueur.

*

Certains êtres moroses, bourrus, grincheux, mais bienfaisants au fond, se plaignent souvent de l'ingratitude des hommes. Ont-ils raison ? C'est un peu comme si un parapluie se plaignait de l'ingratitude humaine parce qu'on ne l'emporte pas quand il fait beau.

*

Tout le Moyen Âge a eu pour symbole deux mains jointes. Voilà que les temps approchent où l'on ne saura plus ce que veut dire ce geste.

*

Il me semble que certains phénomènes chimiques inexplicables ont bien leur correspondance en psychologie. Prenez par exemple du salpêtre, du charbon, du soufre, trois substances inoffensives isolément. Approchez une étincelle et voilà la poudre. Prenez un peu de sensualité, un peu d'orgueil, un peu de désir, trois états d'être non dangereux en eux-mêmes. Une femme, et voilà l'amour.

*

Il y a des femmes qui se donnent, et il y a des femmes qui se prêtent. Là est peut-être la seule division à établir.

*

Chaque organisme portant en lui son rythme latent, invinciblement manifeste, le geste est comme la signature de l'individu.

*

La vie se surcharge tellement d'artificiel qu'il arrivera un moment, et peut-être pas bien éloigné, où la nature ne sera plus le point de comparaison, mais bien l'objet comparé.

*

Le vice mûrit le corps comme la meurtrissure mûrit le fruit.

*

Plus je vais, plus je constate que les enfants sont de petits hommes, et les hommes de grands enfants.

*

Je consigne ici ces trois enseignes véridiques qui, vues journellement sur ma route, avaient fini par m'inquiéter comme une obsession : M. Petitpas, professeur de danse, M. Gâtechair, professeur d'escrime, M. Lubin, parfumeur. J'ajoute pour mémoire ce nom (est-ce bien un nom ?) qui, sur une ancienne méthode de musique, étonna longtemps mon enfance : M. Tulou, professeur de flûte. Le hasard est un farceur de génie.

*

Certaines chevelures flottantes secouent dans l'air comme une nudité.

*

Lire, c'est penser en voiture.

*

Il y a, dans notre âge de scepticisme cruel, un tas de Ponce Pilate qui, à force de se laver les mains, finissent par en devenir malpropres.

*

L'amour a deux yeux : un œil de chien et un œil de chat.

*

De toutes les impressions, la première que produisent les yeux d'une femme reposés sur nous, c'est une impression d'orgueil. Dans la fable biblique du Paradis terrestre, l'homme seul, regardé par la femme, a dû se sentir orgueilleux *contre* Dieu.

*

La passion vole, le plaisir court, la raison marche. Quoi d'étonnant qu'elle arrive toujours trop tard.

*

Certains prélats ont des vieillesses de femmes du monde.

*

L'habitude s'impose en nous d'une façon si absolue que s'il nous arrive, par exemple, de nous trouver chez nous à une heure où nous n'avons pas coutume d'y être, les bruits de la rue, les cris des marchands, les échos du voisinage et jusqu'au roulement des voitures prennent des sonorités particulières et nous donnent une indéfinissable sensation d'étrange.

*

Les pensées sont des oiseaux qui ne chantent que sur l'arbre du silence.

*

Dans le cerveau d'un homme de génie, le choc des idées produit un éclair ; dans le cerveau d'un homme d'esprit, une étincelle.

*

Il se dégage une fascination, une sorte de magnétisme inquiétant des choses qui vont d'un mouvement continu et monotone, par exemple un fleuve, une courroie.

*

J'ai souvent conçu le Paradis ainsi : un ange qui nous serait donné par Dieu et qui constituerait notre propre individualité épanouie dans l'absolu. Cet ange chanterait les vers, peindrait les tableaux, composerait les parfums et jouerait les musiques que nous avons rêvés, et nous enivrerait ainsi de la contemplation d'un *moi idéal* éternel.

*

Certains génies sauvages, échevelés, splendides, sont comme des torches secouées au vent, pleins d'éblouissements magnifiques et d'éclats tragiques ; et dans notre admiration pour eux il entre toujours un peu de malaise ou d'effroi. D'autres génies au contraire brûlent comme de belles lampes, d'une lumière égale, douce ; on se sent, près d'eux, dans une intimité, et on les goûte peut-être mieux.

*

L'homme baisse la tête quand il pense et lève la tête quand il prie. N'est-ce pas un symbole frappant de la lassitude de penser et de l'allégement de croire.

*

L'impression que donne un visage provient beaucoup moins du contour des traits que du je ne sais quoi d'indéfinissable qui flotte alentour et qui vient de l'âme. Une expression que nous employons journellement fait d'ailleurs ressortir d'une façon saisissante ce que j'avance. Nous disons : cet homme a l'*air* bon, cet homme a l'*air* doux, cet homme a l'*air* fin. Dans l'emploi de ce mot *air*, n'y a-t-il pas tout un mystère d'intuition, de cette intuition subtile que possèdent les foules.

*

Le plus grand crime peut-être de la Société, c'est d'avoir rendu l'amour honteux.

*

Il y a quelquefois d'énormes ironies dans les démentis que le destin oppose à la pensée humaine. On a dit et répété sur tous les tons, depuis cent ans, qu'il fallait de toute nécessité une foi et un idéal à l'humanité. Or, on n'a fait cette belle découverte qu'au moment précis où il n'était plus possible de lui en donner.

*

La vue d'un lièvre, d'un lapin, d'un âne, m'emplit toujours d'une vague pitié. En effet, si les théories de Darwin sont vraies, quelle éternité d'épouvante a donc pesé sur ces races maudites pour avoir allongé ainsi leurs oreilles.

*

Il est entendu que les jeunes filles sont naïves et les jeunes gens libertins. Ces deux épithètes sont consacrées. Cependant, étant donné d'un côté les précocités naturelles de la femme et la fermentation de ses curiosités instinctives, et de l'autre la lourdeur native de l'homme et sa sensibilité tranquille et nullement affinée, je ne sais pas si l'épithète libertin ne conviendrait pas mieux aux jeunes filles, et l'adjectif naïf aux jeunes gens.

*

La force prime le droit. Cette vieille maxime que notre siècle hypocrite ou prudhommesque a proclamée abolie dans l'ordre matériel n'a jamais reçu d'applications plus fréquentes et plus scandaleuses dans l'ordre intellectuel. L'iniquité a changé de place, voilà tout ; et j'ai peine à croire que l'Humanité ait gagné quelque chose à passer du royaume des brutes au royaume des malins.

*

Il y a, entre la volupté spéciale donnée par la musique et celle que nous procurent les autres arts, la différence qui existe entre des coussins moelleux où l'on enfonce plus ou moins, et l'eau fluide et tiède où l'on entre tout entier, qui s'ouvre devant vous, qui devient vous, et qui vous enveloppe partout à la fois d'un grand et intime baiser.

*

Pour albums : les poètes sont des pâles toqués.

*

Il y a des aristocrates ; il y a aussi des artistocrates.

*

Ne connaissant ni la montagne, ni la mer, il m'arrive souvent d'en vouloir à tout ce tas de livres et de tableaux qui m'ont surchargé l'esprit et les yeux d'impressions artificielles. C'est le malheur des civilisations vieilles de prendre ainsi (en toutes choses) aux âmes leur belle virginité.

*

Certains noms d'artistes, de poètes, de musiciens surtout résument toute une existence fabuleuse et lumineuse vécue je ne sais où dans une lointaine apothéose. De ce qu'on sait d'eux, la légende n'a retenu qu'un tissu d'anecdotes brillantes, de voyages enchantés, d'incidents poétiques et dramatiques et d'amours romanesques : c'est là l'air où ils se meuvent ; et cette espèce de féerie où on les fait vivre répond à un besoin si primordial de l'imagination, qu'on souffre en quelque sorte d'avoir à les en exiler. Pour ma part, j'ai éprouvé une tristesse réelle chaque fois qu'à la suite de renseignements trop exactement documentaires, il a fallu me résigner à remettre ces princes du pays de Fantaisie sur le trottoir.

*

J'ai souvent regretté que nous n'ayons pas, en français, l'équivalent de ce superbe mot latin qui désigne le sang versé : *cruor*.

*

Toute émotion morale amène une sorte de démangeaison physique à la langue.

*

Si jeunes filles pouvaient, si jeunes gens savaient.

*

Il y a deux sortes d'orgueil : l'un qui fait les vaniteux, l'autre qui fait les modestes. Le second est de beaucoup le plus profond.

*

Pour la plupart des hommes, le mieux est partout et le bien nulle part.

*

On se sert souvent de ce cliché : ceci explique, mais ne justifie pas. Pour moi, toute chose vraiment expliquée entraîne forcément sa justification.

*

Formule d'art : mettre le plus possible de rêve dans la réalité ; mettre le plus possible de réalité dans son rêve.

*

Pour les esprits imaginatifs, c'est-à-dire doués de la faculté de l'image, penser c'est voir.

*

Il y a des âmes-femmes.

PORTRAITS LITTÉRAIRES

LA PAIX DU CŒUR PAR JEAN BLAIZE

Bien que paru deux ans avant Amour de miss[1], La Paix du cœur[2] *est un roman plus moderne et d'analyse psychologique plus fine, et l'on peut souscrire à l'appréciation de Samain. Il joue avec adresse de techniques qui rompent la monotonie du schéma narratif classique : monologue intérieur, insertion de pages de journal intime, dialogues à teneur philosophique étendus aux dimensions de chapitres entiers et traités sur un mode très enlevé. Il abonde en notations insolites pour l'époque, en particulier sur l'union libre. Surtout, il met en scène des personnages beaucoup plus complexes qu'*Amour de miss, *à commencer par Octave. Celui-ci est le fils aîné d'une comtesse qui, à la triple condition qu'elle embrasse le catholicisme, se fasse passer pour veuve et suive une méthode d'enseignement déterminée, emploie comme préceptrice la très intelligente Biddy Thursnane, la tirant ainsi de la misère où l'a plongée son abandon par un jeune homme de plus haute condition. Figure de l'éternel questionnement, de l'indécision, sinon de l'aboulie par dégoût de vivre, « paradoxiste » invétéré, Najante s'observe trop – et conclut au littéraire, au « geste théâtre*[3] *». Il tient de Des Esseintes par son côté esthète, de De Phocas par son coté pervers, et de d'Entragues par son incapacité d'empoigner la vie et, spécialement, d'entrer dans la dimension physique de l'amour humain. De fait, Najante, par ailleurs lettré et auteur d'une* Psychologie de l'Angleterre, *doute de la réalité du sentiment qu'on nomme amour – « l'antique chimère*[4] *» qu'*Amour de miss *n'interroge pas vraiment –, miné qu'il est par de récurrents « retours*

1 Voir *infra*, p. 369-372.

2 Jean Blaize, *La Paix du cœur*, Paris, Dentu, 1891.

3 *Ibid.*, p. 229.

4 *Ibid.*, p. 95.

à la négation de tout sentiment élevé[5] ». *Il révoque en doute le mythe de la singularité individuelle, en quoi il tient aussi du personnage houellebecquien, nie le bonheur ou du moins lui résiste, et éprouve à tout propos le sentiment du déjà-vu, y compris dans le monde moral. Ces doutes, qui le mettent « en désharmonie avec la Loi d'amour*[6] », *sont peu à peu surmontés, grâce au travail de conversion qu'opère sur lui sa chrétienne amante, mais la « vieille peur d'être dupe*[7] » *le retient longtemps, et une paresse voluptueuse engage les amants à ne pas matérialiser leur bonheur. À cet égard, le roman pourrait presque passer pour une illustration avant l'heure des thèses que défendait naguère Robert Poulet sur le danger des amours romantiques*[8]. *Or, Mrs Thursnane, plus résolument tournée vers l'avenir qu'Octave, non seulement n'est pas dupe du mythe de la prédestination amoureuse, mais tolérerait même qu'Octave en aime physiquement une autre. Si donc cet amour conserve bien quelque chose de romantique, c'est parce qu'il est décrit comme survivant au dévoilement de toutes les illusions, à ce que Jean Blaize appelle « l'approfondissement de l'âme et de la vie*[9] ».

*Du point de vue du style, le roman apparaît aussi plus hardi, plus inventif et original, plus nerveux aussi – jusqu'au pointillisme, jusqu'à l'ellipse –, bref, moins convenu qu'*Amour de miss, *encore qu'il n'échappe pas par endroits à un certain maniérisme.*

Mais il existe entre ces deux ouvrages plus d'un point de contact, et cela autorise malgré tout à parler de romans jumeaux : la nationalité de l'institutrice Mrs Thursnane, « une femme à l'évident britannisme[10] », *la question de la mésalliance, qui court d'un bout à l'autre du roman comme un reproche continué de Mme de Najante à son fils adultérin, le va-et-vient entre Paris et Londres, et surtout la faculté de compassion comme étant la marque même de la sagesse : pitié de la comtesse pour la vie de bonne heure chancelante de Mrs Thursnane, gravement malade, d'Octave pour les liaisons passées de sa bien-aimée, et de celle-ci pour l'humanité entière, à raison même de sa lucidité quant à l'amour censément unique. À ces motifs, on ajoutera celui du christianisme, décliné sur le double mode de la résignation à la mort (Mrs Thursnane succombe à son cancer) et de la bonté à laquelle elle exhorte Octave. De fait, celui-ci se transforme à*

5 *Ibid.*, p. 182.
6 *Ibid.*, p. 216.
7 *Ibid.*, p. 216.
8 Voir Robert Poulet, *Contre l'amour*, Paris, Denoël, 1961.
9 Jean Blaize, *La Paix du cœur*, *op. cit.*, p. 253.
10 *Ibid.*, p. 13.

la fin en généreux philanthrope, et, sans abdiquer entièrement sa nature de rationaliste sceptique, se convertit à une espèce de panthéisme et à l'universelle loi d'amour que lui a enseignée Biddy.

Nous ne situerions pas le défaut du roman là où le voit Samain, à savoir dans cette « comptabilité en partie double » qui fait se succéder, jusqu'au vingt-sixième, des chapitres où l'on voit Najante pensant à Mrs Thursnane et Mrs Thursnane pensant à Najante. Cette juxtaposition illustre au contraire excellemment ce qu'il y a de sensualité dépravée au fondement de l'amour immatériel, qu'exacerbe encore la « communication à travers l'espace[11] ». Nous la voyons plutôt dans le contraste qui, à certains endroits, écartèle le dialogue, au risque du burlesque, entre un lyrisme lamartinien hors d'usage (« Femme, qui êtes-vous ? […] ô mystère incarné ! laissez-vous pénétrer de l'âme et des sens, puisque vous êtes âme et matière, puisque vous êtes bonne… ») et le prosaïsme de la réponse de l'aimée invoquant des « maux d'estomac[12] ». Mais cela n'enlève rien au bel et probe effort de Jean Blaize pour approfondir par les moyens du roman, sans jamais verser dans le didactisme, la thématique périlleuse de la foi et du doute. Aussi Samain voit-il juste quand il parle du livre comme d'un livre chrétien, à condition d'ajouter qu'il s'agit d'abord d'un roman, adroitement conduit, et dont les personnages – y compris les secondaires, dont nous ne pouvons parler ici faute de place – offrent tout à la fois la consistance suffisante pour qu'on s'attache à leur histoire, et, comme chez un Drieu La Rochelle, la stylisation nécessaire au rêve.

Un beau livre, un *bon* livre à signaler. Tout un ordre de préoccupations philosophiques et morales, dédaigneusement rejetées par son aînée, hante la génération présente. L'art de Flaubert, le solitaire Narcisse qui se mire dans son œuvre à en mourir, aspire à redevenir humain, à redescendre dans la vie. Jean Blaize, à son tour, vient de prendre hautement sa place dans cette évolution, et les pages de son livre sont tout éclairées des lueurs d'aurore qui filtrent à l'horizon.

Le plan de l'œuvre est tout psychique. D'un côté, Octave de Najante, dont l'esprit inquiet et raffiné, intoxiqué de scepticisme, a glissé peu à peu à la perversité et s'enfonce dans l'enfer de la négation absolue. De l'autre, Mrs Thursnane, une créature d'élection, qui porte dans ses

11 *Ibid.*, p. 207.
12 *Ibid.*, p. 230.

yeux tristes le deuil d'une existence perdue, mais dont la bonté foncière n'a pas voulu désespérer. Le drame, c'est la rédemption d'Octave par l'amour, par le rayonnement de tendresse projeté par un cœur profond et plein de foi. L'ami – car leurs nuptiales ivresses, à travers des révoltes saignantes, resteront tristement chastes – retrouvera à la fin *la paix du cœur* dans la voie indiquée par le doigt levé de la martyre que dévore lentement un implacable cancer.

Jean Blaize me permettra-t-il de dire que *La Paix du cœur* est un livre chrétien, dans tout ce que ce mot, par la légende fervente des siècles, implique de charité active et profonde, de roides espérances, d'ascension dans le pur ? On reprochera peut-être à l'auteur cette idéalité. Il se trouvera facilement à Paris, où l'esprit court les rues, de délicieux critiques pour railler doucement ces amants transis, ces péripatéticiens galants qui se grisent de caresses métaphysiques. C'est pour nous, au contraire, l'attrait de ce noble livre, tout imprégné de pensée et monté au ton d'une intellectualité sévère. On pourrait seulement regretter que, par les conditions de son plan, il se soit astreint à suivre parallèlement l'évolution sentimentale de ses deux héros, mis en égale valeur. Quelque monotonie, superficielle d'ailleurs, se dégagerait de cette comptabilité spirituelle tenue en partie double. Mais pour éviter cet inconvénient, il eût fallu sans doute un escamotage, et sa conscience d'analyste y a répugné.

La Paix du cœur est écrite dans une langue dense et substantielle. Des notations exquises, de larges touches justes. Partout aux marges du livre, l'arabesque vivante des choses, l'atmosphère puissante ou tendre des ambiances.

Ces paysages d'Étretat ! Et ces affolantes promenades dans un Londres de vertige !…

POÉSIES (2 VOL.) ET *POÉSIES NOUVELLES* (1 VOL.) PAR CATULLE MENDÈS

Ce compte rendu n'a rien en lui-même qui mérite qu'on lui accorde une place particulière parmi ceux que Samain donna au Mercure de France *: c'est à la notoriété seule de Mendès qu'il doit – avec ceux sur Rodenbach – d'avoir* *été mis en vedette par Léon Bocquet dans le bref passage qu'il consacra jadis incidemment – au détour d'une phrase sur l'envoi à Samain, par Montesquiou, des* Hortensias bleus *– à l'activité critique de Samain*[13]*. Il s'en distingue cependant, dans l'édition Mouquet des* Carnets intimes, *par une note d'éditeur très intéressante, en ce qu'elle fait toucher du doigt, dans ce domaine aussi, les hésitations et scrupules qu'on connaît au poète en tant que poète. Cette note est constituée d'un extrait d'une lettre inédite – non recueillie dans* Des Lettres 1887-1900 *– d'Albert Samain à Raymond Bonheur, du 9 octobre 1892. Elle dit ceci :*

> Vallette m'a écrit pour me demander, comme un vrai service à rendre au Mercure, de rédiger une note bibliographique sur les poésies de Mendès. Vous voyez d'ici comme cela m'a amusé. Il avait, paraît-il, demandé cela d'abord à Quillard, qui, pour des motifs particuliers, « une pique avec Mendès », s'est récusé.
>
> Je me suis informé près de Vallette. Les trois volumes de poésies ont bien été adressés par Mendès *à moi seul*, au Mercure. Dans ces conditions, ma situation est assez délicate, placé entre une appréciation qui comporte des sévérités et un procédé qui, vis-à-vis d'un obscur, ne laisse pas que d'être fort gracieux.
>
> Je m'en suis tiré comme j'ai pu : j'ai rédigé deux notices, une plutôt grave et compassée, l'autre plus dégagée, plus enlevée de touches, plus cavalière aussi. C'est celle-ci plutôt que je préférerais. Je laisse Vallette juge. Si vous venez à Paris cette semaine, je vous montrerai cela, il sera encore temps ; peut-être m'éviterez-vous quelque gaffe[14].

Pour le plus grand plaisir du lecteur, c'est cette deuxième version – la moins complaisante – qui parut au Mercure, *dans sa livraison de novembre 1892. Elle est elle-même tout entière placée sous le signe de l'ambivalence. On y retrouve l'admiration première de Samain pour un aîné – de 17 ans – dont il jugeait* Les Mères ennemies *« aussi rugissant[es] » que le théâtre de Hugo*[15]*, « très*

13 « L'entité proudhonnesque de la Justice, aussi bien qu'une certaine solennité prudhommesque, dans ce poème [*À Marceline Desbordes-Valmore*] ne devait point déplaire à Montesquiou. Des compliments avaient été échangés, suivis bientôt de l'envoi à Samain des *Hortensias Bleus*, parus vers ce temps, chez l'éditeur Fasquelle. Aussi bien il arrivait à Samain de signer dans le *Mercure de France* des notices bibliographiques. Il avait fait en particulier des comptes rendus de poèmes de Catulle Mendès et de Georges Rodenbach. Coïncidence ou non, Samain peut-être préféra-t-il s'abstenir de juger en public l'artiste raffiné et bizarre qui lui envoyait, dédicacé d'une phrase enjôleuse, son recueil de poèmes. » (Léon Bocquet, *Autour d'Albert Samain*, *op. cit.*, p. 162.)

14 BmL, fonds Jules Mouquet, ms. B 259, f. 14. Pierre Breillat, « Albert Samain. Lettres à Raymond Bonheur », art. cité, p. 19-20.

15 « Depuis le grand Hugo, je ne crois pas que dans le drame romantique on ait rien fait d'aussi rugissant. » (BmL, fonds Jules Mouquet, ms. C 194 II, f. 8. Lettre figurant

beau » le Roi vierge[16], *et enviables les « trouvailles pénétrantes*[17] ». *Mais cette admiration s'accompagne ici de remarques qui font bien davantage qu'en tempérer l'ardeur. L'accent est mis désormais, non pas, comme on aurait pu éventuellement s'y attendre, sur les « cochonneries de Mendès*[18] » *– accusation à laquelle les trois volumes de vers parus chez Charpentier en 1892 ne donnent en effet guère prise –, mais sur l'« intolérable*[19] » *excès de raffinement et l'artificialité de sa poésie. Ce qui, sous la critique, perce ici on ne peut plus nettement, c'est la crainte qu'avait Samain lui-même de tomber à son tour dans le travers d'une virtuosité qui se serait exercée à vide. La crainte, disons-le, car sa virtuosité même faisait peur à Samain*[20], *et l'invocation constante, sous sa plume, de ce qu'on appellera après Schlegel, pour faire bref, la naïveté en art, est là qui en témoigne éloquemment.*

Un charmeur, une grâce légère, brillante, enlaçante, sensuelle, parfumée, quelque chose comme du « rosolio sucé dans une flûte mousseline », ainsi qu'il la décrit lui-même dans une adorable petite pièce. Cela simplement ? Non point. Une hautaine clameur d'épopée aussi, et de fulgurantes parades avec l'épée à deux mains héritée du Charlemagne du romantisme. C'est avec ce côté héroïque de la poésie du maître que les deux premiers volumes nous font refaire connaissance, et il faut proclamer qu'*Hespérus*, les *Contes épiques*, *Le Soleil de minuit*, les *Soirs moroses* sont de très nobles poèmes, de perfection achevée, d'imagination flambante et grandiose.

---

partiellement sur la première des *Mères ennemies* de Catulle Mendès à l'Ambigu et en partie retranscrite par Jules Mouquet dans les *Lettres à tante Jules*, éd. citée, p. 85.)

16 Voir la lettre de Samain à Paul Morisse du 7 décembre 1893. BmL, fonds Jules Mouquet, 194 III D, f. 20-24 ; *Des lettres 1887-1900*, éd. citée, p. 43.

17 « Je dois vous dire ici que le talent de Catulle Mendès m'est fort sympathique, et que mon ambition serait d'arriver à ses trouvailles pénétrantes et à ses caresses de style. Il est mon homme, sous beaucoup de titres. » (*Ibid.*, p. 84.)

18 « Il [Huysmans] a refusé les offres de *L'Écho de Paris*, éprouvant un froissement d'âme trop pénible à paraître au-dessous des cochonneries de Mendès. » (Lettre à Paul Morisse du 6 janvier 1895, *ibid.*, p. 75.)

19 « Ce qui est intolérable chez Mendès quand on le lit avec quelque fréquence, c'est la sensation d'artificiel absolu qui s'en dégage. » (Voir *supra*, p. 317.)

20 « La grande jouissance étant dans l'effort, il est des choses qui me semblent trop faciles ; j'ai presque peur de ma virtuosité, j'ai presque honte, dirais-je, d'escamoter l'émotion d'autrui, par des accords que j'ai tellement dans les doigts, que je les donne, sans rien qu'à peine une légère vibration chez moi. » (Lettre à Raymond Bonheur du 7 juillet 1891, *Des lettres 1887-1900*, éd. citée, p. 17.)

Dans le troisième volume, Catulle Mendès paraît avoir abandonné un peu le mode épique pour se livrer à la confection des plus délicates orfèvreries. Tous ces rondels, villanelles, odelettes, sont d'un pimpant, d'un scintillant, d'un chatoyant merveilleux. Impossible d'aller plus loin dans l'assemblement mélodieux des rimes, dans la virtuosité menue et fleurie du badinage. C'est l'enchantement du Joli ; et le poète serait sans conteste le premier, si la poésie n'avait d'autre mission que de briller comme un bijou. Mais quelque lassitude se mêle à cette ivresse quasi physique ; et après toute cette débauche de gentillesses fondantes, de strophes musquées, d'odelettes glacées à la framboise, on aspire violemment après le verre d'eau pure d'une simple émotion.

L'émotion : voilà ce que Catulle Mendès semble avoir souci de fuir à tout prix. Ce qui le préoccupe seul, c'est la sensation, et encore la sensation localisée à l'épiderme, en un mot, le frôlement ; et il faut s'empresser d'ajouter que nul n'a poussé plus loin que lui l'irritation savante des papilles. Si la première condition de tout art est d'être sincère, le poète aurait eu grand tort de diminuer le sien en l'appliquant à des objets pour lesquels il n'est point fait ; et peut-être le comble de l'artifice eût été pour lui de feindre le simple et le naturel. Il y a perdu de nous toucher ; mais en revanche, il nous a donné, dans le domaine de l'imagination pure, de somptueuses fêtes, de luxueuses orgies, et, dans une splendeur de marbres polychromes, de velours pompeux, de soies fleuries et bruissantes, une sorte de banquet à la Véronèse, étincelant et théâtral, où lui-même siégeait avec la grâce ouvragée d'un Florentin blond. C'est en lui que le romantisme incarna son expression la plus significative.

Avec son goût du geste héroïque, l'empanachement de sa langue, son inspiration à la fois truculente et précieuse, ses visions grandioses, sa psychologie exorbitée, il résume admirablement toute l'école qui mena son train brillant et tumultueux à travers le siècle. De cette féerie qu'il nous donna, c'est une profonde reconnaissance que nous conservons ; et si l'évolution des goûts et des idées – évolution qui ne connaît point d'arrêt – nous entraîne maintenant vers d'autres rivages, ce n'est certes point sans mélancolie que nous nous tournons, là-bas, vers cette Venise qui s'enfonce peu à peu à l'horizon, avec ses dômes dorés, ses basiliques peintes, ses palais tragiques reflétés dans les canaux moirés, lourds de noirs secrets et d'où viennent encore à nous, mêlés à de longs trémolos sinistres, des échos alanguis et tièdes de violes mourantes sur les eaux.

LE VOYAGE DANS LES YEUX PAR GEORGES RODENBACH

Cette notice participe à la fois de la note de lecture par sa concision (ainsi, le troisième alinéa débute par une phrase sans verbe, qui a pourtant la charge d'introduire une longue citation littérale de Rodenbach), de l'analyse littéraire – à travers une amorce de réflexion sur l'alexandrin rodenbachien qui illustre l'ouverture d'esprit affichée dans « L'Évolution de la poésie au XIX*e siècle*[21] *» –, et de l'essai, puisqu'elle se hausse à la fin à un degré de généralité plus volontiers réservé à ce dernier genre. Formellement composite, donc, elle n'en est pas moins très personnelle et instructive : on saisit, à sa lecture, l'un des points de contact importants entre le poète Samain et le poète Rodenbach : l'attirance pour l'eau, « élément*[22] *» même de celui-ci, « ineffable enchanteresse*[23] *» pour celui-là.*

Cette fois, Georges Rodenbach s'est embarqué sur la mer des Yeux, pour y jeter, au hasard de l'heure, le filet aux mailles d'or. Il a ainsi rapporté, pêche chatoyante et riche, des rêves précieux comme des perles, des poèmes glacés de nacre et nuancés comme des coquillages, des songeries mystérieuses comme les flores sous-marines…

L'antique analogie de l'œil et de l'eau constitue le thème initial, en quelque sorte le *leitmotiv* de son œuvre, et fournit, entre ses mains expertes, les plus heureuses et les plus subtiles variations. C'est une évocation continue de toutes les transparences : limpidité d'eaux vives, moires lourdes d'étang, torpeurs de canal, velours de méditerranées, glauques demi-jours d'aquariums. Une obsession particulière s'en dégage, tel le charme pénétrant, monotone, d'une mélopée. Pour toutes ses pièces, le poète a adopté un mètre unique, l'alexandrin, mais un alexandrin au nombre instable, aux hémistiches rompus, comme invertébrés, aux rejets fuyants, aux rimes croisées et dissociées, où s'exprime bien l'idée du poème, dans ce qu'elle comporte de délié, de mobile, de soluble…

21 Voir *infra*, p. 411-416.
22 *Des lettres 1887-1900*, éd. citée, p. 164.
23 *Ibid.*, p. 31.

Çà et là, de ces vers où l'âme s'accoude pour rêver longtemps et d'où l'on découvre de lointains paysages pensifs, auxquels la lumière intérieure donne à chaque instant de nouveaux reliefs :

Et l'on voit dans des yeux qui se croient gais et beaux
D'anciens amours mirés comme de grands tombeaux…

Ainsi, tels yeux ont l'air pauvre dorénavant
Pour avoir médité d'entrer dans un couvent ;
D'autres sont nus, de tant de fautes regardées,
On y perçoit des courtisanes se baignant…

Puis, en d'autres – recels compliqués – il y a
De vieux bijoux, de grands arbres, un clocher triste,
Des visages que trop d'absence délaya.

Et n'est-ce pas là, ces gouttes de pensée – émotion et lumière – cristallisées dans le rythme, et pierres précieuses ainsi, tout le mystère de la poésie ? N'est-ce pas là son éternelle magie irréductible et sa raison d'être unique ?

AMOUR DE MISS PAR JEAN BLAIZE

*C'est un roman peu connu qu'*Amour de miss[24]*, de l'écrivain mauricien Jean Blaize. L'intrigue en est ténue, le style conforme à celui qui prévaut dans la littérature dite réaliste de l'époque, quoiqu'il recèle çà et là quelques délicatesses d'expression (ainsi des « mensuelles solitudes » pour désigner les jours où ses menstrues poussent Laura à faire chambre à part), et le sujet d'une triste banalité, celui d'une fille déshonorée, selon le langage du temps : une jeune Anglaise, fille d'un gros commerçant, Mister Frozell, reconverti en gérant d'hôtel, est séduite, rendue enceinte puis abandonnée par un représentant français en passementeries qui collectionne les conquêtes féminines. Sommé par Mister Frozell, qui le traque jusqu'à Alger, puis Paris, de réparer l'offense faite à Maud, Clairier promet, mais use de tous les*

24 Jean Blaize, *Amour de miss*, Paris, Dentu, 1893. Voir *infra*, en ouverture de « La Femme chez Jean Blaize et dans l'humanité, la religion, la poésie » (« Notes diverses », p. 405-411), le résumé qu'en donne Samain.

prétextes imaginables pour ne pas tenir sa promesse, alors même qu'il restera jusqu'à la fin pour Maud l'homme l'adoré. Sans être inaccessible à la pitié, le suborneur est convaincu d'avoir besoin d'un mariage d'argent pour réaliser son ambitieux projet de fonder une luxueuse maison de mode. Quand enfin Mister Frozell le ramène en Angleterre en vue du mariage, c'est pour déplorer bientôt la mort de Maud, qui vient d'accoucher de deux jumeaux et à qui la nouvelle de son arrivée a causé un choc émotionnel trop fort. Parallèlement, et sans qu'on puisse déterminer ce qui, des deux destins, l'emporte en importance dans l'économie du roman, l'on assiste à l'éloignement de Laura, sœur suprêmement miséricordieuse de Maud, d'avec son mari, lord Proctoral. Celui-ci est un être de refoulement, qui considère son honneur comme indirectement outragé par la faute de sa belle-sœur et qui oppose à sa femme une morale puérilement vindicative. Le caractère tragique de ce « divorce moral » se manifeste jusque dans le sentiment qu'éprouve Laura d'être punie, par l'échec de son mariage, d'avoir aspiré à l'anoblissement. Elle déclarera, dans une lettre finale à ses parents, respecter encore, sans l'approuver, la « vertu farouche » de lord Proctoral. Mieux : elle tâchera de lui pardonner, en considération du fait qu'un fanatique, gouverné par son atavisme, est irresponsable, et s'offrira à élever, une fois divorcée, les deux orphelins laissés par Maud.

Malgré le caractère assez peu original du roman sur le plan thématique, on comprend, au regard de ce qu'il dira plus loin des nouvelles de Jean Ajalbert, que Samain s'y soit intéressé. La fatalité tragique des amours humaines rejoint en effet l'un des thèmes principaux du Cœur gros, *mais le roman de Jean Blaize met plus nettement l'accent sur la question de la faute, de la réprobation que font peser sur elle la société, la religion, les bonnes mœurs, et, surtout, sur la redoutable question philosophique du libre arbitre, puisque aussi bien, selon le constat désolé de Laura, le comportement de Clairier montre que l'âme foncièrement bonne peut agir profondément mal*[25]*. Aussi cette recension est-elle d'abord, pour Samain, l'occasion de réaffirmer son penchant pour ce qu'il appelle dans ses* Carnets *la « large philosophie, tolérante, indulgente*[26] *». C'est ici Laura qui l'incarne, en référence explicite à la figure du Christ, dont elle s'efforce*

25 « Jean Blaize a réussi à maintenir jusqu'au bout le personnage dans une note de moyenne très intelligente, suffisamment sensible, de moralité abolie, mais avec un fond de bonté native qui se révolte quand même. » (« La Femme chez Jean Blaize et dans l'humanité, la religion, la poésie », *infra*, p. 405.) *Cf.*, du même Jean Blaize, cette question qu'il met dans la bouche d'un des personnages de *La Paix du cœur* : « Qu'est-ce que le devoir (l'homme étant le jouet de forces qui l'empêchent de rien accomplir de son propre gré) ? » (*Op. cit.*, p. 27.)

26 *Supra*, p. 265.

d'imiter la « bonté sans limites » et la « débonnaireté ». Cette philosophie de la compassion se double d'accents féministes qui ne sont pas sans évoquer, d'autre part, La Révolte *de Villiers de l'Isle-Adam : l'insurrection de Laura est une révolte contre la « tyrannie du mâle », en même temps qu'une révolte de l'esprit contre la « force de la nature inconsciente*[27] *» qui fait de lord Proctoral, gagné vis-à-vis de sa femme par des pensées de meurtre non distinguables de l'acte même de tuer, un descendant des « peuplades forestières se réveillant tout à coup du sommeil des générations civilisées*[28] *».*

C'est une simple et dolente histoire d'amour que nous conte cette fois encore Jean Blaize. Mais à cette simple histoire il a su donner toute l'excitante saveur d'une nouveauté par le choix pittoresque du cadre, par la variété exotique des figures, par l'atmosphère exceptionnelle de certains milieux où l'action évolue, par maint curieux détail de cette vie anglaise, si proche de nous à la fois et si lointaine. Dès les premières pages, on respire un air chargé d'une sourde angoisse ; de plain-pied on entre dans de l'émotion humaine, et l'on sent que bientôt la tension des caractères en présence portera cette émotion à son paroxysme.

Là encore, comme dans *La Paix du cœur*, Jean Blaize a répandu sa tendresse et s'est complu aux délices de la pitié ; c'est avec des douceurs infinies qu'il manie cette pauvre chair d'enfant terrifiée par la faute, épuisée de maternité et sanctifiée par la douleur. Cependant, les faits se déroulent dans leur logique implacable, découlant l'un après l'autre du péché initial. Les pages pleurent et, derrière le récit qui souffre, partout l'on voit apparaître la figure grave d'un témoin miséricordieux et triste de la vie.

Au reste, cette tendance de l'auteur à une philosophie de pitié, de résignation et d'idéale bonté s'est incarnée, par un phénomène littéraire tout naturel, dans le personnage de lady Proctoral, qui est ainsi devenue en quelque sorte l'âme du livre. C'est dans cet émouvant portrait de patricienne que Jean Blaize a réuni ses traits les plus pénétrants. De telles figures, pétries dans une pure argile, tout attendrie de larmes, sont bien ce qui peut atteindre le plus notre sensibilité. Car rien ne fait résonner en nous les fibres profondes comme un beau visage de femme aux joues suaves, à la bouche affligée, où la tristesse prend quelque chose d'angélique et de somptueux.

---

27 Jean Blaize, *Amour de miss*, *op. cit.*, p. 233.

28 *Ibid.*, p. 235.

Aussi, comme le veut la hiérarchie sociale, moins superficielle qu'il ne semble au premier abord, l'intérêt du livre va moins au drame de chair et de sang où se débat la pauvre Maud qu'à l'autre, – au drame plus complexe et plus nuancé qui met aux prises dans le lent déchirement d'un divorce moral lady Proctoral et l'inflexible lord son époux. Et si la mort brutale de la première nous émeut vivement, combien sommes-nous plus profondément remués par l'agonie de la seconde, cloîtrée pour jamais dans une épouvantable solitude, où son cœur exalté de chagrin et monté au ton du sacrifice absolu nous donne, comme dans l'admirable lettre de la fin, la sensation poignante de ces musiques affilées jusqu'à l'aigu, jouées sur les dernières cordes, et qu'on craint à chaque note de voir mourir dans un éclat de sanglot.

THÉÂTRE DE L'ŒUVRE
L'Image, pièce en trois actes, par Maurice Beaubourg ; *Une nuit d'avril à Céos*, pièce en un acte, par Gabriel Trarieux, décor de Maurice Denis

À la différence des autres recensions contenues dans cette section de « portraits littéraires », Samain prend ici soin de résumer la trame de L'Image[29] *et d'indiquer de façon très complète et précise tout ce qui vient s'y greffer d'éléments connexes et cependant essentiels pour planter le décor du drame*[30]. *Cette précaution nous dispense*

29 Maurice Beaubourg, *L'Image*, pièce en trois actes, Paris, Ollendorff, 1894. Cette pièce, tombée aux oubliettes de la postérité, était pourtant annoncée par Lugné-Poe comme « le manifeste attendu par les symbolistes » (*La Parade, souvenirs et impressions de théâtre*, Paris, Gallimard, t. 1, 1930, p. 71). Voir Anne Pellois, « *L'Image* de Maurice Beaubourg (1894) ou la Théâtralisation d'un manifeste esthétique », dans *Le Miel et le fiel, la critique théâtrale en France au XIX*e *siècle*, Mariane Bury et Hélène Laplace-Claverie (dir.), Paris, PUPS, coll. « Theatrum mundi », 2008, p. 109-118. Dans une lettre à Raymond Bonheur du 26 novembre 1894, Samain fait mention d'une autre pièce de Beaubourg, mais seulement pour indiquer la curiosité qu'elle lui inspire : « J'irai demain voir *La Vie muette* de Beaubourg à l'*Œuvre*. » (*Des lettres 1887-1900*, éd. citée, p. 71.)

30 On trouve ainsi, dans cette pièce, des réflexions sur le journalisme, sur la littérature qui le singe, et, plus largement, sur le mode de traitement du savoir et de l'information. Elles ne le cèdent en rien, du point de vue de leur pertinence devinatoire, aux analyses de Nietzsche dans la deuxième des *Considérations inactuelles*, intitulée « De l'utilité et des inconvénients des études historiques ». On pourra en juger sur cette seule réplique : « Sitôt

de le faire nous-même, sinon peut-être pour ajouter que la pièce est aussi une pièce à clés, – on y devine, derrière Claudius et Jean Rougier, les Goncourt, – qu'elle joue savamment de la mise en abyme, – l'un des deux frères, Jean, a fait le portrait de sa femme dans une œuvre et est tombé amoureux de cette image[31], *– et qu'elle peut se lire comme une variation, à fronts renversés, sur* La Révolte *de Villiers de l'Isle-Adam, dont Beaubourg se réclame au reste expressément comme d'un auteur qui a mis « de la pensée dans l'action passionnelle*[32] *». Cela posé, on ne peut qu'applaudir à la finesse d'analyse dont fait montre ici Samain. La critique est remarquablement équilibrée, puisqu'aux éloges sur la puissance de figuration dramatique de Beaubourg font pendant, sans les atténuer en rien, quelques réserves qui portent en particulier sur la complaisance avec laquelle le dramaturge aurait peint les travers salonnards. À ce dernier égard, il convient de souligner toutefois – ce que ne fait pas Samain – que le comique ne se limite pas aux scènes qu'il regroupe ici sous « peinture d'un salon littéraire ». En effet, les scènes liminaires où Marcel expose ses théories idéalistes – celles-là mêmes qui valurent à leur auteur, ainsi qu'il l'explique dans sa préface, d'être traité de néo-platonicien – offrent en contrepoint, pour les ironiser, des répliques de la plus subtile drôlerie.*

C'est une œuvre de haut intérêt artistique qu'il nous fut donné d'entendre l'autre soir aux *Bouffes du Nord*[33]. D'ailleurs, ces derniers temps furent particulièrement féconds en nobles jouissances. Après *Rosmersholm*[34], *L'Ennemi du peuple*[35], puis *Au-dessus des forces humaines*[36], puis *L'Image* ; voilà certes de

---

qu'un événement se produit, le voilà pressé jusqu'à la moëlle, privé de ses conséquences futures, abîmé, châtré… » (Maurice Beaubourg, *L'Image*, *op. cit.*, p. 138.)

31 Voir *ibid.*, p. 50.

32 *Ibid.*, p. x.

33 *L'Image* de Beaubourg y fut représentée pour la première fois le 27 février 1894, dans une mise en scène de Lugné-Poe ; avec Berthe Bady dans le rôle de Jeanne, et Lugné-Poe dans celui de Pierre Demenière.

34 Henrik Ibsen, *Rosmersholm*, pièce en quatre actes créée le 17 janvier 1887 à la Nationale Scene de Bergen, et représentée, dans la traduction de Maurice Prozor, le 6 octobre 1893 au Théâtre des Bouffes du Nord, dans une mise en scène de Lugné-Poe ; avec Lugné-Poe dans le rôle de Rosmer, et Berthe Bady dans celui de Rebecca West.

35 *Id.*, *Un ennemi du Peuple*, pièce créée le 13 janvier 1883 au Christiania Teater d'Oslo, et représentée, dans la traduction de Ad. Chennevière et C. Johansen, le 10 novembre 1893 au Théâtre des Bouffes du Nord, dans une mise en scène de Lugné-Poe ; avec Renée de Pontry dans le rôle de Mme Stockman, et Lugné-Poe dans celui de Stockman.

36 Bjørnstjerne Bjørnson, *Au-dessus des forces humaines*, drame en six actes, en deux parties, représenté, dans la traduction de Maurice Prozor, le 13 février 1894 au Théâtre des Bouffes du Nord, dans une mise en scène de Lugné-Poe ; avec Lugné-Poe dans le rôle

quoi alléger la lourde atmosphère quotidienne, et M. Lugné-Poe a droit à toute notre gratitude pour tant de belles fêtes successives auxquelles il nous convia. Ne présentent-elles pas du reste une physionomie bien particulière, ces salles où s'entasse un public nerveux et fébrile, où les communications intellectuelles s'établissent tout de suite, où l'on arrive très vite à une sorte de griserie cérébrale ? L'œuvre représentée dans de telles conditions rayonne toute son énergie, et la salle semble transformée en un immense réflecteur au centre duquel brûle, ardente et claire, la pensée du maître.

Maurice Beaubourg n'ignorait point qu'il disposerait de tels éléments lorsqu'il se laissa tenter par l'idée de porter sur la scène un conflit de psychologie tout intérieur dont la subtilité ne semblait pas devoir se prêter à la concrétion dramatique. Tout de suite disons qu'il a hautement réussi.

Le cas de Pierre Demenière est celui-ci. Très amoureux de sa femme, et mettant dans cet amour toutes les forces vives de son imagination, il est arrivé à instituer au fond de son cœur une idole au geste conventionnel, chargée de tous les joyaux du songe, qui diffère sensiblement de la vivante. Sa femme essaie en vain de résister un peu chaque jour à cette prise de possession de sa propre substance par une étrangère venue des pays d'au-delà ; mais ses efforts, ses appels à Pierre restent sans effet[37], et les deux amants s'acheminent ainsi, lentement, mais sûrement, vers un affreux divorce moral.

Ce que nous venons d'indiquer ici, Maurice Beaubourg a su l'établir dès les premières scènes avec une sûreté, une netteté, une maîtrise qui dénotent incontestablement chez lui de rares aptitudes pour les réalisations du drame. Peu à peu, par le prestige d'un art ingénieux et convaincu, avec une phrase, un mot, un geste, il est arrivé à cristalliser en quelque sorte l'*image* diffuse et flottante, jusqu'au moment où nous l'avons tous vue apparaître et marcher sur la scène entre les amants désespérés.

Devant cette projection saisissante d'un drame moral, devant cette agonie de rêve si pathétiquement exposée – et ici nous voulons louer sans réserve Mme Bady qui trouva, pour exprimer cette détresse, d'admirables accents et de passionnés sanglots –, la salle entière fut soulevée d'enthousiasme et le rideau tomba au milieu de longues acclamations.

---

du Pasteur Sang, Marcelle Bailly dans celui de Clara, Grange dans celui d'Élie Sang et Berthe Bady dans celui de Rachel Sang.

37 Jeanne avoue en effet à une amie n'avoir pas la force de « se modeler perpétuellement sur un reflet » (*L'Image*, *op. cit.*, p. 117).

L'action ainsi violemment lancée, dès la fin du premier acte, à son maximum, ne pouvait plus que piétiner sur place ou s'affaiblir dans des redites de moindre intérêt. Pour notre compte, peut-être eussions-nous préféré lui voir suivre, sans déviation, sa trajectoire tragique et nous porter d'un coup son dénouement en plein cœur. L'action ainsi ramassée eût été, à notre sens, plus forte. Maurice Beaubourg, lui, a suspendu momentanément son drame pour nous offrir la peinture d'un salon littéraire avec ses types classiques, ses caricatures de gens célèbres, ses petites perfidies, ses grosses exécutions. Dirai-je à l'auteur que cette partie de son œuvre nous a sensiblement moins séduit, alourdie qu'elle est de plaisanteries souvent complaisantes et peu compatibles avec la distinction d'esprit visiblement affirmée d'autre part ?

Heureusement, une scène maîtresse entre Pierre Demenière et le romancier Claudius Rougier, dans lequel l'auteur a incarné le puissant entrepreneur du chantier naturaliste, s'est bientôt imposée à notre attention et nous a reconquis par sa grande allure et ses jets d'éloquence. Comme on le pressent, Pierre Demenière plaide pour le rêve et Claudius Rougier plaide pour la vie. Débat qui n'est point neuf, mais qui prenait une intensité passionnante et douloureuse par le violent relief des types opposés. « Va-t'en ! crie Pierre à Claudius, son vieil ami. Va-t'en, car tu es la vie, et je hais la vie ! » Et il lui montre le poing, hors de lui, écumant.

Nous voici replacés dans l'atmosphère d'orage et de fièvre d'où nous n'allons plus sortir que pour rentrer dans la chambre de Pierre, la serre chaude empoisonnée où fermentent le désespoir et l'idée fixe. Et maintenant, une suite de courtes scènes graduées avec un art très sûr va nous mener rapidement à l'horrible crise finale. Jeanne, mandée par Pierre pour une dernière entrevue, est venue, méfiante d'ailleurs et prise d'un doute étrange d'elle-même dès qu'elle a respiré l'air morbide de la chambre. D'une voix posée et claire de petite femme réfléchie, elle énonce les raisons qui exigent dans l'intérêt commun une séparation définitive ; son amant, immobile, l'écoute ; et pendant qu'elle parle, glissant dans l'antichambre, se coulant sur les tapis, écartant les rideaux, l'*image* est entrée de nouveau ; et elle est là, maintenant, dévorante et terrible, dans les yeux fixes de Pierre. Il s'avance d'un pas d'automate, les mains étendues… Un grand cri, une convulsion rapide, et ce n'est plus maintenant qu'une petite chose inerte et sans âme, que le malheureux dorlote dans ses bras et qu'il couvre de baisers en chantant la cantilène des violettes du prime amour.

Il y avait dans ce troisième acte, étant donné les raccourcis qu'exige le théâtre, un véritable tour de force à accomplir pour nous faire accepter comme après tout logique et plausible le crime *idéaliste* de Pierre ; mais la scène vit, avant tout, de conviction, *alias* de passion ; l'essentiel est de nous amener à cet état éperdu où nous ne discutons plus. La foule ainsi préparée est comme le fer rouge, à qui l'on peut faire prendre toutes les formes, à la condition de ne point le laisser refroidir. Maurice Beaubourg l'a bien compris. Cette exaltation imaginative de Pierre Demenière, il l'a échauffée, il l'a exaspérée, il l'a fouettée, la menant sans arrêt jusqu'au paroxysme et la faisant même persister quelque temps encore après l'acte dans une sorte d'ivresse égarée, de telle sorte que le public entraîné n'a pu revenir sur lui-même et interroger sa sensibilité.

Pour notre compte, et ceci simplement à titre de réflexion à côté, il nous semble qu'une telle étude psychologique, localisée dans un sujet moins exceptionnel, eût peut-être comporté plus d'humanité. Tels divorces sentimentaux qui n'aboutissent point à un aussi théâtral étranglement souffrent peut-être des situations plus variées, de pitié plus complexe, d'ironie plus douloureuse. Au demeurant, Maurice Beaubourg fait dire, au début de *L'Image*, à Pierre Demenière que le rôle du véritable artiste n'est point de prendre à la foule ses idées, mais bien de lui imposer, à force de talent, ses propres conceptions, quelles qu'elles soient ; et il en a fait sur l'heure une victorieuse démonstration[38].

Tout le poids de la pièce reposait sur M. Lugné-Poe et sur Mme Bady. J'ai déjà dit de celle-ci tout le bien que je pensais, et à quel point son jeu était de qualité émouvante. M. Lugné-Poe a été égal à lui-même, c'est-à-dire le comédien sûr, personnel et compréhensif, l'*artiste* que l'on sait. Le reste de l'interprétation a été suffisant.

Le spectacle avait commencé par un acte en prose de M. Gabriel Trarieux, *Une nuit d'avril à Céos*[39], chose assez insignifiante, et qui fut jouée comme elle le méritait[40]. Joli décor de M. Maurice Denis.

---

38 Voir ce que Marcel déclare à Jeanne au début de la pièce : « Il y a deux théâtres… Celui où le public, véritable auteur de la pièce, force son scribe à n'avoir d'autres idées que les siennes, et celui où l'auteur, authentique cette fois, amène le public à ses idées… » (*Ibid.*, p. 8-9.)

39 Gabriel Trarieux, *Nuit d'avril à Céos*, pièce créée le 27 février 1894 au Théâtre des Bouffes du Nord, dans une mise en scène de Lugné-Poe ; avec Berthe Bady dans le rôle de Timandra, et Lugné-Poe dans celui d'Agis.

40 L'argument de ce court « drame » en prose sur fond – très estompé – de guerres médiques est assez mince, en effet : le devin Ventidius annonce à Alcée, jeune noble désabusé de Céos

MUSÉE DE BÉGUINES PAR GEORGES RODENBACH

Musée de béguines *a paru chez Charpentier en 1894. On y voit, décrites en une suite de tableaux qui peignent avec une extrême délicatesse de notations l'atmosphère d'un couvent féminin des Flandres, des âmes orientées à ce point vers l'intérieur que les moindres défaillances morales ou peccadilles enfantines (le mot même de béguinage désigne aussi, suivant Littré, une « dévotion puérile ») en bouleversent l'assiette et provoquent en elles des séismes intimes aux répercussions infinies. Le recueil – un pur objet symboliste, et « sur le plan esthétique, ce que Rodenbach a peut-être réussi de plus parfait – et de pleinement original – grâce à une composition en diptyque, un conte étant suivi chaque fois d'un poème en prose dont il suggère d'abord l'atmosphère propice*[41] *» – se voit ici tout naturellement rapproché de* Bruges-la-Morte. *La comparaison s'impose en effet, tant est forte la présence du motif claustral dans le roman, paru deux ans auparavant, qui a fait la célébrité de Rodenbach. On se souvient que Barbe, la vieille servante d'Hugues Viane, passe tout un dimanche de*

– « Je suis las de toutes choses, avant que d'y toucher ! » (*Ibid.*, p. 17) –, qu'il va mourir « avant un an » (*Ibid.*, p. 19). Cette prédiction renforce le jeune homme dans son incurable hamlétisme. Il conçoit le dessein du suicide, malgré l'amour que lui porte Timandra, fille du Grand Prêtre, et demande au Conseil des Héliastes l'autorisation de mourir, après s'être déchargé sur le stoïcien Démoclès, son ami, de la tâche de conduire une expédition maritime de défense de la ville. La pièce enchaîne les clichés sur le mal de vivre et peine à donner corps aux personnages. Elle eût gagné, peut-être, à être mise en vers. Telle quelle, elle est exécutée d'un mot par Samain, et il faudra s'en rapporter à Émile Faguet pour trouver sur l'art dramatique de Trarieux et, spécialement, sur *Joseph d'Arimathée* (1898), un jugement moins sommaire : « *Joseph d'Arimathée* n'est pas précisément un drame, c'est une étude psychologique très attentive et très fine sur l'état d'esprit des premiers adeptes d'une religion et sur la manière dont un sentiment religieux se forme et se développe peu à peu dans les âmes. [...] J'ai déjà dit qu'il n'est point du tout dramatique, et qu'il ne pourra jamais, au théâtre, soutenir et retenir l'intérêt d'un public un peu nombreux ; mais, comme étude psychologique, *Joseph d'Arimathée* est excellent. [...] Il s'y trouve de grandes, de profondes beautés. » (« La Semaine dramatique », *Journal des débats*, 18 avril 1898, p. 1-2.)

41 Bertrand Vibert (communication privée). Voir Jean Rime, Introduction au *Rouet des brumes* [1900], dans *Contes symbolistes*, éd. citée, vol. 3, p. 29 : « À partir de récits publiés dans différents journaux [...], Rodenbach avait composé un livre monothématique mettant en scène le quotidien d'un béguinage parasité par les menues manies de quelques religieuses. Afin de conforter l'unité du recueil, il avait intercalé un poème en prose, qu'il appelait "nature morte", entre chacun de ses contes. Les contemporains y avaient vu l'adéquation parfaite d'une forme et de son contenu : "la vérité, notait Lucien Descaves en faisant allusion au premier conte intitulé 'Dentelle de Bruges', c'est que le livre lui-même, tout entier, est une dentelle de Bruges". »

Pâques au béguinage avant d'aller trouver son confesseur, incertaine si elle doit rester au service d'un homme que la ville répute débauché. Cet épisode, relaté au chapitre 8 de Bruges-la-Morte, *fournit ainsi matière à une évocation de la vie cloîtrée qui prélude au développement de ce même thème dans* Musée de béguines. *Mais – la première phrase le dit assez –, c'est en poète, non en critique de profession – et moins encore en professeur, qu'il n'est pas – que Samain évoque « les délicates et silencieuses joies*[42] *» goûtées dans Rodenbach. De là, l'attention portée à l'environnement matériel qui serait le plus étroitement accordé à la lecture de* Musée *: « au coin d'une fenêtre donnant sur une rue déserte », sous une lumière « pacifique » et « tamisée par des rideaux blancs ». De là, aussi, et surtout, le luxe d'images neuves que fait naître sous la plume* consanguine *de Samain*[43] *la lecture d'un Rodenbach comparé à « quelque horloger mystique et sédentaire, montant et démontant ces petites âmes de vierges puériles ». On regardera dès lors comme péché véniel que manque à cette critique le* fondu *qui l'aurait rendue pleinement congéniale à la perfection de* Musée *: des citations tirées du livre, en position détachée, en trahissent l'inachèvement formel, sans lui rien retirer de sa profonde justesse.*

C'est un livre précieux et monotone, qu'il faudrait lire sous la lumière pacifique, tamisée par des rideaux blancs, au coin d'une fenêtre donnant sur une rue déserte. Cela glisse lentement, doucement, sur l'âme comme ces longs bateaux plats des Flandres sur l'eau immobile d'un canal. Pour l'écrire, Georges Rodenbach, comme d'ailleurs pour *Bruges-la-Morte*, est descendu en lui-même dans ces régions obscures et riches où se sont déposées les impressions d'enfance. Rien n'égale la force et la fécondité de ces impressions ; en elles, toute notre sensibilité est en germe, notre sensibilité vraie, non adultérée par l'infiltration littéraire, ni modifiée par les courants extérieurs. Peut-être même le propre des grands artistes serait-il de pouvoir, quand il le faut, briser cette carapace artificielle et compacte que la littérature juxtapose à notre personnalité, pour replonger dans les eaux profondes de leur être et en rapporter les trésors ensevelis des émotions primitives.

42 Lettre de Samain à Georges Rodenbach du 24 juin 1894, *Des lettres 1887-1900*, éd. citée, p. 60.

43 Voir la lettre de Samain à Georges Rodenbach de 1897 : « J'ai pour vous, – et vous en avez les preuves, – l'admiration la plus vive, et par la pente même de ma nature une sympathie toute intime m'incline vers les délicatesses exquises de votre œuvre. » (*Ibid.*, p. 116.)

Le charme de Rodenbach, c'est d'avoir su nous rendre avec une fervente intensité l'âme formée en lui par une atmosphère de ville morte où les événements de la vie quotidienne conservent mieux leur caractère et s'affirment mieux comme des signes de l'inconnu. Puis, avec quels doigts délicats il a su manier ces psychologies fragiles ! Les phrases tremblent, hésitent, n'osant toucher... Tant de candeurs et de pudeurs et de blancheurs ! Et je songeais, en lisant ces pages amoureusement ouvrées, à ces têtes pensives et fines d'orfèvres et d'artisans, comme en peignent les primitifs Flamands, penchées sur un outillage menu, brillant et compliqué ; je songeais à quelque horloger mystique et sédentaire, montant et démontant ces petites âmes de vierges puériles, étalant autour de lui leurs rouages ténus, et par moment écoutant dans le creux de sa main près de l'oreille leur cœur, balancier plus fin qu'un cheveu, battre avec un petit bruit régulier et faible, et d'une mélancolie infinie...

« Fouillis inextricable et lucide ; réseau fin grillageant l'air nu ; bijou silencieux ; vitrail de linge... »

Et voici les litanies de la Dentelle, de la dentelle préparée pour les noces mystiques du poète avec les âmes enfantines jusqu'à en être tragiques, dont il rêverait d'être l'Ange gardien.

Le livre un instant refermé, on se prend à rêver de paix flamande et de cloches catholiques dans ces hameaux du Moyen Âge où paît un agneau qui semble l'Agneau pascal, et c'est un sillage nostalgique que laissent dans le cœur ces phrases :

« Et pourtant, par les croisées translucides, comme il était riant, l'enclos du béguinage ! Au centre, une pelouse étoffée et compacte. Quelques peupliers en rideau faisaient alentour un bruit de rivière qui chante. Tout autour, les petits couvents alignés, avec leurs façades de briques claires... De courtes fumées blanches montaient des toits et conduisaient jusqu'au ciel. »

LE CŒUR GROS
PAR JEAN AJALBERT

Le Cœur gros *est un recueil de nouvelles paru chez Lemerre en 1894 et dédié à François Coppée. À l'exception de « N... de D... de Pigeon ! », qui décrit une tranche de vie parmi les réservistes de 1870, et de « La Poison », qui raconte la mort d'un Communard traqué par les Versaillais, celles-ci ont toutes pour sujet l'amour humain, dans la continuité du roman naturaliste* En amour *(1890), qu'éreinte Huysmans dans sa lettre du 17 mai 1890 à Arij Prins*[44]*. L'inspiration d'ensemble est réaliste, et la tonalité générale mélancolique, comme le note Samain, sinon désabusée. On observera toutefois que l'amour en sa variante platonique ou purement mémorielle est aussi présent, et que la dernière nouvelle détonne singulièrement dans cet ensemble : le sujet – la cruauté d'une coquette qui réclame à son amant des plumes de fellgrith pour s'en désintéresser à l'instant que celui-ci les lui rapporte d'un périlleux voyage au pays des glaces – y est traité sur un mode qui tient du symbolisme et lui emprunte ses traits distinctifs : imprécision des lieux et du temps, essentialisation des personnages (les Princesses, dont la Bien-Aimée envie les toquets à plumes) et usage corrélatif de la majuscule, écriture artiste, à l'opposé de l'écriture rapide et percutante – du « pathétique éloquent et bref » – des récits précédents. Pur exercice de style, ou postulation intime du poète Ajalbert*[45] *? On ne sait, mais l'on songe à Zola écrivant* Le Rêve *pour faire contrepoids à la laideur du réel, et l'on conçoit que le livre, qui « se soucie par-dessus tout de subtile psychologie*[46] *»,*

---

44 « J'ai lu [...] le livre d'Ajalbert, ou plutôt j'en ai lu 100 pages, après quoi j'ai perdu tout désir de savoir comment cela finirait. C'est un bon exemple du naturalisme insupportable, la ressucée sur les banlieues, sur les ouvrières, de ce qui a déjà été fait et mieux ! » (Joris-Karl Huysmans, *Lettres inédites à Arij Prins 1885-1907*, éd. Louis Gillet, Genève, Droz, coll. « Textes littéraires français », 1977, p. 191.)

45 Jean Ajalbert (1863-1947) avait commencé par un recueil de vers impressionnistes : *Sur le vif* (Tresse et Stock, 1886). Pour Marcel Fouquier : « *Sur le vif* est un album d'aquarelles et de fusains, ou de dessins, d'un faire singulièrement audacieux parfois, mais toujours "artiste". C'est amusant, enlevé, vivant. Quelques titres de pièces feront assez connaître la manière du poète : *Square*, *Petites Ouvrières*, *Lumière crue*, *Gennevilliers* (un bon Raffaëli), etc. » (*Profils et portraits, notes de littérature, notes d'art*, Paris, Lemerre, 1891, p. 218.)

46 Gustave Geffroy, « Jean Ajalbert », *Anthologie des poètes français du XIXe siècle : le Parnasse et les écoles postérieures au Parnasse (1866-1906)*, Gérard Walch (dir.), préface de Sully Prudhomme, Paris, Delagrave ; Leyde, Sijthoff, t. 2, 1906, p. 346.

ait retenu Samain, quoiqu'étonnamment celui-ci ne dise rien en particulier de ce dernier texte.

Outre « N... de D... de pigeon ! » et « La Poison », on y trouve « L'Anniversaire[47] *», « Comme ça*[48] *», « Nausicaa*[49] *», « Mariette*[50] *», « L'Ami Kiki*[51] *», « La Sainte-Catherine d'une demoiselle de magasin*[52] *», « Trompe-la-Mort*[53] *», « Le Fantôme*[54] *», « Le Banc*[55] *», « Le Bois d'amour*[56] *», « La Vieille*

47 Histoire d'une jeune fille qui commémore chaque printemps le souvenir de son amour, noyé lors d'une partie de barque sur la Marne, en faisant mettre deux couverts dans une guinguette, puis en jetant des fleurs dans la rivière à l'endroit du drame.

48 Chaste idylle entre un jeune étudiant en médecine, antithèse des « trousseurs de garces », et une modiste atteinte de chlorose.

49 Scène de vie allusive de l'épisode antique narré dans Homère : un jeune homme est déchiré de pitié en voyant sa jeune et pauvre aimée laver son unique robe à la borne-fontaine, en prévision de la sortie du lendemain, qu'elle a enfin acceptée.

50 Une jeune amoureuse abandonnée décide de se venger de son suborneur en se rendant chez lui avec un flacon de vitriol, puis y renonce après avoir entendu des musiciens de rue chanter la même chanson que celle qui avait fait la toile de fond sonore de sa séduction.

51 Kiki est le nom d'un caniche naguère chouchouté par une actrice locataire d'une villa à Asnières. Le narrateur, qui pendant un temps a formé avec elle et « l'autre », absent la moitié du temps, un fantomatique ménage à trois, retrouve un jour le chien, devenu chien de troupeaux (il mène des bœufs à l'abattoir), et apprend que l'actrice a quitté la ville pour suivre un tout jeune homme.

52 Suicide d'une couturière séduite et abandonnée par un élégant jeune homme dont elle apprend par le journal, le jour de la Sainte-Catherine, qu'il en a épousé une autre.

53 Une veuve « encore fraîche et gaillarde » se remarie après la mort de son époux – un charcutier pansu – avec un jeune homme « dégingandé » qui, sous ce rapport aussi, en est l'antithèse. De dix ans son cadet, le surnommé Trompe-la-Mort est représentant d'une agence de pompes funèbres. La nouvelle relate la fin de la cérémonie de mariage et met l'accent sur les clabaudages des commères du quartier.

54 Un comte de quarante-cinq ans est épris d'une modiste qui n'en a pas vingt et un, « allumante » mais teigne. Lors d'une promenade avec le comte et deux de ses amis, elle évoque le souvenir d'un ancien amant avec qui elle avait élu pour terrain de leurs ébats les talus et fossés des fortifications de Paris, puis, été comme hiver – ce qui remplit d'admiration les amis du comte, perclus de rhumatismes –, un terrain vague qu'ils croyaient inhabité mais où l'aboi d'un chien, joint à une flamme fantomatique – l'éclairage d'une roulotte – dénonce la présence de bohémiens.

55 Deux amants décident de se tuer ensemble, sur un banc, pour échapper au plus grand malheur qu'eût été leur séparation, après que le garçon, pourtant peu robuste, a été déclaré apte au service militaire, alors de cinq ans.

56 Un couple est séduit par une location de vacances sur la côte, mais celle-ci a été habitée précédemment par un couple qui s'est suicidé, la femme étant atteinte d'une maladie incurable. La maison se révèle dès lors hantée.

Histoire[57] *», « Le Casse-Croûte*[58] *», « L'Entr'acte*[59] *», « Fille de ferme*[60] *», « Les Amers*[61]*… » et « L'Éprouveux*[62] *».*

Des nouvelles jolies, douces, mélancoliques, d'une mélancolie qui étreint le cœur par degrés, irrésistiblement, comme la lumière de certains soirs. Toujours, ou presque, ce même décor de grands boulevards déserts, d'arbres amputés et rachitiques, de bâtisses lépreuses, de talus rongés, de palissades, d'échafaudages et de files de réverbères prolongés à l'infini. Des cheminées d'usines fument, des enfants s'assoient à la borne-fontaine, un orgue pleurniche dans une cour. Et toute cette misère et cette laideur, nous arrivons à l'aimer, parce que le poète a su en extraire l'âme expressive et poignante. Dans ces paysages malingres et minables, il a promené de douces idylles de fabrique, des amourettes frustes et profondes, des sentimentalités souffreteuses ; et il a su traduire avec son

---

57 Un pêcheur devenu alcoolique par dépit amoureux va racontant que Marie-Anne avait promis de l'épouser. Or, celle-ci se marie avec un autre pêcheur, du même équipage. Le premier, par vengeance, va tenter de gâcher la noce ; il s'oppose au trajet des noceurs dans le village et les défie. Puis, le lendemain, comme si de rien n'était, et repris par la « force de l'habitude », il se réengage aux côtés du second sur le chalutier.

58 Pèlerinage annuel de chasseurs sous le *tieu* (tilleul) Sully, dans un hameau où ne subsiste plus qu'un seul feu, celui du veuf l'Estissat. L'homme leur avoue avoir commis l'année précédente par leur faute – ils l'avaient poussé à boire – « l'abomination des abominations » : le viol de sa fille, qui a accouché d'un enfant et qui, depuis, couche dans la maison l'hiver et, l'été, dans le *tieu*, « gîtée comme une bête avec son petit ».

59 Abandonnée par son riche amant, une jeune comédienne gouailleuse se reproche d'avoir été « gourde » – en clair, de l'avoir imprudemment trompé en son absence –, se lamente, puis réendosse le « voile de l'innocence » – entendre : un costume de vierge dans la pièce de théâtre du moment – afin de « faire de l'œil » à quelque spectateur aisé qui pourra de nouveau l'entretenir.

60 Des hommes se racontent leur déniaisement. Jacques, neveu d'un propriétaire terrien, narre ainsi son aventure avec la fille de ferme Rosette. Après une longue absence, il revient au domaine et apprend que celle-ci est enceinte – de ses œuvres, à l'évidence – et qu'elle refuse de livrer le nom du père. Elle meurt en couches en gardant son secret.

61 Après un prologue sur les « naufrageurs » du Finistère, le narrateur, sorte de loup des steppes hessien, rend visite à deux sœurs dans ce même département : « deux simples d'esprit […] dont tout le pays avait abusé » et qui habitent aux Amers une maison isolée et délabrée. Les deux filles sont enceintes, et l'une d'elles va mourir en accouchant d'un cadavre.

62 Le nom désigne ici un cheval préposé, lors de montes publiques, à la vérification de l'état de rut des juments que les paysans veulent livrer à l'étalon. Les maquignons ne l'interrompent en cela, par sadisme, qu'à l'instant précis où le malheureux boute-en-train menace de posséder la jument destinée à la saillie. Leurré dans son espoir, l'animal finit par laisser s'épancher sa semence dans le sable pendant que les étalons fécondent les cavales.

cœur cette résignation des pauvres où passe un frisson de simplicité sublime. Petites chairs débiles, sang d'anémie, cheveux fins de fillettes étiolées, grands yeux de chlorotiques, et avec tout cela un accent qui prend : *Comme ça*, *Fille de ferme*, *Nausicaa* – je prends au hasard – sont des récits parfaits d'émotion discrète et ramassée, de notation exacte et sûre, de pathétique éloquent et bref.

LA VOCATION PAR GEORGES RODENBACH

Du « petit livre » qu'est La Vocation *– 188 pages dans l'étroit format de l'édition originale parue chez Paul Ollendorff en 1895, avec des illustrations de Henri Cassiers*[63] *–, Samain dit ici très peu de choses, mais ce peu ramasse l'essentiel : sa parenté avec* Bruges-la-Morte *– l'histoire se déroule dans cette même ville, dans cette même atmosphère de « musée » que créent les « après-midi gelées de Bruges*[64] *», avec* Musée de béguines[65] *aussi – le héros, Hans Cadzand, est occupé à des travaux d'érudition sur les béguinages –, et une finesse d'observation proprement « pathétique », en ce qu'elle émeut jusqu'aux larmes. Ainsi, en particulier, de la tonte des cheveux du pieux et noble enfant Hans, qui veut devenir enfant de chœur, et dont la mère s'afflige de voir tomber les boucles sous le ciseau : elle les recueille et en garnit le coussin sur lequel, désormais, elle reposera sa tête.*

L'histoire, distribuée en trois parties elles-mêmes divisées en courts chapitres, est celle d'une vocation manquée : le jeune Hans, élève dans un collège de prêtres, se sent appelé au service de Dieu après avoir entendu un dominicain prêcher une retraite sur ce thème. Sa mère, veuve de bonne heure, s'en attriste et ne parviendra pas à renoncer vraiment à « ce beau rêve de vie à deux[66] *» – avec son fils – qu'elle caresse depuis son veuvage : avec la mère de la jeune Wilhelmine Daneele, elle va s'employer à faire dévier sur la jeune fille la vocation religieuse de son fils, dans l'espoir de le conserver un peu pour soi*

63 Georges Rodenbach, *La Vocation*, illustrations de Henri Cassiers, Paris, Ollendorff, 1895.

64 *Ibid.*, p. 110.

65 Voir *supra*, p. 377-379.

66 Georges Rodenbach, *La Vocation*, *op. cit.*, p. 57.

(première partie). Or, l'idylle ne se noue que timidement. Mieux : Hans jugera « mondaine et vaine » celle qu'il voit un jour se rendre au grand bal de Bruges dans sa « virginale toilette blanche[67] *». La conspiration des deux mères donne lieu à des considérations sur la foi et l'amour comme étant « deux visages de l'Infini*[68] *», et l'on songe ici à « De la volupté dans la dévotion » de Barrès*[69]*. Or, malgré la ténacité qu'elles mettent à exécuter leur plan, Hans « [continue] à être dans le monde comme en exil*[70] *». Il déclare à Wilhelmine qu'il ne se mariera pas et que sa décision d'entrer dans les ordres – plus précisément, au couvent des dominicains de Gand – est irrévocable (deuxième partie). La troisième partie est centrée sur le motif de la tentation charnelle : celle-ci s'incarne dans la jeune Ursula, que Mme Cadzand engage comme domestique. La servante, dont les yeux ont un pouvoir corrupteur, va se révéler « une envoyée de l'Enfer*[71] *» : elle circonvient le chaste Hans et lui fait découvrir le « mystère entier*[72] *» de l'amour physique. Mme Cadzand s'en réjouit d'abord, voudrait que son fils prît « l'habitude [...] de la volupté*[73] *», seul moyen qu'elle imagine de « le conserver à elle ». Une sortie insolite de Hans, dans la nuit, lui fait redouter pourtant qu'il ne veuille attenter à ses jours, par désespoir d'avoir péché. Elle le trouve à l'église Notre-Dame, au sortir d'un confessionnal. On croit un instant le « drame intérieur » dénoué, et l'accession à la prêtrise rendue de nouveau possible. Mais Hans se juge « inexorablement perdu pour la divine Élection*[74] *» : Mme Cadzand gardera son fils, mais cette « apparence de victoire » lui laisse un sentiment de culpabilité : elle reconnaît qu'elle a « gâté la vie de Hans », lequel demeure « inconsolable de sa vocation manquée*[75] *».*

Des cloches dans l'après-midi, des rues de silence où l'herbe pousse, des canaux immobiles, des visages éternels derrière des vitres, des ombres

67 *Ibid.*, p. 95.
68 *Ibid.*, p. 103.
69 Voir la lettre de Samain à Paul Morisse du 6 janvier 1895 : « As-tu lu le dernier livre de Barrès [...] : *Du sang, de la volupté et de la mort* ? Il y a des choses admirables, et d'un tour unique, et d'un je ne sais quoi qui me passionne. » (*Des lettres 1887-1900*, éd. citée, p. 76.)
70 Georges Rodenbach, *La Vocation*, *op. cit.*, p. 106.
71 *Ibid.*, p. 149.
72 *Ibid.*, p. 167.
73 *Ibid.*, p. 160.
74 *Ibid.*, p. 185.
75 *Ibid.*, p. 187.

d'âmes sur des pavés mélancoliques... C'est de ces précieuses tristesses, et aussi de l'attendrissant décor des liturgies – cires, burettes, patènes, encensoirs, – que se compose l'art de Georges Rodenbach ; et il excelle à en associer, pour l'illustration de récits d'une grâce languissante et fine, les éléments délicats.

À travers ces mélancolies, sa poésie coule comme une eau tiède[76] et douce, et ce sont elles que l'on retrouve encore dans *La Vocation*. L'observation y est pathétique et ténue ; sur ces psychologies endolories, Rodenbach promène des attouchements d'une douceur toute féminine ; partout l'on rencontre d'exquises trouvailles. Et c'est un petit livre de sentimentalité fluide et caressante, d'émouvante casuistique, d'atmosphère léthargique et dévote, où se résume une fois de plus à merveille son art blond, flamand et catholique.

SUR ALEXANDRE DUMAS FILS
Réponse à l'enquête : « Alexandre Dumas fils est-il un grand écrivain ? »

Sous les apparentes précautions de style où se marque un tact étendu à tous les domaines de l'existence et de la création, et donc aussi à celui de la critique littéraire, cette brève note se présente comme un éreintage en règle du théâtre de Dumas fils. On peut noter que Samain rejoint ici Barbey d'Aurevilly. Pour Barbey, cette littérature est « sans idées[77] *» ; pour Samain, elle est, identiquement, « sans réelle pensée ». Si l'auteur de* La Dame aux camélias *s'est fait « apôtre », ce n'est pas qu'il ait en rien compris le christianisme : c'est par opportunisme littéraire, disait Barbey*[78]*, et par infirmité intellectuelle et incapacité de saisir la complexité du réel, ajoute ici Samain.*

76 *Mouquet*, p. 174 : « une eau fidèle et douce ».

77 Barbey d'Aurevilly, *Omnia (Cahiers de notes) édités par Andrée Hirschi et Jacques Petit*, Annales littéraires de l'Université de Besançon, vol. 113, 1970, p. 153.

78 « M. Alexandre Dumas fils [...] a cru qu'il fallait / maintenant / dans l'intérêt de son art et de ses succès, retourné [*sic*] son toton et il l'a retourné. [...] Il a cru qu'on pouvait se faire moral comme on se fait une tête, il a cru même [...] qu'on pouvait même aller jusqu'au chrétien, et il s'est campé un peu de christianisme ici et là [...] comme une nuance de rouge pour animer les yeux. » (*Ibid.*, p. 157-159.)

La note, dans son ensemble, témoigne d'un art certain de l'ironie, dont on se réjouira d'autant plus qu'elle n'est pas, et de beaucoup s'en faut, le trait le plus habituel de l'écriture du Samain critique. Sollicité par le Mercure de France, *dans sa livraison de janvier 1896, de dire s'il voit en Dumas fils un grand écrivain*[79]*, Samain confesse d'entrée de jeu n'être « que très imparfaitement documenté sur la question » – en clair : il n'a pas lu Dumas fils, ou, s'il l'a lu, ne s'en fait pas gloire –, et les points de suspension qui font suite à la mention du nom d'Émile Augier, à la toute fin de la note, suggèrent le peu de considération – sinon le mépris – où le poète tient l'un et l'autre : comparé au vaudevilliste Augier, Dumas fils, auquel on reconnaît tout de même, ordinairement, un peu plus de finesse psychologique, pourrait – presque – passer pour grand…*

Je ne puis que sommairement vous répondre, n'étant que très imparfaitement documenté sur la question ; ce qui reviendrait à dire que cette œuvre ne m'a jamais autrement sollicité. Vue d'ensemble, la combativité – la plus nerveuse d'ailleurs – m'y paraît tenir beaucoup plus de place que la réelle pensée. Toujours, dans les formules de Dumas, je trouve quelque chose d'impératif, d'absolu, de catégorique ; c'est un apôtre, dans lequel il y a surtout du chef d'escadron qui, sanglé et botté, commande le devoir comme on commande une charge. Ne serait-ce point là d'ailleurs le secret de ses préoccupations de morale, les moralistes de cet ordre ayant pour caractéristique de procéder vis-à-vis de l'infinie complexité de la vie par coups d'autorité sommaire et sans réplique ?

Au fond, un homme, l'homme fort du Second Empire, apportant surtout au théâtre un merveilleux, un étincelant esprit de journal, et, par suite, faisant de ses personnages moins des êtres d'humanité que des mécaniques paradoxales – et d'un paradoxe parfois un peu éventé.

Il est vrai qu'on lui a souvent opposé Augier ; et alors…

79 Réponse à l'enquête : « Alexandre Dumas fils est-il un grand écrivain ? », *Mercure de France*, janvier 1896, p. 61.

SUR FRANCIS JAMMES

La plaquette de vers que le jeune Jammes fit paraître en 1894 et la pièce de théâtre dialoguée parue en 1895 sous le titre Un jour[80] *ne donnent pas lieu dans la suite à une critique de détail. Samain, que l'on sait foncièrement attaché au dodécasyllabe, aurait pourtant pu commenter en technicien du vers la métrique de son cadet et réfléchir à ce qui avait poussé celui-ci à réunir dans un même recueil des vers obéissant, dans toute sa deuxième partie, à la « métrique ordinaire », et des vers – plus ou moins – libres, qui en occupent les parties 1 et 3 (cette dernière ayant d'ailleurs déjà été imprimée une première fois en 1892*[81]*). On eût d'autant mieux compris qu'il le fît, – et quand ce n'eût été que pour se démarquer de cette manière nouvelle en poésie, – que Jammes lui-même réserve une place importante, dans son recueil, à des réflexions qui en thématisent la déconcertante et « balbutiante » nouveauté. Or, ce n'est que dans « L'Évolution de la poésie au* XIX*e siècle » que l'on verra qualifiée de « bizarre » la coupe des poèmes de Jammes*[82]*, sans toutefois que Samain, là non plus, s'y appesantisse autrement. Il y a à cette abstention des raisons qui tiennent, certes, à la belle et rare amitié qui, de 1895 à la mort de Samain, a uni « ces deux natures si sensibles et si opposées de poètes*[83] *» : on ne cherche pas chicane à un ami d'user d'un mètre différent du vôtre, et qui déroute. Mais c'est aussi, et moins anecdotiquement, que Jammes entendait n'être pas jugé à cette aune. L'auteur de* Vers *proclame bien plutôt sa « haine des écoles » et n'aborde les questions de métrique que dans la mesure où il s'agit pour lui de la remettre à sa juste place : à la différence d'un Lamartine ou d'un Leconte de Lisle, son tempérament n'est pas*

80 *Un jour* est le second ouvrage publié par Jammes. Il l'a été à compte d'auteur et grâce à l'intervention de Gide auprès de Vallette. C'est sa première pièce, en un acte. Elle est suivie de poèmes. Samain la commente en ces termes dans une lettre à Jammes du 16 novembre 1895 : « Moi, j'ai relu votre poème *Un jour*, dont la grande simplicité monotone, avec ses tendresses, ses trouvailles, son mélange sincère de vie et de rêve, et sa bonté épandue, m'a fondu toute l'âme. Et je ne sais pourquoi, par sa douceur et par son mystère et par son sentiment grave et mélancolique de la destinée, cette impression ressemblait à celle que j'éprouve toujours à regarder, dans une chambre maternelle où flotte un demi-jour de veilleuse, un petit enfant endormi. » (*Une amitié lyrique. Albert Samain et Francis Jammes*, éd. citée, p. 24-25.) Le 7 janvier 1897, il écrit à Jammes, inquiet de la remise de sa pièce, que « Lugné-Poe [lui] a paru sincèrement décidé à la jouer ». (*Ibid.*, p. 51.)

81 Francis Jammes, *Vers*, Orthez, Typographie J. Goude-Dumesnil, 1892.

82 Voir *infra*, « L'Évolution de la poésie au XIXe siècle », p. 411-416.

83 Léon Bocquet, *Albert Samain. Sa vie, son œuvre*, *op. cit.*, p. 68.

de « mettre [son] cœur dans un style[84] *». Ce n'est pas pécher contre « l'esprit de la poésie » (Crackanthorpe, cité en exergue) que de faire des « vers faux », pourvu que ceux-ci expriment de façon personnelle l'« impression de la beauté ». La langue est le cœur, proclame Jammes. L'« amour de la vérité » se la subordonne, et s'il y a là un « lieu commun », Jammes l'endosse à plein : son seul tort est d'avoir laissé subsister dans le recueil des vers « faits pour le monde » – le monde des lettrés, opposé à celui, rustique et fruste, que chante* Vers *et dont on retrouve un écho dans la naïveté de pinceau du* Chariot d'or[85].

La critique de Samain s'atteste, ici plus que partout ailleurs, entièrement congruente à son objet : loin de toute pédanterie, comme de « l'équité froide du critique[86] *», elle met l'accent sur cela même que revendique Jammes : non point une « façon de faire », mais une pensée qui, tel cet Évangile qu'il confesse, est « difficile parce qu'elle est simple » – une « ingénuité » qui porte au plus haut la sincérité en art*[87]*, une candeur qu'il est rare qu'on trouve chez les adorateurs de la forme*[88]*. On ajoutera, sur la foi de sa lettre à Jammes du 16 mai 1896*[89]*, que cette critique, qui était destinée au* Mercure de France*, semble lui avoir coûté : l'admiration – le mot revient plusieurs fois sous sa plume, quand il lui écrit ou qu'il parle de lui à d'autres*[90] *– se passe de phrases : pas plus qu'il*

84 Francis Jammes, *Vers*, Paris, Ollendorff, 1894, p. 53.

85 L'hypothèse d'une influence de Jammes sur le « réalisme immédiat » du *Chariot d'or* a été avancée par Léon Bocquet : « *Le Chariot d'or* [...] révèle un constant souci de simplicité issu du réalisme immédiat des choses. La fréquentation de Francis Jammes vint [...] lui enseigner le dédain des oripeaux littéraires et à tirer de la contemplation du monde et de la vie, traduite dans son apparence de tous les jours et de tous les instants, dans sa grandeur ou son humilité, les motifs de sa joie esthétique. » (*Albert Samain. Sa vie, son œuvre*, *op. cit.*, p. 141.)

86 *Des lettres 1887-1900*, éd. citée, p. 34.

87 Voir par exemple cette lettre de Samain à Jammes du 7 janvier 1897 : « J'ai soif de lire des vers de vous... de boire cette eau profonde, jaillissante et douce, qui vient de votre grand cœur et qui me rafraîchit et me mouille délicieusement l'âme, au sortir de tant de pages qui la racornissent et la brûlent. » (*Une amitié lyrique. Albert Samain et Francis Jammes*, éd. citée, p. 52-53.)

88 Il faut en effet, selon Samain, excepter Théophile Gautier : « Dans l'excès de la forme, on sent la superbe candeur d'une foi, d'un culte. » (Voir *supra*, p. 328.)

89 Il faut citer au moins en partie cette lettre du 16 mai 1896, pour notre sujet d'abord, mais aussi pour ce qu'elle contient d'enseignements généraux sur le Samain critique : « J'ai vis-à-vis du papier blanc je ne sais quelle méfiance, quelle peur farouche, quel instinctif cabrement qui paralyse toute ma sensibilité et exagère encore ce vice fondamental de ma nature, le manque de confiance en moi. [...] J'ai essayé de faire quelques pages pour vous, et, vous savez si je vous aime et comme je vous aime, cela m'a paru médiocre et plat et indigne de vous, en comparaison de ce que j'eusse voulu dire. » (*Une amitié lyrique. Albert Samain et Francis Jammes*, éd. citée, p. 34-35.)

90 Par exemple dans une lettre du 11 avril 1896 à Paul Morisse (*Des lettres 1887-1900*, éd. citée, p. 91).

« n'écoutait [...] la soie frissonner sous des mains savantes[91] *», le « cygne » Samain ne se gargarisait d'éloges...*

Les formes que peut revêtir l'instinct poétique, – c'est-à-dire le don qui consiste à extraire la beauté ou l'émotion incluse dans la vie, – sont innombrables, quoique se ramenant toujours à quelques types dont l'histoire nous montre la perpétuelle et simultanée floraison... Les uns, plus affectés par les apparences, sont lyriques ; d'autres, plus requis par les drames de la sensibilité, sont intimes ; d'autres, qui détiennent le sentiment de la persuasion, sont orateurs. M. Francis Jammes est allé chercher la sienne tout au fond de lui-même...

Les thèmes ordinaires de l'humanité que l'imagination humaine, depuis qu'elle existe, a traités, les grands thèmes de la Vie et de la Mort, les mythes sublimes dans lesquels ils se sont concrétés, sont l'objet de prédilection de toute une catégorie d'esprits ; ces thèmes, d'ailleurs inépuisables, peuvent donner à tous les tempéraments l'occasion et la facilité de s'exprimer. D'autres ont eu recours, pour exciter leur pensée, à des évocations pittoresques et vont chercher des décors ou dans le rêve ou dans les lieux qui par destination sont devenus des pays de rêve. M. Francis Jammes, lui, s'est contenté de se retourner sur lui-même et de regarder attentivement la vie.

De même qu'il n'est point de matière si opaque à nos yeux qui ne soit, au fond, transparente et pénétrée par l'esprit universel qu'on appelle l'Âme du Monde ; de même il n'est point d'objet si neutre, si vulgaire, que la poésie, cette électricité de l'esprit, ne puisse traverser... Tout est à tous, dans le monde ; mais il faut savoir voir ; et peut-être est-ce là la condition même essentielle de toute poésie. Le jour où un poète a eu devant lui un autre poète, – à plus forte raison tout un corps de poètes, c'est-à-dire toute une transcription du monde, – il a été, par le fait et jusqu'à un certain point, dans un état d'infériorité vis-à-vis du premier. Cette première vision dont il a pris connaissance et qu'il s'est assimilée avec l'avidité de tous les corps à prendre des corps semblables, s'est interposée entre lui et la nature et les choses. Il n'a plus été le *Trouveur.* Et son énergie de trouvaille a été diminuée d'autant.

91 Préface de Francis Jammes à Léon Bocquet, *Albert Samain. Sa vie, son œuvre*, *op. cit.*, p. 7.

Dans les âges de culture surabondante comme les nôtres, où l'air même qu'on respire est tout entier chargé de la poussière des morts, il est plus difficile, sinon impossible, de retrouver sous les teintures successives qui ont altéré l'âme et la sensibilité, sa véritable sensibilité ; il faut donc des dons de premier ordre, et d'un exceptionnel bonheur, pour retrouver chez un être un peu de cette couleur primitive *surchargée de diverses natures*, comme disait Laforgue. Il est incontestable que Francis Jammes est doué de ce radieux pouvoir. Il suit ingénument le conseil que donne la nature, et il s'est refait simple, c'est-à-dire qu'il s'est remis en contact, autant qu'il le pouvait, avec les conditions de notre temps et de notre [...] Il est sorti une œuvre dont nous avons tous salué l'ingénu prodige. Cette œuvre, ce sont les deux livres de poésie qu'il vient de donner et qui sont parus sous le titre d'*Un jour* et de *Vers*[92]. Sa vision est simple. Il est ému par la réalité et le dit. Il creuse en son plus profond son âme. Son pays préféré, c'est son âme, et dans cette âme le coin ingénu et charmant qu'y ont laissé les sources [...] charme adorable des premières sensations [...]

92 Francis Jammes, *Vers*, *op. cit.* ; *id.*, *Un jour, poème dialogué*, Paris, Mercure de France, 1895.

NOTES DIVERSES

LA NUIT

Je veux exprimer l'enthousiasme religieux que me versent les ténèbres et l'ardeur spirituelle où me jette la contemplation d'une belle nuit profonde et douce, au fond de laquelle je sens comme une attraction mystérieuse qui fait que je n'ai plus la sensation de l'attache à la terre, au sol, mais que toute ma spiritualité dégagée monte droit et haut dans l'ombre, comme la flamme d'une lampe nouvellement apprêtée.

La Nuit possède un charme excitant et fort qui peu à peu s'insinue en moi et me grise. Il semble que l'homme, à ces heures de ténèbres vaguement éclairées par le fourmillement des astres, sente moins sa vie charnelle et se laisse mieux pénétrer par les effluves du monde qui lui arrivent de toutes parts de l'infini. À ce moment, les rayons solaires ne s'interposent plus pour l'emprisonner dans une existence en quelque sorte d'humanité provinciale. Il redevient l'homme de l'univers. Il rentre dans la Vie Unique, et il perçoit avec une sorte d'enthousiasme enivré ses mystérieuses relations avec le monde. La Nuit se manifeste ainsi la vraie Reine du Royaume de l'Esprit, comme le Jour reste le Souverain du Royaume de l'Action.

Je crois que, historiquement, l'on trouverait sans peine que tout ce qui a enrichi l'humanité d'une grande œuvre dans quelque domaine que ce soit de la science, ou de l'art, ou de la politique, a été *conçu* la nuit. On dira très justement que la nuit, supprimant toutes les causes de distractions extérieures, concentre par cela la vie de méditation, ce qui est incontestable ; mais je crois qu'en dehors de cette explication, il y en a une autre, celle que je viens de donner plus haut, c'est-à-dire l'état dans lequel l'être, soustrait à l'action de la lumière solaire, se trouve par contre livré à toutes les influences fluidiques, éthériques, électriques, du κόσμος.

C'est cette idée *métaphysique*, au vrai et complet sens du mot, ou plutôt *archiphysique*, que je voudrais développer dans mes vers et revêtir de la magnificence d'un grand Verbe. Je suis sûr que tous ceux qui pensent s'y reconnaîtraient avec émotion et salueraient avec moi la mystérieuse Splendeur des Ténèbres où s'affirme, semble-t-il, une vitalité d'essence supérieure et plus subtile.

La robe de la nuit enveloppe mon âme[1]...

Moins s'astreindre à une ingénieuse justesse des métaphores qu'au choix de ces larges mots et qu'à ces alliances étranges et imprévues de verbes d'où se dégage par le choc une sorte de lueur intellectuelle, et autour desquelles flotte un halo d'inconnu.

Cette imprécision, mesurée et restreinte dans des limites que seul l'artiste lui-même peut fixer, est vraiment le domaine de la grande Poésie ; c'est par ce pouvoir de l'intuition dans le rêve, renforcé par le rythme, qui est comme un coup d'éperon donné à l'esprit déjà lancé, pour le jeter dans l'invisible, ce pouvoir, dis-je, doit être comme un sens ajouté aux autres, un sens en quelque sorte de la spiritualité des choses, une possibilité donnée ou rendue suivant la conception que l'on a de la vie des âmes, d'être sensible au contact enivrant et terrible de l'inconnu.

La Nuit, qui n'est au fond qu'une négation élevée à l'état d'entité et n'existe que par l'absence du Jour, doit avoir en elle les propriétés des êtres seconds, telle la Femme, telle l'Eau, telle la Matrice ou Forme. Elle est, telle la Pensée, réceptive, passive, immobile, contemplative, infinie, informe et multiforme, comme le Jour est actif, mobile, énergique, limité et fini.

---

1 Peut-être y a-t-il ici une réminiscence du *Jocelyn* de Lamartine : « Ton amour ne tient plus dans ce doux cœur de femme, / Mais comme une atmosphère enveloppe mon âme !... » (1er août 1800, la nuit, au cimetière, près du tombeau de sa mère.)

SUR UN LIVRE DE M. DEMOLINS[2]

Samain rend compte ici d'un livre de sociologie éducative qui réunit plusieurs études écrites pour la revue La Science sociale *par Edmond Demolins, chartiste, disciple de Frédéric Le Play et fondateur, en 1899, de l'École des Roches de Verneuil-sur-Avre. Conçu pour les esprits « qui entendent contrôler les idées par les faits et ne se paient pas de belles paroles[3] », l'ouvrage n'a, dans cette mesure, rien à voir avec la littérature, quoiqu'il s'y trouve aussi de longues notations personnelles et pittoresques. Celles-ci pourraient fournir la matière d'un véritable récit ethnographique si la globalité des perspectives et la hardiesse des schématisations n'y venaient contrarier ce principe de méthode qui veut, selon Demolins même, qu'on ne « [saisisse] bien la marche des phénomènes qu'en les observant sur un théâtre restreint[4] » et en faisant abstraction de son moi.*

De cette attention portée à un ouvrage d'anthropologie historique si résolument en dehors de ses préoccupations de rythme et de mètres, on ne peut s'étonner que si l'on néglige le fait éditorial suivant : le succès mondial du livre – il fut traduit en huit langues –, succès qui explique sa réédition, en 1998, aux éditions Anthropos. Si peu enclin que soit un poète, en effet, à s'intéresser aux affaires du monde, – encore qu'en ce domaine, on l'a vu, l'attitude de Samain ne soit pas de stricte abstention, ni de retrait farouche, – il ne saurait échapper tout à fait à ce qu'impose comme objet de débat et de critique, à un moment donné, le mouvement imprévisible de la vie intellectuelle de son temps. De quoi s'agit-il ici pour Demolins ? Tout simplement de démontrer, au prix d'une distorsion qui consiste à présenter comme majoritaire, en Angleterre, le mouvement des écoles nouvelles, et à taire ses origines germaniques (Campe, Pestalozzi, Humboldt, etc.), que la supériorité des Anglais dans les domaines industriel et commercial, à la fin du XIX*e* *siècle, tient à l'éducation. Alors que la plupart des pays développent des modes d'éducation communautaristes où l'on forme l'enfant en lui assurant une surprotection – qu'elle vienne de la famille, de la tribu, du clan ou de l'État et des places dont il dispose dans les administrations et dans l'armée –,*

2 Edmond Demolins, *À quoi tient la supériorité des Anglo-Saxons*, Paris, Firmin-Didot, 1897, p. 294 ; rééd. Lucette Colin et Remi Hess, Paris, Anthropos/Economica, coll. « Exploration interculturelle et science sociale », 1998.

3 *Ibid.*, p. 223.

4 *Ibid.*, p. 166.

l'Anglais chercherait à former « des hommes d'action, des strugglefor lifers[5] », *indépendants, autonomes, doués d'une bonne estime d'eux-mêmes et « aptes à se tirer eux-mêmes d'affaire dans toutes les difficultés et dans toutes les situations de la vie[6] ». Cette éducation refuse de valoriser le confort des « carrières factices de l'administration » et autres « bonnes petites situations toutes faites qui ne demandent ni effort, ni initiative[7] », contrairement à ce qui se passe en Allemagne ou en France, où l'on oublie trop volontiers leur caractère « essentiellement [...] parasite[8] ».*

Si Samain concède à Demolins que l'enseignement français, objet des livres I et II de l'ouvrage, doit être réorganisé (de façon, peut-on compléter, que soit désacralisé l'examen, ce « miroir fascinateur » au bout duquel beaucoup ne trouvent que la « culbute[9] », et réhabilités les métiers manuels), si, d'autre part, le fonctionnaire qu'il était ne semble pas se formaliser autrement des remarques insistantes du sociologue sur l'indolence supposée des employés d'administration, les réserves qu'il formule – dans un concert quasi général de louanges, à l'époque – à l'endroit du modèle prôné par Demolins touchent à sa philosophie même, faite de matérialisme, de mépris des « lettrés », de positivisme, de grossier pragmatisme – sinon d'agenouillement devant « la force même des choses, [...] infiniment supérieure à la force des hommes[10] » –, de virilisme, enfin, et concernent les critères purement quantitatifs qu'elle met en œuvre pour juger de la valeur d'une culture ou, suivant la terminologie même de Demolins, de la vitalité d'une race.

*

... Des faits, des faits, des faits. Il n'y a pas lieu de se féliciter d'un journal ainsi compris. C'est toujours la même chose. Et le culte exclusif des choses pratiques ne présente pas plus d'intérêt que son contraire, le culte des méthodes abstraites. Il y a ceci à noter cependant, c'est que l'homme, ce mot d'homme que l'on répète si souvent dans le livre de M. Demolins, tient son caractère particulier et supérieur du fait d'exercer la plus noble partie de lui-même, la pensée, et d'être le plus possible apte à saisir les idées qui intéressent non point seulement le champ

5 *Ibid.*, p. 55.
6 *Ibid.*, p. 61.
7 *Ibid.*, p. 87.
8 *Ibid.*, p. 83.
9 *Ibid.*
10 *Ibid.*, p. 117.

étroit de sa vie quotidienne, mais les vastes horizons humains. Beaucoup d'exercices pratiques rendront un élève très adroit de ses mains ; mais s'il n'y joint pas la possibilité de réfléchir sur les conditions générales de la vie du monde autour de lui, il ne m'inspirera pas beaucoup plus d'intérêt qu'une mécanique, ou qu'un singe très apprivoisé. Ne donnez pas aux choses pratiques cet excès d'importance.

Vous avez à plusieurs reprises, et à très juste raison, parlé du sentiment religieux. Ce n'est pourtant point dans les choses pratiques que vous remisez ce sentiment-là. Il n'y a donc pas qu'elles.

Les journaux anglais sont pleins de faits, dites-vous, et vous semblez vous en féliciter. Je suis de l'avis absolument contraire. Et c'est précisément dans une constatation du genre de celle-ci que je ferai à mon tour ressortir l'infériorité des Anglo-Saxons. Car l'homme qui, à l'occasion, sait se passionner comme nous l'avons fait tant de fois, comme nous le ferons peut-être demain, pour une idée, – liberté, justice, etc., etc., – est sûrement supérieur à celui qui ne sait se passionner que pour ses intérêts. Tous ces jeunes Anglais que vous admirez tant ont de belles qualités, un parfait équilibre, de bons muscles et de sérieux poumons, et ils lisent gravement leur Bible ; mais vous savez aussi que, publiquement et politiquement, toujours et sans relâche, ils sont égoïstes, égoïstes, effroyablement égoïstes. Et c'est là aussi un résultat qu'il ne faudrait pas omettre, de cet individualisme, de ce *self-government* dont vous nous rebattez[11] les oreilles. L'Anglo-Saxon est fort, mais il est dur, mais il est impitoyable et froidement barbare, quand son intérêt l'exige. Tout cela n'est déjà pas si beau. Et quand je me reprends une seconde, je trouve tout de même que cette supériorité dont vous menez tant de bruit, au point de vue de la grandeur de la destinée humaine et de son avenir, n'est véritablement pas chose de grande importance. Il y a eu dans le temps des Grecs et des Phéniciens. Les Phéniciens étaient énormément riches et leurs flottes couvraient la Méditerranée, fondant des colonies partout. L'humanité ne se souvient que des Grecs.

Le père qui se désintéresse de ses enfants n'est pas non plus une chose que j'admire tant que cela.

Le point de vue est très protestant : toujours la haine du pouvoir, toujours le fanatisme du *self-government.* N'oublie-t-on pas qu'une grande impulsion extérieure donne au contraire à l'individu toute son énergie, tout son

11 *Mouquet*, par erreur, p. 201 : « rabattez ».

développement ? Il ne s'agit pas ici de tyrannie, de despotisme brutal, mais de la direction morale fortement imprimée par en haut. Nier l'importance de ce facteur, c'est, quoi qu'en pense M. Demolins, nier l'histoire tout entière, où l'on ne voit jamais les collectivités arriver à des hautes destinées que sous la forte excitation d'une individualité puissante, – chef, roi, saint, etc.

Et puis, il rétrécit bien impartialement le programme de l'Empereur, et je n'ai pas vu, dans les extraits trop courts et ainsi sans signification réelle qu'il nous donne, que le point de vue militariste et prussien soit si exclusivement considéré.

Après tout, l'Angleterre ne fait-elle pas travailler à force ses arsenaux, n'encombre-t-elle pas ses chantiers maritimes, ne multiplie-t-elle pas ses cuirassés, ses croiseurs, ses torpilleurs ? Or, ne jouons pas sur les mots, est-ce là autre chose que du militarisme, et n'est-ce pas là aussi la conquête à coups de canon ?

Enfin, je sens chez M. Demolins une sorte de haine de ce qu'il appelle *les lettrés*. Libre à lui de réserver ses admirations pour les belles étables d'un *gentleman farmer*, ou pour les plantations d'un colon. S'il y a eu là dépense de force et d'énergie morale, je suis le premier à partager cette admiration, mais j'en garde tout de même pour d'autres manifestations de l'activité de l'homme. Et même dans cette Angleterre dont il parle, j'affirme qu'il y a sûrement moins de gloire pour la nation à avoir plus ou moins totalement colonisé les Indes, l'Australie et l'Amérique du Nord, qu'à avoir donné au monde Shakespeare, Newton et Milton.

Ne quittons jamais, Monsieur Demolins, le terrain étroitement pratique où il faut maintenir la discussion, et n'enfermons pas l'âme d'un peuple dans les quatre murs d'une exploitation agricole, même merveilleusement comprise.

Ceci dit, et ces réserves faites, je vous livre, et sans pitié, tout notre enseignement, pieds et poings liés.

*

…Elle a soif maintenant de pensées riantes et douces.

Certainement, dans la nature, le fort triomphe du faible, et c'est là une justice supérieure, après tout ; mais la nature ne le fait pas *inutilement*, elle le fait *nécessairement*. Chacun détruit autour de soi, non pour détruire, mais pour vivre. La vie alors apparaît comme la loi suprême à laquelle le monde est bien obligé de sacrifier les autres…

La cruauté, telle qu'elle est définie au sens courant du mot, est une férocité sans but, et le plaisir de voir souffrir. À ce titre, – et tous les paradoxes de Nietzsche et des sous-Nietzsche se briseront là contre, – elle est anti-naturelle. Non point que l'homme n'en ait pas l'instinct en lui, mais cet instinct fait partie de ceux dont il est naturellement honteux, et qui, d'une façon sûre, entraîne, dans le moment où le cœur n'est pas encore endurci, une souffrance de remords.

J'ajoute qu'il est des individus foncièrement, originellement cruels : ce sont des exceptions malsaines, voilà tout ; et l'on peut constater qu'en effet cet instinct est toujours le signe de psychologies dégénérées et tarées. J'applique cette observation aux cruels non seulement de fait, mais même d'imagination. Et sur ce dernier point, je suis persuadé que des recherches médicales faites sur les cas littéraires de ce siècle me donneraient raison.

Il est curieux tout de même que, par ce besoin de neuf qui travaille toute génération débutante, on en arrive à discuter sérieusement, par exemple, que l'homme est fait pour marcher sur ses pieds, et non sur la tête. Je viens de lire cette expression : *le monstrueux christianisme*. Quand on songe à l'ensemble d'efforts spirituels et d'angéliques charités et de pureté sublime qu'implique ce mot, au moins dans son idéal, il y a en effet quelque chose qui apparaît monstrueux, mais ce n'est pas le christianisme.

*

Victor Hugo : un livre à images.

*

Je professe une admiration profonde pour la finesse de l'instinct populaire dans ce qui se rapporte au langage. Les trouvailles que j'ai faites et que je fais encore tous les jours dans la langue courante, et aussi dans l'argot usuel du petit monde, m'ont donné sur ce point une telle force de conviction que je suis persuadé que les sciences physiologiques arriveront un jour à reconnaître comme vraies et positivement exactes ces expressions vieilles comme le monde qu'on nous a appris dès notre plus tendre enfance à traiter comme des métaphores enfantines et grossières, comme par exemple : un grand cœur, – un cœur pur[12], – un cœur tendre, – une langue bien pendue…

12 *Mouquet*, par erreur, p. 206 : « un cœur dur ».

*

La plus grande jouissance de l'homme, c'est de multiplier sa personnalité, de dilater son moi en quelque sorte. L'ivresse, au physique, donne cette jouissance ; au moral, l'orgueil.

*

Le mot passion, par étymologie, signifie souffrance. Quelle profondeur sombre dans ce rapprochement opéré par l'instinct de la langue !

*

Quand je songe à l'énorme complexité du cœur humain et aux obscurs conflits qui se produisent, si obscurs vraiment que nous ne savons nous-mêmes quelquefois de quoi sont faits nos actes de volonté, – quand je songe, dis-je, à ces mystérieux arrière-fonds de nos actions, l'Histoire, si elle ne se contente pas d'être une chronologie pure et simple, ou une grande tapisserie héroïque, me semble bien outrecuidante, ou bien naïve.

*

Les philosophies sociales ont beau faire, l'humanité est et restera indéfectiblement aristocrate.

*

En voulant appliquer à l'âme moderne les formules de la morale ancienne, nous vivons sur une couche de compromis hypocrites, – intérêts, mépris d'argent et mariage, – bons tout au plus pour le train-train quotidien des sentiments et des circonstances, mais que le moindre jet de passion individuelle fait éclater. La perception de cet état de choses, encore à l'état flottant pour la masse, pénètre cependant les cerveaux penseurs et leur apporte ce malaise dont nous souffrons tous, et qui est une des sources de notre pessimisme. Pour toucher du doigt le mal, il suffit de lire les comptes rendus de cours d'assises et l'incohérence des jugements rendus, incohérence provenant du déséquilibre de notre législation d'hier et de nos mœurs d'aujourd'hui.

*

Plus on a, plus on veut ; – c'est juste.
Plus on veut, plus on veut ; – ne le serait-il pas autant ?

*

Le génie n'implique pas forcément l'intelligence.
L'homme de génie peut être et est quelquefois inintelligent (incomplet).

*

L'amour mord à cru à sa pomme ; le mariage en enlève soigneusement la pelure. Cette supériorité constitue son infériorité.

*

Pour la femme, « tout », c'est « rien », s'il n'y a pas autre chose.

*

J'adore regarder peindre. Cela flatte en moi mes deux péchés, ou mes deux penchants principaux : la curiosité et la paresse.

*

Le déménagement des idées est aussi pénible à faire que celui des meubles. D'où notre éternelle routine.

*

Les livres se font d'après les sociétés. Les sociétés se font d'après les livres. Cercle vicieux dont le secret nous échappera toujours.

*

Plus je vais, plus il me semble que tout notre code moral est à refaire. La conception du devoir soutenait toute l'ancienne société ; elle s'en va chaque jour. La chaîne sociale qui reliait les différentes classes perd chaque jour un de ses anneaux. L'homme naissait auparavant classé d'avance dans la vie, et n'ayant à se développer que dans un domaine fermé, – castes, états, corporations, – strictement limité de droits et d'obligations. Aujourd'hui, il vit en plein air, libre peut-être, mais tout seul devant les responsabilités. D'où la nécessité d'une nouvelle règle. Nous nous débattons, inquiets, dans un âge bâtard.

*

L'analyse tue l'action. Souvent aussi, sa chimie excessive décompose en quelque sorte les éléments complexes de nos sentiments, à tel point que nous ne pouvons plus en éprouver les émotions. On pourrait dire que par la perversité de ses opérations, elle crée une sorte d'impuissance d'âme ou de cœur.

Les vieux peuples surchargés de littérature et saturés de civilisation sont surtout sujets à cette maladie. C'est chez eux aussi qu'on voit se développer dans sa plénitude l'esprit critique, conséquence naturelle de cet état de pensée.

*

Il y a deux sortes d'égoïsmes, l'un conscient, l'autre inconscient. Ce dernier est celui des mères, des amoureux, des fanatiques… Ses effets sont souvent autrement terribles que ceux de l'autre.

*

L'homme n'a qu'un vrai mérite, c'est de vouloir ; qu'une vraie vertu, c'est d'aimer, – ou d'être bon, si l'on veut.

*

Un des plus gros mensonges de l'allégorie, c'est de représenter la Justice par une femme.

*

Oh ! trouver un sujet, soit antique, soit moderne, qui contienne des coins d'humanité vraie et poignante dans un décor joli. Je rêverais d'un décor qui représenterait une terrasse, une maison rustique à colonnade blanche, au bord d'une Méditerranée bleue. Le soir tomberait peu à peu ; l'horizon serait fermé de collines harmonieuses ; et lentement le croissant apparaîtrait sur quelque scène de mélancolie éternelle : adieu, solitude, découragement, fin de songe[13]...

*

La fille de Minos et de Pasiphaé[14]...

Je connais un romantique qui déclame ce vers avec emphase et semble s'en griser. Je l'écoute avec stupéfaction : je ne sais quelle singulière musique il trouve dans ce vers.

*

J'aime la poésie populaire, avec ses rimes en gros sabots et ses sentiments naturels.

*

Trouver quelque sujet de pièce qui me passionne, autour duquel je puisse mettre quatre à cinq cents vers ; ou bien quelque drame philosophique à la façon de *Faust*. C'est cela qu'il *faut* trouver. Le sujet n'est rien : j'ai beau me le répéter et me persuader qu'il suffirait que je me penchasse sur la légende universelle pour y trouver le mythe qui convient à mon tour d'esprit, je ne trouve rien.

Est-ce incapacité foncière de mon intelligence à créer ? Je me le suis souvent demandé. Est-ce paresse ? J'inclinerais à le croire. Et pourtant, devant tel sujet proposé et imposé en quelque sorte par des nécessités extérieures, je sens que j'accomplirais ma tâche sans défaillance. C'est un support, cette chose bête, un tuteur, un bout de bois noueux quelconque à planter en terre que j'attends. Aussitôt, toutes les énergies d'imagination, qui sont chez moi pour ainsi dire à l'état statique, se précipiteraient, entreraient en travail, en fermentation ; et bientôt je produirais, moi aussi, comme la vigne, mes lourdes grappes de raisins dorés... Oui, de

13 Il s'agit du projet de *Polyphème*, qu'on voit ici en germe. Quelques autres pensées qui suivent s'y rattachent directement.

14 Racine, *Phèdre*, I, 1, v. 36.

beaux raisins à la peau violette, craquants de jus, chauffés et gonflés aux plus chauds rayons de la concentration intérieure.

Sera-ce Persée et Andromède, Orphée, Hélène, l'éternelle Hélène, Phèdre, Hermione, Ariane, Judith, Esther, Penthésilée ?... Et les tragédies bourgeoises à la Ibsen ? Pourquoi ne rien tenter de ce côté ? Chercher des décors, des jeux de scène, des mises en scène qui me séduisent. Qui sait ? Peut-être d'une vision, d'une seule vision de ce genre peut sortir tout un drame. Ainsi souvent m'est-il arrivé de faire pour le sonnet, que j'ai construit pour un vers qui m'avait semblé beau et que je réservais pour la fin.

Il est tels décors dont j'ai toujours rêvé et que je pourrais certainement réaliser à la scène. D'autres bonnes fortunes d'art me sont échues pour que celle-là ne m'arrive point aussi. Mais je voudrais que cela fût beau, d'une beauté maîtresse qui s'impose et qui dompte un public, et qui force de haute lutte l'admiration. Je voudrais que la beauté, que l'essence de beauté concentrée que je mettrai dans chaque phrase et dans chaque vers fasse comme explosion à la rampe et jette toute une salle dans l'enthousiasme. Il me semble que pour le lecteur solitaire, certaines, beaucoup de mes pièces doivent produire cet effet. Quand je pense que Flaubert a fait sortir tout un monde de *La Tentation de saint Antoine* !

Donc, chercher des légendes et des « tableaux », une femme accoudée à la fenêtre, – un soir tombant sur la campagne...

*

Chercher quelque action poignante, très simple, où je puisse faire entrer une étude de quelque cas hautain d'humanité, et qui comporte aussi du mystère : Frédégonde, Brunehaut, Galswinthe, Roseline, – mythe de Roseline. Chercher âprement quelque idée, la situer en décor, l'établir en scènes ou plutôt en tableaux, en prendre la vue d'ensemble, rédiger le plan général et se mettre à travailler à loisir les actes. Moderniser – qui sait ? – Andromaque ? ou l'aventure de Phèdre ? ou quelque autre mythe antique, Héro et Léandre, Théagène et Chariclée, Cymodocée, Velléda ?... Suspendre la mort sur l'action à partir d'un certain moment, et la pénétrer toute du mystère de terreur qu'elle dégage. Faire marcher, à partir de telle tragique scène, mon héros dans l'atmosphère supérieure et poignante des êtres qu'on sent qui vont mourir bientôt. Hausser l'action en la transposant dans l'inconnu.

Faudrait-il y tolérer, çà et là, quelque élément comique ? Question. L'harmonie forcément, semble-t-il, doit en souffrir. Me laisser aller à mon penchant vers la douceur, en m'arrêtant à temps et en bandant toutes mes forces pour une situation de violence et de passion. La passion déchaînée est belle, d'une beauté sinistre parfois, comme tout ce qui est puissant ; et d'ailleurs elle seule peut précipiter une aventure à la fatalité, parce qu'elle dépasse par son excès la mesure rationnelle de la vie, et que la réaction des lois violées doit forcément la vaincre et l'écraser en choc de retour.

Prendre pour pivot ou l'égoïsme, ou la haine, ou l'avarice, ou la cupidité ; mais me laisser un personnage que je pourrai charger d'exprimer l'idée du drame et qui sera en quelque sorte la conscience humaine.

*

Ce qu'il faut avant tout chercher dans la beauté, c'est un fond donné par la nature. Sur ce fond solidement assis, l'inspiration pourra broder les variations qu'elle voudra, elles se rattacheront toutes à un centre commun, et de cela résultera forcément une harmonie ingénieuse et comme inconsciente, la seule au reste qui soit par cela même à l'abri des défaillances et des fautes de goût, guidée et retenue toujours qu'elle est par son naturel support. Nous avons depuis longtemps constaté que tout ce qui est fait en dehors de ce terrain sûr et reconnu est bien vite épuisé et fini. Toute tentative d'art qui n'a que l'artificiel pour point de départ n'aboutit qu'à une impasse ; encore si elle y aboutissait vite ! Mais le malheur, c'est qu'en chemin, devant tout extraire d'elle-même, elle se torture en imaginations de plus en plus compliquées, de plus en plus fausses, jusqu'à tomber nettement dans le monstrueux.

Et ce spectacle est d'autant plus triste quand on considère combien, de l'autre côté, tout est fécond, tout est facile, tout est ingénument riche en quelque sorte. Ici, on suit le courant ; là, on le remonte. Ici, les points de vue s'élargissent, les paysages alternent, prodiguant leurs variétés – champs, bois, prairies, villages, hameaux, cités ; les horizons s'éclairent, et c'est un bon vent salubre du large qui souffle. Là, on s'enfonce dans des terrains de plus en plus arides et sablonneux, et la rivière finit par n'être plus qu'un pauvre filet qui traîne paresseusement dans un désert inculte pour mourir dans les vases empoisonnées d'un sinistre marécage.

*

Faire l'histoire d'une petite princesse que j'appellerai Hedda, qui aura l'âme la plus douce, légèrement rêveuse, une âme d'Allemagne, que je mettrai dans un décor de Tyrol, dans le grand-duché de Saxe... où il y aura un souvenir de Versailles : une petite cour miniature de Versailles, de grands jardins taillés, des jets d'eau, des vasques, des marbres, des statues[15].

Le château sera un château Louis XV, décoré de rocailles, de trumeaux, d'allégories à la Boucher, de peinture fleurie, de guirlandes, de bergères, avec des boiseries courbes où l'on retrouve la galanterie des formes et la séduction sans fin des courbes dans les fauteuils, dans les sièges, dans les boiseries des portes, dans les tabatières, dans les décorations du plafond faites dans les tons les plus clairs, gris lin, ou blanc d'argent, ou rose printemps, dans les pieds de table légèrement incurvés où la décoration appliquait sur les murs un décor de jardin et faisait glisser l'œil au loin de ses efflorescences amenuisées, savamment équilibrées.

Son père est le grand-duc de Saxe..., Mayence, München. C'est un grand seigneur qui joue de la flûte et lit les derniers livres des philosophes. Il y a un théâtre dans le jardin, et l'on y joue les dernières tragédies de Paris et des opéras fameux.

Wilmine, elle, grandit dans ce milieu factice et résume en elle toute l'élégance de l'époque, mais avec une sentimentalité passionnée. Raconter son enfance. Parler de sa petite sœur Floride, qui est légèrement folle. Dire la grande liberté qui leur est laissée, la faculté de courir à travers les pelouses, même de se promener seules dans les bois.

C'est ici qu'il faut placer l'aventure qui leur arrive ; la rencontre du chevalier Olivier, qui est égaré et qu'elles ramènent à la maison. Promenades sur la terrasse et dans les villages. Peinture de la petite ville de Sparnberg voisine. Détail pittoresque sur l'architecture des maisons à la Nuremberg. Soir sur la terrasse du château, avec une vue sur la vallée paisible, traversée par la rivière. Grand parc plein de sources et d'eaux jaillissantes. Grotte sombre, avec sortie sur la campagne. Gouvernante de la princesse, vieille dame de Saint-Amand.

---

15 On retrouve ici l'atmosphère des contes de Samain.

Dans tout cela, pas de sujet.

Faut-il faire dramatique, ou simplement demi-teinte ? On pourrait les faire tuer. Avec sa petite sœur.

Au fond, d'où vient mon impuissance à inventer ? Rien ne devrait m'être plus facile, si je tirais de mon fonds. Mais je crois que je m'entête là à chercher à côté.

Refaire avec d'autres chances *Atala*.

LA FEMME CHEZ JEAN BLAIZE ET DANS L'HUMANITÉ, LA RELIGION, LA POÉSIE

C'est une simple, très simple histoire : la séduction d'une petite Anglaise, dont les parents tiennent un hôtel à Londres, par un commis-voyageur parisien, avec l'attente désespérée de la pauvre petite que le gaillard a promis d'épouser, mais qui fait attendre son consentement jusqu'à ce que la petite Maud, qui s'est enfuie éperdue de chez elle, accouche, dans la maison où elle s'est réfugiée, de deux enfants. Le séducteur, enfin retrouvé par le père, revient à Londres pour l'épouser ; un télégramme est envoyé, et la secousse de bonheur est telle pour la pauvre enfant à peine rétablie qu'elle tombe en syncope et qu'elle meurt. C'est tout.

Eh bien ! ce sujet qui, ainsi résumé dans son affabulation essentielle, semble de tous points banal, par le décor, par la netteté du cadre londonien où se place l'action, par le caractère des types mis en jeu et la nouveauté de caractère des parties, arrive à donner la sensation de neuf, d'une particulière saveur et d'une indiscutable originalité. D'abord, le seul fait d'avoir fait de son jeune premier un simple commis-voyageur en passementerie, pris dans la vie, résumant en lui la moyenne la plus intelligente du type, constitue à elle seule une appréciable surprise. La chose, pour ne pas tourner aux facilités d'un réalisme naturaliste, demandait infiniment de tact. Jean Blaize a réussi à maintenir jusqu'au bout le personnage dans une note de moyenne très intelligente, suffisamment sensible, de moralité abolie, mais avec un fond de bonté native qui se révolte quand même ; des élans de cœur, mais un appétit d'arriver qui passe toujours au travers de ses meilleures intentions et l'empêche de les remplir.

Maud est une délicieuse figure de grâce souffrante, de virginité éplorée, et qui saigne, pour la faute commise, des larmes de sang. C'est elle qui fait que maintes pages vous emplissent d'une émotion croissante et qu'on se sent le cœur attendri, avec un brouillard aux yeux. La fuite de chez son père, le jour qu'elle croit qu'on va l'interroger, et sa marche éperdue dans le brouillard opaque d'une atroce nuit, sont d'une frissonnante tristesse, sans recherche de l'effet mélodramatique. Le père Frozell est une amusante ganache, un superbe Écossais à teint de brique, à muscles de fer, que l'auteur a su faire marcher de façon très amusante, avec son tic du grand mouchoir de soie tiré de sa poche à chaque grosse émotion pour éponger sa grosse boule toute poilue de blanc ; mais ce qui nous a plus séduit que tout le reste, c'est le tête-à-tête de lady Proctoral et de son mari, lord Proctoral, – un nom tout à fait étrangement trouvé, entre parenthèses.

Lord Proctoral, d'authentique aristocratie, a épousé par amour Laura Frozell, la fille du brave Écossais dont nous venons de parler, qui, à la suite de déboires successifs, s'est décidée à tenir l'hôtel du New World, où la pauvre Maud doit faire connaissance du jeune Français… Le drame consiste dans la situation fausse des deux époux : lord Proctoral, qu'une éducation étroitement aristocratique a rendu intransigeant sur certains principes, jamais discutés par son intelligence docile et bornée, et qui traîne chaque jour plus lourdement le boulet de sa mésalliance ; Laura, qui, d'abord tremblante d'adoration devant son mari, cet homme qui l'a élevée jusqu'à lui, sent peu à peu son culte pour lui attaqué par l'inflexible attitude du lord vis-à-vis de la déchéance de ses pauvres parents.

Ce drame, d'une essence plus raffinée, se passant dans des couches supérieures de l'humanité, parmi des cultures de sentiments nobles, est d'une intensité poignante, et quoique moins humain au sens général du mot, arrive à être plus intéressant et plus profondément pathétique que l'autre, le drame de chair et de larmes, et de grosses paternités furieuses ; tant il est vrai, remarquons-nous à ce propos, que l'antique loi de la tragédie qui exigeait pour ses personnages exclusivement des héros, des princes, restait basée sur une juste observation ; attendu que la même aventure, transposée à un étage social supérieur, met en jeu, par sa situation même, des ressorts plus puissants, des éléments plus complexes et d'une nuance plus riche. Les « nécessités matérielles » dont est faite la vie des petites gens ne leur permettent guère que des douleurs en quelque sorte brutales et tout d'une pièce. La solitude, le loisir, l'espace matériel et moral qui flotte autour des individualités puissantes par la fortune et s'appartenant tout entières à elles-mêmes, font que les éléments de la vie du cœur, déposés et rarement remués, élaborent des ferments plus riches. Les passions distillées et redistillées par les cent philtres des longues méditations dans les grands hôtels solitaires et parmi le peuple indifférent et silencieux des domestiques, forcées aux simulations constantes, privées de toute manifestation extérieure qui dépense leur force active, dénuées de tout dérivatif, se concentrent peu à peu, subtilisent leurs principes et acquièrent bientôt, sous la compression du masque social porté quand même, de terribles tensions.

C'est à ce lent et continu travail d'élaboration que l'on assiste tout le long du livre ; c'est à cette désagrégation lente et graduelle de leur très noble amour et à sa transformation compliquée et sourde en haine que Jean Blaize a su trouver des bonheurs de psychologie supérieure. Comme toutes les aventures humaines un peu élargies et dépouillées de leurs accessoires immédiats montent à une application plus générale et deviennent ainsi un signe philosophique plus grandiose, l'aventure de Laura et de son mari apparaît bientôt comme l'éternel conflit de la bonté et de la pitié contre la dureté de l'inflexible préjugé. Et, dans *Amour de miss*, le préjugé, c'est-à-dire lord Proctoral, brise lui-même, par sentiment borné du devoir, l'instrument de son bonheur ; et la pitié, c'est-à-dire Laura, s'en va agoniser dans un triste château perdu dans les terres.

Ah ! cette Laura, comme Jean Blaize en a fait une adorable créature d'élection, de cœur magnifique et d'âme si fièrement aristocratique, quoique de souche roturière, qu'elle souffrira surtout des chagrins qu'elle n'osera pas dire ! Il m'a semblé que dans ce type de femme Jean Blaize avait mis toutes ses complaisances. C'est en elle qu'il a incarné l'idée haute de son roman ; c'est d'elle qu'il a fait le miroir de sa pitié et de sa bonté ; et il a dessiné avec un patient amour toutes les traces de sa noble physionomie. Nous avons d'ailleurs retrouvé en elle une sœur de l'héroïne de *La Paix du cœur*, cette douce femme dans laquelle il avait incarné la Rédemption. On sent que ce type est cher à Jean Blaize : c'est là une figure pâle et mélancolique qui l'attire et qu'on retrouvera, j'en suis sûr, dans ses livres ; c'est un profil de prédilection dont les lignes lui sont chères, comme ces têtes que l'on voit toujours reparaître, avec de légères modifications, dans les tableaux des maîtres. C'est d'ailleurs par Laura que Jean Blaize formule sa philosophie de la vie ; c'est la douce victime, sacrifiée et résignée, qui proclame éloquemment la loi de pitié et d'amour et qui s'immole silencieusement dans le fond de son cœur, avec des mots de pardon pour tous sur les lèvres.

Et en voyant ainsi le romancier, d'âme délicate et noble de cœur, se tourner avec amour vers la créature, je songeais à l'éternelle attraction de la femme sur certains esprits, et je me demandais si, au fond, l'humanité n'était pas destinée à évoluer vers le mode féminin, dont précisément le long exil dans l'infériorité, l'habitude de la longue souffrance et la faiblesse avaient fait un être d'âme plus pure et de sensibilité plus raffinée, de charité plus jaillissante.

À considérer ceci que la charité que l'on voit instinctive chez la femme mariée n'est pas, comme il semblerait au premier abord, une manifestation qu'on puisse tirer de la perfection d'un instinct. L'animal n'est pas charitable ; même le chien, qui est le plus rapproché de nous, ne nous offre aucun indice d'un sentiment pareil. La charité ne serait donc pas une qualité aussi animale qu'il semblerait au premier abord. Et ici, je pense à autre chose, – à ceci : toujours l'humanité a symbolisé dans une femme son idéal moral. La justice, la charité, la bonté, la piété, toujours ces abstractions morales ont été représentées – presque partout, je crois – par des symboles féminins. N'y a-t-il point là quelque chose qui vient corroborer ce que j'avançais tout à l'heure, c'est-à-dire la tendance obscure qui porte l'humanité à envisager toute imagination d'un principe supérieur sous la forme féminine, et à le faire profiter de l'idéale douceur qui sort d'un beau visage ?

Autre chose : je crois que l'on trouverait facilement que dans toutes les religions de l'humanité civilisée, le principe femme a été le plus adoré. Je cite au hasard les trois grandes manifestations : Isis, dans l'insondable Égypte ; Vénus et Pallas, dans la Grèce classique, que je connais moins, mais dont tous les mythes attestent d'un goût de la femme tellement vif, dans les occasions où le principe a été maintenu, qu'il l'a presque émasculé pour en tirer un être équivoque, participant du type féminin par ses longs cheveux et ses courbes plus souples, et par son masque imberbe. Voici Apollon et Bacchus et Adonis, ce dernier le grand dieu populaire de l'Asie, de la Syrie et de l'Archipel.

Et dans nos sociétés modernes, citerai-je l'absorption morale du catholicisme par le culte de Notre-Dame ? Ici, on m'objectera Jésus. Et précisément j'opposerai que Jésus n'est au moral que la déformation du principe mâle absolument identique à celui qu'avait produit au physique l'Apollon des anciens. Nous voyons donc partout, dans le domaine des idées religieuses, c'est-à-dire la forme la plus haute et la plus ardente des aspirations humaines, l'idéal des peuples revêtir l'impénétrable mystère de la robe. Ce n'est point à la légère que j'emploie ce mot ; car dans l'ordre des choses qui suit immédiatement les choses divines, c'est-à-dire la pratique du culte, la royauté et la justice, – le prêtre, le roi et le magistrat, – le mystère respectueux dont ces hautes manifestations avaient besoin d'être entourées a été symbolisé d'emblée par la robe, qui fait disparaître la forme humaine pour ne plus laisser vivre que son geste synthétique ramené en quelque sorte à l'unité.

Si nous passons à la poésie, ne trouvons-nous pas que ses plus glorieuses, ses plus célèbres inspirations, ou, pour m'exprimer plus exactement, ses inspirations les plus populaires, sont celles qui sont en quelque sorte une interprétation quelconque, ou une adoration de cette douce chose féminine, dont la grâce mystérieuse a hanté toutes les grandes âmes ? Commencerai-je par Homère, le moins féminin, certes, des littérateurs, il est vrai ? Pourtant, que l'on songe au point de départ de l'*Iliade* et de l'*Odyssée* : on y trouvera deux femmes, et le rayonnement divin de ces deux femmes pénétrera toute l'œuvre d'un bout à l'autre ; et même, chose étrange, la réunion de ces deux femmes constituera en quelque sorte le cycle parfait : Hélène, l'amoureuse, la beauté fatale, inconsciente, victime d'ailleurs d'elle-même, mais que le poète ne songe même pas à maudire, y sentant le reflet même de la divinité ; Hélène, devant qui se lèvent, vers le soir, les vieillards des portes Scées ; – et Pénélope, l'épouse parfaite, colonne du foyer, éducatrice de l'enfant, jalouse gardienne de l'honneur de l'époux, et s'immolant d'un sacrifice quotidien et paisible dans les lentes nuits où, près de la lampe d'argile, elle tisse l'interminable artifice de sa fidélité.

En nous rapprochant, nous trouvons Virgile, qui divinise Didon, et que Didon divinise en quelque sorte lui-même, puisque, mille ans après, le plus fort esprit et le cœur le plus sombre du Moyen Âge, – en tous les cas, le moins suspect de mollesse féminine, au sens que l'on prête à ce mot quand on veut l'employer en mauvaise part vis-à-vis d'un écrivain, – Dante se tourne vers le chantre de Didon, en fait son guide dans l'Enfer, et met le meilleur de son cœur à lui dans sa suave Béatrice.

Shakespeare lâchera, à travers ses fous, ses monstres, ses tigres, ses serpents, ses brutes, ces douces vierges qui se tiennent par les mains, si attendrissantes, Juliette, Desdémone, Ophélie, à elles trois aussi populaires que la littérature de tout un siècle.

Goethe fera Marguerite, et, cerveau païen, se retournera, pour la conclusion de son *Faust*, vers Hélène, la divine fille de Léda que visita le Cygne.

D'ailleurs, toute l'inquiétude des grandes âmes antiques n'avait-elle pas été symbolisée dans l'adorable Psyché ?

Si nous rentrons chez nous, que dirons-nous de Racine, cette âme entre toutes suave et profonde, cette âme de chrétien attendrie, qui, malgré sa science de compréhension et sa puissante intellectualité, que prouvent Mithridate et Joad, subissait la fascination du féminin, comme y trouvant un terrain plus riche où développer les merveilleuses fleurs de sa sensibilité raffinée, et créait, à leur tour, Andromaque, Hermione, Phèdre, Iphigénie, Bérénice ?...

Et que reste-t-il du XVIIIe siècle, et qu'en restera-t-il, dominant tout le laborieux fatras des Encyclopédistes et tout le ronron des lourdes tragédies et des poèmes didactiques ? Je crois, toujours, – car c'est là que s'est le mieux manifestée son âme à la fois coquette, élégante, ingénue, – deux créatures contradictoires et sœurs pour l'ingénuité : Manon Lescaut et Virginie. Faut-il y ajouter quelques robes placées par Watteau ?

Dans notre siècle, sait-on, peut-être, ce qui manquera au nom de Byron ? C'est le nom d'une femme accolé au sien ; car, dans ses poèmes, la féminité n'occupe pas la première place, n'y apparaît point comme un centre d'apiration. Ce qui la remplace, c'est un sentiment de révolte contre la société prise en son sens somme toute assez étroit, une revendication de l'indépendance farouche du bandit, du forban, de l'*outlaw* ; revendication qui, à distance, m'apparaît comme entachée d'un cabotinage, et qui, en tous les cas, n'est pas suffisante pour créer une légende vivace.

Et je termine en pensant à ces quatre esprits, tous si puissants en leur vaste et hautaine et amère philosophie et d'une intellectualité si puissante, et certes peu suspecte de mignardise : Vigny, Poe, Villiers,

Flaubert. Peut-on évoquer, sans voir en elles l'expression la plus haute de leur cœur, toutes ces filles les plus merveilleuses de leur génie, sorties de leur cerveau vêtues de leur divine beauté de rêve, – Lénore, Una[16], Éloa, Hadaly, Salammbô, – dont les noms, passant et repassant sur mon âme à intervalles rythmiques, brodés dans le tissu de quelques harmonies lointaines et rêveuses, arriveraient vite à jeter mon cœur dans une sorte d'extase mystique où je vivrais un moment, ébloui, soulevé hors de la terre par les ailes d'or de ces créatures surhumaines ; et, vraiment, les évoquer me portait, dans un anéantissement, jusqu'aux portes mêmes d'un ciel.

Je m'aperçois que je n'ai cité ni Heine, dont l'*Intermezzo* me semble bien un incomparable sanglot, ni Mallarmé, dont l'*Hérodiade* est une gemme d'un éclat vraiment surhumain.

L'ÉVOLUTION DE LA POÉSIE AU XIXe SIÈCLE

Je ne saurais concevoir le mot *progrès* et lui donner un sens en art, en poésie pas plus qu'ailleurs. Quand une formule a une fois réalisé son maximum d'expression, tout est dit ; et l'on ne saurait songer à perfectionner le portrait de Rembrandt au Louvre, le torse de la Vénus de Milo, ou le sourire de la Joconde.

Je prends donc volontiers le second terme, *évolution*, parce qu'il exprime une manifestation constante, indispensable, éternelle de la vie, et que[17] la poésie est avant tout vivante ; quand elle interrompt son évolution par suite d'une obéissance trop étroite à une sorte de canon imposé par des chefs-d'œuvre antérieurs, immédiatement on la voit se dessécher, s'appauvrir, et des signes de mort apparaissent en elle.

La poésie sèche et glacée et didactique de la fin du XVIIIe siècle se mourait tout doucement derrière sa façade en marbre traditionnel et ses

16 Voir Edgar Allan Poe, « Colloque entre Monos et Una », dans *Nouvelles Histoires extraordinaires* (Paris, Michel Lévy, 1857, pour l'édition originale de la traduction française établie par Baudelaire).

17 Mouquet laisse subsister le zeugme syntaxique « car il exprime [...] et que la poésie ». Nous corrigeons.

péristyles glacés, quand le romantisme éclata. Dès qu'il parut, la victoire fut en lui. Un grand vent passa dans toutes les âmes, le grand vent qui annonce les orages et les révolutions… C'est à Lamartine que revient l'honneur d'avoir donné à la forme poétique le premier grand frisson. Il apparut, élégant et mélancolique, et pencha ses urnes mystérieuses pleines d'eau du ciel. Ce fut un miracle. Toutes les âmes, avidement, se précipitèrent à ces ondes merveilleuses où volaient pêle-mêle des reflets de lune, des sourires de vierge, des plumes d'ange et des étoiles… En même temps, sur le sol desséché de la poésie didactique, s'élevaient des bois profonds et gémissants ; des vallons se creusaient pour la montée de l'étoile du berger ; et partout des lacs d'azur s'étendaient, infinis et transparents, comme de grands miroirs pour le Narcisse chrétien.

L'enchantement durait encore quand Victor Hugo vint commencer le renouvellement de la poésie française en y versant son prodigieux génie. Mais c'était un génie rouge et révolté. La révolution lyrique éclata, et, soufflée par le géant d'*Hernani*, poussa jusqu'au ciel une flamme lumineuse. Le reflet nous illumine encore. Victor Hugo et le romantisme sont identifiés l'un à l'autre ; il est impossible de les dissocier. C'est le génie de Victor Hugo qui lui a donné, avec le plus éclatant triomphe, toute sa portée, toute son ampleur ; et par suite, l'œuvre de Hugo, au point de vue révolution verbale, m'apparaît, sans hésitation possible, comme le phénomène le plus considérable du siècle.

À côté de Hugo et de Lamartine, dans des domaines respectifs qui n'empruntaient rien à ces maîtres, se tenaient Musset et Vigny. Musset, cavalier et fringant, la cravache à la main, le cigare à la bouche, jetant des vers avec une négligence affectée et comme dédaigneuse ; cet étrange *Rolla* qui, depuis, roule comme un fulgurant météore de flamme et d'or au ciel littéraire. En face, Vigny le taciturne, le silencieux, composant lentement dans le plus profond de lui-même des poèmes sombres et tout chargés d'éclairs comme des nuages de soir d'été. La corde était grave et profonde ; elle indiquait les profondes résonances d'une grande âme et d'une vaste pensée. Elle était triste aussi, et parfois il en sortait des sons d'une douceur qu'on eût dite céleste.

Sous l'inspiration de ces quatre génies purement lyriques et magnifiant leurs effusions personnelles, la poésie française avait complètement vu changer ses destinées ; et le temps semblait bien lointain des petits vers du XVIIIe siècle ou des compositions laborieuses de l'Empire. Deux courants allaient se trouver en présence, le courant Lamartine et le courant Hugo. Le courant Lamartine, c'était l'épanchement attendri, sincère, mais un peu lâche et s'évanouissant dans les grisailles d'un vocabulaire à clichés fleuris. Le courant Hugo, c'était la couleur ardente et tapageuse, le grand fracas d'armures et de brocarts à ramages, les épithètes pittoresques, les phrases fouillées et refouillées comme des étriers arabes, et le piaffement du style au milieu de ses mille grelots d'or. Ici, la forme incontestablement l'emportait.

C'est de ce côté que la poésie française se dirigea. Théophile Gautier, après l'éblouissant paradoxe sensuel de *Mademoiselle de Maupin*, donnait des contes merveilleux d'une richesse de langue incomparable, et raffinait encore, avec une maîtrise plus patiente, les tours de force prosodiques de Victor Hugo. Des poèmes sortaient de ses doigts, précieux et compliqués de forme comme des bijoux japonais ; et c'est de cette tendance que devait sortir le Parnasse français.

La figure qui s'y détache avec le plus hautain relief est celle de Leconte de Lisle. L'œuvre est magnifique et triste, comme une avenue de palais de marbre au plein soleil de deux heures, et tout, jusqu'au plus mince détail, se découpe avec netteté sur un immobile azur. Un long et morne désespoir y souffre, mais sans éclat, sans violence personnelle, sans trahir d'un geste brutal l'impérieuse harmonie qu'exige la Beauté. C'est ici avant tout le pays de la Beauté. Les attitudes qu'on y garde, et qui semblent les seules possibles, sont celles qu'on observe dans les temples.

[Baudelaire, imagination ardente, sensualité noire et mystique, laisse une œuvre toute pleine d'étranges et magnifiques beautés. Il creuse au tréfonds de l'âme humaine, trouve des filons nouveaux, rapporte des pierres bizarres et magiques, et en même temps sait tirer de son cœur les accents de tristesse et de désespoir les plus largement humains. Pas doué au sens facilité, mais d'une ténacité qui lui fait concentrer sa pensée dans des images et des formules qu'on n'oublie pas. Exerce le contrôle le plus sévère sur lui-même. Il a l'horreur du banal, de l'à peu près, du bâclé ; il écarte impitoyablement le médiocre, et, par cette sélection poursuivie avec méthode, il ne donne que des fragments condensés, dernier terme d'une pensée raréfiée et condensée en cristaux.

Verlaine, après le Parnasse et son orgie de rimes riches et de vers de bronze et de marbre dans une atmosphère d'atelier de peintre, rouvre tout doucement la porte qui mène aux champs, et retrouve la *Chanson des rues et des bois*, naïve, simplette, qui court pieds nus ou en sabots, et n'a d'autre esthétique qu'une délicieuse ingénuité. Elle a le don, elle a la grâce, elle fait ce qu'elle veut, dit ce qu'elle veut, mais exactement comme elle le veut, et sans assaisonnement littéraire ; d'où en maints poèmes une forme qui n'a pas d'époque, et des sentiments exprimés dans la langue éternellement simple et sans âge de Villon et de La Fontaine. Une sincérité transpire de cette poésie, en humecte les rimes… Lus une fois, certains ne sont plus jamais oubliés : et c'est d'un tour de mélancolie exquis.][18]

Par un rameau plus subtil, le Parnasse aboutissait à l'étrange, mystérieux et intense Mallarmé. Œuvre touffue et hermétique, qui, à travers ses obscurités irréductibles, laisse entrevoir par éclairs de magnifiques trésors. Cela peut se relier à ce que l'on appelle l'art de la forme, en ce sens que le mot y apparaît investi d'un pouvoir sacré, y devient un être vivant et mystérieux, beau de sa beauté propre, fort de sa force propre, et recélant en lui-même, par sa vertu, des mondes de pensées… De là à percevoir dans un assemblage incohérent de vocables des sources de plaisir intense et d'ailleurs tout subjectif, il n'y avait qu'un pas ; d'où ces *Sonnets*, sortes de grimoires indéchiffrables où de place en place émergent des vers accessibles et d'une éclatante beauté. Comme il va de soi, l'obscurité même de Mallarmé l'a plus servi vis-à-vis des jeunes gens et des jeunes revues que les plus authentiques chefs-d'œuvre. La compréhension d'une œuvre hermétiquement fermée aux bourgeois et seule justiciable de quelques initiés constituait un brevet de rare intellectualité qu'on s'empressait de s'accorder entre soi ; et pour ce qui était de ne pas comprendre, on l'avouait, puisqu'il le fallait bien, mais en réservant précisément pour ces passages irréductibles le maximum d'enthousiasme dont on disposait. Quoi qu'il en soit, puérile et maniérée en ses formes, l'influence de Mallarmé fut considérable.

*

En arrivant vers 1880, nous trouvons trois directeurs d'âmes : Baudelaire, Verlaine et Mallarmé ; un peu plus tôt, un peu plus tard, on peut les mettre à cette date. Tous trois ont forte prise sur l'imagination esthétique de l'époque, que dominent en prose le Flaubert de *La Tentation de saint Antoine* et, à

18 Il manque ici un passage qui a été remplacé par une esquisse retrouvée par Jules Mouquet dans les papiers de Samain.

quelque distance, Villiers de l'Isle-Adam. En peinture, deux maîtres fort opposés d'expression et d'atmosphère : Puvis de Chavannes, pâle et primitif; Gustave Moreau, somptueux, doré et décadent. En musique, Wagner.

Ce sont là les éléments principaux qui vont entrer dans la composition de l'âme esthétique, et chacun se les assimilera plus ou moins selon la pente intime de son tempérament, sans pouvoir échapper à leur rayonnante souveraineté. Cela devait nous donner, pour une période de vingt ans, un art sensuel, précieux, savant, dédaigneux, assoiffé de délicatesses morbides, pourri de complications, agonisant de nuances, irisé de roses et de verts de décomposition, et sécrétant, dans l'atmosphère enclose de lourdes peluches vieux cuivre, encombrée d'exotisme grimaçant, des songes fabuleux et décadents flottant tout entiers dans le rêve et n'ayant pas plus de vie que les personnages décolorés et symboliques des tapisseries. Des orchidées torturées représentaient la nature et se mouraient dans la pauvre lumière que laissait avarement passer quelque lourd vitrail byzantin tout cabossé de pierres précieuses. Ce fut une griserie d'art, comme on dit une griserie d'opium, l'intoxication lente des cerveaux dans une torpeur de serre ; et plus d'une imagination y sombra.

Ce qui excuse ces jeux, c'est qu'ils furent incroyablement sincères dans les âmes tendues vers le beau, comme vers une icône du Bas-Empire en mosaïque d'or et de pierres dans une niche de jade. C'est que, dans ces âmes, une ferveur exaspérée régnait. On voulait faire entrer toute la vie dans l'art, lui donner l'art pour unique culte, canaliser toutes ses énergies vers la Beauté, adorée dans une sorte de *sursum* mystique. Cette mysticité était d'ailleurs entretenue par le néo-christianisme de Wagner et par le retour aux quattrocentistes dont s'inspirait le génie grave et religieux de Puvis de Chavannes.

Mais une réaction lentement se préparait contre cet art trop exclusivement artiste, trop systématiquement dédaigneux de la vie et de la réalité. Les dernières générations, aux environs de [18]95, tentèrent de débloquer la littérature de ses mobiliers gothique et japonais, de ses armures, de ses bouddhas, de ses vitraux et de ses orchidées. Et c'est alors qu'apparurent les premières manifestations d'un art qui se retournait vers la nature, et, sous le nom de *naturisme*, cherchait à s'exalter dans les joies robustes et saines de la terre.

Mais il était réservé à un poète perdu dans le fond des Pyrénées, là-bas, à Orthez, de formuler ce que d'autres tentaient d'exprimer systématiquement. Francis Jammes, dans une série de courts poèmes d'une coupe bizarre, d'une langue rude et fruste, mais d'un accent profondément émouvant, raconta purement et simplement ses émotions devant les choses et le fit avec tant de sincérité nue et forte que, du premier coup, toutes les têtes se tournèrent vers lui. Au milieu de la surchauffe intellectuelle où se desséchaient les esprits, ce fut comme un verre d'eau claire qu'on apportait, et tous burent avidement. Depuis, Jammes élargit son œuvre, y fit entrer de plus en plus d'humanité, de bonté, de pitié. En même temps, par ce don de communiquer directement avec les choses, qui faisait son signe manifeste de poète, il introduisit dans la littérature mille détails, mille images, mille aspects d'une nature observée de première main. Et c'étaient comme des larges brassées de foin vert odorant. Son influence fut très vite considérable, et c'est de son côté que s'est orienté l'art le plus récent, en réaction logique contre l'haleine viciée des chapelles basses et des salons initiés.

Cette littérature, dans sa forme, ira-t-elle vers le vers libre, ou remontera-t-elle au vers classique ? Ni l'un ni l'autre, croyons-nous. Elle conservera purement et simplement l'alexandrin, en lui imposant les diverses libertés conquises, fort légitimement d'ailleurs, sur l'ancienne prosodie. Quant au vers libre, il ne me semble pas susceptible d'avenir. Malgré tous mes sincères efforts pour en pénétrer ce qu'on appelle prétentieusement l'orchestration, je suis toujours arrivé à cette constatation : ou je percevais l'harmonie des vers qui n'étaient que des sous-multiples de l'alexandrin, et alors cela ressemblait aux vers de La Fontaine et d'*Amphitryon*, ou cette harmonie m'échappait complètement, et alors je n'avais plus devant moi qu'une phrase de prose alignée ligne par ligne selon ses éléments, comme dans une analyse logique, et ne me donnant plus ainsi ni la sensation du vers, ni la sensation de la prose.

En résumé, la poésie française a eu dans le romantisme du commencement du siècle un prodigieux et splendide épanouissement, et la flamme sacrée a été jusqu'à présent entretenue et gardée avec amour, un amour même mystique et excessif dans ces vingt dernières années. Dans cet épanouissement lyrique, un génie s'est manifesté éblouissant et sublime, celui de Victor Hugo. C'est, pour mon compte, celui à qui je suis redevable des plus ardents enthousiasmes ; et quand je considère celui de qui il est passé le plus en moi des plus enivrantes joies et que je prononce son nom, c'est toujours avec un sentiment auguste et filial.

APPENDICE

Articles

ALPHONSE-MARIUS GOSSEZ[1]
« Albert Samain prosateur[2] »

> Il répandait son cœur autour de lui comme un enfant qui porte un vase trop plein[3].
> Albert SAMAIN (« Hyalis »)

Les plus fervents admirateurs du poète ignorent généralement son œuvre en prose. M. Albert Samain a publié trois contes. Ils sont un régal, et, de plus, à peu près introuvables.

Au lieu que d'en parler, il eût certes mieux valu les réimprimer ici, ces proses. J'ai comme une crainte de les déflorer. Je voudrais dire le moins possible ces trois histoires et seulement donner du goût pour leur lecture.

Elles s'appellent : « Hyalis, le petit faune aux yeux bleus » ; « Xanthis ou la Vitrine sentimentale » ; enfin « Divine Bontemps ».

Si l'on veut prendre souvenir des poèmes, il se présentera à la mémoire que M. Albert Samain eût, dès l'abord avec la poésie, une particulière

---

1 Marius-Alphonse Gossez (1878-1940), poète et docteur ès-lettres, fut une figure centrale du *Dynamisme*. Il co-fonda en 1900, avec Léon Bocquet, la revue *Le Beffroi*, édita une anthologie des *Poètes du nord, 1880-1902* (Société d'éditions littéraires et artistiques, Paris, 1902), et co-signa, avec Philéas Lebesgue et Henri Strenz, l'*Essai d'expansion d'une esthétique* (Le Havre, La Province, 1911).

2 *Le Beffroi*, Lille, numéro spécial consacré à Albert Samain, juillet-août 1900, dans la chronique « L'œuvre », p. 223-227.

3 Voir *supra*, p. 85.

amitié pour les ordonnances gracieuses du siècle de Watteau, puis, qu'il nota subtilement les paroles lapidaires gravées « aux flancs des vases » antiques et des « urnes penchées ». Ses poésies marquent encore une infinie tendresse pour toutes les beautés, le goût persévérant des mélancoliques pudeurs d'âmes, et surtout une recherche continue des rythmes largement et simplement harmoniques, une ordonnance musicale qui, souvent, me fait songer à Gluck. Car, il en faut revenir, chaque fois que l'on touche à l'œuvre de Samain, à cette fin du XVIIIe siècle, si confiante et si troublée ; les prés des Bergeries-Trianon fleurissaient, mais les grands arbres taillés cachaient la menace des prochaines guillotines.

> Des belles voluptés la voix enchanteresse[4]

berçait, aux derniers accords de l'*Iphigénie en Tauride* et de l'*Orphée* du grave chevalier Gluck, les premiers rêves poétiques du jeune André Chénier. Quelque Diane-à-paniers, toujours, terminait heureusement des opéras joués en tragédies et dissipait la fatale vengeance et la haine des puissantes divinités. Car ils demeuraient aussi les souvenirs gracieux et vaporeux des parcs veloutés, où

> Les robes de satin et les sveltes manteaux
> Se mêlent, reflétés au ciel calme des eaux[5] ;

ils demeuraient les éventails clos, la poudre répandue, l'ambre et le musc, le talon rouge, quels *Départs pour Cythère* et quels *Indifférents* de Watteau ! Quels *Amours* et quelles *Cruches cassées* de Greuze ! Quels pastels de Quentin de La Tour !

M. Albert Samain mieux que quiconque s'est souvenu, parce qu'il est flamand et que Verlaine y fit songer. Je pense qu'on n'a pas assez souvent remarqué, en parlant des Lancret, des Watteau, de toute l'école poudrée, combien les Valenciennois ont imité, pour le groupement des personnages et les ensembles arrondis, la manière des petits maîtres flamands et même des grands maîtres, quel air de famille, il existe pourtant – et ne sont-ils pas de même famille, à vrai dire, – entre eux et les van Ostade, et certains Rubens, pour la composition, la lumière et l'harmonie.

---

4 André Chénier, « Élégie III, 6 », *Œuvres poétiques*, éd. Georges Buisson et Édouard Guitton, Orléans, Paradigme, coll. « Hologrammes », t. 1, 2005, p. 276.

5 « L'Indifférent », *Au jardin de l'infante*, v. 2-3.

M. Samain écrit : « [il] guetta les grasses naïades vautrées dans la terre molle autour des étangs[6] », et je vois les chairs plantureuses et vivantes des Rubens, « les chairs foulées comme le raisin dans les cuves[7] ». Cependant il s'agit d'un paysage antique et celui qui guette c'est Hyalis, le petit faune aux yeux bleus.

Hyalis possède une petite âme inquiète ; parce qu'il a les yeux bleus et que sa mère était mortelle, « une pâle conscience se levait dans son âme[8] » ; et il souffrit infiniment de n'être point pareil aux autres, « car, ses lèvres étaient solitaires[9] ». En vain il aima la blanche fille de Xylaos, prêtre d'Apollon : Nyza, et il fit l'apprentissage de la douleur ; comme il voulut s'élever, il fut abaissé ; les conseils ne lui servirent de rien, ni les paroles du sage : « les paroles inspirées [qui] coulaient comme une huile onctueuse de sa barbe vénérable[10] » ; par l'amour il fut grand et malheureux ; il atteignit à la souffrance, et, le petit faune qui « répandait son cœur autour de lui comme un enfant qui porte un vase trop plein[11] », vit la fille de Xylaos, goûta son miel, et alors, telle « une urne plongée dans l'eau, son âme s'emplit de croissantes ténèbres[12] ». Il emporta la rêveuse mémoire dans les profondeurs sombres.

Le conte suivant : « Xanthis ou la Vitrine sentimentale », reste également symbolique. C'est, aussi bien, et plus délicatement qu'*Aphrodite* de Pierre Louÿs, un éloge, non, une pitié pour la courtisane. Il y a « dans une vitrine du temps de Louis XV, une petite statuette de Tanagra[13] » ; une vieille tabatière d'argent nous fait le récit de sa mort, comment Xanthis, « irréprochablement jolie[14] », dansa, elle, née dans Crissa la Grecque, elle, « petite argile divine[15] », pour un marquis de vieux Saxe, puis un buste de musicien, jusqu'au jour où elle fit connaissance du petit faune en bronze vert. Dans la suite, par une faute de goût, elle alla s'asseoir sur les genoux d'un vilain magot de Chine. En conséquence elle subit la colère suprême du jeune faune ! Pourquoi aussi mettre dans cette vitrine

6 « Hyalis, le petit faune aux yeux bleus ». Voir *supra*, p. 80.
7 *Ibid.*
8 *Ibid.* Voir *supra*, p. 82.
9 *Ibid.* Voir *supra*, p. 80.
10 *Ibid.* Voir *supra*, p. 81.
11 *Ibid.* Voir *supra*, p. 85.
12 *Ibid.* Voir *supra*, p. 92.
13 « Xanthis ou la Vitrine sentimentale ». Voir *supra*, p. 51.
14 *Ibid.*
15 *Ibid.* Voir *supra*, p. 55.

un vilain magot, il est si vexant d'être trompé par un vilain magot ! Mais telle est « la vanité des Amours passagères et la mélancolie des fragiles Destinées[16] ».

Ces récits d'Albert Samain sont pleins d'une tendresse compatissante et amusée pour ses personnages de fantaisie, d'une émotion un peu railleuse pour nous, hommes, pour vous, femmes douloureuses et pour soi-même. Il aime à nous mener à travers les trames fines et obscures, les voiles de l'illusion vers la délivrance totale, finale, simplement, tendrement, sans tristesse, et, par quelque manière, en beauté, dans l'intégrité de son rêve.

Ludivine Bontemps est une petite fille, puis une femme, excessive dans sa tendresse et, à la fois, timide. Comme tant d'autres que nous savons, elle n'ose pas ; mais autrement que les « autres », non par leur vanité, non par un stupide orgueil, par l'illusion de ne pas vouloir être ridicule ; mais par une pudeur folle de sentiments, parce que : à quoi bon !… par une timidité plus de l'esprit et de l'âme que de la chair, par une pudeur sentimentale, elle n'ose pas.

La vie lentement la torture, dont le mirage la trouble et l'incertitude l'étonne et la réduit.

« Rien ne lui était plus pénible que de sentir les autres deviner son cœur[17] », aussi, quand elle se fut définitivement sacrifiée, « Divine *n'osait pas* demander à Dieu de mourir[18] ».

Il reste ainsi, après que l'on a lu ces trois contes, une amitié profonde pour celui qui mira son cœur dans le triple regard de la douleur naissante, brusque, ou perpétuelle, et qui mit le baume accalmant, l'onguent de son baiser tiède et lent, sur trois plaies brûlantes et de cette façon participa à la tristesse, à l'âme universelles.

Telle est la gloire la plus pure d'un poète, de le rester, lorsqu'il daigne condescendre à la prose.

16 *Ibid.* Voir *supra*, p. 62.
17 « Divine Bontemps ». Voir *supra*, p. 66.
18 *Ibid.* Voir *supra*, p. 74.

MÉDÉRIC DUFOUR[19]
« Albert Samain[20] »

À Lugné-Poe.

I

Le *Polyphème* d'Albert Samain, accru d'une partition de Raymond Bonheur, a été, grâce à l'intelligente initiative de M. Lugné-Poe, représenté, le 10 mai dernier, au Théâtre de l'Œuvre. J'ai relu, à cette occasion, les quatre volumes laissés par le poète[21], puis j'ai ordonné et développé en ces quelques pages les notes que j'avais prises au cours de cette lecture. Samain est mort le 19 août 1900 : après un intervalle de quatre années, je puis espérer de porter sur ses poèmes un jugement non point définitif – n'est-ce pas l'excuse et le charme de la critique d'être un perpétuel recommencement ? – pur, du moins, de tout parti pris d'apologie.

Entre les deux recueils *Au jardin de l'infante* et *Aux flancs du vase*, il y a de telles différences dans l'inspiration, les thèmes, les rythmes, le style, que le lecteur en est désorienté. Le Samain qui, dans l'allégorique et crépusculaire et automnal *Jardin*, où « le *spleen* lunaire monte », cueille

19 Méréric Dufour (1866-1933), ancien élève de la rue d'Ulm (promotion 1887), premier à l'agrégation de grammaire (1890), docteur ès lettres de l'Université de la Sorbonne (1896), ce spécialiste d'Aristote fut professeur de langue et littérature grecques à la Faculté des lettres de Lille du 16 février 1897 à août 1933. Il publia le *Traité de métrique et de rythmique grecques* (1893) ; *La Constitution d'Athènes et l'œuvre d'Aristote* (thèse, 1895) ; *Études de métrique et de rythmique sur le Promethée enchaîné d'Eschyle* (1901) ; *Homère : l'Iliade : chant XXIV* (texte grec avec notes, 1902) ; *Une philosophie de l'impressionnisme : étude sur l'esthétique de Jules Laforgue* (1904) ; *Traité élémentaire des synonymes grecs* (1910) ; *Comment faire une version latine ?* (1921) ; *Note sur l'emploi des pronoms relatifs grecs dans les propositions interrogatives indirectes* (1924) ; des traductions de plusieurs œuvres d'Aristote chez Guillaume Budé dont *Le Politique* (4 vol., 1931-1932).

20 *L'Art moderne*, Bruxelles, 5, 12 et 19 juin 1904, p. 183-184, 191-193 et 199-201.

21 Albert Samain publia lui-même *Au jardin de l'infante* (1893) et *Aux flancs du vase* (1898). Après sa mort parurent *Le Chariot d'or* et *Polyphème* (1901), enfin les *Contes* (1902). Ces quatre volumes ont été édités par la Société du *Mercure de France*. (Note de Médéric Dufour.)

les fleurs du moderne ennui, (dont, avant lui, et Musset, et Baudelaire, et Verlaine, et Rimbaud, et M. Maurice Maeterlinck avaient aspiré l'énervant parfum), et le Samain qui, conduit par M. Francis Jamme vers la lumière des aubes printanières, fait saillir d'un marbre grec (déjà fouillé par Banville et Chénier), des symboles de force, de santé, de joie, d'espoir, ces deux Samain-là ne se ressemblent guère. Quel est donc le vrai, et le meilleur ? Ou plutôt, comment l'un s'est-il changé en l'autre ?

Les poèmes d'*Au jardin de l'infante* font des impressions diverses, emmêlées et confuses. C'est un chant nouveau, mais qui en rappelle d'autres, déjà entendus. Imitation ? Ce serait trop dire. – Rencontre ? Plus que cela. – Samain est original par certaine finesse de la sensation (de l'ouïe et de l'odorat, en particulier), par des nuances délicates du sentiment, souvent par l'expression, presque toujours par la musique, que rend son vers. Mais les sources où il puise ne sont pas intactes. Dans la prairie secrète où éclosent les fleurs du rêve, il glane, les moissonneurs passés. La variation, ingénieuse, semble inédite ; mais le thème est d'emprunt. La ciselure est d'un adroit ouvrier ; mais un autre artisan avait, selon cet orbe, coulé le précieux métal.

Samain ne s'est pas directement observé. Il s'est cherché en d'autres, – et ne s'y est trouvé qu'après d'inutiles et longs détours. C'est au miroir d'âmes étrangères qu'il se contempla d'abord, sans prendre garde que l'image réfléchie n'était pas ressemblante. Si les influences auxquelles il se prêta touchèrent en lui certains fonds, où peut-être son intuition propre n'eût pas atteint, trop souvent elles lui offusquèrent, et aussi comprimèrent son naturel. De même, il ne commença point par interroger la nature et se mêler à la vie, ne recourant à l'expérience d'autrui qu'afin d'éprouver les richesses apportées ; mais, à l'inverse, c'est dans les yeux de ses poètes préférés qu'il poursuivit les apparences du monde. Il s'enquit de leurs façons de sentir, d'imaginer, de penser, et par sympathie, inconsciente ou délibérée, il sentit, imagina, pensa, quelquefois même exprima comme eux. Ce *Jardin de l'infante* est un labyrinthe, à « l'embarras incertain » duquel longtemps erra – et s'égara le poète.

Samain était doué de sens très fins. Il avait l'odorat, si mousse chez la plupart des hommes, d'une extrême délicatesse. Les parfums étaient sur lui des impressions vives, parfois presque douloureuses. Il sentait vibrer dans les ténèbres « les grands jasmins épanouis ». Il « adorait » les roses « à la souffrance ». Aussi ornait-il de fleurs ses amours, idéales et sensuelles. Les parfums l'excitaient à la rêverie, le pénétraient de la tristesse des souvenirs. « *Sur d'anciens parfums* », il voit s'éloigner dans la nuit « des barques de songes, *où sommeillent des mortes* ». Si les senteurs qu'exhalent les fleurs, les essences, les seins ou les cheveux de la femme aimée n'évoquaient point pour lui, qui vécut sédentaire,

> La langoureuse Asie et la brûlante Afrique[22],

elles déterminaient pourtant entre ses sens ces « correspondances », par quoi

> Les parfums, les couleurs et les sons se répondent[23].

Le rythme des sons n'était pas pour lui d'un charme moins efficace. Il avait l'oreille juste et subtile. Son vers, sa strophe sont d'un musicien. Par la phrase et la période, la mélodie coule, lente et douce : – caresse légère d'une femme, qui serait plus qu'une sœur, moins qu'une amante. – J'admire qu'il se soit tenu à la technique parnassienne, n'ait pas essayé du vers libre. – La musique lui causait d'intimes jouissances. C'était la « coupe de cristal » où s'étanchait sa soif d'infini. Elle lui ouvrait les portes d'or du songe, préludait à ses amours, en berçait ses abandons, en spiritualisait les ivresses. Il préférait les harmonies à demi éteintes, affaiblies par la distance, exténuées dans le silence, – celles où se diluent nos tristesses, s'épuisent nos langueurs, se lénifient nos désirs, s'estompent nos souvenirs, – la musique « confidentielle » de Schumann, qui semble la plainte d'« une peine impossible à guérir ». Il se complaisait aussi à l'inflexion des lignes, plus encore aux nuances des colorations. Sa poésie est pittoresque : son vers dessine et peint. Non qu'il y ait dans ce premier recueil beaucoup de paysages observés ; mais les réminiscences d'art y abondent. Ses *Évocations* sont des « allusions » plutôt à des monuments figurés qu'à des textes littéraires. Il a, certes, plus étudié la céramique que la poésie grecques, – il connaît surtout celle-ci par Leconte de Lisle. Il goûte les rythmes simples de la sculpture ancienne. Il ne dédaigne pas de retracer par la ligne souple de l'alexandrin le galbe d'une coupe, modelée

> Sur le sein d'une vierge, entre ses sœurs parfaite[24].

---

22 Charles Baudelaire, « La Chevelure », *Les Fleurs du mal*, v. 6.

23 « Correspondances », *ibid.*, v. 8.

24 « La Coupe », *Au jardin de l'infante*, v. 4.

Mais souvent – il y aurait pédantisme à lui en faire reproche – il interprète selon le sentiment moderne, dont la complexité raffinée est fort éloignée de la naïveté antique, les marbres et les bronzes, où Grecs et Latins fixèrent leurs mythes. À preuve sa glose « décadente » de l'*Hermaphrodite Borghèse*, dont il croit la beauté « suraiguë » éclose

> Au ciel supérieur des formes plus subtiles[25].

Curieux de toutes les écoles, il sentait, par naturelle affinité, une prédilection pour la finesse, l'élégance, la grâce,

> Les portraits de Van Dyck aux beaux doigts longs et purs,
> Pâles en velours noir sur l'or vieilli des murs[26],

et

> Les tons pastellisés d'un Lawrence adouci[27].

Il s'appliquait à deviner dans les figures exquises, dont Botticelli, Vinci, Burne-Jones, Gustave Moreau (ce sont ses « phares ») ont revêtu le mystère de l'âme, l'attirante énigme des sourires et des regards. Son *Infante* ne fait-elle pas penser à ces effigies féminines de Gustave Moreau, ambiguës de légende et de vérité, à la fois si archaïques et contemporaines, abstraites en leur songe d'impassible beauté, inquiétées pourtant par les plus nouveaux soucis ?

II

Cette sensibilité délicate, Samain l'exerça moins à l'observation directe de la nature et à la connaissance immédiate de l'homme qu'il ne l'accommoda aux états d'âme de ses poètes préférés. Non par libre choix, – c'est là son excuse, – mais parce que la nécessité l'y contraignit :

> Mon enfance captive a vécu dans des pierres,
> Dans la ville où sans fin, vomissant le charbon,

25 « L'Hermaphrodite », *ibid.*, v. 8.
26 « Mon âme est une infante », *ibid.*, v. 26-27.
27 « Ermione », *ibid.*, v. 12.

L'usine en feu dévore un peuple moribond :
Et pour voir des jardins je fermais les paupières[28].

Né pour cultiver des fleurs rares aux parterres des sens, ses premières années s'écoulent dans une ville de labeur, sous un ciel gris et enfumé, aux horizons étroits. La vie lui est inclémente : la mort de son père interrompt ses études juste à l'âge où s'éveille la curiosité littéraire, quand la discipline s'allège et devient chère. Il lui faudra donc s'instruire seul, la tâche journalière terminée : c'est la besogne insipide et hébétante d'un bureau, d'abord dans une maison de banque, puis à l'Hôtel de Ville de Paris, enfin à la préfecture de la Seine. – Il ne devait faire que deux échappées dans la lumière et la liberté : quand il visita Venise et se rendit à Orthez, auprès du poète Francis Jammes. – Parqué dans cette existence étroite et monotone, il épuise toutes les tristesses de l'exil. Résigné par raison et devoir filial, il s'enfuyait du trivial quotidien « dans la forêt du Rêve et de l'Enchantement », vers les *ailleurs* de la Terre et les *jadis* de l'Histoire :

J'ai grandi ; j'ai rêvé d'orient, de lumières,
De rivages de fleurs où l'air tiède sent bon,
De cités aux noms d'or, et, seigneur vagabond,
De pavés florentins où traîner des rapières[29].

Il écoutait le chant nostalgique des poètes, qui, ayant voyagé à travers les pays et parmi les peuples, vantaient la beauté des ciels et la grandeur des actes. Éprouvant la vertu consolatrice des paroles entendues, il entretenait le charme, en composant des variations, que souvent la nouveauté du verbe égalait presque au développement original du thème.

C'est ainsi que sur une « jonque bizarre », empruntée à Baudelaire, il suit le flot indolent d'un fleuve sans nom, dans un « Extrême-Orient » de convention. Il se perd même, « tigre parmi les tigresses lubriques », dans la jungle décrite par Leconte de Lisle et Kipling (« Visions »). Exotisme tout « littéraire ». Mais surtout il se plaît à remonter les temps, – guidé par Leconte de Lisle, qui lui révèle l'antiquité, – et dans ses *Évocations*, – fines médailles frappées au coin de M. de Heredia, – à rappeler le souvenir, conter les mythes, célébrer les gestes, magnifier les héros des âges où fleurissait la beauté, s'immolait la foi, s'exaltait le courage. Quelques-unes sont, dans

28 « Mon enfance captive », *Le Chariot d'or*, v. 1-4.
29 *Ibid.*, v. 5-8.

leur brièveté, de parfaits poèmes : tel ce sonnet de « La Toison d'or », où, debout sur la proue d'Argo, Jason « poursuit son grand rêve intrépide », tandis que Médée, possédée déjà du fatal amour, « sent sa chair se dissoudre aux tièdes vents d'Asie » ; – et telle cette « Cléopâtre », dressée, dans son ardeur voluptueuse, sur le désert, en face du Sphinx, comme Salammbô sur Cathage endormie. Samain se contemple dans l'œuvre de Musset, s'émeut moins aux cris de l'amour trahi, qui éclatent dans les *Nuits* et la *Lettre à Lamartine*, qu'aux regrets d'un passé plus beau, plus réconfortant, plus énergique, exhalés dans *La Coupe et les lèvres*, *Rolla* et *L'Espoir en dieu*. À son tour, il chante, dans « Les Sirènes », les temps heureux où la grâce d'une humanité adolescente s'épanouissait en de naïves légendes, où, « dans les syrtes sereines » l'on pouvait « cueillir de beaux trépas »

> Et pour jamais dormir sur son rêve enlacé[30].

Dans les « Vielles Cloches », où la piété se fait puérile, puis-je dire convalescente ? comme dans *Sagesse* et *Amour* de Verlaine, il déplore la foi éteinte, l'étoile du berger disparue, l'enfant abandonné des rois mages, les nefs muettes ; il montre, en un vers admirable, Notre-Dame en deuil regardant, inconsolée,

> Descendre le soleil gothique à l'horizon[31].

Dans un sonnet, il se plaint, venu, lui aussi, « trop tard dans un monde trop vieux », de n'avoir plus « le grand cœur des époques nubiles », de succomber sous le poids de la sagesse. C'est ce noble et fier regret de l'action, qui inspire « La Prière du convalescent » et dresse si haut les vers de la *Symphonie héroïque*, publiée après sa mort, à la suite du *Chariot d'or*.

À trente ans, il est naturel qu'on cherche dans la volupté un divertissement à l'ennui. Samain entonne donc dans le mode même des « Litanies de Satan », les litanies de la « Luxure », « impératrice immortelle du monde ». Mais sa chasteté répugnait aux plaisirs grossiers. Il savait, d'ailleurs, de Baudelaire, que les ivresses des sens nous approchent de la mort. Dans « Tentation », la séductrice offre à l'amant

> Le silence et l'oubli dans l'éternel repos[32].

30 « Les Sirènes », *Au jardin de l'infante*, v. 44.
31 « Vieilles Cloches », *ibid.*, v. 30.
32 « Tentation », *ibid.*, v. 61.

Il s'écarte d'elle avec effroi, se renferme en soi, et suivant le conseil donné par Villiers de l'Isle-Adam, dans cette phrase, mise en épigraphe à *L'Allée solitaire* : « Crois bien qu'il y aura toujours de la solitude sur la terre pour ceux qui en seront dignes », gardant la noble attitude de Mallarmé, hautaine condamnation des poètes qui prostituent leur muse aux brigues de l'ambition et aux calculs du lucre, il se retire *Au jardin de l'infante*, y va cueillir

> La grise fleur des crépuscules pâlissants[33].

Poésie du crépuscule, d'automne, tout attristée par la nuit prochaine et le froid imminent. Entre ces frondaisons épaisses, d'où tombent de si lourdes et morfondantes ténèbres, seul s'insinue un rayon de lune, de cette « Notre-Dame la Lune », dont, en des vers tout ensemble espiègles et tendres, Jules laforgue avait recommandé l'*Imitation*.

Samain devrait bientôt quitter ce *Jardin* d'artifice et de mensonge. S'étant approché de la lisière, ayant écarté les branches des derniers arbres, il vit, dans une plaine ouverte, baignée d'une douce lumière d'aube, fouettée d'une brise fraîche, un laboureur traçant son sillon, une femme allaitant son enfant, des amants enlacés promenant leurs espoirs au long d'un clair ruisseau, un vieillard démêlant à de jeunes hommes les signes célestes encore visibles dans le jour naissant, – et le désir lui vint de sculpter dans un marbre, extrait de la terre d'Hellas, ces scènes si simples, éternellement vraies.

Se retournant, il s'aperçut que le *Jardin de l'infante* n'était que « le carton d'un décor ». Il marcha donc vers « la côte où brillent les vieux phares », vers « la maison blanche », où il devait enfin « rentrer dans la vérité de son cœur ». Il écouta en lui « l'âme du Nord » ; il aima sa terre de Flandre, trop longtemps méconnue, son peuple « grave et droit », sa « douceur de misère, où le cœur se sent prendre », il plaignit « cette veuve en noir avec ses orphelins ». Il comprit que l'unique vertu de l'*Infante*, c'était d'être :

> malgré quelque dédain natal,
> Sensible à la pitié comme l'onde à la brise[34].

---

33 « Promenade à l'étang », *ibid.*, v. 18.

34 « Mon âme est une infante », *ibid.*, v. 19-20.

Il mesura ce qu'il y a de grandeur dans l'abnégation de *Divine Bontemps* et le pardon de *Polyphème*. Il se mit donc à « faire son pain simplement dans la paix du Seigneur ».

Par l'expression et le rythme, Samain est un parnassien, – un parnassien qui lut beaucoup Verlaine et connut les *symbolistes*. Il n'y a point dans ses poèmes de symboles ; mais l'allégorie y est fréquente. Il a traversé, sans d'ailleurs s'y arrêter, les *Serres chaudes* de M. Maurice Maeterlinck. Il s'est rappelé le *Feuillage du cœur* et les *Fauves las*. Il a exprimé certaines sensations d'« Automne » par ces « analogies », dont le poète d'« Hôpital » a tiré de si saisissants effets :

Un pâle automne saigne au fond de l'avenue,
Et des femmes en deuil passent à l'horizon[35].

Par la technique du vers, en quoi il n'innova guère, Samain se rattache à Leconte de Lisle et à M. de Heredia. Mais son alexandrin est plus souple, plus musical aussi. De sonorité moins éclatante, il est plus riche en harmoniques. Le poète profita des efforts tentés par Baudelaire, Rimbaud, Cros, Mallarmé, pour rendre le vers plus plastique, propre à traduire des sensations plus rares et des sentiments plus raffinés, à suggérer des « correspondances » plus complexes. Mais surtout, il fut charmé aux accents inouïs des *Poèmes saturniens* et des *Romances sans paroles*. S'il n'observa point toutes les règles formulées dans « L'Art poétique » et *Jadis et naguère*, s'il n'eut point la préférence de Verlaine pour « l'impair » et ne témoigna pas même mépris pour la rime, « bijou d'un sou », il rêva, lui aussi d'« intimes ramages », de vers qui « frôlent l'âme ainsi que des plumages »,

De vers silencieux, et sans rythme et sans trame,
Où la rime sans bruit glisse comme une rame[36].

Il fit « de la musique avant toute chose ». Aussi son vers, dont les « syllabes mineures » abaissent et adoucissent le ton, est-il sur l'âme comme l'effleurement d'une main surnaturelle.

35 « Automne », *ibid.*, v. 3-4.
36 « Je rêve de vers doux », *ibid.*, v. 5-6.

III

Dans les poèmes d'*Aux flancs du vase*, Samain tâche à se détacher de soi. Son âme lui semble maintenant une maison patrimoniale, imprudemment ouverte à des étrangers, d'où tout charme intime a fui, où l'on ne se reconnaît plus, que l'on prend en dégoût, comme une hôtellerie banale. Il est allé, à Orthez, visiter M. Francis Jammes, et celui-ci, en d'amicales causeries, poursuivies au caprice des chemins, dans les paysages clairs et l'air léger des Pyrénées, lui a remontré que la poésie s'accommode mal de l'artifice et souffre impatiemment les mensonges par lesquels nous nous leurrons nous-mêmes et mettons nos confidents en défiance. Que la voix de notre conscience, pour mal assurée qu'elle soit, résonne seule dans nos chants : il suffit qu'elle soit sincère et inouïe. Écoutons la chanson des poètes, mais ne la répétons pas : celui-là seul la module bien qui la sentit monter de son cœur à ses lèvres. Contemplons la nature dans sa simplicité ; n'en déformons pas l'apparence au prisme d'autrui. Que l'effort de l'artiste vise seulement à en réfléchir les lignes, les couleurs, les sons, les parfums. *De l'Angelus de l'aube à l'Angelus du soir* suivez les images fugitives du monde, aspirez l'haleine des fleurs, ouvrez l'oreille à la musique de la vie, alternant en un rythme éternel la naissance et la mort, puis, en des vers naïfs comme le parler d'un enfant, exprimez au vif vos impressions toutes fraîches. Tout être, toute chose retient en soi un rayon de la beauté : que votre œuvre en soit éclairée !

Toujours plus loin de son *Jardin* féerique, Samain marche désormais vers la nature, qu'il va surprendre dans son éveil matinal. Il se rassérène aux lueurs douces, aux brises pures des aurores ; il se récrée aux fécondantes ardeurs des midis ; les crépuscules et les nuits ne lui apportent plus ni fièvre ni terreur : ce sont les heures augustes du repos puerpéral, où se réconfortent les énergies créatrices. Les fantômes morbides se sont évanouis, les allégories spécieuses se sont défaites à la saine et franche lumière du soleil : il n'y a plus que la nature dans sa vérité, sa grâce et sa forme :

> Aux pentes des coteaux flottent des vapeurs blanches
> Et le matin mouillé sourit nu dans les branches[37].
> […]

37 « Axilis au ruisseau », *Aux flancs du vase*, v. 9-10.

Au vent frais du matin frissonne l'herbe fine[38].
[...]
La campagne s'endort dans l'or des soirs d'été[39].
[...]
Et la lune se lève au-dessus des montagnes[40]...

Le poète n'est qu'une parcelle du Tout. Il sent en lui le jeu des forces cosmiques (« Axilis au ruisseau ») :

Le clair frisson du monde a passé dans son sang[41].

En lui-même et dans tous les êtres, il admire – et à son étonnement un effroi se mêle – l'eurythmique palpitation de la vie, tout ensemble éphémère et éternelle. Telle Chloris, retenant dans sa main une grenouille capturée parmi les fleurs d'un pré,

A pitié de sentir, affolé par la peur
Si fort entre ses doigts battre le petit cœur[42].

L'amour est la plus intime communion avec la nature (« Le Sommeil de Canope », « Amphise et Mélitta »). Le premier émoi de la chair, cédant à l'attrait du désir, c'est, dans d'ingénues oaristys (« Hermione et les bergers », « Les Vierges du crépuscule », « Myrtil et Palémone »), le prélude, chaste comme l'éclosion d'une fleur, à l'acte nécessaire de la conception. La famille constituée est l'asile où l'homme trouve repos et récompense : hors de ce cercle de tendre abnégation, il n'est point de félicité :

Le père au large front, qui vit parmi les dieux,
Laissant le livre antique, un instant considère,
Double miroir d'amour, l'enfant avec la mère,
Et dans la chambre sainte, où bat un triple cœur,
Adore la présence auguste du bonheur[43].

Le labeur rustique est noble entre tous les travaux : l'homme se grandit, aidant à l'œuvre incessante de la nature et réglant au rythme

38 « Xanthis », *ibid.*, v. 1.
39 « Nyza chante », *ibid.*, v. 11.
40 « Amphise et Mélitta », *ibid.*, v. 20.
41 « Axilis au ruisseau », *ibid.*, v. 16.
42 « La Grenouille », *ibid.*, v. 23-24.
43 « Le Bonheur », *ibid.*, v. 20-24.

universel la tâche de ses jours. Samain se hausse jusqu'à Virgile dans cette brève « géorgique » où il nous montre « Le Laboureur » creusant « le lit profond des futures semailles » ; il s'arrête au bout du champ, pour reprendre haleine,

> Respire le vent fort qui souffle sur la plaine ;
> Puis, sans hâte, touchant ses bœufs de l'aiguillon,
> Il repart, jusqu'au soir, pour un autre sillon[44].

La science est donc de connaître en chaque chose ; « La Sagesse », de cultiver en soi ; et, sans doute, le rôle du poète, d'exprimer « *l'âme éparse en la matière* ».

Ce *panthéisme naturaliste* est ce qu'il y a de vraiment *antique* dans le recueil. C'est le paganisme grec dépouillé de ses allégories et coulé au moule de la pensée moderne. Le récit, fluide et nu (comme les alexandrins à rimes plates), a l'élégante simplicité des fables homériques. Les reliefs sculptés *Aux flancs du vase* me rappellent les scènes que le repoussoir du forgeron divin avait fait saillir de l'airain sur le bouclier d'Achille. Mais ces noms grecs, sans vertu évocatrice, n'ornent point, ils déparent plutôt les poèmes. Samain ne lisait dans leur idiôme ni Théocrite ni Homère, ni Virgile ni Catulle. Il en devait donc passer par les traductions et les paraphrases de Leconte de Lisle et de Chénier, – même de Delille. Et de celui-ci il a retenu de fâcheuses périphrases. Citerai-je un exemple ? Dans « Le Bonheur », avant des vers, gracieux comme un pastel de Mary Cassatt, qui peignent un enfant allaité par sa mère,

> Et de ses petits doigts pétrissant la chair blanche[45],

pourquoi faut-il qu'

> Églé, cédant enfin, dégrafe son corsage,
> D'où sort, globe de neige, un sein gonflé de lait[46] ?

Polyphème, à mon goût le chef-d'œuvre du poète, est inspiré par les VIe et XIe idylles de Théocrite (cette dernière paraphrasée par Leconte de Lisle dans « Les Plaintes du cyclope »), le Ier des *Dialogues marins* de

44 « Le Laboureur », *ibid.*, v. 16-18.
45 « Le Bonheur », *ibid.*, v. 5.
46 *Ibid.*, v. 2-3.

Lucien et un récit d'Ovide dans le XIIIe livre de ses *Métamorphoses*. Par la douceur voluptueuse des entretiens d'amour entre Galatée et Acis, l'ardeur passionnée des plaintes de Polyphème, que désespèrent sa laideur et l'indifférence de la vierge, par la beauté des chœurs, où les nymphes chantent la chaleur du midi, puis la fraîcheur du soir, qu'il me suffise de dire que Samain égale ses modèles. Il les dépasse dans la dernière scène de son « mime ».

Polyphème a surpris Galatée aux bras d'Acis. Il lève les poings sur les deux adolescents, qui, éperdus de bonheur, ne s'aperçoivent pas de sa présence ; mais, impuissant à frapper, il s'éloigne et s'enfonce aux ténèbres de la forêt. Un cri répand l'effroi dans la campagne : comme Œdipe (Samain s'est souvenu de l'exode d'*Œdipe-roi*), il s'est crevé les yeux. Quand il reparaît, le visage ensanglanté, l'apaisement s'est fait en lui. Il absout la trahison :

> Les dieux avec l'amour leur ont donné raison[47].

Maintenant, il n'a plus d'autre sentiment que la pitié :

> […] j'ai senti soudain ma fureur et ma rage
> Crever et ruisseler à flots comme un orage,
> Ne laissant à leur place, ayant tout emporté,
> Qu'une grande souffrance où naissait la bonté[48].

Il se penche sur Galatée endormie, baise ses cheveux, invoque à la protéger les puissances naturelles, les vents de la mer et les parfums des bois, les arbres et la terre, la nuit, « dont la majesté veille ». Puis il se redresse, rasséréné :

> Je sens en moi descendre une paix inconnue ;
> Mon cœur se calme et rend à présent sous ma main
> Un beau son grave et fort, comme une urne d'airain[49].

Appuyé à l'épaule de Lycas, il dit adieu à tout ce qui enchanta ses regards, charma sa vie, accueillit ses confidences douloureuses, et, ses yeux morts levés vers le ciel, il s'en va :

---

47 *Polyphème*, v. 600.
48 *Ibid.*, v. 629-632.
49 *Ibid.*, v. 653-655.

– Où faut-il te mener, grand ami ? – Vers la mer[50].

Le poète qui fit ces vers est le vrai Samain. *Divine Bontemps* en pourrait témoigner, dont la vie fut « l'harmonieux martyre d'une créature choisie ».

Je néglige à dessein *Le Chariot d'or*, recueil composé après la mort du poète, sans critique ni souci des dates. Les pièces réunies là sont des ébauches ou des répliques, les unes des poèmes d'*Au jardin de l'infante*, les autres des poèmes d'*Aux flancs du vase.* Il faut pourtant tirer de ce fatras une « Évocation », « La Peau de bête », qui a la grandeur épique d'un *Poème barbare* ou d'une « époque » de *La Légende des siècles*, – et des « Élégies », monument d'un amour qui répète les mots immuables de la volupté, mais trouve des vers délicieux pour exprimer le tourment de l'absence, l'angoisse de l'attente et la vanité du souvenir.

J'ai dit avec franchise mon jugement sur Samain. Ai-je paru le diminuer, dénombrant les influences qu'il a subies ? Je ne crois pas avoir desservi sa mémoire en distinguant ce qui lui appartient en propre et ce qu'il emprunta. – Il venait de jeter bas le fardeau trop pesant de ses lectures, quand il mourut. Mais il eut le temps d'annoncer, par quelques vers inoubliables, à quelles sources il eût désormais puisé. Sa poésie eût été lumière, résignation, pitié. – C'est la raison pourquoi, si j'admire le poète, je regrette plus encore l'homme.

50 *Ibid.*, v. 671.

LOUIS SÉCHAN[51]
« Albert Samain[52] »

Parmi les nombreux sites de l'Île de France qui rehaussent leur beauté d'une sorte de signification spirituelle, il en est un particulièrement ennobli de pensée et de souvenirs. Le pays de Chevreuse restera longtemps un but de pèlerinage obligé pour tous les fervents des lettres françaises. Dans le cadre presque immuable de ses bois où ne passent que les nuances changeantes et les souffles plus ou moins vifs des saisons, la vallée de Port-Royal est toujours une *solitude* chère aux croyants et aux poètes ; c'est un endroit singulièrement propice aux évocations. Cependant, n'attendez pas que je vous mène jusqu'aux lieux où médita Pascal et où Racine dormit quelque temps son dernier sommeil. Résistant aux promesses d'ombrage que nous font au loin les hautes futaies des Granges, ces frais asiles où les Solitaires, par les calmes soirées, chantaient de si belles hymnes à Dieu, abandonnons la grande route ; prenons si vous y consentez le chemin que je parcourus naguère en un beau jour d'été, montons vers Magny-les-Hameaux. Le soleil déploie sa gloire sur le plateau couvert de moissons ; à peine çà et là quelques arbres maigres, et à l'horizon une file de pommiers en platebande sur l'infini. La lumière de midi « fait éclater des roses[53] » et le village entier sommeille. Guidons nos pas vers le clocher dont l'ombre tourne dans le cimetière fleuri où sont ensevelies des religieuses du monastère de Port-Royal. Non loin de l'église, au cœur d'un jardin qui dévale en verte avalanche, on distingue à peine sous son manteau de lierre et de glycine une antique habitation. « C'est le refuge élu, c'est la bonne demeure[54] », la maison de M. Raymond Bonheur, qui fut si accueillante pour Albert

51 Louis Séchan (1882-1968), ancien élève de la rue d'Ulm (promotion 1903), helléniste français, spécialiste du Classicisme, fut professeur de langue et littérature grecques à l'Université de Montpellier puis à la Sorbonne. Il publia *La Danse grecque antique* (E. de Boccard, 1930), *Le Mythe de Prométhée* (PUF, 1951) et passa dix années de sa vie à revoir, avec l'aide de divers collaborateurs, l'édition du dictionnaire d'Anatole Bailly. Sa thèse a pour titre : *Études sur la tragédie grecque dans ses rapports avec la céramique* (Paris, Champion, 1926).

52 Conférence prononcée le 1er décembre 1910 au Théâtre Cinéma-Pathé, *Montpellier littéraire*, Montpellier, tiré à part, 10 décembre 1910, p. 1-5.

53 « Panthéisme », *Le Chariot d'or*, v. 1.

54 « Automne », *ibid.*, v. 45.

Samain. Le poète y fit en effet plusieurs séjours ; il en aimait le toit, avec sa mousse et ses nids d'hirondelle, il se plaisait à ces fenêtres d'où il voyait, dans la vallée, « la forêt se tordre au vent comme une chevelure[55] ». C'est là qu'il a composé certaines de ses pièces les plus intéressantes et il est mort tout à côté, dans une petite villa qu'il avait fini par louer.

Les lieux qui surent attirer les poètes et où il leur arriva de mourir, ne sauraient nous laisser indifférents. Ils nous émeuvent et nous instruisent. Cette solitude chère à Samain, cette retraite de prédilection loin de la foule et des villes, nous renseignent assez sur son caractère et sa vie.

Cette vie fut humble et secrète ; comme le poète le disait lui-même, elle n'a pas d'histoire et nous n'en retiendrons que ceci : Albert Samain est né en 1858, à Lille, au pays de Marceline Desbordes-Valmore et de Watteau. Il est pauvre, et, très jeune encore, il doit venir en aide à sa mère. Après avoir passé dans la banque et le courtage des sucres, il arrive à Paris en 1880 et entre en qualité d'expéditionnaire à la préfecture de la Seine. Sa mère quitta Lille pour le rejoindre en 1881, et il mena dès lors auprès d'elle une véritable existence familiale jusqu'à la mort de Mme Samain qui l'atteignit cruellement et précéda de peu la sienne. Jusqu'au bout il s'acquitta ponctuellement de son prosaïque métier, ne l'interrompant qu'aux vacances par un voyage ou un séjour à la campagne. Il le supportait sans peine, car il lui laissait des loisirs et sa liberté du soir ; il pouvait recueillir en son cœur « ce qui descend de rêve à la première étoile[56] », fleurir ses yeux des lis bleus du crépuscule ou des roses qu'effeuille le couchant. « À l'heure de pensée où s'allument les lampes[57] », il retrouvait le visage et les livres aimés et prolongeait en leur compagnie de douces et fécondes veillées. Ce poète n'a rien d'un homme de lettres de profession. S'il a subi des influences littéraires, il fréquente peu les écrivains vivants ; il s'écarte vite des cénacles où il passe. Vers 1883, on le voit à peine apparaître aux réunions du groupe audacieusement baptisé « Nous autres », ou aux séances du fameux Chat-Noir. Retenu par ses anciennes dévotions littéraires, encore romantique et parnassien de tendance, il hésite et s'effarouche devant les nouvelles doctrines et les manifestes. Il cherche sa voie et traverse une assez

55 « Le vent tourbillonnant, qui rabat les volets, / Là-bas tord la forêt comme une chevelure. » (*Ibid.*, v. 1-2.)

56 « Soirs (I) », *Au jardin de l'infante*, v. 14.

57 « C'est l'heure de pensée où s'allument les lampes. » (« Élégie », *ibid.*, v. 5.)

longue crise intellectuelle compliquée de tristesse et de tourments de cœur. Aussi le voyons-nous se détacher de plus en plus et se concentrer en lui-même. Sans hâte, avec une peine et un soin infinis, il élabore le livre qui devait être *Au jardin de l'infante* où nous retrouverons un écho de ces divers états. En 1890, il contribue pourtant avec ses amis Paul Morisse et Raymond Bonheur à la fondation du *Mercure de France* ; c'est là qu'en 1893, après de nombreuses hésitations et un choix scrupuleux, il consent, sur l'insistance de M. R. Bonheur, à laisser publier son premier recueil, qui suffit à consacrer sa renommée. Son second livre, *Aux flancs du vase*, paraît en 1898 et ne réussit que médiocrement. Mais sa déconvenue se fondit dans la grande douleur qui lui causèrent la maladie et la mort de sa mère bien-aimée, survenue à cette époque. Lui-même qui s'est prodigué auprès de la chère malade se trouve gravement atteint. Un voyage dans le Midi semble le rétablir, mais il épuise ses dernières forces à écrire *Polyphème*. Il se décide à demander un congé, fait auprès de sa sœur un séjour en Flandre, revient à Paris pour repartir bientôt dans sa retraite de Magny-les-Hameaux. C'est là que, le 18 août 1900, la mort vint à lui, voilée d'illusions, discrète et douce comme il l'avait souhaitée :

> Oh ! s'en aller sans violence,
> S'évanouir sans qu'on y pense
> D'une suprême défaillance…
>
> Silence !… Silence !… Silence[58] !…

Avant que les deux religieuses qui veillaient auprès de lui eussent à jamais fermé les plis du linceul sur son visage, Eugène Carrière put en immortaliser la tragique et défaillante beauté[59]. La poésie venait rendre hommage en une touchante élégie de Francis Jammes qui devait aussi évoquer ailleurs « le corps et la face mince, le regard bleu » qui « devenait parfois céleste, c'est-à-dire remontait et blanchissait[60] ». « Albert Samain », dit encore Jammes, « était un cygne. Je ne m'exprime presque pas, ici, au figuré. Du cygne, il avait l'harmonieuse roideur et le regard, […] l'impassible regard de la bête sacrée qui se détacha et s'envola de

58 « Silence !… », *ibid.*, v. 22-24.

59 Le tableau d'Eugène Carrière, *Albert Samain (1858-1900) sur son lit de mort*, signé et daté du 19 août 1900, est conservé au Musée Lambinet de Versailles.

60 Préface de Francis Jammes à Léon Bocquet, *Albert Samain. Sa vie, son œuvre*, *op. cit.*, p. 5.

la frise du temple, le regard qui ne reflète que l'apparence des choses qui s'écoule, sous lui, dans les eaux du fleuve[61]. » Louis Denise décrit de son côté l'allure si particulière de ce fils des Flandres : « Dans sa mince face brune aux traits fins et accusés, aux cheveux noirs et plats, dans son geste abondant et facile qui ne contrariait jamais la correction naturelle d'un extérieur un peu austère, il avait gardé quelque chose de l'ancienne race maîtresse du pays, une silhouette espagnole que Vélasquez eût signée[62]. » Après avoir insisté sur son amour du silence et son goût pour les longues contemplations intérieures, il achevait ainsi l'esquisse de sa nature morale : « Il possédait à un haut degré ces vertus de société, prisées naguère à leur valeur et qui savent encore aujourd'hui charmer : un commerce sûr et aimable, un cœur droit et bienveillant qui savait esquiver sans inutile blessure les louches compromissions, une conversation vive, primesautière et colorée. [...] Il avait cette suprême politesse d'abaisser ou d'élever le ton de sa parole, dont l'ironie même ne semblait être qu'une charité, au niveau de ses interlocuteurs ; et, d'ailleurs, sa discrétion facile et souvent familière mettait à l'aise les timides et annihilait, pour ainsi dire, les importunités. En un mot, il savait l'art difficile de fréquenter les hommes sans les laisser s'installer dans sa vie[63]. » D'autres ont loué sa piété filiale, les scrupules de sa délicatesse et la loyauté de ses sentiments, la simplicité de ses manières et la parfaite dignité de sa vie ; ils nous le montrent aussi « réservé, sans affectation, du fait de sa nature distinguée et discrète[64] ». Il vivait en lui et réservait le plus intime et le meilleur de son être pour ses poèmes. C'est là seulement que nous trouverons une expression parfaite de l'état d'âme et de la tournure d'esprit de l'auteur ; venons donc à eux sans plus tarder, puisque c'est avant tout une analyse des idées et de la sensibilité d'Albert Samain que l'on voudrait tenter ici.

En plus des deux recueils lyriques de 1893 et de 1898, *Au jardin de l'infante* et *Aux flancs du vase*, Albert Samain avait fait paraître dans *La Revue hebdomadaire* trois courts récits en prose, réunis plus tard à un quatrième, dans le volume intitulé *Contes*. À ces œuvres vinrent

61 *Ibid.*, p. 6.

62 Louis Denise, « Albert Samain », *Mercure de France*, 1er octobre 1900, p. 5-12 ; recueilli dans *Œuvres poétiques complètes*, éd. citée, p. 646-651.

63 *Ibid.*

64 Paul Léautaud et Adolphe Van Bever, *Poètes d'aujourd'hui (1880-1900)*, Paris, Mercure de France, t. 1, 1922, p. 201.

s'ajouter, après la mort du poète, *Polyphème*, publié en 1901 par *La Revue de Paris* et représenté au Théâtre de l'Œuvre en 1904, des *Poèmes inachevés* qui font suite à l'édition actuelle d'*Aux flancs du vase* et du *Chariot d'or*. Ce dernier livre réunit des éléments d'inspiration diverse qui appartiennent à toute la période de production de Samain ; il est donc loisible d'en user pour éclairer les deux autres recueils dont il est souvent contemporain.

Il serait peu juste de croire qu'Albert Samain a donné dès ses premières poésies l'exacte mesure de son originalité ; et même, jusque dans ses harmonies les plus personnelles, il a fondu parfois des accents étrangers. L'action de V. Hugo, de Leconte de Lisle, de Heredia, et surtout de Baudelaire et de Verlaine, est notable dans mainte pièce. Nous n'y insisterons pas cependant et resterons plutôt sensibles à ce charme alangui et presque douloureux, à l'insinuante volupté, à cette ombre de mystère doucement colorée et parfumée qui sont comme l'atmosphère spéciale de son génie.

On a pu observer déjà la tendance d'Albert Samain à s'exiler de la vie commune, à demeurer blotti en lui-même sous l'empire de sa fantaisie et dans la contemplation de ses rêves. Il s'inspirera pour son œuvre de cette disposition naturelle accrue et fortifiée par les doctrines environnantes. C'était l'époque où, sous l'influence de certains philosophes allemands corroborée, si l'on peut dire, par les livres mieux connus de Senancour et d'Amiel, l'idée se faisait jour qu'il existe indépendamment de nos actes quotidiens, au delà de notre personnalité de surface, une personnalité plus réelle, enfouie dans les demi-ténèbres de l'*inconscient*, méconnue ou dédaignée. On partait à la conquête de ce *moi*, de cette *âme* ; on s'ingéniait à les retrouver, à les cultiver. Intellectualisant peut-être outre mesure ces notions d'ordre mystique, Maurice Barrès compose ses trois romans d'Idéologie ; dans son poème de « La Gardienne », le chef-d'œuvre de *Tel qu'en songe*, Henri de Régnier met dramatiquement en scène le retour de l'homme vers l'âme oubliée ; ses premières œuvres en prose, *Les Contes à soi-même*, *Le Bosquet de Psyché* témoignent des mêmes aspirations. Le *Narcisse* d'André Gide veut connaître « quelle forme a son âme[65] », Camille Mauclair décrira la sainte *Éleusis*, la *Cité intérieure*,

65 André Gide, *Le Traité du Narcisse : théorie du symbole* [1891, « tirage provisoire »], Paris, Librairie de l'Art indépendant, 1892 ; rééd. dans *Romans, récits et soties, œuvres lyriques*, introduction par Maurice Nadeau, notices et bibliographie par Yvonne Davey et Jean-Jacques Thierry, Paris, Gallimard, coll. « Bibliothèque de la Pléiade », t. 1, 1958, p. 3.

et l'on sait avec quel pieux enthousiasme Maurice Maeterlinck célèbre *Le Réveil de l'âme*, et des trésors inconnus que les plus humbles portent en eux. Par le titre et quelques caractères de son livre, Albert Samain se range dans la catégorie de ces écrivains. Chez lui, d'ailleurs, comme chez certains d'entre eux, ce goût de la vie intérieure procède en partie du détachement hautain de la vie journalière et de ses contingences. Il lui arrive de se flatter de « vivre seul avec son âme pour conquête[66] », d'ignorer « l'heure vaine et les hommes qui vont[67] ». Cependant il se dérobe surtout par timidité et discrétion ; sa sensibilité se concentre et remonte à sa source par crainte d'être troublée et contrariée. Méditons le portrait qu'il a tracé de Divine Bontemps dans un des *Contes* où il s'est plu à donner une image symbolique de son âme : « Douée d'une énergie de tendresse presque excessive [...], elle reculait devant la manifestation des sentiments. [...] Rien ne lui était plus pénible que de sentir les autres deviner son cœur. [...] La pudeur physique et tout ce qu'elle comporte d'ombrageuse sensitivité, semblait chez elle transposée au moral ; et la moindre émotion dévoilée, le moindre sentiment surpris, lui causait l'intolérable malaise de la nudité[68]. » Souvenez-vous aussi de l'*Ilda*, du *Chariot d'or* dont la voix est empreinte d'une « pudeur farouche » et qui vit « pour la volupté de se taire[69] ». Ce goût de l'introspection, ce dédain de la foule, ou mieux, la crainte de ses inévitables promiscuités, cette réserve d'une sensibilité qui se retranche pour ne point trop pâtir, cette désertion de la réalité actuelle au profit du passé où se loge plus aisément la chimère, avec de temps à autres quelques ressauts de l'énergie et de l'instinct de lutte sous la forme de l'orgueil, enfin l'apaisement amené par l'idée de la fatalité et par l'enivrement des harmonies intérieures, toutes ces dispositions de son âme, le poète les a magnifiquement exprimées sous le symbole de l'« Infante en robe de parade »,

> Dont l'exil se reflète, éternel et royal,
> Aux grands miroirs déserts d'un vieil Escurial,
> Ainsi qu'une galère oubliée en la rade[70].

---

66 « Il vivait seul avec son âme pour conquête. » (« Son rêve fastueux », *Le Chariot d'or*, v. 8.)

67 « J'ignore l'heure vaine, et les hommes qui vont, [...] » (« Extrême-Orient (II) », *Au jardin de l'infante*, v. 17.)

68 « Divine Bontemps ». Voir *supra*, p. 66-67.

69 « Avec une pudeur farouche de la voix, / Elle vivait pour la volupté de se taire. » (« Ilda », *Le Chariot d'or*, v. 13-14.)

70 « Mon âme est une infante », *Au jardin de l'infante*, v. 2-4.

C'est au jardin de cette Infante que le poète nous convie d'entrer, en son jardin qui n'est autre que celui de sa propre pensée et de son rêve solitaire. Souvenons-nous encore de *Divine Bontemps* : « À tout elle préférait *sa solitude* ; et, comme il arrive aux êtres dont la vie résorbée avive l'imagination, elle voyait dans ces mots, tout au fond d'elle-même, une sorte de jardin caché, un jardin planté, sous un ciel dépoli d'automne, de verdures sombres et très odorantes – lierre et buis – où elle se promenait de longues heures avec sa pensée[71]. » Lisant l'épigraphe d'*Au jardin de l'infante*, empruntée par Samain à Edgar Poe, nous comprenons mieux désormais ce qu'étaient ce parc et ces roses sommeillantes auprès desquels le Destin, dont le nom est aussi Douleur, a forcé le poète à s'arrêter par un beau minuit de juillet. Sache bien, nous dit-il, que ce jardin était enchanté. Qui ne subirait cet enchantement à parcourir ces régions mystérieuses où parmi la nuée du songe se jouent les diamants du souvenir. L'âme est là, avec son sourire attendri et ses ailes ; à leur rythme léger toutes choses ont pris une transparence immatérielle ; les formes et les couleurs s'affinent et se fondent en une harmonie suprême et rien ne saurait égaler le charme de ce paysage intérieur où, dans un cadre d'eaux furtives et d'arbres fluides, s'élève et flotte en la douceur de son rayonnement solitaire l'apparition de l'immortelle Psyché.

Le recueil d'*Au jardin de l'infante* ne contient pas de longs poèmes ; des sonnets ou simplement l'arabesque légère et capricieuse de quelques strophes. Albert Samain nous a dit lui-même quels vers il souhaitait de composer.

> Je rêve de vers doux et d'intimes ramages,
> De vers à frôler l'âme ainsi que des plumages,
> […]
> Je rêve de vers doux mourant comme des roses[72].

On croit entendre en effet une plainte du vent d'automne sur les dernières fleurs, la chute frissonnante d'un crépuscule, une chanson constante et douce faite de rêves confiés à demi, de murmures et de soupirs. Les branches sont pleines de ténèbres et c'est, à la table chargée de roses, de cristaux dorés et de fruits, une muette contemplation du visage aimé. De chères prunelles dorment pensives sur une branche de jasmin. Si la même étoile se mire dans les verres de vieux muscat, le même amour enflammera-t-il

71 « Divine Bontemps ». Voir *supra*, p. 71.
72 « Je rêve de vers doux », *Au jardin de l'infante*, v. 1-2 et 17.

longtemps les deux cœurs ? Une lointaine musique entendue sur l'eau se prolonge dans l'harmonie des âmes et s'achève dans l'accord des lèvres. Ou bien, le poète abandonné aux mouvements de sa barque se laisse aller insensiblement aux mouvements de son cœur ; le silence règne animé seulement par l'eau frémissante ou la palpitation intime, car la plainte du lac et celle du poète se mêlent, nous enveloppent et nous bercent.

> Tremble argenté, tilleul, bouleau…
> La lune s'effeuille sur l'eau[73]…

Voici, au crépuscule, une lente promenade à l'étang où s'est épanché tout le ciel : « le calme des jardins profonds s'idéalise[74] » ; ou encore, une méditation prolongée du soir, à l'appui de la fenêtre, tandis que repose sur l'épaule du poète une tête bien-aimée qui s'appesantit comme morte parmi les lumières fanées. Ailleurs, il nous semble être retiré hors du temps ; la lyre du pendule se balance à peine, et une parole secrète se meurt dans l'âme confidente, telle « une haleine d'ange en un duvet d'hermine[75] ». Enfin, se déploie l'immense désenchantement de l'automne qui saigne à l'horizon et dans les cœurs, l'amère volupté des larmes, la poésie du souvenir. Bon nombre de pièces d'*Au jardin de l'infante* gravitent ainsi autour de l'amour, en semblant inspirées par un regret, par une attente. Cependant, il est malaisé de déterminer si ce sentiment avait déjà pris dans la vie d'Albert Samain l'importance qu'il y aura plus tard. Selon certains, on chercherait vainement une vraie passion dans ce livre de rêve ; il ne contiendrait que des exaltations passagères, entretenues sinon provoquées par l'imagination du poète. Il est sûr, et des poèmes tels qu'« Even-Tide » et « Invitation » suffiraient à l'établir, qu'il y a dans ce recueil des échos étrangers au vif amour qui triomphe dans *Le Chariot d'or*. Mais bien des accents profonds et plusieurs touches d'un portrait esquissé çà et là nous inclinent à croire qu'Albert Samain est déjà, ou qu'il était encore – car tout dépend de la date inconnue des *Élégies* – sous le charme de la grande inspiratrice[76]. D'ailleurs, la nature du sentiment nous importe davantage ici que son

73 « Accompagnement », *ibid.*, v. 1-2.

74 « Promenade à l'étang », *ibid.*, v. 1.

75 « Comme une haleine d'ange en un duvet d'hermine. » (« Musique confidentielle », *ibid.*, v. 54.)

76 Cécile Cerizier (1863-1941). Voir notre notice aux *Poèmes pour la Grande Amie*, *Œuvres poétiques complètes*, éd. citée, p. 347-351.

objet, et l'on doit noter que s'il ne diffère pas essentiellement de celui qui anime les *Élégies*, il est du moins d'une expression moins franche, plus réfléchie, plus enveloppée. Sauf de rares exceptions, c'est un amour calme, taciturne, embaumé d'ombre et de mystère, une sorte de ferveur mystique où l'on apporte, selon les mots du poète, mutisme et sévérité. Ce sont – je cite toujours Albert Samain – ce sont des frôlis d'âme en longs regards croisés, de chastes tendresses d'un cygne de neige aux longues plumes, une étreinte de sœurs, une onde musicale et fine qui règne sur les sens apaisés. Cet amour qui connaît sa fragilité et ses limites se couronne de tristesse ; son autre nom sur terre est Douleur et il a besoin même pour sa vie éphémère de la continuelle rosée des larmes. Albert Samain cultive en artiste un sentiment si délicat et il l'entoure d'un cadre somptueux ou charmant : flore des lampas, tapis profonds, gerbes humides encore et frissonnantes, arpèges de sons qui flottent et retombent en arpèges de caresses, jardins secrets où la lune fait remuer l'ombre dans les arbres et où les vasques taries semblent recueillir l'âme du silence et de la nuit.

D'ailleurs, le poète a toujours aimé le décor propice aux noblesses et aux délicatesses du cœur ; de là vient en partie son admiration pour Versailles, avec « ses eaux glauques jonchées d'un feuillage roussi[77] », le bosquet de Vertumne à présent « délaissé des Grâces[78] », Trianon

Et son perron désert où l'automne, si douce,
Laisse pendre, en rêvant, sa chevelure rousse
Sur l'eau divinement triste du grand canal[79].

L'*Infante* s'exalte aux songes illustres que recèle un milieu analogue, et c'est encore dans un parc aux larges frondaisons, où la blancheur des marbres dresse çà et là un beau geste nu qu'apparaîtra *Hyacinthe*, autre personnification de l'âme. Mais Albert Samain serait moins sensible à la majesté de ce cadre classique si le XVIIIe siècle ne l'avait adouci de sa grâce. Aux heures de désenchantement, quand l'imagination se réfugie aux lieux et aux temps où l'on eût le mieux goûté, semble-t-il, le charme de vivre, il se plaît à évoquer cette époque, « dont la fonction fut d'être

77 « Tes eaux glauques que jonche un feuillage roussi » (« Versailles (I) », *Le Chariot d'or*, v. 6.)

78 « Le bosquet de Vertumne est délaissé des Grâces. » (« Versailles (IV) », *ibid.*, v. 43.)

79 *Ibid.*, v. 40-42.

jolie » et qui s'entendit « merveilleusement à organiser le plaisir[80] ». Déjà, dans le petit conte de *Xanthis*, paru en 1892, il avait pris occasion des coquetteries d'une statuette de Tanagre avec un marquis de vieux Saxe, pour décrire tantôt « une claire jupe Pompadour à paniers bouffants, légère et fleurie comme une matinée de printemps[81] », tantôt « quelque robe Watteau de satin mélancolique vert saule ou réséda, à grand pli dans le dos[82] ». Et il se promenait avec ses fragiles héros à travers le paysage des éventails, « parmi les grands parcs aux pelouses vert fané, ornées de jets d'eau en aigrette, les jardins décorés de nobles statues, les bosquets où s'élevaient des temples à l'Amour[83] ».

Ce rêve familier de fête-galante, Albert Samain l'a surtout exprimé dans une partie d'*Au jardin de l'infante* :

> Vers les Îles d'Amour, en les lacs bleus écloses,
> Mes Rêves sont partis sur des nacelles roses[84].

S'inspirant de l'*Embarquement pour Cythère* et de l'*Assemblée dans un parc*, il s'abandonne à l'enchantement de la Divine Journée

> Par le songe promenée
> Sur l'herbe comme fanée
> Un peu[85].

Il évoque une fête nocturne à Bergame, avec la langueur savante des gavottes au rythme parfumé des éventails, ou bien il recueille en son vers l'âme d'une flûte qui soupire au fond du parc mélodieux. Et voici qu'apparaît là-bas, « s'effilant solitaire et moqueur[86] », l'Indifférent qui « las d'Agnès ou de Lucile[87] »,

> Sur la scène, d'un geste adorable et gracile,
> Du bout de ses doigts fins sème un peu de son cœur[88].

---

80 « Xanthis ou la Vitrine sentimentale », voir *supra*, p. 52.
81 *Ibid.*
82 *Ibid.*, voir *supra*, p. 53.
83 *Ibid.*
84 « Îles d'Amour », *Au jardin de l'infante*, v. 1-2. Voir *Œuvres poétiques complètes*, éd. citée, p. 661-663.
85 « L'Île fortunée », *ibid.*, v. 42-44.
86 « L'Indifférent », *ibid.*, v. 11.
87 *Ibid.*, v. 12.
88 *Ibid.*, v. 13-14.

Certes, Albert Samain a pu subir en sa prédilection pour le XVIIIe siècle l'influence des Goncourt et de Verlaine, mais son grand maître est « le peintre idéal de la fête-jolie[89] », son compatriote Watteau qu'il célèbre dans une pièce du *Chariot d'or*, en lui demandant de le ravir pour un soir dans un rêve enchanté.

Mais hélas, « toutes les bergères sont bien mortes[90] » ! On ne peut séjourner indéfiniment dans le songe ; il se dissipe et la réalité n'en est que plus lourde. La vie est plate et quotidienne ; l'amour, le véritable amour, n'est pas venu ou il a trompé le poète. Comme Verlaine d'ailleurs, Samain avait besoin de certitude et souffrait de ne pas croire ; il eût voulu posséder la foi et la force, être pour « le vieux monde réprouvé » un « prophète ardent et doux[91] », un consolateur, un soutien de l'espérance. Toute la dernière partie d'*Au jardin de l'infante* (*Vas Tristiae*, *L'Allée solitaire*) est profondément pessimiste :

> Le siècle d'or se gâte ainsi qu'un fruit meurtri.
> Le Cœur est solitaire, et nul Sauveur n'enseigne…
> Ces gouttes dans la nuit ?… C'est ton âme qui saigne !
> Qui de nous le premier va jeter un grand cri[92] ?

Les grands sentiments sont éteints dans l'homme abâtardi : les espérances – ces colombes de l'arche – ont péri sans trouver où se poser ; les illusions, l'enthousiasme ne sont même plus possibles. Partout, « la lettre charnelle a suborné l'esprit[93] » ; l'art est en décadence, la foi est morte ; la solitude s'est faite autour de la croix où pend Jésus, et les vieilles cloches qui pleurent dans le soir n'émeuvent plus notre pensée.

> Des cœurs flétris ! Des cœurs meurtris ! Larmes et luttes !
> […]
> Ô mon cœur, laisse-moi m'envelopper d'*ailleurs*[94].

Cet *ailleurs* ne peut être que céleste ; Albert Samain ne nous cache pas son immense désir de foi et quelques pièces, le « Réveil » en particulier

89 « Watteau », *Le Chariot d'or*, v. 12.
90 « Hiver », *Au jardin de l'infante*, v. 32.
91 « J'ai rêvé d'un vieux monde à l'âme réprouvée, / Où j'apportais, prophète, un cœur ardent et doux. » (« Visions (II) », *ibid.*, v. 15-16.)
92 « Le siècle d'or », *ibid.*, v. 1-4.
93 *Ibid.*, v. 6.
94 « La Vie », *ibid.*, v. 9 et 14.

dans *Le Chariot d'or*, ne nous permettent pas de douter que ce désir ne se soit réalisé :

> L'aube d'une clarté s'épanche dans mon âme.
> [...]
> Et j'ai senti passer la robe du Sauveur.
> [...]
> Mon cœur ressuscité bat sa vie à grands coups.
>
> Car l'épouse mystique a retrouvé l'époux[95].

Cette crise qui amène un renouvellement moral du poète, va provoquer aussi un changement dans sa manière. Il soupçonne qu'il s'est trop complaisamment penché sur ses impressions et ses sentiments, qu'il a trop joui de leur rareté, qu'il s'est paralysé par excès d'analyse. Comme il le dit éloquemment dans un des *Poèmes inachevés*, toutes ses pensées ordinaires, *Amertume*, *Mélancolie*, *Renoncement*, *Volupté*, *Indifférence*, ont entendu la bonne chanson des lavandières revenant joyeusement du travail, et elles ont crié vers la Vie en se meurtrissant le sein. Albert Samain ne resta pas sourd à cet appel, et les œuvres qui vont suivre témoigneront d'un curieux effort d'objectivité.

Cependant, les poésies de la première période resteront peut-être les plus intéressantes pour tout ce qu'elles recèlent de la nature intime du poète. Son âme, taciturne et triste qui s'effeuille en longs sanglots, âme dévouée et tendre, passée, telle qu'un lis fidèle et pâle, à la ceinture de l'aimée ; son cœur fier et misérable, toujours tremblant des lendemains ; voilé dans les brouillards d'une éternelle mélancolie, il est le doux fleuve harmonieux qui recueille en son sein toutes les larmes du monde ; il est mobile et impressionnable comme l'eau :

> Mon cœur est un beau lac solitaire qui tremble,
> Hanté d'oiseaux furtifs et de rameaux frôleurs,
> [...]
> Et sur ses bords, en d'éternelles harmonies,
> Soupire l'orgue des grands joncs inapaisés[96].
>
> L'eau musicale et triste est la sœur de mon rêve[97].

95 « Réveil », *Le Chariot d'or*, v. 1, 4, 15-16.

96 « Invitation », *Au jardin de l'infante*, v. 1-2 et 7-8.

97 « Extrême-Orient (I) », *ibid.*, v. 12.

Ce cœur et cette âme si tendres ont le culte de leur délicatesse : l'âme a le goût secret des pleurs, et le cœur est harcelé – je ne fais que reproduire les aveux du poète – par le goût de souffrir sans remède. Les larmes ne sont-elles pas des « gouttes d'extase », un « éplorement délicieux[98] » ? Le plaisir même n'est complet que dans ses excès douloureux ; il faut l'exaspérer jusqu'à ce que l'âme trop chargée succombe et se brise. Le poète se complaît aux pointes extrêmes, aux *confins* de la sensibilité ; mais cédant à son curieux instinct de défaillance, je dirais presque d'anéantissement, il recherche surtout ces états si subtils, si ténus, « où le rare s'élargit et se défait dans l'universel, et où l'imagination, à poursuivre le but sans trêve reculé de ses désirs, s'abîme dans une lassitude ineffable[99] ».

> Vibrer ainsi qu'un son d'archet diminue,
> S'affiner l'âme en une extase si ténue,
> [...]
> Ne plus savoir ce que sa vie est devenue,
> Tenter [...] d'exquis trépas[100].

Dans ces moments, en effet, le poète arrive à éprouver l'extase de la mort dont le vertige communique un rythme étrange aux sensations et aux sentiments.

Albert Samain a manifesté longtemps cette prédilection pour la douleur, la régression, l'évanescence. Plus qu'à tout, il s'émeut à « l'infini de douleur qu'ont les choses brisées[101] », à un sourire qui s'achève en sanglot, aux tristes charmes des déclins. Rien n'est doux, selon lui, comme une agonie, qu'il s'agisse de celle d'une musique, d'une caresse, d'un amour ou d'une race. Voilà qui explique aussi sa préférence pour telle saison ou telles heures, son adoration pour l'automne qui berce l'été mourant dans son cœur ; pour son ciel si limpide qu'il semble déserté et qu'il a l'air de pleurer une absence, pour sa lumière qui luit et n'échauffe plus, pour l'odeur mouillée des forêts comme trempées de larmes, pour la terre

---

98 « Larmes », *ibid.*, v. 19.

99 « C'est ici que nous aurions touché les points extrêmes de la sensibilité, quand le rare s'élargit et se défait dans l'universel et que notre imagination, à poursuivre le but sans cesse reculé de nos désirs, s'abîme dans une lassitude ineffable. » (Maurice Barrès, *Amor et Dolori sacrum*, Paris, Plon, 1921, p. 114.)

100 « Confins », *Au jardin de l'infante*, v. 4-5 et 7-8.

101 « Élégie », *Le Chariot d'or*, v. 42.

dépouillée qui vous sourit une dernière fois, pour les nuances attendries des grands arbres d'où tombe l'adieu des feuilles d'or. De là encore son amour du changeant nuage, de la brume, et dans une bonne partie de son œuvre cette marée montante du soir. Albert Samain s'enchante de l'indicible lassitude de l'heure où le ciel défaille en des douceurs de turquoise et d'opale, où il se dégrade lentement et s'évanouit en un grand lac d'or exténué. Après les éclats et l'ivresse brutale du jour, le crépuscule fait régner ses délicatesses infinies ; il atténue toute emphase, estompe les lignes, irise et amortit les couleurs, voile les sons. Il nous délivre du monotone effort de vivre et « neige en charpie exquise[102] » aux blessures du cœur. Lorsque dans l'air élargi de vide et de calme, la grande âme de la nuit s'épanche, les lèvres sont touchées par le silence et « au doux soleil intime de la lampe[103] » le rêve s'entrouvre « ainsi qu'une rose dans l'eau[104] ». On pressent déjà l'admirable « Incantation » du *Chariot d'or*, « Ô nuit magicienne, ô douce, ô solitaire[105] ! » qui semble réunir les plus beaux accents de tous les oiseaux de l'ombre.

De ces dispositions, Albert Samain se rendait assez bien compte : « J'adore, dit-il quelque part, l'indécis, les sons, les couleurs frêles, tout ce qui tremble, ondule et frissonne et châtoie[106]. » Il s'éloigne du consistant et du relief ; rien généralement dans sa pensée ni dans son style qui se fige, se solidifie, se cristallise ; ses métaphores et ses comparaisons aboutissent presque toujours, au contraire, à des impressions de flamme pâle de nuée et d'eau. S'écartant aussi du stable et du défini, il apparaît surtout attentif au *mouvant*, toujours en train de se faire et de se défaire. Par son sens du *devenir*, Albert Samain est un impressionniste ; par la relation qu'il établit sans cesse entre le concret et l'abstrait, le matériel et le spirituel, par le rapprochement constant entre des images ou des sensations d'ordre différent, il est dans la pleine acception du mot un symboliste. L'heure embaume ou s'énamoure, les soirs sont irrésolus, une musique, une lumière, une après-midi se fanent, les tapis s'endorment, un parfum d'héliotrope est diaphane ; le ciel chromatique agonise sa gamme ou égrène ses arpèges de couleur. Cette sensibilité qui variera dans son expression mais non dans son essence, rattache Samain à l'école

102 « Soir », *ibid.*, v. 4.

103 « Automne », *ibid.*, v. 40.

104 *Ibid.*, v. 39.

105 « Incantation », *ibid.*, v. 1.

106 « Dilection », *Au jardin de l'infante*, v. 1-2.

du Symbolisme. Quant au vers, il ne s'éloigne guère des préceptes traditionnels, ce qui était assez remarquable au moment de l'exaltation du vers libre par Jules Laforgue, Gustave Kahn, Henri de Régnier et Jean Moréas.

Les dernières pièces mentionnées d'*Au jardin de l'infante* contenaient avec un espoir de rénovation morale, une sorte de nouveau programme littéraire. Et de fait, nous assistons dans une partie du *Chariot d'or* et dans *Aux flancs du vase* à des modifications importantes. À une époque qui semble très proche, sinon contemporaine de celle où fut achevé *Au jardin de l'infante*, dans une suite de poésies intimes non destinées à être publiées, le poète avait déjà émis des accents singulièrement imprévus. Les confidences passionnées qui figurent aujourd'hui au *Chariot d'or*, nous révèlent dans Albert Samain un côté, je ne dis pas plus sincère, mais plus naturel et plus humain. C'est toujours le cœur si doux, tendre et dévotieux d'*Au jardin de l'infante*, mais fortifié, épanoui au feu d'une grande passion. Il n'y a là ni procédés, ni exagération ; ce sont des aveux qui palpitent encore. Leur parfaite discrétion est un charme de plus qui attire : seuls, deux beaux yeux verts ardents, deux yeux de vive émeraude jettent leur éclat dans ce mystère, et pourtant Samain a su mettre dans ces douze poèmes toutes les ivresses et angoisses d'une âme moderne, toute l'élégie du bonheur, du doute, de l'abandon et du regret.

> Comme une grande fleur trop lourde qui défaille,
> Parfois, toute en mes bras, tu renverses ta taille.
> […]
> Je t'enlace ; j'ai comme un peu de l'âpre joie
> Du fauve frémissant et fier qui tient sa proie.
> […]
> Et toujours le désir pareil au cœur me mord
> De t'emporter ainsi, vivante, dans la mort[107].

Aux emportements de la passion se mêlent des tendresses de père qui, en ses bras, tient son enfant bercée, doucement la serre, et loin de la foule s'arrête au coin d'un mur pour lui baiser les yeux. Nulle fibre ne manque à la lyre de cet amour qui a le charme suprême de n'être point égoïste et qui rejaillit en pitié sur

107 « Comme une grande fleur », *Le Chariot d'or*, v. 1-2, 5-6 et 9-10.

> [...] tous ceux-là qui, sur la terre,
> Par un tel soir tendant les bras,
> N'ont point dans leur cœur solitaire
> Un nom à sangloter tout bas[108].

La nature qui déploie son décor autour des sentiments les prolonge et les éternise. Les lèvres de l'amour sont plus belles de ce que le poète a rêvé d'y boire une nuit idéale ; son sourire est plus doux d'avoir flotté dans la cité bruissante parmi les lumières des chars ; son haleine est plus vivante d'avoir passé sur la ville endormie pour aller vers un autre cœur. Et lorsque, malgré tant d'ivresses, l'heure de la séparation est venue, le poète adresse à la chère image qui a visité ses jours un adieu plein d'une noble mélancolie où la reconnaissance se mêle au pur regret :

> [...] l'amour en moi persiste.
> Le reproche est bavard ; la rancune égoïste.
> Je ne te dirai rien, sinon que je suis triste...
>
> Telle une fleur qu'on coupe et qui douce à souffrir
> Ne sait rien qu'exhaler ses parfums et mourir[109].

Cet adieu a longtemps retenti dans le cœur et dans l'œuvre du poète, et on en retrouve maint écho attendri jusque dans les *Poèmes inachevés*.

En vérité, Albert Samain touchait déjà à la résignation, à l'apaisement, à la simple acceptation du destin qui caractérisent ses dernières poésies. Peu à peu, même, il se prit à aimer tout ce dont l'avait jadis séparé son orgueilleuse attitude ; au lieu de s'attarder à l'analyse trop attentive de ses propres sentiments, il regarda les autres, il s'efforça d'exprimer leur âme et de décrire leurs gestes. Et pourtant, ce ne fut pas sans tirer profit de ses anciennes contemplations. Ses rêves l'avaient emporté bien des fois vers une île grecque au nom sonore, ouverte comme une large fleur sur l'azur de quelque mer Ionienne ; il s'était grisé à la lecture de l'*Anthologie*, frais bouquet de roses voilé de cyprès et de myrtes et qu'anime le bruit de sources jamais taries. C'est là que, suivant la tradition de Ronsard et de Chénier, il vient rafraîchir sa poésie lassée ; il s'oublie devant les charmantes visions qui se déroulent *Aux flancs du vase* et il les traduit naïvement en ses vers. Mais on se méprendrait sur leur originalité à les

108 « Une douceur splendide », *ibid.*, v. 17-20.
109 « Je cherche des endroits », *ibid.*, v. 19-23.

considérer comme un pur pastiche de l'antique. Albert Samain a pris soin lui-même de s'en défendre ; ses poèmes n'ont rien d'une reconstitution savante ; ils empruntent à la Grèce des éléments d'idéalisation, des noms et des termes plus harmonieux, l'éclatante pureté du ciel et de la lumière, le grand souffle divin qui soulève l'onde, balance la rose, agite la cime des bois et sème l'amour parmi les créatures ; mais ils s'inspirent aussi bien, et plus peut-être, du présent que du passé. Et s'il arrive si souvent à Albert Samain de nous rappeler les anciens poètes, c'est parce qu'il est moins leur imitateur que leur émule par l'ingénuité et le naturel.

Ici, le peintre nous montre le cortège marin d'Amphitrite, ou Xanthis, la baigneuse, blanche comme la nuée sous le couvert des peupliers noirs. Le sommeil de Rhodante est illuminé par les yeux dorés d'un Faune ; Pannyre danse, devient fleur, flamme, papillon et s'immobilise dans sa beauté. Mais à côté de ces évocations proprement antiques, on assiste aux « éternelles intimités familiales », une femme qui berce son dernier-né ou surveille les jeux fous de ses enfants, une fillette qui chante de vieux airs devant ses parents émerveillés et attendris, un repas qu'on prépare dans la salle fraîche et close. Suivons encore la description fidèle de quelques épisodes charmants : le rythme humble et pacifique du laboureur qui repart jusqu'au soir pour un sillon nouveau, Bathylle qui se joue à enfermer le monde dans une bulle de savon, Chloris tout émue de sentir battre dans sa main le cœur d'une rainette captive, le petit Palémon qui se bat avec un bouc, Ardagôn le boucher menant un bœuf à l'abattoir parmi tous les enfants du village, ou bien Mylène, la prudente ménagère au marché.

Ainsi le rêveur raffiné d'*Au jardin de l'infante* s'est ouvert au monde extérieur ; pendant ses voyages, ses promenades aux environs de Magny, il a découvert ou plutôt retrouvé la nature. Il n'est plus au temps, où, selon son expression, pour voir un paysage il fermait les paupières ; il ouvre ses yeux tout grands sur la réalité. Nous le surprenons dans *Le Chariot d'or* qui s'applique à reproduire les sites méridionaux de Villefranche et de Vence, et c'est en 1896 qu'il compose le bel hymne aux « Forêts ». Il a « soif de grande ligne et de vaste horizon[110] » ; il chante les soirs sur la plaine et les ardents midis de juillet. Il se prend à aimer l'éclatante lumière de l'été, il la boit comme un vin dévorant ; le

110 « Soir sur la plaine », *ibid.*, v. 7.

soleil lui communique une ivresse où le poète s'unit plus intimement à l'univers, pénètre son secret, saisit la succession des effets et des causes, la belle « chaîne aux anneaux d'or[111] ». Cette union de l'homme avec la nature qu'on retrouve admirablement exprimée dans *Polyphème* est déjà caractéristique d'*Aux flancs du vase*. On y sent l'émerveillement du poète, sa joie de puiser à tant de force et de fraîcheur. Comme l'Axilis d'un de ses poèmes,

Il boit l'haleine en fleur de la saison nouvelle ;
Il boit le lait sacré de la bonne Cybèle.
Eaux courantes, bois verts, feuillage frémissant...
Le clair frisson du monde a passé dans son sang !
Dans l'herbe humide et drue il plonge son visage ;
Il voudrait sur son cœur serrer le paysage[112].

On voit qu'Albert Samain a tenu la promesse qu'il s'était faite dans « Réveil » d'ennoblir ses jours de sagesse, de les armer de force, de persévérance, de les enfermer tous « dans la soif de comprendre et la splendeur d'aimer[113] ». Après s'être ressaisi lui-même et pacifié, s'en remettant aux impénétrables desseins de la Providence, il a ouvert son âme et ses yeux, comme tout homme doit faire ici-bas. S'il rêve encore parfois, c'est d'un bonheur simple et pur d'affection fidèle et calme. Son nouvel idéal, il semble l'avoir formulé – moins pour lui qui avait renoncé que pour les autres, – dans une pièce qui est peut-être le chef-d'œuvre d'*Aux flancs du vase*, « Le Bonheur » :

Le père au large front, qui vit parmi les dieux,
Laissant le livre antique, un instant considère,
Double miroir d'amour, l'enfant avec la mère,
Et dans la chambre sainte, où bat un triple cœur,
Adore la présence auguste du bonheur[114].

Cependant, les souvenirs du passé n'étaient pas éteints et le poète chantera une dernière fois sa déconvenue et sa souffrance. Par le sujet emprunté à la Grèce, *Polyphème* est la suite naturelle d'*Aux flancs du vase* ; il l'est aussi par maint détail d'oaristys, par l'atmosphère et le

111 « Panthéisme », *ibid.*, v. 8.
112 « Axilis au ruisseau », *Aux flancs du vase*, v. 13-18.
113 « Réveil », *Le Chariot d'or*, v. 61. Voir *Œuvres poétiques complètes*, éd. citée, p. 688-689.
114 « Le Bonheur », *Aux flancs du vase*, v. 20-24.

détail antiques, les Silvains, les Nymphes dansantes et les Sirènes qui font « traîner leur voix comme un grand filet d'or[115] ». Mais le *Polyphème* d'Albert Samain se présente à nous sous un aspect assez inédit. Chez Homère Polyphème n'est qu'un géant monstrueux, à l'œil unique, grand mangeur d'hommes et lançant des quartiers de montagne ; on ne peut guère s'attendre à moins d'un Cyclope, personnification de la force aveugle des volcans. Théocrite ne l'embellit guère, mais il adoucit son humeur ; il est berger, fait cailler le lait, et offre des pommes à Galatée, la nymphe marine, qui se soucie de lui comme de son cadeau. C'est Ovide qui met en scène le personnage d'Acis, nouvel amoureux de Galatée, et la jalousie de Polyphème qui surprend les deux amants. Bien que ces deux derniers poètes aient fort humanisé Polyphème, le personnage d'Albert Samain avec son « grand cœur tendre jusqu'au scrupule[116] » est infiniment plus délicat et raffiné. Sa capacité de souffrir le montre. De son ancienne nature, Albert Samain n'a conservé que ce qu'il en fallait pour mettre entre Galatée et lui un obstacle infranchissable. Ainsi Hyalis, le petit faune aux yeux bleus d'un des *Contes*, se trouve séparé à jamais de Nysa qu'il aime par son essence semi-divine. Dans les ardeurs de Polyphème, dans son désespoir et son pardon final, c'est encore l'amour du poète qui palpite. Les âmes vulgaires savent être infidèles même au bonheur ; nous ne saurions en vouloir à un cœur assez beau pour être demeuré fidèle à sa peine.

De l'examen général que nous venons de tenter, ressort, croyons-nous, le caractère qui assure à Samain une place à part dans l'histoire de notre littérature contemporaine. Se rattachant au Symbolisme par l'essence du tempérament poétique, il a l'originalité méritoire d'avoir enclos ce mode si neuf et si fécond de la sensibilité en une forme où la glorieuse tradition de la poésie française se trouve modifiée, enrichie, mais non méconnue. Et par là il a contribué à frayer la voie où se développe notre art présent. Ses vers dureront par leur facture probe et solide. Ils vivront aussi par l'ardeur tumultueuse et pourtant si tendre dont ils sont animés, par cette large et fervente harmonie qui parfois s'exalte et nous rappelle Schumann, le musicien préféré du poète.

Albert Samain écrivait un jour : « Il n'y a point de plus douce pensée, de plus réconfortante aux heures tristes que de se dire que, quelque part,

115 *Polyphème*, v. 494.
116 *Ibid.*, v. 339.

un soir, une âme vous a aimé comme vous vouliez l'être[117]. » Je garde l'espoir que nous fûmes aujourd'hui plusieurs à l'aimer ; heureux, pour moi, si je pouvais avoir contribué à fortifier le souvenir et le culte d'un vrai poète, souvent profond et douloureux, toujours ému et mélancolique, dans la mesure au moins où la mélancolie est le bonheur d'être triste et où l'émotion avive le rythme nonchalant des jours.

117 Lettre à Georges Thouret du 22 avril 1898, citée par Léon Bocquet, dans *Albert Samain. Sa vie, son œuvre*, *op. cit.*, p. 106.

SOURCES

Pour une bibliographie des œuvres d'Albert Samain et des textes critiques les concernant, nous invitons le lecteur à se reporter à notre édition des *Œuvres poétiques complètes*, éd. citée, p. 719-765.

CONTES

LE BOUT DE L'OREILLE (MÉMOIRES D'UN HOMME HEUREUX)

Sous le pseudonyme de « Ciry [*sic*] Pearl », *Le Bonhomme flamand*, Lille, 2 octobre 1881, p. 641. Il s'agit de la première œuvre publiée d'Albert Samain.

LA JARRETIÈRE

Sous le pseudonyme de « Gry-Pearl », *Le Bonhomme flamand*, Lille, 6 novembre 1881, p. 700-701.

XANTHIS OU LA VITRINE SENTIMENTALE

BmL, fonds Jules Mouquet, ms. B 194-I-18.
Ballet en douze tableaux. Copie manuscrite de Jules Mouquet. 14 pages (15 x 21 cm) ; 4 pages (11 x 18 cm) ; soit 18 pages.
La Revue hebdomadaire, 17 décembre 1892, p. 431-446.

DIVINE BONTEMPS

BmL, fonds Jules Mouquet, ms. B 228.
Manuscrit autographe du conte intitulé *Divine Bontemps*, monté sur onglets sur des feuilles de papier vélin reliées en un volume (20 x 27 cm). *Ex-libris* : Du Bourg de Bozas – Chaix d'Est Ange.
Avec le sous-titre « nouvelle », *La Revue hebdomadaire*, 11 mai 1895, p. 291-302.

HYALIS LE PETIT FAUNE AUX YEUX BLEUS

BmL, fonds Jules Mouquet, ms. B 229.
Manuscrits autographes des contes intitulés *Hyalis* et *Rovère et Angisèle*, montés sur onglets sur des feuilles de papier vélin reliées en un volume intitulé *Hyalis* et *Rovère et Angisèle* (20 x 27 cm). *Ex-libris* : Du Bourg de Bozas – Chaix d'Est Ange.
La Revue hebdomadaire, 20 juin 1896, p. 442-461.

ROVÈRE ET ANGISÈLE

BmL, fonds Jules Mouquet, ms. B 233.
Manuscrit autographe signé du conte intitulé *Rovère et Angisèle*, sur 25 feuillets reliés en un volume (21 x 27 cm), avec étui. *Ex-libris* : Raymond Claude-Lafontaine. Reliure de Marius Michel.

BmL, fonds Jules Mouquet, ms. B 229.
Manuscrits autographes des contes intitulés *Hyalis* et *Rovère et Angisèle*, montés sur onglets sur des feuilles de papier vélin reliées en un volume intitulé *Hyalis* et *Rovère et Angisèle* (20 x 27 cm). *Ex-libris* : Du Bourg de Bozas – Chaix d'Est Ange. Version de *Rovère et Angisèle* (12 feuillets de formats divers), avec ratures et corrections. Au verso d'un feuillet se trouve une lettre de René Le Cholleux à Albert Samain, datée du 20 mai 1895.

LA PETITE PRINCESSE GÉLIDE

L'Illustration, Paris, numéro spécial Noël, 6 décembre 1941, s. p. Avec des compositions de Lucien-Victor Guirand de Scevola.
Albert Samain, *La Petite Princesse Gélide*, *Angôn et Glaïs*, *contes inédits*, Paris, éditions de l'Ancre d'Or, 1947.

ANGÔN ET GLAÏS

Albert Samain, *La Petite Princesse Gélide*, *Angôn et Glaïs*, *contes inédits*, Paris, éditions de l'Ancre d'Or, 1947.

JEAN CAUDRY

BmL, fonds Jules Mouquet, ms. C 194-I-12.
Épisode d'un travail inachevé. 4 pages (15 x 21 cm).
Le Beffroi, Lille, août 1903, p. 141-147.

Le texte est accompagné d'une note de la Rédaction : « Cette nouvelle inédite retrouvée dans les manuscrits de Samain – au dos d'un brouillon d'un poème – ne porte pas de titre. Elle semble de rédaction fort ancienne et de premier jet. Nous aurions scrupule à en changer quoi que ce soit. »

LE CARNAVAL DE JEAN [INÉDIT]

BmL, fonds Jules Mouquet, ms. C 194-I-2.
Sous le pseudonyme de « Gorgô ». 16 pages (14 x 21 cm), dont 8 blanches.

[STELLA] [INÉDIT]

BmL, fonds Jules Mouquet, ms. C 194-I-6.
20 pages (14 x 21 cm), dont 7 blanches.

CARNETS INTIMES

CARNETS I-VII

BmL, fonds Jules Mouquet, ms. C 194-I-19.
Copie manuscrite d'Alicia Soulisse. Trois cahiers de notes : Cahier I. 280 pages (17 x 22 cm), dont 150 blanches. Cahier II. 350 pages (17 x 22 cm), dont 175 blanches. Cahier III. 220 pages (17 x 22 cm), dont 177 blanches.

NOTES – SENSATIONS

BmL, fonds Jules Mouquet, ms. C 194-I-1.
Cahier de notes. 68 pages (18 x 22 cm), dont 42 blanches.

PORTRAITS LITTÉRAIRES

Compte rendu de l'ouvrage de Jean Blaize, *La Paix du cœur*, Paris, Dentu, 1892.
Mercure de France, janvier 1892, p. 172.

Compte rendu de l'ouvrage de Catulle Mendès, *Poésies* (2 vol.) et *Poésies nouvelles* (1 vol.), Paris, Charpentier, 1892.
Mercure de France, novembre 1892, p. 271-272.

Compte rendu de l'ouvrage de Georges Rodenbach, *Le Voyage dans les yeux*, Paris, Ollendorff, 1893.
Mercure de France, juin 1893, p. 185.

Compte rendu de l'ouvrage de Jean Blaize, *Amour de miss*, Paris, Dentu, 1893.
Mercure de France, septembre 1893, p. 87.

Compte rendu de la pièce de Maurice Beaubourg, *L'Image*, Paris, Ollendorff, 1894 ; et de celle de Gabriel Trarieux, *Une nuit d'avril à Céos*, Paris, Librairie de l'art indépendant, 1894.
Mercure de France, avril 1894, p. 361-363.

Compte rendu de l'ouvrage de Georges Rodenbach, *Musée de Béguines*, Paris, Charpentier, 1894.
Mercure de France, juillet 1894, p. 289-290.

Compte rendu de l'ouvrage de Jean Ajalbert, *Le Cœur gros*, Paris, Lemerre, 1894.
BmL, fonds Jules Mouquet, ms. D 54-5. 1 feuillet, 10 x 11 cm.
Mercure de France, août 1894, p. 387.

Compte rendu de l'ouvrage de Georges Rodenbach, *La Vocation*, Paris, Ollendorff, 1895.
Mercure de France, août 1895, p. 239-240.

Sur Alexandre Dumas fils.
Réponse à l'enquête : « Alexandre Dumas fils est-il un grand écrivain ? », *Mercure de France*, janvier 1896, p. 61.

Sur Francis Jammes.
Une amitié lyrique. Albert Samain et Francis Jammes, éd. Jules Mouquet, Paris, Émile-Paul frères, 1946, p. 37-39.

INDEX DES NOMS

INDEX DES PERSONNAGES DE FICTION

TABLE DES MATIÈRES

CONTES

CARNETS INTIMES

ADDENDA ET CORRIGENDA AUX *ŒUVRES POÉTIQUES COMPLÈTES*

p. 29
Samain s'installe 16, rue Saint-Martin le 15 octobre 1884.

p. 55, v. 13
Lire : Et je regarde tes prunelles

p. 62, v. 29
Lire : Mets sur mon front tes mains fraîches comme une eau pure,

p. 160, v. 8
Lire : Le silence est plus doux encor,

p. 181, v. 61
Lire : Le silence et l'oubli dans l'éternel repos.

p. 312
Il existe un troisième état du « Faust » des *Évocations*, publié dans *L'Art et la vie : revue jeune*, novembre 1895 (Paris, J. Rouam et Cie, p. 552). Le manuscrit autographe de ce poème a été glissé par erreur dans les documents concernant les *Poèmes pour la grande amie* (BmL, fond Jules Mouquet, ms. 194-I-20) :

Ô Faust, ta lampe blême expire de sommeil,
La page où tu lis tourne au vent frais de l'aurore.
Lève les yeux, regarde… au chant du coq sonore
La face du Seigneur monte dans le soleil !

Pendant qu'en ricanant, tu crispes ton orteil,
La terre aux bras du jour frissonne, jeune encore…

Ta vie est un serpent maudit qui se dévore.
Espère et prie et sois à tes frères pareil.

Ton âme, ta science atroce l'a tuée.
Ta raison, laisse-la, cette prostituée
Qui s'est donnée à tous et qui n'a point conçu;

Mais Hélène aux seins blancs passe au loin sur la grève,
Et malgré toi, ton cœur, ton vieux cœur se soulève,
Devant le corps divin voilé d'un long tissu,

Vers le seul rêve humain qui n'ait jamais déçu.

p. 347
Lire : Jules Mouquet (1878-1949).

p. 351
La mère d'Albert Samain est morte le samedi 21 janvier 1899, à une heure du matin.

p. 402, v. 33
Lire : J'étais alors le fils bien-aimé de la terre.

p. 406, v. 102
Lire : Que faisais-tu là ?

p. 410, v. 143
Lire : Nous ne nous rencontrons que sur les routes… Mais

p. 412, v. 192
Lire : Cela lui fait du mal.

p. 422, v. 357
Lire : Je les sens s'imprégner dans mes os peu à peu !…

p. 430, v. 439
Lire : Et si tristes qu'au cœur un frisson m'a couru !…

p. 441

Dans toutes les éditions de *Polyphème*, y compris la nôtre, un vers a été oublié après le vers 650 (BmL, fonds Jules Mouquet, ms. C 202-6, f. 34) :

Puisque j'ai tant souffert et que je souffre tant,

p. 509

Aux poèmes inédits, il faut ajouter ce sonnet (BnF, fonds Adolphe Van Bever, NAF 28123) :

Vers la fenêtre ouverte aux langueurs de la brise
Monte l'énervement suave des jasmins…
Elles ont enlacé leurs tailles, joint leurs mains…
Et le soir est si bleu que leur âme se brise !

L'amour des tièdes nuits flotte par les chemins,
Sous leurs cheveux mêlés dont l'âcre odeur les grise,
Leur haleine s'embrase, et peu à peu surprise,
Leur chair d'anges s'émeut pour d'étranges hymens.

« Luce ! » – « Lice ! » et leurs voix épuisent les caresses :
Leurs doigts se font si doux ! pour d'intimes tendresses :
Et, lentement, comme leur âme qui s'en va,

Leur linge blanc s'effeuille en blancheur continue…
« Lice ! » – « Non. » – « Je t'adore !… » – « Oh non… Vilaine, va !… »
Et le jasmin mourant neigeait dans l'avenue.

Et ce poème intitulé « Aubade » (coll. part. Christophe Carrère) :

Le vent fait frissonner les feuilles
Dans l'aube à ton balcon rouillé :
Pieds nus dans le gazon mouillé,
L'amour attend que tu l'accueilles.

Ô ma Blonde, l'entends-tu pas
– Là-bas –
Qui chante dans les grands lilas ?

À ton toit brille un rayon rose.
Les nids s'éveillent dans ton mur,
Et de son petit doigt d'azur
L'amour cogne à ta vitre close.

Ô ma Blonde, l'entends-tu pas
– Là-bas –
Qui chante dans les grands lilas ?

Comme une princesse aux longs voiles,
L'aurore glisse aux cieux rêveurs,
La terre ouvre ses yeux de fleurs,
La nuit ferme ses yeux d'étoiles.

Ô ma Blonde, ne viens-tu pas
– Là-bas –
Cueillir l'amour dans les lilas ?

p. 622
Lire : au Lycée de Lille vers 1873

p. 730
Lire : *Poésies* et *Poésies nouvelles* (Catulle Mendès).

COLLECTION
« CLASSIQUES JAUNES »

Depuis 1896, la célèbre collection « Jaune » des Classiques Garnier publie les œuvres des grandes littératures du monde. Ces éditions se caractérisent par un établissement du texte rigoureux, des appareils critiques assurés par les meilleurs spécialistes, une présentation soignée imprimée en Garamond. La collection « Classiques Jaunes » s'enrichit chaque année de nombreuses nouveautés.

Retrouvez tous les titres de la collection en scannant ce code QR :

Et pour recevoir nos dernières actualités, abonnez-vous ici :

Achevé d'imprimer par Corlet,
Condé-en-Normandie (Calvados),
en Décembre 2024
N° d'impression : 186544 - dépôt légal : Décembre 2024
Imprimé en France